数 学 苑

主　编　郑振祥　马　霞　张松利
副主编　孟祥杰　刘　娟

合肥工业大学出版社

图书在版编目(CIP)数据

数学苑/郑振祥,马霞,张松利主编.—合肥:合肥工业大学出版社,2022.12
ISBN 978-7-5650-5878-3

Ⅰ.①数… Ⅱ.①郑…②马…③张… Ⅲ.①小学数学课—教学研究
Ⅳ.①G62.502

中国版本图书馆CIP数据核字(2022)第131001号

数 学 苑

主编 郑振祥 马 霞 张松利　　责任编辑 毛 羽

出 版	合肥工业大学出版社	版 次	2022年12月第1版
地 址	合肥市屯溪路193号	印 次	2022年12月第1次印刷
邮 编	230009	开 本	787毫米×1092毫米 1/16
电 话	基础与职业教育出版中心:0551-62903120	印 张	22
	营销与储运管理中心:0551-62903198	字 数	480千字
网 址	www.hfutpress.com.cn	印 刷	安徽昶颉包装印务有限责任公司
E-mail	hfutpress@163.com	发 行	全国新华书店

ISBN 978-7-5650-5878-3　　定价:88.00元

如果有影响阅读的印装质量问题,请与出版社营销与储运管理中心联系调换。

编委会

前　言

为了深化课程改革，提升教师队伍整体素养，建设高素质的小学数学教师队伍，根据《中小学幼儿园教师培训课程指导标准（义务教育数学学科教学）》的要求，我们编写了《数学苑》一书，以期为小学数学教师更好地践行新课程标准理念，更好地把握教材，更好地驾驭课堂，更好地提高教学效果提供参考。

本书分为五大部分："数学学科整体理解""数与代数""图形与几何""统计与概率"和"综合与实践"。这五大部分由16个二级标题组成，每个二级标题又细分为若干个具体问题。编者按照这样的框架和体系认真研究编写，力求使本书既有理论内容，又有实践内容，帮助小学数学教师提高专业发展和教育教学能力。

参与编写的人员如下：

主编：郑振祥、马霞、张松利；副主编：孟祥杰、刘娟；编委：赵录华、张辉、郑丽、雷婷、牛润红、任锐、任晓俊、楚一帆、符俊、陈凤、吕珍、崔侠、黄冠、高莉。其中，郑振祥和刘娟共同编写了"数学学科整体理解""统计与概率"和"综合与实践"部分，编写字数分别为11.2万字和6.2万字；马霞、张松利和孟祥杰共同编写了"数与代数"和"图形与几何"部分，编写字数均为10.2万字；全书最后由郑振祥统稿。

注：1. 书中所参考的《义务教育数学课程标准》均是2011年版。

2. 书中所使用的教材除文中特别说明外，均是由人民教育出版社出版的、经教育部审定的数学教材。

前言

目　录

1　数学学科整体理解

数学[英语:mathematics,源自古希腊语 *μάθημα*(máthēma);经常被缩写为 math 或 maths],是研究数量、结构、变化、空间以及信息等概念的一门学科。

《义务教育数学课程标准》是这样界定数学的:数学是研究数量关系和空间形式的科学。数学与人类发展和社会进步息息相关,随着现代信息技术的飞速发展,数学更加广泛地应用于社会生产和日常生活的各个方面。数学作为对于客观现象抽象概括而逐渐形成的科学语言与工具,不仅是自然科学和技术科学的基础,而且在人文科学与社会科学中发挥着越来越大的作用。特别是 20 世纪中叶以来,数学与计算机技术的有效结合在许多方面直接为社会创造了价值,推动着社会生产力的发展。

数学是人类文化的重要组成部分,数学素养是现代社会每一个公民应具备的基本素养。作为促进学生全面发展教育的重要组成部分,数学教育既要使学生掌握现代生活和学习中所需要的数学知识与技能,更要发挥数学在培养人的思维能力和创新能力方面的不可替代的作用。

数学是人类对事物的抽象结构与模式进行严格描述的一种通用手段,可以应用于现实世界的任何问题,所有的数学对象本质上都是人为定义的。从这个意义上说,数学属于形式科学,而不是自然科学。不同的数学家和哲学家对数学的确切范围和定义有一系列不同的看法。

数学逻辑的早期定义是皮尔斯(Benjamin Peirce,1809—1880)的"得出必要结论的科学"(1870)。《数学原理》提出了被称为逻辑主义的哲学程序,并试图证明所有的数学概念、陈述和原则都可以用符号逻辑来定义与证明。而后,数学的逻辑学由罗素(Bertrand Arthur William Russell,1872—1970)提出的"所有数学是符号逻辑"(1903)所定义。

直觉主义的数学定义是由数学家布劳威尔(L. E. J. Brouwer,1881—1966)提出的:数学是识别具有某些精神的现象。直觉主义的特点是拒绝根据其他定义认为有效的一些数学思想。特别是,虽然其他数学哲学允许可以被证明存在的对象,即使它们不能被构造,但直觉主义只允许可以实际构建的数学对象。

正式主义用其符号和操作规则来确定数学定义。加里(Haskell Brooks Curry)将数学简单地定义为"正式系统的科学"。正式系统是一组符号或令牌,并按照一定的规则组合成公式。在正式系统中,"公理"一词具有特殊意义,与"不言而喻的真理"的普通含义不同。在正式系统中,公理是包含在给定的正式系统中的令牌的组合,而不需要使用系统的规则导出。

1.1 数学学科的内容与教育价值

1.1.1 初等数学专题

※ 数学结构

数、函数、几何等的数学对象反映出定义在其中连续运算或关系的内部结构，数学就是研究这些结构的性质。例如，数论研究整数在算数运算下如何表示。抽象代数具有极大的通用性，它时常可以被应用于一些与之不相关的问题，例如，伽罗瓦理论解决了一些古老的尺规作图的问题，它涉及域论和群论。代数理论的另一个例子是线性代数，它对其元素具有数量和方向性的向量空间作出了一般性的研究。这些现象表明了原来被认为不相关的几何和代数实际上具有较强的相关性。

※ 数学空间

空间的研究源自几何，尤其是欧几里得几何。三角学结合了空间和数，包括非常著名的勾股定理、三角函数等。现今对空间的研究更是推广到了更高维的几何、非欧几何及拓扑学。空间和数在解析几何、微分几何和代数几何中都扮演着很重要的角色。例如，微分几何中有着纤维丛及流形上的微积分等概念。在代数几何中有着对多项式方程的解集等几何对象的描述，结合了数和空间的概念；亦有着对拓扑群的研究，结合了结构与空间的概念。

※ 数学基础

为了弄清楚数学基础的概念，数学逻辑和集合论等领域被逐渐挖掘。德国数学家康托尔(Georg Cantor,1845—1918)首创“集合论”，大胆地向“无穷”进军，为的是给数学各分支提供一个坚实的基础。同时，“集合论”本身的内容也是相当丰富的，它提出了“实无穷”的思想，为以后的数学发展做出了不可估量的贡献。

“集合论”在20世纪初已逐渐渗透各个数学分支，成为分析理论、测度论、拓扑学及数理科学中必不可少的工具。20世纪初，数学家希尔伯特(David Hilbert,1862—1943)在德国传播了康托尔的思想，把“集合论”称为“数学家的乐园”和“数学思想最惊人的产物”。罗素把康托尔的工作誉为“这个时代所能夸耀的最巨大的工作”。

※ 数学逻辑

数学逻辑专注于将数学置于坚固的公理架构上，并研究此架构的成果。就数学逻辑本身而言，其为哥德尔第二不完备定理的产地，而这或许是逻辑中最广为流传的成果。现代逻辑被分成递归论、模型论和证明论，且和理论计算机科学有着密切的关联性。

※ 数学符号

1. 数学符号

我国古代的算筹是世界上最早使用的数学符号之一，起源于商代的占卜。我们至今所使用的大部分数学符号都是16世纪后才被发明出来的。在此之前，数学是用文字书写出来的，这限制了其发展。现今的数学符号对于人们而言更便于操作，但初学者却常对此望而却步。因为当它被极度地压缩后，少量的符号包含大量的信息。如同音乐符号一般，现今的数学符号有着明确的语法和难以用其他方法书写的信息编码。

2. 数学标点符号

(1)句号

我国规定数学文献类文章句号必须用“.”，目的一是避免和下脚标混淆；二是因为我国曾在国际通用投稿的数学类研究报告不被采用，因为国际通用的句号大多是“.”。

(2)逗号、顿号、分号

遇到阿拉伯数字、数学符号及外文字母和百分数等并列时，可以用逗号或顿号分开，一般一篇文章要统一。在证明题中，∵(因为)后面要用“，”，∴(所以)后面要用“.”；在一道大题中如有若干小问，则每小问结束用“；”，最后一问结束用“.”；在①②③④这样的序号后都应该用“；”表示连接，最后一个序号后用“.”表示结束。

(3)省略号

在外文字母和阿拉伯数字后面的省略，一般用“…”表示，占一格的位置；数学公式中的省略用“⋯”表示。“1,2,3,4,5,…表示物体个数的数叫自然数”中“…”符号渗透了极限思想，表示自然数是无穷无尽的。

(4)连接号

两个相关联的名词构成一个意义单位，中间可用半字线“-”、一字线“—”、波浪线“～”等作为连接号。

① 半字线用于表示相关元素构成的符号及图表、公式的编号等，例如，$A-AB-\beta$；空间直角坐标系 $O-XYZ$；图1-2，表3-4，定理5-6。

② 一字线一般用作联系空间、时间的两个端点，例如，北京—上海、1949—2020年、标准代号(GB 3120—86)。

③ 波浪线又名起止符号，在相关的数字之间表示数值范围，例如，0～9、20℃～30℃、15～30 km、50～100 kg。

(5)数学表达式中的标点符号

数学表达式中的标点符号，在不与用法及规定相抵触的原则下，应尽量做到形式上的简洁、概念上的明晰性、表述上的层次性、格式上的和谐性。

① 方程组

方程组中的标点符号用法：一般是把一个方程组看成由“并列短语”即几个方程组成的一个整体，每个方程组后面用逗号“，”；“解方程组……”是语气舒缓的祈使句，末尾用句号“.”。

② 函数

由于函数的定义域可用集合、区间、不等式3种形式表示，这样函数式和定义域之间的标点符号不好把握。一般情况，定义域用括号括起来，在函数式和定义域之间不再使用标点符号。分段函数表达式的标点符号与方程组类似，除末段外，每一段的末尾加逗号“，”。

③ 数列

数列中出现的标点符号，主要是逗号和省略号。例如，“当 $n=1,2,3,4,\cdots$ 时”，“圆珠总数分别为 1,4,9,16,…”。关系式和算式中的项（或因式）的省略用省略号，例如，“$1+3+6+\cdots+n$”。一般情况，数列的项、集合的元素、运算式和关系式中的省略号用“…”；等式（含方程、函数式）、不等式等的“列举”，以及行、段落的省略号，用“……”表示。

※ 数学特性

学习数学语言对初学者而言有些困难，这些符号和文字有着比日常用语更精确的意思，如困扰着初学者的“开放”和“域”等在数学中有着特别的意思，又如“同胚”和“可积性”等数学专有名词。数学家对数学语言及其逻辑精确性的要求称为“严谨”。

数学是人类对事物的抽象结构与模式进行严格描述的一种通用手段，可以应用于现实世界的任何问题。从某种意义上来说，数学属于形式科学，而不是自然科学。所有的数学对象本质上都是人为定义的，它们并不存在于自然界，而是存在于人类的思维与概念之中。因而，数学命题的正确性无法像物理、化学等以研究自然现象为目标的自然科学那样，能够借助可以重复的实验、观察或测量来检验，而是直接利用严谨的逻辑推理加以证明。通过逻辑推理证明出的结论，就是正确的结论。

数学的公理化方法实质上就是逻辑学在数学中的直接应用。在公理系统中，所有命题与命题之间都是由严谨的逻辑性联系起来的。从不加定义而直接采用的原始概念出发，通过逻辑定义的手段逐步地建立起其他的派生概念；由不加证明而直接采用作为前提的公理出发，借助于逻辑演绎手段而逐步得出结论，即定理；最后将所有概念和定理组成一个具有内在逻辑联系的整体，即构成了公理系统。

严谨是数学证明中很重要且最基本的一部分。数学家希望他们的定理以系统化的推理依着公理被推论下去，这是为了避免从不可靠的直观现象中得出错误的“定理”或“证明”。历史上曾出现过许多例子，在数学中被期许的严谨程度因时间的流逝而有所不同。例如，希腊人期许的仔细的论点，在牛顿的时代被证明所使用的方法较不严谨。牛顿为了解决问题所做的定义，到了 19 世纪才有数学家用严谨的分析及正式的证明处理。又如，现今数学家们一直争论电脑辅助证明的严谨度。当大量的计算难以被验证时，其证明亦很难说是有效且严谨的。

※ 数学与数量

数量的学习起于数，数一开始包括我们熟悉的自然数，后扩充到整数，再到有理数等。具体来讲：由于计数的需要，人类从现实事物中抽象出了自然数，它是数学中一切“数”的起点。自然数对减法不封闭，但为了对减法封闭，人们将数系扩充至整数；自然数对除法不封闭，为了对除法封闭，人们将数系扩充至有理数；自然数对开方运算不封闭，但为了对开方运算封闭，人们将数系扩充至代数数；为了对极限运算不封闭，人们又将数系扩充到实数。最后，为了避免负数在实数范围内无法开偶数次方运算，人们将数系扩充到复数(复数是包含实数的最小代数闭域,人们对任意复数进行四则运算,其化简结果都是复数)。

与"量"有关的概念是无限集合的"势",它催生了基数和之后对无限的另一种概念——阿列夫数,阿列夫数允许无限集合之间的大小可以做有意义的比较。

※ 数学名言

1. 外国人物

万物皆数。——毕达哥拉斯(Pythagoras,约前 580—约前 500)

几何无王者之道。——欧几里得(希腊文:Ευκλειδης,约前 330—约前 275)

数学是上帝用来书写宇宙的文字。——伽利略(Galileo Galilei,1564—1642)

我决心放弃那个仅仅是抽象的几何。这就是说,不再去考虑那些仅仅是用来练思想的问题,我这样做,是为了研究另一种几何,即目的在于解释自然现象的几何。——笛卡儿(René Descartes,1596—1650)

数学家们都试图在这一天发现素数序列的一些秩序,我们有理由相信这是一个谜,人类的心灵永远无法渗入。——欧拉(Leonhard Euler,1707—1783)

数学中的一些美丽定理具有这样的特性:它们极易从事实中归纳出来,但证明却隐藏得极深,数学是科学之王。——高斯(Carolus Fridericus Gauss,1777—1855)

这就是结构好的语言的好处,它简化的记法常常是深奥理论的源泉。——拉普拉斯(Pierre - Simon Laplace,1749—1827)

如果认为只有在几何证明里或者在感觉的证据里才有必然,那会是一个严重的错误。——柯西(Augustin Louis Cauchy,1789—1857)

数学的本质在于它的自由。——康托尔(Georg Cantor,1845—1918)

音乐能激发或抚慰情怀,绘画使人赏心悦目,诗歌能动人心弦,哲学使人获得智慧,科学可改善物质生活,但数学能给予以上的一切。——克莱因(Felix Christian Klein,1849—1925)

只要一门科学分支能提出大量的问题,它就充满着生命力,而问题缺乏则预示独立发展的终止或衰亡。——希尔伯特(David Hilbert,1862—1943)

问题是数学的心脏。——哈尔莫斯(Paul Halmos,1916—2006)

2. 中国人物

事类相推,各有攸归,故枝条虽分而同本干者,知发其一端而已。又所析理以辞,解体用图,庶亦约而能周,通而不黩,览之者思过半矣。——刘徽(约 225—约 295)

迟疾之率,非出神怪,有形可检,有数可推。——祖冲之(429—500)

新的数学方法和概念,常常比解决数学问题本身更重要。——华罗庚(1910—1985)

数学表达上准确简洁、逻辑上抽象普适、形式上灵活多变,是宇宙交际的理想工具。——周海中(1955—)

许多科学的基本观念,往往需要数学观念来表示。所以数学家有饭吃了,但不能得诺贝尔奖,是自然的。数学中没有诺贝尔奖,这也许是件好事。诺贝尔奖太引人注目,会

使数学家无法专注于自己的研究。——陈省身(1911—2004)

现代高能物理到了量子物理以后,有很多根本无法做实验,在家用纸笔来算,这跟数学家想要的差不了多远,所以说数学在物理上有着不可思议的力量。——丘成桐(1949—)

1.1.2 数学前沿问题

※ 数学发展史

数学有学习、学问、科学之意。古希腊学者视其为哲学之起点,为“学问的基础”。另外,其还有个狭隘且技术性的意义——数学研究。

在中国古代,数学一开始叫作算术,又称算学,后来才被称为数学。中国古代的算术是六艺之一(六艺中称为“数”)。

数学起源于人类早期的生产活动,古巴比伦人从远古时代开始,已经积累了一定的数学知识,并能应用于实际问题。从数学本身看,他们的数学知识也只是其通过观察和经验所得。他们虽没有综合结论和证明,但也要充分肯定其对数学所做出的贡献。

基础数学的知识与运用是个人和团体生活中不可或缺的一部分。其基本概念的精华早在古埃及文明、美索不达米亚文明及古印度文明的古代数学文本中就有阐述。从那时开始,数学知识便持续不断地发展。

代数学可以说是最为人们广泛接受的“数学”,每个人最先接触到的数学就是代数学。数学作为一个研究“数”的学科,代数学也是数学最重要的组成部分之一。几何学则是最早开始被人们研究的数学分支。

16 世纪的文艺复兴时期,笛卡尔创立了解析几何,将当时完全分开的代数学和几何学联系到了一起。从那以后,人们终于可以用计算证明几何学的定理,也可以用图形来形象地表示抽象的代数方程与三角函数,而后还发展出更加精微的微积分。

现代数学已包括多个分支,创立于 20 世纪 30 年代的法国的布尔巴基学派则认为:数学,至少纯数学,是研究抽象结构的理论。结构,就是以初始概念和公理出发的演绎系统。他们认为,数学有 3 种基本的母结构:代数结构(群、环、域、格……),序结构(偏序、全序……),拓扑结构(邻域、极限、连通性、维数……)。

数学被应用在很多领域,包括科学、工程、医学和经济学等。数学在这些领域的应用一般被称为应用数学,有时亦会激起新的数学发现,并促成全新数学学科的发展。大多数数学家研究纯数学,也就是数学本身,并不以任何实际应用为目的。虽然有许多研究以纯数学为开端,但其过程中也发现许多应用数学。

1. 西方数学简史

数学的演绎大约可以看成是抽象化的持续发展,或是题材的延展,而东西方文化也采用了不同的角度,欧洲文明发展出来几何学,而中国则发展出算术。第一个被抽象化的概念大概是数字(中国的算筹),其对两个苹果及两个橘子之间有某样相同事物的认知是人类思想的一大突破。除了认知到如何去数实际物体的数量，史前的人类也了解如何去数抽象成概念的数量，如时间——日、季节和年。算术(加、减、乘、除)也自然而然地产生了。人们更进一步的需求则是写作或其他可记录数字的系统，如符木或印加人使用的奇普。历史上曾有过许多的记数系统。

古时，数学是为了研究天文、土地和粮食作物的合理分配、税务和贸易等相关的计算。数学也就是为了了解数字间的关系，测量土地及预测天文事件而形成的。这些需要可以简单地被概括为数学对数量、结构、空间及时间方面的研究。

从古希腊时期到16世纪文艺复兴时期，初等代数及三角学等初等数学已大体完备，但尚未出现极限的概念。

17世纪变量概念在欧洲产生，人们开始研究变化中的量与量的互相关系以及图形间的互相变换。在经典力学的建立过程中，融入几何精密思想的微积分被发展。随着自然科学和技术的进一步发展，研究数学基础而产生的集合论和数理逻辑等领域也开始慢慢发展。

2. 中国数学简史

数学在中国古代叫作算学，是中国古代科学中一门重要的学科。中国古代数学发展可以分为5个时期：萌芽、体系的形成、发展、繁荣和中西方数学的融合。

翻开任何一部中国数学发展史，都不难发现，华夏祖先们每前进一步，都伴随着奋斗的汗水。中国数学起源于上古至西汉末期，中国数学的全盛时期是隋中叶至元后期。元后期至清中期，中国数学的发展较缓慢。就在中国数学发展缓慢的时候，西方数学已大跨步前进，于是在中国数学发展史上出现了一个中西数学发展的合流期，这一时期为1840—1911年。近代数学的开端主要集中在1911—1949年这一时期。

※ 数学研究领域的重大难题

1. 哥德巴赫猜想

哥德巴赫(Christian Goldbach，1690—1764)是一位德国数学家。1742年，哥德巴赫在教学中发现，每个不小于6的偶数都是两个素数(只能被1和它本身整除的数)之和，例如，6＝3＋3，12＝5＋7等。1742年6月7日，哥德巴赫写信给当时的大数学家欧拉，提出了以下的猜想：

(a)任何一个不小于6的偶数，都可以表示成2个奇质数之和。

(b)任何一个不小于9的奇数，都可以表示成3个奇质数之和。

哥德巴赫原初猜想的现代陈述为：任一大于5的整数都可写成3个质数之和。欧拉在6月30日的回信中注明此一猜想可以有另一个等价的版本：任一大于2的偶数都可写成两个质数之和。

从哥德巴赫提出这个猜想至今，许多数学家都想攻克它，但仍没有成功。当然曾经有人做了具体的验证工作，例如，6＝3＋3，8＝3＋5，10＝5＋5＝3＋7，12＝5＋7，14＝7＋7＝3＋11，16＝5＋11，18＝5＋13，…。有人对33×108以内且大于6的偶数一一进行演算，哥德巴赫猜想(a)都成立(但严格的数学证明尚待数学家的努力)。

从此，这道著名的数学难题引起了世界上成千上万数学家的注意。200 年过去了，没有人证明它，哥德巴赫猜想由此成为数学皇冠上一颗可望而不可及的“明珠”。

到了 20 世纪 20 年代，才有人开始向它靠近。1920 年，挪威数学家布朗（Viggo Brun，1885—1978）用一种古老的筛选法证明，得出了一个结论：每一个比 36 大的偶数都可以表示为(9＋9)。这种缩小包围圈的办法很管用，于是科学家们从(9＋9)开始，逐步减少每个数所含质数因子的个数，直到最后使每个数都是一个质数为止，这样就证明了哥德巴赫猜想。

目前最佳的结果是中国数学家陈景润于 1966 年证明的，陈氏定理（Chen's Theorem），即“任何充分大的偶数都是一个质数与一个自然数之和，而后者仅仅是两个质数的乘积”。这个结论通常被简称为“大偶数”，可表示为“1＋2”的形式。

1966 年，陈景润又证明了“1＋2”。最终会由谁攻克“1＋1”这个难题呢？现在还无法预测。

2. 连续统之谜

由于阿拉夫零[alf(0)]是无穷基数，阿拉夫(alf)是有异于有限运算的神奇运算，因此得出以下的结果：[注：下面将阿拉夫零记为 alf(0)，阿拉夫一记为 alf(1)，以此类推]

alf(0)＋1＝alf(0)；alf(0)＋n＝alf(0)；alf(0)＋alf(0)＝alf(0)；alf(0)n＝alf(0)；alf(0)alf(0)＝alf(0)；alf(0)是自然数集的基数。

一个无穷基数，只要是可数集，其基数必为 alf(0)。由可排序性可知，整数集、有理数集的基数为 alf(0)；或由它们的基数为 alf(0)，可得它们为可数集。而由实数集不可数（可由康托尔对角线反证不可数）推之，存在比 alf(0)更大的基数。乘法运算无法突破 alf(0)，但幂集可突破，结果为 alf(1)。

可以证明实数集的基数 card(R)＝alf(1)。进而，阿拉夫“家族”一发而不可收：alf(2)，alf(3)，…。alf(2)究竟有何意义？人们冥思苦想，得出空间所有曲线的数目。但而后的 alf(3)，人类绞尽脑汁，至今未能解答。

此外，还有一个令人困惑的连续统之谜：alf(0)与 alf(1)之间是否还存在另一个基数？

1878 年，康托尔提出了这样的猜想：在 alf(0)与 alf(1)之间不存在其他的基数。但当时康托尔本人对此无法予以证实。

1900 年，在巴黎召开的第二届国际数学家会议上，德国哥廷根大学教授希尔伯特提出了举世闻名的 23 个 20 世纪须攻克的数学问题中，“连续统假设”排在第一位。然而这个问题的最终结果却是完全出人意料的。

1938 年，奥地利数学家哥德尔证明了“连续统假设决不会引出矛盾”，意味着人类根本不可能找出“连续统假设”有什么错误。1963 年，美国数学家柯亨居然证明了“连续统假设是独立的”，也就是说“连续统假设”根本不可能被证明。

3. 四色定理

四色定理的本质正是二维平面的固有属性，即平面内不可出现交叉而没有公共点的两条直线。很多学者证明了二维平面内无法构造5个或5个以上两两相连区域，但却没有将其上升到逻辑关系和二维固有属性的层面，以致出现了很多伪反例。不过，这些恰恰是对图论严密性的考证及其发展的推动。

1976年，美国数学家阿佩尔(Kenneth Appel)与哈肯(Wolfgang Haken)在美国伊利诺伊大学的两台不同的电子计算机上，用了1200个小时，做了100亿次判断，终于完成了四色定理的证明。当时，四色定理的计算机证明轰动了世界，它不仅解决了一个历时100多年的难题，还有可能成为数学史上一系列新思维的起点。不过，也有不少数学家并不满足于计算机取得的成就，他们还在寻找另一种更加简捷明快的书面证明方法。

4. 几何的三大问题

(1)化圆为方

求作一正方形使其面积等于已知圆。圆与正方形都是常见的几何图形，但如何作一个正方形和已知圆等面积呢？若已知圆的半径为1，则其面积为π，所以化圆为方的问题等于去求一正方形其面积为π，也就是用尺规作出长度为$\sqrt{\pi}$的线段。

(2)三等分任意角

对某些角三等分并不难，但是否所有角都可以三等分呢？例如，若能三等分则可以作出的角，那么正十八边形及正九边形也都可以作出来。其实三等分角的问题是由求作正多边形这一类问题所引出来的。

(3)倍立方

求作一立方体使其体积是已知立方体的2倍。埃拉托色尼(Eratosthenes，约前275—前193)曾经讲述的神话中提到一个先知者得到神谕，须将立方体形的祭坛的体积加倍，有人主张将每边长加倍。现在可知，这是错误的，因为体积已经变成原来的8倍。

几何的三大问题困扰着数学家，实际上这三大问题也不可能用直尺、圆规经有限步骤解决。

1637年，笛卡尔创建解析几何，许多几何问题都可以转化为代数问题来研究。1837年，旺策尔(Pierre Wantzel，1814—1848)给出三等分任一角及倍立方不可能用尺规作图的证明。1882年，林德曼(Lindemann，1852—1939)也证明了π的超越性(即π不为任何整数系数多次式的根)，化圆为方的不可能性也得以确立。

5. 费马最后定理

费马(Pierre de Fermat，1601—1665)声称，当$n>2$时，关于x,y,z的方程$x^n+y^n=z^n$，找不到满足的正解。当时费马并没有说明原因，他只是留下这个叙述。这说明他已经发现这个定理的证明妙法，只是书页的空白处不够写下。费马就此留下了千古难题，300多年来无数的数学家尝试解决这个难题却都徒劳无功。这个号称“世纪难题”的费马最后定理也就成了数学界的“心头大患”，欲解之而后快。

20世纪电脑被发明以后，许多数学家用电脑计算证明了这个定理：当n为很大时是成立的。1983 年，电脑专家斯洛文斯基借助电脑运行 5782 秒证明当 n 为 286243－1 时，费马最后定理是正确的(注：286243－1 为一个天文数字，大约为 25960 位数)。

虽然如此，数学界还没有找到一个普遍性的证明。不过这个 300 多年的数学悬案终于由英国的数学家怀尔斯(Andrew Wiles，1953—)解决了。

6. 七桥问题

欧拉在 1736 年访问当时东普鲁士柯尼斯堡(今俄罗斯加里宁格勒)市区时，他发现当地的市民正参加一项非常有趣的消遣活动。该城中有一条名叫普列戈利亚河的河流，在河上建有 7 座桥，如图 1－1 所示。

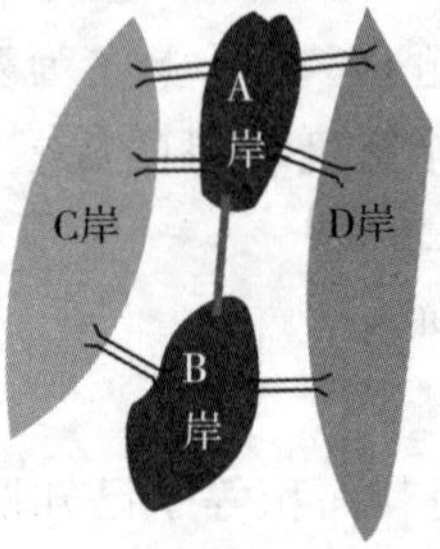

图 1－1

这项有趣的消遣活动是市民在星期六要走过 7 座桥，但是每座桥只能经过 1 次，而且起点与终点必须是同一地点。

欧拉把每一块陆地考虑成一个点，连接两块陆地的桥以线表示，便得如图 1－1 所示的图形。后来推论出此种走法是不可能的。他的论点：除了起点以外，每一次由一个人从一座桥进入一块陆地(或点)时，他同时也由另一座桥离开此点。所以每行经一点时，可根据起点离开的线与最后回到起点的线计算两座桥，因此每一个陆地与其他陆地连接的桥数必为偶数。七桥所成的图形中，没有一点含有偶数条数，因此上述任务是不可能实现的。

※ 20 世纪数学研究领域的重大难题

20 世纪是数学大发展的世纪。数学的许多重大难题得到了解决，如费马最后定理的证明、有限单群分类工作的完成等，从而使数学的基本理论得到了空前发展。计算机的出现是 20 世纪数学发展的重大成就，同时极大推动了数学理论的深化和数学在社会与生产力第一线的直接应用。

回首 20 世纪数学的发展，数学家们深切感谢 20 世纪最伟大的数学大师希尔伯特。他在 1900 年 8 月 8 日巴黎召开的第二届世界数学家大会上的著名演讲中提出了 23 个数学难题。希尔伯特在过去百年中激发了无数数学家的“斗志”，指引着数学前进的方向，其对数学发展的影响和推动是巨大的、无法估量的。

效仿希尔伯特，许多当代世界著名的数学家在过去几十年中整理和提出了许多新的数学难题，希望为 21 世纪数学的发展指明方向。

※ 中国数学研究现状

目前，中国数学史的研究是一个非常重要的课题。因为从古代到近代，中国数学家为数学的发展做出了巨大的贡献。国际上对我们虽然有所了解，但是不够深入。改革开放之后，中国数学家放开步子前进，迎来了数学的“春天”。我国的数学家形成了自己解决问题的能力，如数学机械化证明、偏微分方程的理论和计算、数论、统计等。

现今，年轻的数学家要瞄准世界数学前沿和学科主干，并要另辟新路，自主创新。

2002 年，国际数学家大会在中国举办，这是国际数学家大会首次在第三世界国家举办，这也说明我们国家的数学成就和数学人才在世界上占有一席之地。

1.1.3 小学数学的学科价值分析

《义务教育数学课程标准》指出数学课程应致力于实现义务教育阶段的培养目标，要面向全体学生，适应学生个性发展的需要，使得每位学生都能获得良好的数学教育，得到不同的发展。

1.1.3.1 数学学科的科学价值

数学学科的科学价值是指数学对自然科学的产生与发展的作用和意义。19 世纪 20 年代以来，数学的研究对象和方法在本质上越来越凸显出与自然科学的区别，数学也就从科学中分离出来。然而，这种分离并不是数学与科学的割裂，而是为了让数学的应用更加广泛，使其不仅包括(自然)科学、政治学、历史学、经济学、语言学、军事学等，还包括人文科学、社会科学，以及音乐、绘画、雕塑等艺术科学。特别是当今社会科学技术迅猛发展，科学数学化的趋势越来越明显，涉及技术、经济、建设等社会的许多领域，现代科学正朝着广泛应用数学的方向发展。

1.1.3.2 数学学科的育人价值

数学对于人类社会的发展有着重要的作用，数学教学对于学生发展有着特有的价值。通过数学所特有的语言系统和逻辑系统，学生可以学会抽象地思考和形成准确、严谨的表达能力，同时数学还可以提供学生认识事物数量、数形关系及转换的不同路径和独特的视角，使学生具有数学的眼光和头脑；通过数学知识创生和发展的过程，学生可以了解数学知识的来龙去脉，感受数学的基本思想和方法以及数学思维方式的力量，并利用数学的思想和方法逐渐建立起独特的发现方法和理性思维策略，以及判断与选择的自觉意识，形成基本的数学素养；通过数学知识与生活实际的广泛联系，在利用数学不断发现问题、提出问题、分析问题、解决问题的过程中，使学生产生主动探究的欲望，形成学习数学的内驱力，产生丰富的体验，形成有意义的认识；通过在人类数学发展史中闪烁着光芒的发明和创造，学生在经历这些数学发明的“再创造”过程中，感受前人的智慧，将其转化为自身的生命成长和发展的力量。

1.1.4 数学的学习与学生发展

《义务教育数学课程标准》指出：小学数学教学的基本出发点是促进学生全面、持续、和谐地发展，最终目的是为学生的终身可持续发展奠定良好的基础。强调课程目标要根据知识和能力、过程和方法、情感态度和价值观 3 个维度设计。这 3 个维度是相互渗透、融为一体、协调统一的，三者不是分离的，也不是在知识、技能上简单加上情感，而是一个整体。在数学教学过程中，情感、态度和价值观是始终存在的，或喜爱或厌恶，或积极或消极，总是客观存在的。情感与态度是认知的根本；过程与方法是认知的杠杆；知识与技能是认知的果实。课程的教学不仅体现在“四基”知识的掌握上，还体现在情感、态度、价值观及一般能力上，是以人的全面发展、和谐发展作为核心内容的。现代社会所需要的人才，不仅要有良好的品德、较高的智商、强健的体魄、较高的审美能力，还应该具有开拓、创新、坚毅、勇敢、自主独立的个性品质，所以数学教学要坚决走出单纯知识教学的误区，应该培养学生内在的、深刻的知识——数学素养，让学生学会用数学及用数学的思维去观察世界，去解决现实生活中的实际问题。这不仅对个人发展至关重要，对整个民族、社会的发展也具有重要意义。

1.1.4.1 积极营造促进学生全面发展的教学环境

教师要为每一位学生创造平等参与学习的机会，创造人人都有自尊、有安全感的课堂教学氛围。教师必须学会宽容和善待“后进生”，要善于及时帮助他们消除失望的心理，树立学好数学的信心。

《义务教育数学课程标准》要求：“人人都能获得良好的数学教育，不同的人在数学上得到不同的发展。”教学的本质不在于传授知识，而在于激励、唤醒和鼓舞，对“后进生”适当降低要求，加强个别辅导。对不同层次的学生提出不同层次的要求，须采用正面激励的方法。对学生的劳动成果，教师不能以简单的对或错进行评价，要进行简短的点评，起到激励促进的效果，让学生品尝到自己的学习成果，体会到成功的乐趣。在评价时，教师要强调学生自身的纵向比较，只要他做出了努力，有一点出众的表现，教师就应积极赞赏。同时，教师要引导学生在自我评价的时候，既能看到进步的一面，又能发现自己的不足，长善救失，扬长避短。学生对自己的数学学习进行正确的评价，能增强学好数学的自信，从而提高学习的效率。

1.1.4.2 尊重学生的主体地位，让学生在积极参与中主动发展

《义务教育数学课程标准》指出：“学生是学习的主人，教师是学习的组织者、引导者和合作者。”教师要彻底改变传统的教学模式，从知识的传授者转变为学生发展的促进者，拓展学生在数学教学活动中的空间。学生是教育的对象，是学习的主人，是认识和改造世界的主体，教师要着力于增强学生学习的主体意识，使其以主人的姿态投入学习之中。数学教学中，教师要建立学生自主学习活动的教学结构，正确引导，巧妙疏导学生，使其积极投入学习的全过程，在学习过程中获得成功的快乐。

在教学中，教师要不断激发学生的自主性，在思考问题的角度等方面放权让学生独立自主进行探索。例如“乘法的初步认识”一课的教学，教师首先创设情境：我们班王亮同学过生日，邀请了班上的同学，王亮给每个同学准备 2 个苹果。如果来了 2 个同学，王亮需要准备几个苹果？你们能用算式表示吗？学生：“王亮要准备 4 个苹果，可以用加法表示 2＋2＝4(个)。”教师：“如果来了 3 个同学呢？”学生：“3 个 2 相加，2＋2＋2＝6(个)，王亮要准备 6 个苹果。”教师：“如果来了 6 个同学，王亮需要准备多少苹果？”学生：“就是 6 个 2 相加，2＋2＋2＋2＋2＋2＝12(个)，王亮要准备 12 个苹果。”教师：“如果全班 50 个同学都参加呢？”学生开始计算，他们都表示这样的计算太麻烦。教师引导学生自主探索新的解决路径，相当一部分学生表示可以在 50 和 2 之间添加一个符号，写成 2×50。中间的这个符号学生充分展开想象，画出了各种各样的符号。教师抓住时机，把所有的符号换成“×”。学生在体验、探究中创造，充分体现了以人为本的教学思想。这使学生领悟了自主获取知识的快乐，增强了学习的主动性，提高了学习的兴趣。学生能够在数学的学习中主动探究最佳方法，获得最佳的思维方式，数学能力才能得以迅速提高。

1.1.4.3　积极构建三维目标和谐发展的数学教学模式，促进学生全面发展

作为教育课程的数学与作为科学的数学是有本质区别的。作为教育课程的数学除了本身的数学知识之外，还担负着促进学生身心良好发展的重任。学生获得的不仅是简单的数学知识，更重要的是知识与技能、过程与方法、情感态度与价值观三维目标的和谐发展。

教师在设计每一节课的教学目标时，都要设立发展性的教学目标。

1. 对数学事实的认识目标

要教育学生充分认识到学习和接受的数学事实，如平面几何图形的互相联系等；同时，还要掌握数学探索的过程、数学文化价值及数学与现实生活的联系。

2. 情感目标

例如，教师通过数学知识的教学，让学生建立起学习数学的兴趣，树立学习的自信心，养成勇于探索、科学分析的态度和习惯，感受和欣赏数学之美等。

3. 数学思考能力目标

数学思考并不是思考数学，而是通过课堂上数学知识的教学，学生可以学会运用数学的思维方式去观察、分析社会中的问题，在定量思维、空间观念、合情推理及演绎论证等方面得到发展。

4. 解决问题能力目标

学生能从数学的角度提出问题、理解问题，并利用所学的知识和技能形成一些基本的解题策略。这些发展性目标都需要教师关注和实施，才能实现和谐完美的数学教学。

1.1.4.4　情景设计贴近生活，感悟数学在生活中的作用

《义务教育数学课程标准》指出，要重视从学牛的牛活实践经验和已有的知识中学习数学与理解数学。在教学中，要尽可能地把数学问题与实际生活紧密联系起来，让学生体会到数学从生活中来，又到生活中去，感受到数学就在身边，生活离不开数学。例如，教学“百分率”这一内容，教师可以不将书上的发芽率、出勤率等例题搬到课堂上直接讲解，而是课前先让学生进行一项社会调查，调查他们生活中哪些地方用到百分数，是怎样用的。学生搜集到大量资料，如及格率、优秀率、出勤率、产品的合格率、种子的发芽率……并深入社会中去了解百分率在实际生活中是怎样应用的。课堂上，面对搜集到的众多资料，学生享受着自己调查的乐趣，结合课前搜集的信息和教师提出的问题积极投入探究知识的过程中。当数学与学生现实生活密切联系时，数学才是鲜活的、富有生命力的。把本来很枯燥的百分率这一内容生活化，学生才能体会到数学就在身边，对数学产生亲切感，提高了探索问题的积极性，从而感受到数学的巨大魅力，并具备了数学应用意识和实践能力。

1.1.4.5　走出课堂，走进生活，促进学生全面发展

数学源于现实，寓于现实，用于现实。把所学的知识运用到生活中去，是学习数学的

最终目的，正如《义务教育数学课程标准》中指出，教师应该充分利用学生已有的生活经验，引导学生把所学的数学知识应用到现实中去，以体会数学在现实生活中的应用价值。教师应根据学生的认知规律，从他们的生活实际出发，在数学与生活之间架起桥梁。数学问题生活化与生活问题数学化是现代数学教学的改革方向，教师可以将生活中的一些题材编制成有意义的练习题，让学生理论联系实际，学会解决问题。例如，当学生学习了统计图后，在面对突袭而至的新冠肺炎疫情，打乱了正常的教学秩序时，教师在网课教学中便可布置疫情中的数学问题课题研究，要求学生每天关注全国或某一地区的新冠肺炎疫情，将收集数据绘制成某个地区疫情统计图，把分析结果写成一份研究报告。有的学生提出了切断传染链的有效措施；有的学生指出了污染环境的问题；有的学生列举了日常生活中人们随地吐痰、乱倒垃圾等恶习；有的学生发出了告别陋习、增强体质的倡议；还有的学生看到医护人员为了病人忘记危险，忘我工作，甚至献出了自己宝贵的生命，决定长大后当科学家、当医生。学生从小课堂走向大社会，在搜集、整理、统计、分析的活动中学到的不仅仅是数学知识本身，也养成了良好的实践能力，从中感悟到数学的应用价值和实际意义，更重要的是综合素质得到了培养和提高。同时，还可以让学生真实地了解一些时事信息，增长见识，学生从小关心国家大事，有助于养成获取新闻、信息的习惯。

数学教学是数学活动的教学，是师生交往、互动和共同发展的过程。教师要更新教育理念，结合学生的认知规律、生活经验对教材进行再创造，选取密切联系学生现实生活和生动有趣的数学素材，为学生提供充分的数学活动和交流的空间，真正把创造还给学生，让学生动起来，让课堂焕发生命活力，这样学生才能更有效地学会学习、学会发展、学会创造。联合国教科文组织提出：教育的四大支柱是学会学习、学会做事、学会共同生活、学会生存发展。而《义务教育数学课程标准》正顺应了促进学生全面、持续、和谐发展的要求，在教育目标上，不仅要使学生获得必要的数学基础知识和基本技能，而且要使学生的能力和思维方法得到改善，同时要使学生的道德情感、价值观念、个性品质等得到健康的发展。

1.1.4.6 主动探究，培养学生的创新意识

苏霍姆林斯基说过，在人的心灵深处，都有一种根深蒂固的需要，这就是希望自己是一个发现者、研究者、探索者，而在学生的精神世界中这种需要特别强烈。因此，教师要充分调动学生的积极性，适度增强开放性，启迪学生思维，尊重学生的人格和个性，给学生创设广阔的思维空间，让学生自主探索，要善于发现学生回答中富有价值和个性的东西。教师应尽可能给学生多一些思考的时间，多一些尝试的余地，多一些表现自我的机会，多一些成功的愉快，多一些自由发挥的空间；让学生在广阔的思维空间中展开多角度思维，使他们各方面的能力和技能都得到发展、创新天性得到开发和培育，真正成为知识的发现者、探索者。例如，教师在教学“计算 23－7”时，不直接教授算法，而是请同学们独立思考，然后在小组中说一说，看哪个小组方法多，这让学生在开放的时空中主动去探索多种个性化的算法。学生提出的计算方法真让人惊叹不已：有的摆小棒；有的借助计数器；有的列竖式；有的用各种口算，如 10－7＝3，13＋3＝16，以及 13－7＝6，10＋6＝16；

还有的同学用做减想加的方法，$16+7=23$，所以 $23-7=16$；更有学生采用一种奇特的算法，先算 $7-3=4$，然后 $20-4=16$，虽然得数相等，但按常规思维难以理解。此时，教师不要发表意见，而是让学生说算理。学生可能会说得有理有据：23 减 7，个位 3 个 1 减 7 个 1，差 4 个 1 不够减，就从 20 里减去 4 个 1 就是 16。说得多好呀！教师应尊重学生，给学生独立思考、相互讨论的时间和空间，鼓励学生多方位地分析、多角度地联想、多层次地猜测、多方面地实验，用不同的解题策略改变问题情境，开拓解题思路。教师在关注学生共性的同时，也促进了学生个性的发展。

1.1.4.7　创设情境，使学生学会学习

学生是最富有想象力的，他们的世界是千奇百怪、色彩斑斓的。教材依据学生生活经验和知识自身的特点提供了许多富有趣味的生活场景。教学中可充分利用这些精心设计的情境，激发学生探究的欲望，使学生学会学习。在教学“位置”时，教师一开始就可以设计一个超市的场景，让学生来摆货架，使学生在动手中学到了新知识，感受数学就在身边，学会了从身边的事物中寻找知识的学习途径。数学新课程标准要求密切联系学生熟悉的生活实际，从他们的经验和已有知识出发。熟悉的生活场景更易激发学生的积极性，从而使他们从容不迫地探索新知。

1.1.4.8　动手实践，让学生学会做事

陶行知说过：“解放学生的双手，就要让他们去做。”皮亚杰也说过：“思维从动作开始，切断动作和思维的联系，思维就不能得到发展，人的手脑之间有着千丝万缕的联系。”要解决数学知识的抽象性和学生思维的形象性之间的矛盾，就要更多地组织学生动手操作。例如“分一分”一课，教师可让学生动手把学具和文具进行分类整理。学生在动手进行分类整理的同时，也学会了做自己身边的小事。这一课的练习中设计了一道用两个口袋装东西的题目，通过动手，学生知道了吃的和用的东西要分开装。又如“认识人民币”一课中安排了“小小商店”的实践活动，学生有的像模像样地当起了营业员，有的则是扮演认真的小顾客。活动中，他们 1 角 1 角地数，数到 10 角，兑换成 1 元，理解了 10 个 1 角是 1 元，看到 10 个 1 元就能意识到是 10 元，他们就这样将抽象的认识与直观演示联系起来。学生为自己的发现而异常兴奋，掩饰不住喜悦和自豪，还说今后要帮爸爸、妈妈去买生活用品。可见，学生通过动手动脑实践的过程，还学会了做一些小事。

1.1.4.9　小组合作，使学生学会共同生活

与人共同生活是现代人必须具备的能力，而一年级刚入学的新生因年龄较小，家长的保护意识比较强，使得许多学生没有机会与其他学生一起交流，缺乏合作的经验。仅管如此，但是多数学生仍期待交流。因此为了帮助学生形成与人合作的能力，从入学第一天起，教师就要让学生树立合作学习的意识，从与同桌合作开始。例如第一课“数一数”，就让同桌两个人合作一起完成，让他们感受到合作成功带来的喜悦。而在“认物体”等课的教学中，让学生进行小组合作学习，把课桌并一并，全班分成几大组，便于学生间的交流，为合作学习创造环境和氛围。合作交流有利于培养学生良好的思维能力和积极的个性心理品质，在交往互动的过程中，学生能多思考、多实践、多表达，更多地体验到成

功的喜悦。

1.1.4.10 **学会质疑,使学生学会生存发展**

学生学习的最终目的是能够为今后的生存发展打好基础,而这就要从解决生活中的一些实际问题开始。教材中的许多练习就是实际生活情境的再现。学生用他们的眼光来看待生活,以他们的视角来解答问题。例如,有一题是讲幼儿园学生买面包的事情:一个班15个学生买哪两盒面包合适,有3盒供学生选择,分别装有6个、8个、9个面包。有的学生就提出要多买2个给老师吃。学生能动脑筋想办法来解决问题,足见练习中的那些实际问题对学生学会生存发展是有促进作用的。

在小学数学的教学过程中,学生积极参与丰富多彩的情境,动手实践,合作交流,学习才会不断取得成功。这样学生才会产生学习数学的兴趣和欲望,思维能力、情感态度、价值观等方面才会得到培养和发展。

1.1.5 如何在核心内容教学中体现数学价值

"学习有价值的数学"是课程标准提出的基本理念之一,在今后相当长的时间内,将指导着中小学数学教学实践。因此,如何正确理解"学习有价值的数学",对于改善小学数学课堂教学具有重要意义。

什么样的数学是有价值的呢?例如,一个传统的教学材料:某水池有一进水管,单独放水需12小时把空水池放满;有一出水管,单独放水需20小时放完一池水。问:同时打开进水管和出水管,几小时可以把水池放满?在制定《义务教育数学课程标准》讨论稿时,许多专家、教师认为,像这样的数学教学内容是没有价值的。因为这一问题情境在现实生活中是很少存在的,一般情况下是不会有人同时打开进水管和出水管来把水池放满的。在现实生活中,是否真的没有类似进水管与出水管同时打开的情境呢?实际上,现实生活中同时打开进水管与出水管的现象十分普遍。例如:①排队候场。不断来排队的人和不断进场的人,排队的人多于进场的人,就会有人等候。②草场上草的生长。不断生长的草和不断被吃掉的草。③人体的新陈代谢。不断地补充能量和不断地消耗能量。④社会人口的增减。不断出生的人和不断死亡的人,出生的人多于死亡的人时,人口就增加;反之,则减少……

《义务教育数学课程标准》指出:"人人都能获得良好的数学教育,不同的人在数学上得到不同的发展。"这一提法反映了义务教育面向全体学生,体现了基础性、普及性和发展性的基本精神,代表着一种新的数学课程理念和实践体系。有价值的数学应具备三大基本特征:基础性、普及性和发展性。"有价值的数学"具体还表现为具备下列特性:

1.1.5.1 **趣味性**

长期以来,我国基础教育是学科课程一统天下,以教师为中心、以书本为中心、以知识为中心,无论是小学还是中学,也无论是文科课程还是理科课程,在学习的方式上几乎都是以教师讲授为主。教师所要做的是如何准确地说明、解释,以使学生理解透彻。学生的最佳状态则是跟着教师的思路走,并把老师讲的内容记下来。教师常用的教学方式是例题、示范、讲解；学生习惯的学习方式是听讲、记忆、练习。尤其在数学课中，教师相当重视知识的逻辑性、系统性，为了使内容严密、完整，不产生歧义，常常用大量的文字表述某个概念、结果，导致学生们产生“数学是枯燥的、抽象的、难学的”普遍认识。而兴趣是最好的老师，从这个意义上分析，“有价值的数学”首先应是能吸引和激发学生学习兴趣，即具有趣味性的。修订后的义务教育教科书在编排上版式活泼、图文并茂，内容上逻辑通顺、深入浅出，将枯燥的数学知识变得生动、有趣，有较强的可接受性、直观性和启发性，对培养学生的学习兴趣有极大的帮助。这时，就需要教师精心设计教学过程，激发学生的学习兴趣，让他们亲身去感受数学，萌发一种“数学真有趣，我就要学习数学”的心理。例如，学习“百分数的意义”时，教师可问学生：“大家经常喝牛奶，谁知道牛奶盒上写着‘脂肪 3.3%，蛋白质 2.9%……3.3%、2.9%表示什么意思?”又如，学完“10 以内各数的认识”后，可以让学生用第几排第几个来描述自己坐的位置，让他们说一说父母的手机号码是由哪几个数字组成的，让他们记录一星期的气温……学生完成题目时，兴致特别高，争先恐后地交流，他们在交流中体验到了数学就在身边，感受到了数学的乐趣。从对自己的座位表述中，他们区别了第几排和第几个；通过交流父母的手机号码，他们知道了由于数的排列顺序不同，构成的手机号码就不同。教师精心设计的教学过程，帮助解决学生生活中的实际问题，使学生领悟数学的奥秘，从中也认识到数学的价值所在。

1.1.5.2 生活性

数学教学不应该是刻板的知识的传授，而应该遵循源于生活、寓于生活、用于生活的理念。实践表明，教学越贴近学生生活，就超容易引起学生情感上的共鸣。所以，教师应从学生熟悉的生活情境和感兴趣的事物出发，使他们体会到数学就在身边，感受到数学的趣味和作用，对数学产生亲切感。因此，“有价值的数学”在学习内容上应当是现实的、有趣的、富有挑战性的。例如，在“除数是小数的除法”的教学中，教师可紧密联系学生“购物”的生活经验，创设出“一个橡皮擦 0.5 元，一本练习本 1.2 元，一副三角板 1.5 元，一支彩色笔 2.5 元，一支自动铅笔 3 元。如果你有 20 元，要买其中一种物品，算一算能买多少”的情境，引导学生思考：在日常生活中，你是怎样算的？于是，学生联系自己的生活经验和已有知识，很快探索出了“除数是小数的除法”的计算方法，使他们在获取数学知识的同时，也得到了积极的情感体验。

1.1.5.3 个性化

“有价值的数学”在解题策略、方法上更多地体现出个性化。例如，在下面的横线上填数，使这列数具有某种规律，并说明有怎样的规律。3，5，7，____，____，____。首先应鼓励学生独立思考，从不同的角度去探究可能隐含的规律，并在全班进行交流。在解决这个问题时，只要学生给出一个答案，并能做出合理的解释，教师就应给予肯定。下面是学生可能给出的一些答案：①在横线上依次填入 9，11，13，形成奇数列。②在横线上依次填入 11，17，27，使这列数从第 3 个数开始每个数都是前两个数的和减 1。③在横线上依次填入 27，181，4879，使这列数从第 3 个数开始，每个数都是前两个数的积减 8。这样的教学有利于培养学生独立思考、合作交流的能力，有利于培养学生寻求数的规律的能力，突出其个性化,这比单纯地做几道计算题更具有挑战性,也更有价值。

从数学习题的分类来看,上例无疑可以说是一道数学开放题。相比较常规封闭题而言,虽然数学开放题在整个数学习题中所占的比例远低于封闭题,但就训练学生的实践能力和创新意识来说,数学开放题具有其独到的作用。从某一角度来说,数学开放题比封闭题更有价值。

1.1.5.4 文化性

《义务教育数学课程标准》指出:“数学是人类的一种文化,它的内容、思想、方法和语言是现代文明的重要组成部分。”从这一层面来讲,文化性也是在数学中有价值的重要特性。当今世界,数学已变得越来越重要,“数学文化”的内涵越来越丰富,数学与人类的关系越来越密切。数学社会学研究表明:学生的数学学习,并不是独立于社会环境的。学生认识的起点,往往不是规定中的逻辑公理,而是学生生活中的一些实际事例。鉴于此,现代小学数学教育呼唤回归生活,强调数学科学世界与生活世界的统一,科学精神与人文精神的融合。从某种意义上讲,让数学回归生活,让学生从生活中学习数学,已成为时代的一种呼声,为此《义务教育数学课程标准》指出:数学从生活中来,到生活中去,即数学源于生活。“数学文化”的一个显著特点,就是它源于生活,又广泛应用于生活。因此,国际数学课程改革的一个重要趋势,就是提倡学习“有价值的数学”,强调数学课程的应用性和实践性。目前,现实数学观点正逐步为广大数学教师所接受,在数学界得到普遍的认同。现实数学观点强调:学校数学教育具有现实的性质。学生应该用现实的方法学习数学。基于此,“人人都能获得良好的数学教育,不同的人在数学上得到不同的发展”就成了时代的又一种呼声。

众所周知,“文化的核心是价值观的问题”。因此,在数学教学中,教师应借助数学科学的文化价值,把蕴含在数学知识、技能中的价值观念、审美情趣、思想方法和行为规范加以挖掘与提升,让学生在数学学习活动中,通过“再现、重演数学知识中隐含着的原始实践和认识活动”,从而接受“数学文化”的熏陶,使其在获得一个公民必需的基本数学知识和技能的同时,在情感、态度、价值观等方面也得到较好的发展。例如,在“0的认识”教学中,教师可创设一个小朋友“放飞小鸟”的情境,让学生不仅感受到“一只小鸟也没有可以用‘0’来表示”,同时也意识到保护动物的重要性。又如,在“分类”的教学中,教师可创设这样的问题情境:妈妈从超市买回一些食品(有熟食、水果、饮料……),请你帮妈妈分一分,并放在相应的地方。于是,学生要先调查,看看什么物品放自己家冰箱里面,什么物品放食品柜里……然后再尝试分一分,提出解决问题的方案。这样,学生不仅学习了“分类”知识,还达到了了解生活、学会生活的目的。

1.1.5.5 后继性

“有价值的数学”从教材体系上更加突出体现为对后继学习的有用性,即具有后继性的特性。

1.1.6 数学教育改革的新发展

国际数学课程改革的一个重要趋势,就是提倡学习“有价值的数学”,强调数学课程的应用性和实践性。《义务教育数学课程标准》中关于计算教学的一个很重要的改革方向是强化口算、淡化笔算。

1.1.6.1　小学数学教学改革的生活化趋势

小学数学教学生活化就是指在数学的教学内容、教学方法、教学过程以及教学评价方面注重与生活的联系。小学数学教学生活化可以在很大程度上激发学生学习数学的兴趣。将生活中一些学生喜闻乐见的情境、事例引入教学中来，可以更好地激发学生学习的兴趣。

1.1.6.2　小学数学教学改革的个性化趋势

个体的差异不仅表现在能力、学习风格、愿望、学习步调等这些后天形成的因素中，也表现在先天形成的差异中。每一个学生都各具特点并有自己独特的组合形式，学校教育就应该开发多种智能形式来帮助学生发现自己的“闪光点”，为他们创设多种多样的展示自己才能的机会，给每个学生多样化的选择，激发其潜在的巨大的智能，从而形成独特的自我。

每一个学生在学习的过程中，都有自己的活动经验和知识积累，都有自己的思维方式和解决问题的策略，每个学生的思维能力和思维水平是不同的。数学课程应在学生原有的基础上，针对不同的学生培养和发展他们的思维能力及思维水平，进而提高学生的智力和全面的数学能力。

1.1.6.3　小学数学教学改革的活动化趋势

传统教育把心智或意识与身体活动隔离开来，认为前者是纯粹理智的和认识的因素，后者是一个不相关、起干扰作用的物质因素，同时认为学生应该专心做功课，身体活动会引导学生远离功课。而实际情况是学生在活动中能获得有意义的反省经验，继而能产生良好的思维。学生的活动包含了思维的某些要素，更好地培养了他们的思维能力。活动的过程就是探索的过程、观察事物的过程和调查研究的过程，同时也是思维活动的过程。学生只有通过主动尝试的外部操作活动和被动承受的内部思维活动，去积极思考某一行动和某一结果彼此关联的事实，才能产生良好的思维。由此可见，在小学数学教学中，重视设计才能真正切合学生经验和需要。

1.2　数学课程的理念与核心素养

1.2.1　数学课程的基本理念

《中小学幼儿园教师培训课程指导标准(义务教育语文、数学、化学学科教学)》中指出：教师要秉承师德为先、能力为重、学生为本、实践导向、分层培训的理念。

《义务教育数学课程标准》中指出数学课程的基本理念：

(1)数学课程应致力于实现义务教育阶段的培养目标，要面向全体学生，适应学生个性发展的需要，使得人人都能获得良好的数学教育，不同的人在数学上得到不同的发展。

(2)课程内容要反映社会的需要、数学的特点，要符合学生的认知规律。它不仅包括数学的结果，也包括数学结果的形成过程和蕴含的数学思想方法。课程内容的选择要贴近学生的实际，有利于学生体验与理解、思考与探索。课程内容的组织要重视过程，处理好过程与结果的关系；要重视直观，处理好直观与抽象的关系；要重视直接经验，处理好直接经验与间接经验的关系。课程内容的呈现应注意层次性和多样性。

(3)教学活动是师生积极参与、交往互动、共同发展的过程。有效的教学活动是学生学与教师教的统一，学生是学习的主体，教师是学习的组织者、引导者与合作者。

数学教学活动，特别是课堂教学应激发学生兴趣，调动学生积极性，引发学生的数学思考，鼓励学生的创造性思维；要注重培养学生良好的数学学习习惯，使学生掌握恰当的数学学习方法。

学生学习应当是一个生动活泼的、主动的和富有个性的过程。认真听讲、积极思考、动手实践、自主探索、合作交流等，都是学习数学的重要方式。学生应当有足够的时间和空间经历观察、实验、猜测、计算、推理、验证等活动过程。

教师教学应该以学生的认知发展水平和已有的经验为基础，面向全体学生，注重启发式教学和因材施教。教师要发挥主导作用，处理好讲授与学生自主学习的关系，引导学生独立思考、主动探索、合作交流，使学生理解和掌握基本的数学知识与技能，体会和运用数学思想与方法，获得基本的数学活动经验。

(4)学习评价的主要目的是全面了解学生数学学习的过程和结果，激励学生学习和改进教师教学。应建立目标多元、方法多样的评价体系。评价既要关注学生学习的结果，也要重视学习的过程；既要关注学生数学学习的水平，也要重视学生在数学活动中所表现出来的情感与态度，帮助学生认识自我、建立信心。

(5)信息技术的发展对数学教育的价值、目标、内容以及教学方式产生了很大的影响。数学课程的设计与实施应根据实际情况合理地运用现代信息技术，要注意信息技术与课程内容的整合，注重实效。要充分考虑信息技术对数学学习内容和方式的影响，开发并向学生提供丰富的学习资源，把现代信息技术作为学生学习数学和解决问题的有力工具，有效地改进教与学的方式，使学生乐意并有可能投入现实的、探索性的数学活动中去。

1.2.2 数学课程中的核心素养

1.2.2.1 数学的核心素养

《义务教育数学课程标准》指出：在数学课程中，应当注重发展学生的数感、符号意识、空间观念、几何直观、数据分析观念、运算能力、推理能力和模型思想。

为了适应时代发展对人才培养的需要，数学课程还要特别注重发展学生的应用意识和创新意识。

(1)数感主要是指关于数与数量、数量关系、运算结果估计等方面的感悟。建立数感有助于学生理解现实生活中数的意义，理解或表述具体情境中的数量关系。

(2)符号意识主要是指能够理解并且运用符号表示数、数量关系和变化规律；知道使用符号可以进行运算和推理，得到的结论具有一般性。建立符号意识有助于学生理解符号的使用是进行数学表达和数学思考的重要形式。

(3)空间观念主要是指根据物体特征抽象出几何图形，根据几何图形想象出所描述的实际物体；想象出物体的方位和相互之间的位置关系；描述图形的运动和变化；依据语言的描述画出图形等。

(4)几何直观主要是指利用图形描述和分析问题。借助几何直观可以把复杂的数学问题变得简明、形象，有助于探索解决问题的思路，预测结果。几何直观可以帮助学生直观地理解数学，在整个数学学习过程中都发挥着重要作用。

(5)数据分析观念包括：了解在现实生活中有许多问题应当先做调查研究，收集数据，通过分析做出判断，体会数据中蕴含的信息；了解对于同样的数据可以有多种分析的方法，需要根据问题的背景选择合适的方法；通过数据分析体验随机性，一方面对于同样的事情每次收集到的数据可能不同，另一方面只要有足够的数据就可能从中发现规律。数据分析是统计的核心。

(6)运算能力主要是指能够根据法则和运算律正确地进行运算的能力。培养运算能力有助于学生理解运算的算理，寻求合理简洁的运算途径解决问题。

(7)推理能力的发展应贯穿于整个数学学习过程中。推理是数学的基本思维方式，也是人们学习和生活中经常使用的思维方式。推理一般包括合情推理和演绎推理，合情推理是从已有的事实出发，凭借经验和直觉，通过归纳和类比等推断某些结果；演绎推理是从已有的事实(包括定义、公理、定理等)和确定的规则(包括运算的定义、法则、顺序等)出发，按照逻辑推理的法则证明和计算。在解决问题的过程中，两种推理功能不同，相辅相成：合情推理用于探索思路，发现结论；演绎推理用于证明结论。

(8)模型思想的建立是学生体会和理解数学与外部世界联系的基本途径。建立和求解模型的过程包括：从现实生活或具体情境中抽象出数学问题，用数学符号建立方程、不等式、函数等表示数学问题中的数量关系和变化规律，求出结果并讨论结果的意义。这些内容的学习有助于学生初步形成模型思想，提高学习数学的兴趣和应用意识。

(9)应用意识有两个方面的含义：一方面，有意识利用数学的概念、原理和方法解释现实世界中的现象，解决现实世界中的问题；另一方面，认识到现实生活中蕴含着大量与数量和图形有关的问题，这些问题可以抽象成数学问题，用数学的方法予以解决。在整个数学教育的过程中应该培养学生的应用意识，而综合实践活动是培养应用意识很好的载体。

(10)创新意识的培养是现代数学教育的基本任务，应体现在数学教与学的过程之中。学生自己发现和提出问题是创新的基础；独立思考、学会思考是创新的核心；归纳概括得到猜想和规律，并加以验证，是创新的重要方法。创新意识的培养应该从义务教育阶段做起，贯穿数学教育的始终。

1.2.2.2 数学核心素养的特点

(1)在讨论问题时,习惯于强调定义(界定概念),强调问题存在的条件。

(2)在观察问题时,习惯于抓住其中的(函数)关系,在微观(局部)认识基础上进一步做出多因素的全局性(全空间)考虑。

(3)在认识问题时,习惯于将已有的严格的数学概念如对偶、相关、随机、泛函、非线性、周期性、混沌等概念广义化,用于认识现实中的问题。例如,可以看出价格是商品的对偶、效益是公司的泛函,等等。

简言之,用数学的眼光去发现世界、观察世界;用数学的语言去描述客观世界存在的现象;用数学的思维和方法去解决生产、生活中的实际问题。

1.2.2.3 提高数学核心素养的方法

1. 在教材的使用上,主动挖掘教材,创新使用教材

教学中,教师可以依据课标的要求,在达成教学目标的前提下,重新组合、调整一些内容和顺序,拓展教材。例如,在二年级上学期开学时,学生还处在假期的放松状态中,把"折飞机"的教学内容先教授,学生很有兴趣,学习完成度高。又如,在二年级下学期"解决问题"的教学中,教材没有很明显地讲到脱式计算的方法和格式,而在很多练习中又出现了这方面的练习,所以教师特别加强了这方面教学的练习内容。学生在情景当中学习,很快就掌握了知识。还有对"两位数加、减两位数"的计算法则,学生自己发现、总结,最后归纳,完善了知识,形成一定的理解体系。

2. 在教学过程中,创设情景,联系实际

在新教材的使用中,大量地创设情景,丰富学生的视角,调动学生的积极性,是很有效的方式。低年级的学生,注意力集中的时间短,而且生活经验缺乏,通过情景的呈现,使他们马上集中注意力,同时调动以往的生活经验,加强对知识的理解和学习。学生对知识不陌生,又有了经验,也就克服了理解的困难。现在多媒体的教学是低年级课堂创设情景的主要途径,生动形象,一目了然,增强了直观教学,既符合学生的认知规律,又提高了教师教学效率、效果。

例如,二年级下册的"旋转和平移"的教学通过课件演示,效果非常好。正确合理地使用这些教学方式,体现课堂教学的魅力。

3. 教学过程中,将适时地教和主动地学相结合

《义务教育数学课程标准》指出,教师是课堂教学的组织者、合作者、指导者,学生才是学习真正的主人。如何让学生主动学习,这取决于教师的教学态度与决策。教师的备课是知识生成的一种预设,在课堂中知识的生成是思维的一种更高境界。教师的引导,要适时、恰到好处,要给足学生探索的时间和空间。

1.2.3 小学数学案例分析

1.2.3.1 数感的培养

在一年级"数一数"的教学中,主题图中学生最开始看见的是什么?他们在干什么?

老师引导学生通过数一数来观察，发现有几只小象在干什么，有几只小猪在干什么……学生学会用数字来描述主题图中的现象。

在“100 以内数的认识”的教学中，让学生数一数、估一估、说一说等，让学生感知 100 有多大，培养学生的数感。

1.2.3.2 符号意识

在低年级就用“□”“( )”“★”等表示数字，中、高年级用字母表示数。通过学习，学生知道可以用字母表示数，还可以用字母表示运算定律……这样不仅培养了学生的符号意识，也体现了数学的简洁美。

1.2.3.3 运算能力

运算能力既是能力，也是技能，是学生在计算算理的支撑下按照计算的方法和步骤进行计算，教师在运算能力培养中要突出算理的教学，学生只有在明确算理以后才能按照算法的要求正确计算。例如“123×12=”，要先算“123×2”，再算“123×10”，第二个因数十位的“1”乘第一个因数个位的 3 表示 3 个十，所以，3 写在十位；“1”乘第一个因数十位的“2”表示 2 个百，所以，2 写在百位；“1”乘第一个因数百位的“1”表示 1 个千，所以，1 写在千位。学生就此明确了算理，明晰了算法。

1.2.3.4 应用意识

学生学习了“图形的认识”以后会观察生活中的图形，说这是长方体，那是正方形……学习了“数与形”之后学生会发现很多形体都可以用数来表示，一些数字可以转化成图形，真是“数无形时少直觉，形少数时难入微”。小学数学教材中还安排了很多综合实践活动，这些活动都是在培养学生的应用意识，让学生体验数学的乐趣和价值。

1.2.4 数学课程基本理念案例分析

案例一

学生在学习了六年级上册“确定起跑线”一课关于圆的知识后，又上了一节实践活动课。教材通过小组合作，解决了为什么 400 米或中长跑比赛中学生的起跑线不同，而终点相同的问题。学生通过小组合作和观察分析得出由于相邻的两道的直道长度都是 85.96 m，弯道内、外两个弯道的直径不同，相差 2.5 m，从而通过计算得出内、外圈相差 7.85 m（π 取 3.14159）；有的组把所有跑道的长度全部算出来，发现每相邻的两道都相差 7.85 m，因此学生明白了为什么中长跑比赛起跑线不同，而终点相同的实际原因，在学习过程中获得了良好的数学教育。

这时有学生提出：“我不用算出每条跑道的长度，也知道它们相差多少。”此问题一出，学生面面相觑，怎么可能？该生通过对每条跑道长度计算的分析与整理发现，相邻的两条跑道之间相差 $1.25\times2\times\pi$(m)。

这时又有学生提出 200 m 跑呢？800 m 跑呢？这名学生进一步地研究，通过计算、对比和观察，发现在中长跑比赛中，不管跑道的一周长度是多少，如果经过 1 个弯道，起跑线相差道宽×π;如果经过2个弯道,起跑线相差道宽×2×π,以此类推。

这一案例不仅体现了人人都能获得良好的数学教育,不同的人在数学上得到不同的发展,还体现了教学活动是师生积极参与、交往互动、共同发展的过程。学生在学习活动中表现积极主动,参与度高,师生、生生互动激发了学生学习的兴趣和欲望。同时,该案例还可以体现社会的需要、数学的特点,要符合学生的认知规律的理念。"确定起跑线"是学生的现实需要,是计算圆及组合图形周长和面积的需要,也是现实的、有意义的题目。

案例二

在一次优质课评选中教室突然停电了,讲课老师无法正常上课,心里很着急。因为多数老师现在在课堂上都是通过PPT来展示课件的。信息技术对课堂的影响尤为突出,它使得课堂直观了,信息量增加了,学生活跃了,资源更丰富了,老师的教学方式也发生了很大的变化。但一些教师的教学脱离了轨道,教师的主导作用不能够很好地发挥。

多媒体只是教学的辅助手段,可以使课堂资源更加丰富,更直观形象,更加易于学生理解。但它只是辅助手段,课堂是师生双边活动的过程,既要发挥学生的主体作用,也要发挥老师的主导作用。学生在课堂上要会探究、会合作、会交流、会学习;教师在课堂上要真正地发挥合作者、参与者、指导者的作用。

1.3 数学教学的设计、实施与评价

1.3.1 小学数学教学设计的基本问题

1.3.1.1 小学数学教学设计的基本要素

在新课程理念下,教学过程的本质有了重大的改变,教学过程可以说是一种"沟通、理解和创新"的过程,学习不是仅仅把知识装进学生的头脑中,更重要的是要让学生对问题进行分析和思考,从而把知识变成自己的"学识"、自己的"主见"、自己的"思想"。

1. 经验——学习要建立在学生原有的经验基础之上

《义务教育数学课程标准》指出,数学教学活动要以学生的发展为本,要把学生的个人知识、直接经验、知识经验和现实世界作为数学教学的重要资源。建构主义认为,学习不是知识由外到内的转移和传递,而是学习者主动地建构自己的知识经验的过程,即通过新经验与原有知识经验反复的、双向的相互作用,来充实、丰富和改造自己的知识经验。因此,教师不能简单地按照自己或课本中的逻辑来对学生做出非对即错的评价,而应透视学生的理解,洞察他们的思考方式和经验背景,做出相应的教学引导,引发学生对问题的进一步思考。

2. 思考——数学的核心

当学生学习一个新的数学知识时,鼓励他们采用探索的方法,由已知出发,通过自己

的努力或与同伴合作获得对新知识的理解，而不是采用“告诉”的方式；当学生面临困难时，引导他们寻找解决问题的思路，并在解决问题的过程中总结所获得的经验，而不是直接给出解决问题的方案；当学生对自己或同伴所得到的“数学猜想”没有把握时，要求并帮助他们为“猜想”寻找证据，根据实际情况修正猜想，而不是直接肯定或否定他们的猜想；当学生对他人的思路、方法有疑问时，鼓励他们为自己的怀疑寻求证据，以否定或修正他人的结论作为思维的目标，即使学生的怀疑被否定，也应当首先对其尊重事实、敢于挑战“权威”的意识给予充分的肯定。

3. 活动——数学学习的基本形式

《义务教育数学课程标准》指出，数学教学是数学活动的教学，是师生之间、生生之间交往互动与共同发展的过程。这里强调了数学教学是一种活动，是教师和学生的共同活动，这对我们树立正确的数学教学观具有重要意义。

这就要求教师在教学设计时应将重点放在揭示知识的过程中，暴露知识的思维过程中，重结果教学向重过程教学转变，从而使学生在教学过程中思维得到充分的训练，既长知识，又增才干。《义务教育数学课程标准》倡导要尊重并提升学生的主体性，而培养学生的主体性，使学生的个性得到充分张扬，就必须引导学生积极参与教学活动。这让学生在动眼观察中产生新奇感，在动手操作中提出问题，在动口讨论中产生新想象，在心灵的颤动中积累新方法，在动脑反思中萌发新探索，在活动中理解和掌握数学知识、思想方法，充分体验成功的喜悦。

4. 再创造——不是纯粹的模仿和纯粹的记忆

在学习了“立体图形的平面展开图”一课以后，教师可以向学生提出一个问题：“元旦快要到了，你能设计并制作一个精美的盒子赠送给你的亲人、老师或朋友吗?”该问题既包括了学生所学的立体图形的平面展开图的知识，又回归学生的生活，富有挑战性。学生解决问题的过程是综合运用数学知识、美术知识，动手实践，再创造的过程。其目的是让学生明白：“数学源于生活，更要应用于生活”，从而体现数学的意义与价值。回归生活，让课堂与生活紧密相连，是新课程教学的基本特征。

1.3.1.2 小学数学课堂教学常用模式

1. 当前小学数学课堂教学中存在的问题

(1)“教师的主导地位”在动摇

有人认为“师者，传道、授业、解惑也”已经过时了，提出教师应该是教学的组织者、参与者和引导者。可见这种角色的转变并未否定教师的作用，更未取消教师在教学中的主导地位。笔者曾听过一节数学课——找规律。这节课课堂气氛活跃，师生关系融洽，学生积极参与，学生动口、动手、动脑，教师能用赏识的目光欣赏学生。很多教师总想在一节课里最大程度地体现新课标、新理念，调动一切可以调动的因素，使听课人感觉学生的知识获得是他们自主实现的，不是自己讲授的。之后，笔者一直在想这节课像是一节表演课，教师在讲台上演了一场戏，而对学生的答案评判很少，教师到底处在什么地位呢?

《义务教育数学课程标准》指出，教师教学应该以学生的认知发展水平和已有的经验为基础，面向全体学生，注重启发式和因材施教。教师要发挥主导作用，处理好讲授与学生自主学习的关系，引导学生独立思考、主动探索、合作交流，使学生理解和掌握基本的数学知识与技能，体会和运用数学思想与方法，获得基本的数学活动经验……显然，上面这位教师在这节课里的主导地位在动摇。

(2)"讲授式教学法"遭冷遇

在目前的课堂上，好像每位教师都在故意回避讲授新课。也许有人会说：你的话不是多余的吗？课程标准提倡自主学习、合作学习和探究学习，就是要淡化传统的"讲授式教学"。我国教育上沿用了几千年的教学方法肯定存在某些不足，但那并不等于我们可以完全否定"讲授式教学"。单纯就教学方法而言，"讲授式教学法"永远是一种最基本的教学方法。无论数学教学改革到哪一步，在教学中仍离不开它。学生也不可能完全抛弃"接受式学习法"，这是由教学过程中教学内容的特点决定的。有一些教学内容本身只能靠老师深入浅出地讲解，不能由学生自主学习或探究学习来获得答案。例如：一些原始概念的教学，"数的认识"，11的写法、读法等。教材插图中1捆小棒和1根小棒，十位的一捆代表1个10里有10个1，而不能用两个1根小棒来图解。弄清了算理，11的读、写，学生自然就明白了。对于有些知识，教师简单地讲解，学生就会明白，不必让学生花大量时间和精力去寻求答案。

《义务教育数学课程标准》指出，数学活动是师生积极参与、交往互动、共同发展的过程，有效的教学活动是学生学与教师教的统一，学生是学习的主体，教师是学习的组织者、参与者和合作者。魏书生提出"三不讲"：学生通过自学可以解决的问题不讲，通过合作学习可以解决的问题不讲，通过同学的讲解交流可以解决的问题不讲。这并不是告诉我们什么都不讲，而是我们的教师没有必要回避讲授新课，需要讲的依然要讲。

(3)课本的作用被淡化

这里所说的"课本的作用被淡化"是指对课本作用的忽视或漠视，即对课本知识"囫囵吞枣"，对课外资料"细嚼慢咽"这一现象而言的。例如，一年级上册"6和7的认识"一课，课本主题图中6个学生打扫卫生，加上1个老师共7个人，有6张桌子、7把椅子。主题图下是头形图、点子图。编者意图从情境图到实物图，使学生明白将物体个数是6个和7个的用6和7表示，而教师为了追求课堂形式多变，往往忽略了这一重要资源。

《义务教育数学课程标准》告诉我们："学生应当有足够的时间和空间经历观察、实验、猜测、计算、推理、验证等活动过程。"而我们的教材，尤其是低年级教材，插图占了大量的篇幅，就是为了让学生观察，获取信息，不是为了占用资源。这是根据学生年龄特点和教学内容设计的，不少小学数学教师忽视了这一宝贵资源的开发利用，从而淡化了课本的作用。

(4)数学内容的科学性丢失

在课程标准教育理念指导下，教师教学中重能力、重过程、重学生的感悟与体验，对学生的回答不追求答案的唯一，但数学教学内容的科学性不容丢失。"长方形和正方形的周长"一课的教材编排，是让学生自主动手量一量长方形物体一周的长度，使学生感知四周边的长是长方形的周长。学生动手量出周长，计算长加宽的和的两倍也可得周长，再由学生对比哪种方法简便。教师不可忽视教材编排的意图，而让学生去死记硬背周长公式。

《义务教育数学课程标准》指出："教师教学应该以学生的认识和发展水平和已有的经验为基础，面向全体学生，注重启发式和因材施教……使学生理解和掌握基本的数学知识和技能，体会和运用数学思想和方法，获得基本的数学活动经验。"因此，教师在小学数学教学中一定要领会教材编排意图，深挖教材，注重教学内容的科学性。

(5)"数学基础知识"被忽略

在教学活动中，很多教师都注重培养学生的基本技能和知识的形成过程，而对于基础知识的教学投入的精力普遍少了，好像那样的话就是"填鸭式""注入式"的教学。试想，如果学生不能牢固掌握数学基础知识，何谈应用？

"三点式"教学法就是抓知识的"基础点"、知识的"增长点"和知识的"发展点"。知识的"基础点"是检查复习部分，是温故，是制定学习目标的基础知识。教学不是空中楼阁，它像建筑一样需要根基，知识的"基础点"就是这个根基；知识的"增长点"是课堂教学的主体，在学生复习本节课的基础知识点的基础上，开展小组讨论、同桌对话，师生、生生互动，寻找探究的点，找到了这个点，就牵着了"牛鼻子"，课堂教学就成功了一半；知识的"发展点"是对本节内容提出更深层次的问题，师生共同探究解决，同时这个点又是下节教学的基础点。因此，在小学数学课堂教学中，一定要注重"数学基础知识"的教学。

2. 课堂教学模式

《义务教育数学课程标准》提出，数学教学要以有利于学生全面发展为中心，以提供有价值的数学和倡导有意义的学习方式为基本点。如何把握好课堂教学，已成为课程改革的核心问题，在教学中注意改变教与学的方式，传承"接受式"的精化，领悟"发现式"的真谛。

(1)讨论式教学模式

这一种模式的主要特点是以学生为主体，在教学的过程中，让学生积极参与教学的全过程，让学生在学习的过程中主动去发现问题，共同解决问题。在讨论的过程中，培养学生的实践能力，培养学生分析问题、解决问题的能力，直至培养创新思维能力。教师的作用主要是引导学生学习的方向，帮助学生解决学习过程中遇到的问题。

这一种模式是以学生为主体，学生有了更多的发展空间，提高了学生的学习积极性与主动性；是需要全体学生的积极参与，各个层次的学生都能得到相应的提高；是由学生去发现问题和解决问题，使得他们在学习知识的同时也掌握了学习的方法，提高了教学的整体效益。

(2)交互式教学模式

这一模式主要是讨论式教学模式的改进与优化，增强了教师与学生的相互交流。由于加强了师生之间的交流，课堂教学更加具有目的性，教师可以在交流的过程中更加及时地了解课堂的动态，适时地引导学生进行学习，最大限度地提高课堂教学的效果。

(3)实践式教学模式

这一模式主要是针对一些实践性较强而且具备必要条件的课型设计的。其主要的特点是让学生动手实践,在实践中探索知识、掌握知识,同时培养学生的动手能力和实践能力。例如,二年级上册"厘米和米的认识"一课,就可以采用这种课堂教学模式。

(4)讲座式教学模式

这一种模式主要是对学习方法与学习技巧方面的潜在因素进行专门的学习,重点在于培养学生的学习能力,为学生今后的学习打下坚实的基础。

总之,教无定法,贵在得法。新课程理念下的课堂教学,教师的"教"要为学生的"学"服务,课堂教学要密切关注学生的学习需求,让学生在课堂上多一点思考的时间,多一点活动的空间,多一点表现的机会,多一点成功的愉悦。教师运用多种方式组织教学,可让我们的数学课堂更丰富、更精彩、更有内涵。

1.3.2 小学数学教学方法与策略

课程改革在教学领域轰轰烈烈地开展,它提出了许多新理念、新精神、新要求。例如,人人学必需的数学,不同的人在数学上得到不同的发展;生活中有数学,数学中有生活;要关注学生的情感、态度、价值观;提倡探究式学习,小组合作学习……作为一名小学数学教师,要想全面提高教育教学质量,必须了解当今教育形势的发展,掌握这些新理念,依据《义务教育数学课程标准》的编排,有目的地引导学生进行数学活动,遵循学生学习数学的心理规律,强调从学生已有的生活经验出发,重视培养学生的创新意识和实践能力。

1.3.2.1 依靠实际生活,优化教学资源

学生为什么要来到课堂上学习数学,这个问题似乎浅显,却值得我们思考。学生学习数学无非是为了用,为了能解决实际生活中的具体问题,为了长大后能在社会上生存。因此,我们的数学不能远离生活,不能脱离现实。这也是当前课改的一大精髓,这就要求我们在准备每一节课时都要想到这些知识与哪些实际例子有联系,生活中哪些地方使用它们。尽量做到能在实际情境中融入数学知识;用学生熟知的喜闻乐见的例子,替代枯燥的例题;能动手操作发现的知识点,就不灌输,不包办代替;有模仿再现实际应用的练习,就引进课堂,与书本练习题配合使用。总之,"从生活中来,到生活中去"。

1.3.2.2 注重感性教学,体验学习乐趣

小学数学是数学教育的基础,是人的一生中学习数学的开始。要想在学生面前把抽象的、枯燥的数学变得生动有趣,展示出一个五彩缤纷的数学世界,让学生发自内心地爱数学,主动地用数学,关键是要加强数学与生活的联系,把抽象、陌生的数学变成具体的感受和体验,让数学知识生活化。

现代学生心理学研究表明,学生在学习数学时,他们的心智活动离不开具体事物的支持。他们的学习带有浓厚的感情色彩,会对熟悉的生活情景感到亲切,产生兴趣。只有当数学不再"板起面孔",更加贴近学生的实际生活的时候,他们才会产生学习的兴趣,

才会进入学习的环境，才会真正感受和体验数学的魅力与价值，才会增进理解和应用的信心。在教学中，要注意从学生熟悉的生活原型入手，唤起他们已有的生活经验和感受，使学习成为学生发自内心的需求。例如，在教学“比高矮”这部分内容时，我们可以这样导入：课前教师故意把黑板擦放在黑板上方的边框上，一上课教师故作惊奇地说：“咦，黑板擦怎么跑那么高，谁愿意帮我把它拿下来？”上来拿的学生由于个子矮，够不着，他就跳起来很吃力地够，还是够不着。老师微笑着说：“还是让我来拿吧。”老师动手拿下了黑板擦，并问：“同学们，刚才为什么他很费力也拿不到，而我这么容易就成功了呢？”学生纷纷发言：“因为老师个子高，学生个子矮。”“老师个子比他高，他比老师个子矮。”“老师，你都长到黑板那儿了，所以一下子就够着了。”……老师根据学生的发言，马上叫刚才那位学生上来站在老师身边，再次比高矮，并引导学生用完整的语言表达。教师总结：看来在生活中，我们经常需要知道谁比较高，谁比较矮，才能根据不同的情况来处理问题，今天这节课我们就一起来学习“比高矮”。这样的导入设计很新颖，体现了新理念、新教法，让学生在一片欢笑声中理解了“比高矮”的重要性，在具体感受和体验中感受到了学习的快乐，激发了学习的兴趣和情感。

1.3.2.3　创设学习情境，感受学习魅力

翻开数学教材，映入眼帘的是五颜六色的图画、生动有趣的故事、憨态可掬的动物、深受欢迎的卡通，这不仅仅给枯燥的数学赋予了生命，更为我们教师的教学设计提供了丰富的资源。实质上，编者把他们对人生的理解、对现实的看法转化到课本上以图的形式来展示，但并不是要广大教师局限于图中，仅仅只是看图、用图、讲图。在实际教学中，教师、学生拿着实物走进教室，动口、动手创设一个个比较真实的情境，让学生看得见、摸得着，如此学生能更快地进入学习状态，能产生更大的学习兴趣，能有更具体的感受和体验。教师可以经常根据书上的图找来实物、图片，自做动物头饰、编写童话故事等，领着学生动手、动口，模拟表演，亲自创设情境，使数学知识更具生活性和趣味性，这样教学效果会更好。

1.3.2.4　融洽师生关系，发挥学生特长

《义务教育数学课程标准》给我们提出了新的要求。要适应新的形势发展，必须要有新的教育理念。首先，对学生重新认识，每一个学生都有自己的爱好，充分估计每个学生的潜在能力。教师要信任理解学生，要让每个学生都抬起头来，都体体面面地坐下去，千万不能让学生在群体面前暴露自己的“无能”。其次，要用和蔼的目光面对全班的学生，经常用语言和学生交流，例如：“我很荣幸，我的想法和某某同学不谋而合。”“你的某某看法很有创意。”“你对这一点的看法很独特。”对于不完全正确的答案，注意发现它的闪光点：“我听懂了你的意思。”“你说的这一点有道理。”“你能解释一下吗？”以前每节课结束，我们常说：“有不懂地找老师。”现在我们可以说：“你有什么体会或遗憾？”“今天的课，谁还想发表看法？”这样有利于老师和学生平等、民主、和谐地相处。

1.3.3　小学数学教学设计及其创新

我们大部分的教师都受传统应试教育的影响，盲目地认为只要提高学生的学习成绩

就算完成教学任务。所以,在教学中,经常用“满堂灌”的教学方式,将知识一股脑地强行灌输给学生,导致学生的学习兴趣下降,教学质量得不到保证。

1.3.3.1 改变传统的教学观念,突出学生的主体地位

为了更好地提高小学数学教学效率,教师一定要转变传统的教学理念,突出学生的主体地位,由一个课堂控制者转变为学生学习的指导者与引领者,让学生能够主动地学习,这样才可以让学生养成一个良好的学习习惯,以积极的心态投入学习中。此外,教师还应该改变传统的课堂组织形式,不能再采用传统的“教师讲,学生听”的教学模式,营造出一个良好的学习氛围,让学生养成较强的探索精神与创新思维,从而强化学生参与教学活动的积极性,促使学生更好地发展。

1.3.3.2 提高学生的动手实践能力,享受学习乐趣

由于学生还处于一个活泼好动的阶段,对身边事物具有较强的好奇心,所以,在数学教学过程中,教师可以抓住学生这一特点来引导学生进行操作,不仅可以提高学生的动手操作能力,也可以营造出生动活泼的教学氛围。学生亲手做一做,可以把外部的动手过程与思维活动有效地结合在一起,以便加深对知识的认知程度,提高学习效率。例如,五年级下册“长方体和正方体”一课,教师可以先把常见的日常生活用品分发给学生,如铅笔盒、茶叶桶、粉笔盒、魔方,或者准备一些积木,让学生认一认、拼一拼。这样既可以锻炼学生的动手操作能力,也可以培养学生的创新思维,从而把抽象的知识具体形象化,使学生成为学习的主人,尽情地享受学习带来的乐趣。

1.3.3.3 提高教师的专业素质,加强师资队伍建设

新课程理念的不断深入,对教师提出了更高的要求,既要求教师不断地改革与发展教学方法,树立以人为本的教学思想,还要求教师必须坚持以终身学习为理念,深刻地理解、彻底领悟新课程理念对教学的要求。因此,必须要加强教师的素养,强化师资队伍建设。首先,可以建立带教体系,让骨干教师开设公开课,供教学能力有待提高的教师观摩与学习,以便更好地提高教师的专业素质。其次,可以根据教师的教学水平以及教学技能定期地给教师进行专业性的培训。最后,应该督促教师运用恰当的教学方法,激起学生的学习兴趣及积极性等。以上的方式,既可以提高教师的专业素质,还可以强化教师对教学活动的反思能力和水平,从而促使教学质量提升,促进教育事业向前发展。

1.3.3.4 合理利用多媒体手段,提高课堂教学效率

随着经济的不断发展,多媒体已经成为目前最受欢迎的教学手段,其不仅可以把枯燥乏味的知识用一种更加直观的形象展示给学生,还可以增强课堂的趣味性,更可以有效地激发学生的学习兴趣。因此,在教学过程中,教师可以根据学生的实际发展情况合理地采用多媒体技术,把教材中的内容用图片和声音表现出来,彻底打破传统的教学模式。例如,在教学二年级上册“100 以内的加法和减法”的过程中,教师可以利用多媒体技术,把原来的数字换成小花或者是棒棒糖之类的事物,不仅符合学生对身边事物好奇的心理,而且可以有效地激发学生的学习兴趣。用多媒体技术进行教学,创新出更科学合理的教学模式,既可以吸引学生的注意力,促使学生参与教学活动,还可以有效地提升教

学效率，从而实现教学的现代化，打造出具有特色的小学数学课堂。

因此，在数学教学过程中，教师一定要知道新课程对教学的要求，不断地改革与发展教学模式，创新教学形式，并根据学生的实际发展情况以及实际的教学内容合理地采用多媒体技术，以便于更好地激发学生的学习兴趣，让学生的主观能动性能够发挥出来，进而提高学生的学习效率，实现小学数学教学的真正目的。

1.3.4　小学数学测量与评价的方法

1.3.4.1　考试形式

提交分析报告。

1.3.4.2　考试内容

根据所学内容，选一节数学课，对这节课进行课堂观察分析，围绕这节课撰写一篇关于教学过程的评价分析报告。

1.3.4.3　考试要求

(1)课堂教学分析能反映新的教学观念，与所学课程有紧密相关性；

(2)能够发现教学过程中的亮点，并说明理由；

(3)能够发现教学过程中的问题所在，并能从根源上进行原因分析；

(4)能够提出具有针对性和可行性的重要意见；

(5)字数在3000字以上，有独到观点和深入思考，显示出认真的学习态度和较明显的学习收获者，可获得加分等激励措施。

1.3.4.4　考试格式

注意呈现教学过程实录，可在教学推进过程中进行点评，最后还需要有总的评价。

1.3.5　小学数学测量与评价的改革(以图形的测量为例)

1.3.5.1　以“图形的测量”为载体，体会测量的意义，认识度量单位及其实际意义，渗透度量意识

1. 使学生体会建立统一度量单位的重要性

《义务教育数学课程标准》在第一学段要求：“结合生活实际，经历用不同方式测量物体长度的过程，体会建立统一度量单位的重要性。”这种要求对面积、体积的单位也同样适用。

度量单位是度量的核心，度量单位的统一是度量从个别的、特殊的测量活动成为一般化的，可以在更大范围内应用和交流的前提。因此，在课程的实施过程中，应该为学生提供必要的机会，鼓励学生选择不同的方法进行测量，并在相互交流的过程中发现不同的方法，不同单位的选择对测量结果的影响，进而体会建立统一度量单位的重要性。

2. 使学生理解与把握度量单位的实际意义，对测量结果有很好的感悟

《义务教育数学课程标准》在第一学段要求，在实践活动中，体会并认识长度单位千米、米、厘米，知道分米、毫米，能进行简单的单位换算，能恰当地选择长度单位。例如，让学生了解生活中哪些物体长度大约为1米，1厘米的长度可以用什么熟悉的物体来估计，

哪些物体的重量大约是1千克，哪些物体体积大约是1立方米等。

1.3.5.2 帮助学生在图形测量过程中感悟数学思想，掌握测量的基本方法，积累数学活动经验，培养学生空间观念

《义务教育数学课程标准》要求，探索长方形、正方形的周长公式，探索并掌握长方形、正方形、三角形、平行四边形、梯形、圆的面积公式，并能解决简单的实际问题。例如，以图形测量公式推导为载体，让学生在操作实践中感悟“转化”“极限”“函数”和“积分”的数学思想。

1.3.5.3 在图形测量的过程中，培养学生的估测意识和能力，体验问题解决方法的多样性

《义务教育数学课程标准》要求：“能估测一些物体的长度，并进行测量。”其给出具体的实践任务：“测量并计算一张给定正方形纸的面积，利用结果估计课桌桌面的面积；测量步长，利用步长估计教室的面积。”例如，测量不规则图形的面积。

图形测量的核心理念：

(1)使学生体会建立统一度量单位的重要性。

(2)使学生理解与把握度量单位的实际意义，对测量结果有很好的感悟。

(3)在具体问题情境中恰当地选择度量单位、工具和方法进行测量。

(4)重视估测及其简单应用。

(5)帮助学生在图形测量活动中感悟数学思想，掌握测量的基本方法，积累数学活动经验，培养空间观念。

1.3.6 小学数学教学设计中的常见问题

“课堂教学设计”指的是教师总体规划课堂的教学内容、教学手段、教学方式和教学活动等。课堂教学设计具备预设性和系统性特征。课堂教学设计属于教师的常规性工作，也是教师主要的工作内容。但是就目前形势而言，小学数学课堂教学设计过程中存在一些问题，影响了数学课堂教学质量。因此，研究小学数学课堂教学设计问题和改进对策有着重要的意义。

1.3.6.1 小学数学课堂教学设计问题

1. 单一的数学知识传授方法

小学数学教学所阐述的知识内容只是课本上仅有的资料信息，而多数的小学数学教师也只是按照教材内容组织和规划课堂教学活动。这使得有的教师形成了一个错误的教学观念：将数学教材上的知识机械地灌输到学生的头脑中，这样就完成了教学任务。这种观念限制了学生的数学学习范畴，也不利于学生的综合性发展。

2. 对学生主体地位的重视力度不足

教师在进行数学课堂教学设计的过程中，将自身视为整个教学活动的主导者，为了保障完成数学教学任务，而忽视了学生的主体地位，忽视学生才是整个教学活动的核心。教师为了保障教学内容能顺利按照课堂教学设计实施，常常操控教学活动中所有可变性元素，对学生主体地位的重视力度不足。

1.3.6.2 **小学数学课堂教学设计的改进对策**

1. 创新教学知识的传授方式

教师在设计小学数学课堂教学内容的过程中要深刻把握作者编写教学材料的目的，并添加自身的元素，对数学教学材料进行创造性的讲解，但在注重教材内容对整个教学活动的重要意义方面，教师要善于抓住教学难点和教学重点，并对学生进行有针对性的练习，从而保证所设计和规划出的教学活动具备针对性与层次性特征。此外，小学数学教师需要勇于突破教材章节的限制，适当地添加创新性教学元素，结合自身对教材的理解和把握，优化教学结构。

2. 注重学生的主体地位，积极培养学生的科学性思维能力

在实际的课堂教学设计过程中，教师要注重学生在整个教学活动中的主体地位，重视对学生自主学习能力的培养；激发学生学习数学的积极性；培养学生的科学性思维能力；给学生充足的思考时间，让学生养成独立思考问题、解决问题的习惯，进而激发学生的能动性和独立性；让学生在整个教学活动中能够正常发挥自身的主动性。此外，教师要积极培养学生的逻辑性推理能力，既要注重对学生静态知识的传授，也需要重视对学生综合性思维的拓展。

2 数与代数

2.1 数与符号的认识

2.1.1 “数与符号”内容的理解

培养学生的“数感”是《义务教育数学课程标准》对学生数学学习提出的基本要求，建立“数感”有利于学生更好地理解和应用数字，用数字表示具体数据以及数量之间的关系，提升学生的综合学习能力。《义务教育数学课程标准》强调，在小学阶段需要培养学生的符号意识。符号既是数学的语言，也是数学的工具与方法，与小学数学内容密切相关，对数学教学效果有着十分重要的影响。它作为数学学科重要的组成部分，是数学学科本质的反映，也是理解数学的关键载体。

2.1.1.1 数与符号的产生和发展

数字的产生是社会进步的结果，它的记载、使用和传播受到各种文化因素的影响，并不断地得到发展和改进。世界各族人民由于当地自然环境、社会环境和社会条件不同，产生了不同的记数法和不同的数字符号。

中国古代的数字体系是十进制的位值制，甲骨文是3000多年前的殷代文字。后来起于商代，盛于周氏的金文（又名钟鼎文），以及汉朝的数字符号略有改变，但变化不大（图2－1）。

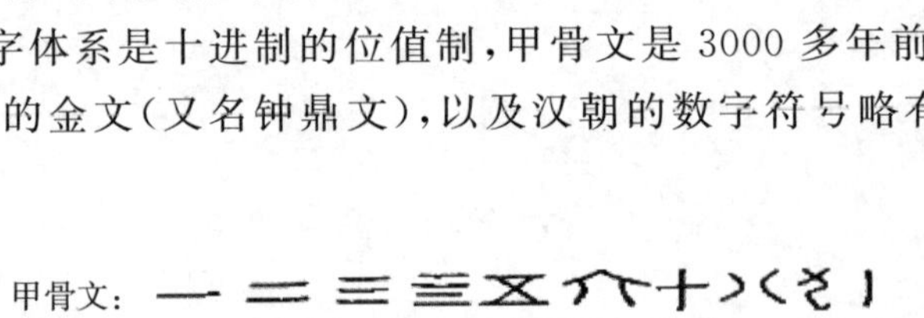

图 2－1

除了十进制以外，在数学萌芽的早期，还出现过二进制、八进制、十六进制、六十进制等多种数字进制法。在长期实际生活中，十进制应用最为广泛。现在世界通用的数码1，2，3，4，5，6，7，8，9，0，人们称之为阿拉伯数字，实际上它们是古代印度人发明的，后来阿拉伯人把古希腊的数学融进了自己的数学中，又把这一简便易写的十进制位值记数法传播到欧洲，逐渐演变成今天的阿拉伯数字。

数学符号是数学抽象思维的产物，是数学思维活动的载体。对学生而言，最早接触到的数学符号是数字符号，它是学生学习数学从具体到抽象、从直观到概括的第一步，对数学学习发展十分重要。

数量的学习起于数，一开始为熟悉的自然数，再到整数，最后扩大到被描述在算术内的有理数和无理数。具体来讲，由于计数的需要，人类从现实事物中抽象出了自然数，它是数学中一切"数"的起点。

我国古代的算筹是世界上最早使用的符号之一，起源于商代的占卜。我们现今所使用的大部分数学符号都是到了16世纪后才被发明出来的。现今的符号使得数学对于人们而言更容易操作，但初学者对此却望而却步。因为它被极度地压缩，少量的符号包含着大量的信息。如同音乐符号一般，现今的数学符号有明确的语法和难以用其他方法书写的信息编码。

数学符号不仅在技术和表达高度的抽象数学思维上有着不可替代的作用，还有助于提高学生推理能力和应用数学知识解决实际问题的能力。因此，帮助学生了解、认识、掌握和应用数学符号，培养学生数学思维，有利于提高学生的具体形象思维能力、抽象逻辑思维能力、表达能力和学习能力。

2.1.1.2 "数"的本质及性质的理解

数的本质及性质是什么？如何认识自然数？表示自然数的关键是什么？如何认识自然数的性质？如何认识负数？如何认识分数？如何认识小数？了解数系扩充的主要途径是添加元素，了解自然数、整数、有理数、实数、复数数系的逻辑扩充过程。

1. 以"1"为例来理解数的本质与性质

(1)"1"到底是什么？它是一个皮球，是一把尺子，是一只小羊。如果1是一个皮球，就不能是一把尺子；可是1既能表示一个皮球，也能表示一把尺子。由此得出结论：1是高度抽象的结果。

(2)我们可以进一步理解"1"的性质。一个皮球加上一个皮球，是两个皮球。去掉皮球，我们可以得出纯粹的$1+1=2$的数量关系。既然是纯粹的数量关系，我们就可以普遍地运用。

(3)"1"的其他性质。除了$1+1=2$，$1+2=3$，$0.5+0.5=1$，等等；1还有一个性质：1乘任何数仍得原数。于是，在"1乘任何数仍得原数"的性质下，继续抽象，可以得到更抽象的1，我们称之为"幺元素"或者"单位"。

如何认识自然数呢？结合生活实际，创造学习情景，帮助学生经历认识自然数、奇数、偶数的过程。也可以采取竖图的方式，帮助学生认识自然数的内涵，如图2-2所示。

引导学生得出结论：自然数是指用以计量事物的件数、物体个数或表示事物次序的数，即用数码1，2，3，4所表示的数。表示物体个数的数叫作自然数，自然数由0开始，一个接一个，组成无穷的集体。自然数有有序性、无限性，分为偶数和奇数，包括合数、质数和1等。

数的整除

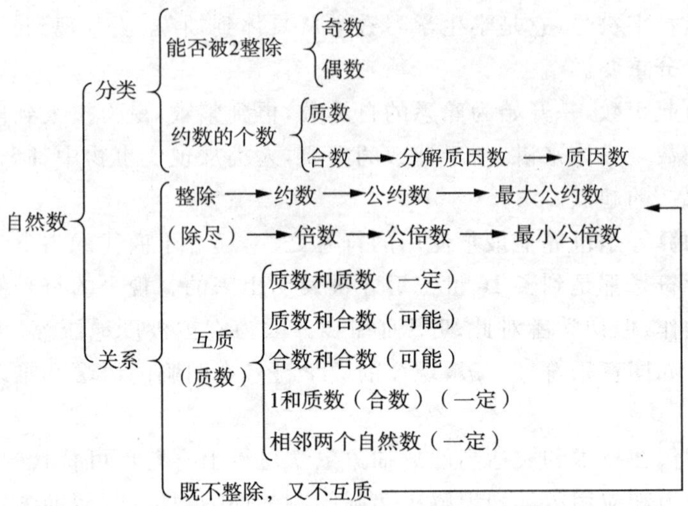

图 2 - 2

2.1.1.3 小学数学“数与符号”内容相关概念解读

对《义务教育数学课程标准》与教材中出现的有关“数与符号”的相关概念进行解读，如自然数、小数、分数、负数、整数、奇数、偶数、质（素）数、合数、公倍数、公因数、概念性符号、关系性符号等。

(1)理解数也是一种符号，从数与符号发展历史角度准确解读相关内容的内涵与意义。能从位值的角度理解数之间的关系，尤其是关于数的大小关系和数集的包含关系，能基于数的本质给出说明和解释，能从学生数学学科核心素养培养的角度认识和把握“数感”与“符号意识”的教育价值。

(2)理解数的形成与符号的引入，数量与数的关系，符号的表达，从整数到小数和分数是如何扩充的，不同数的本质和现实中的原型是什么，在认识不同的数时哪些典型的情境会促进学生的理解。

(3)对于自然数、整数、小数及分数的意义的理解不仅限于教材所给出的定义，能够基于概念的本质给出说明。理解字母不仅可以表示数，也可以表示数量关系。

(4)对于“数与符号”内容，了解《义务教育数学课程标准》中对这部分内容的表述；了解教材中关于“数与符号”的内容，如知道“自然数、整数、小数、分数”，知道常用的数学符号。

2.1.1.4 “数感、符号意识”的内涵与培养

理解《义务教育数学课程标准》中表述的“数感及符号意识”的含义，在“数与符号”内容的教学中，研讨如何培养学生的数感和符号意识。

《义务教育数学课程标准》将“符号意识”作为核心概念突出强调，可以说培养学生数学符号意识是基础教育阶段数学教学的重要任务。那什么是数学符号意识？学生数学

符号意识表现在哪些方面？现状如何？又该如何有效地培养学生的数学符号意识呢？

在学习数学的过程中，数学符号间的转化和相应的描述方式代表着数学学习的关键。在数学学习中，可以以学生常见的或者喜欢的事物为媒介，来培养学生的数学符号感。但是，符号意识在小学阶段仅是萌芽状态，所以在教学中也不能过分地强调，教师要把握好尺度，不能给学生造成太大的负担。数感的培养始于一年级，因为这个阶段是系统学习数学知识的开端，要抓住培养学生数感的契机。

例如，五年级上册中的“简易方程”，通过简易方程的教学，学生能够初步了解用字母表示数的意义和作用；能够用字母表示学过的运算定律和计算公式；能够在具体情境中用字母表示常见的数量关系；初步学会根据字母所取的值，求含有字母式子的值，逐步形成符号意识。

数学知识具有抽象性、概括性和逻辑性，学生在理解上会存在不同程度的困难。教师只有将数学知识与学生的生活经验、实际联系起来，引导学生在具体操作实践活动中，通过手、口、脑等多种感官参与学习，才能使学生真正理解和感悟数学知识，建立数感。

例如，在教学二年级下册“千克的初步认识”一课时，可设计如下的操作活动：①称一称。学生动手称橘子(1千克)、盐(500克，2袋)、洗衣液(250克，4袋)。②数一数。学生数1千克盐有几袋，1千克洗衣液有几袋，1千克橘子有几个。③掂一掂。学生用手掂一掂自己称的1千克的物品，再在组内交换物品，边掂边闭上眼睛体会1千克有多重。④找一找。教师让学生拿出课前准备的3个外形一样而重量各异的盒子，要求学生不用秤称，就能用手找出重1千克的盒子。通过以上一系列操作活动，学生可从视觉、触觉上去接触这些实物，从而感受“千克”的意义和重量的概念。在实践操作中，教师培养了学生的数感，提高了学生学习的兴趣，也为学生用数学解决实际生活问题打下良好的基础。

在运算中理解符号，培养符号意识。数学符号是表达数学内涵的有力工具，在运算的过程中培养学生的数感和符号意识，有利于将抽象的概念具体化，从而实现融会贯通。

例如，“+”“−”这两个符号看似简单，其实不然。有不少学生就是因为对这两个符号理解不透彻、不全面，才在运算中出现许多差错。在教学实践中，教师要帮助学生认识这两个符号的双重性。作为性质符号，它们表示一个数的正、负；作为运算符号，它们表示数与数的“加”“减”运算。算式“$10+(-3)-(-1)-(+8)$”表示“正10加负3减负1减正8”，学生只有正确理解“+”和“−”符号的两种意义，才能把算式简化成“$10-3+1-8$”。最终学生能够正确使用运算律简化运算：$10-3+1-8=(10+1)-(3+8)=0$。

2.1.1.5 如何培养学生的位值思想

在小学阶段，位值思想贯穿于数的认识始终，小学阶段培养学生的“位值思想”显得尤为重要。

1. 建立数学模型，使抽象的位值概念具体化

《义务教育数学课程标准》是针对我国义务教育阶段的数学学科制定而成的。该标准强调数学教育作为促进学生全面发展教育的重要组成部分，一方面要使学生掌握现代

生活和学习中所需要的数学知识与技能，另一方面要充分发挥数学在培养人的科学推理和创新思维方面的功能。

《义务教育数学课程标准》用了“了解(认识)、理解、掌握、运用”等描述结果目标的行为动词表述知识技能目标的不同水平。依据“基本理念”，数学学习必须注重过程，《义务教育数学课程标准》使用“经历(感受)、体验(体会)、探索”等描述过程目标的行为动词表述学习活动的不同程度。使用这些动词进行表述是为了更准确地刻画知识技能和学习过程目标。教师通过建立数学模型，建立数的表象，将“位值思想”的培育放在教学过程中，便于学生理解和掌握。

例如，给学生一个从实物到模型的过渡，充分利用实际物品，让学生体会10个、10个地数更简便，从而抽象出新的计数单位“百”。借助直观模型，进一步认识新的计数单位“千”“万”。理解计数单位之间的十进制关系，形成简单数位顺序表。梳理计数单位的数学模型，通过模型进一步认识更大的计数单位，完善数位顺序表，理解各个数位上的数字。

2. 计数法中的位值思想

计数法中的位值思想是指数码符号不仅含有其本意表示的数目大小，还要依靠它所在的位置决定该数码在整个数目中的确切数值。例如，印度-阿拉伯数码121，右边的1因在个位上所以表示数1，中间的2因在十位上所以表示20，左边的数码1因在百位上所以表示100。每位数码之间用加法组合，整个数目表示一百二十一。

一般，位值制是指建立在进位基数之上的位值系统，即位值主要体现在进位方面。例如，印度-阿拉伯数码中各个数位的值分别是：个(10^0)，十(10^1)，百(10^2)，千(10^3)等。

3. 算式中的位值思想

算式中的位值思想指的是参与运算的数字和运算结果依靠位置来确定其数值。例如，分数的分子和分母位置不同，所形成的数值也不同。目前，通用的分数的表示方法有两种：纵式为分子在上，分母在下，中间是“—”；横式为分子在左，分母在右，中间是“/”。在运算过程中多用纵式，在表述结果时常用横式。

2.1.2 学生关于“数与符号”的理解与困惑

数学是一门极具逻辑性和抽象性的学科，基于此，认知水平和理解能力均处于起步阶段的学生对于“数与符号”的理解相对困难，他们对很多数学问题存在较大困惑。

2.1.2.1 “数与符号”内容的学习心理

1. 学生认知过程的特点

1)学生的注意特点

(1)无意注意占优势

低年级学生的注意主要是被动性的无意注意，取决于刺激物在强度、新异性和变化性等方面的特点。随着年龄的增长和大脑的不断成熟，再加上教学要求和训练，有意注意逐渐得到发展，到五年级时，学生的有意注意已基本占据主导地位。

(2)注意的范围较小

学生在同一时间内对物体的数量的关注较少，一般只限于3～4个客体。经过持续强化训练，他们的注意范围才会逐步扩大。

(3)注意的集中性和稳定性差

学生的注意力在某一事物上的集中时间较短，同时，抽象性强的对象容易使他们的注意力分散。到了中高年级，注意力的稳定性、集中性才会有所提高。

(4)注意力的分配和转移能力差

学生在进行学习活动时，各种感官的配合往往不能同时进行，欠缺活动转移能力。大脑皮层随着年龄增长和相应训练，灵活性增强，注意力的分配和转移能力逐步发展。

2)学生的知觉特点

随年龄增长，学生知觉的有意性、精确性逐渐增强。例如，低年级学生的知觉具有无意性强、精确性低等特点，因而容易分心，容易混淆；到了高年级，知觉的有意性、精确性均会大幅提高。

3)学生的记忆特点

学生的记忆特点呈现出从无意识记向有意识记发展、从机械识记向意义识记发展等特点。低年级学生识记的无意性强，从三年级开始，学生的有意识记逐渐占主导地位。同时，随着知识增长，理解力提高，意义识记的比例越来越大，机械识记的比例越来越小，逐渐从机械识记发展为意义识记。

4)学生思维发展的主要特点

(1)学生的思维同时具有具体形象成分和抽象概括成分。低年级学生以具体形象思维为主，从高年级开始，学生逐渐学会区分概念中的本质和非本质的东西，但此时的抽象逻辑思维依然离不开直接经验和感性认识，具体形象思维占主导。

(2)学生思维发展的过程中，存在着由具体形象思维向抽象逻辑思维过渡的“质变”期，亦称“关键年龄”。

(3)学生的思维品质在不断发展，思维的深刻性、灵活性、敏捷性、独创性都随年龄的增长而增强。

2. 针对学生的心理认知过程，在“数与符号”的教学中“按食分粮”

1)培养学生的学习兴趣，激发数学学习动机

兴趣是最好的老师，“知之者不如好之者，好之者不如乐之者”。由于数学学科本身具有逻辑性、抽象性、复杂性，加之学生注意的集中性、稳定性较差，随着数学学习难度的增加，学生的学习动机逐渐削弱，学习积极性降低。高效课堂需要师生双方的配合，调动学生学习的积极性和主动性是实现课堂教学的关键所在。由于学生自身的身心发展特点和认知水平有限，加之数学中关于数、符号的学习内容的逐步深入，难度增加，学生的学习动机、学习态度和学习情绪都呈现出消极状态。在“数与符号”教学中，教师要积极创设教学情境，善于观察引导，诱发学习兴趣，采用启发式教学方法，激发

学生学习动机。

正确分析学生的学习心理，能够帮助教师了解学生的真实学习情况，以便及时调整教学方案，激发学生认知的积极性，从而提高教学质量和学生的学习效率。

2)帮助学生建立关于“数与符号”内容的知识建构过程

“数与符号”的学习过程，实质上是数学的抽象过程。例如，从可见的“1 个苹果，1 个皮球，1 张桌子……”抽象出“自然数 1”；从认识“＋”(加号)、“－”(减号)等符号到认识“：”(比号)，并将这些符号的使用与生活实际相关联。由此可知，学生关于“数与符号”的知识建构是一个由浅入深、由感性认识到理性认识的过程。

教师在教学中，要帮助学生理解“数与符号”这一知识，从感性知识的建构开始，通过建立数学情境和使用数学模型，使学生在动手、动脑等多感官活动中培养数感和符号意识。

3)联系生活实际，在理解的基础上记忆

记忆的前提是理解，理解是思维的过程，也是思维的结果。小学“数与符号”中的概念包括自然数、小数、分数等。学生识记的无意性强，只有真正理解了“偶数”与“奇数”的内涵，才能正确记忆“奇数”与“偶数”，从而将其真正运用在实际生活中。在教学中，应注重知识的形成过程，尽量规避“不理解”的死记硬背。

在“数与符号”的教学中，应注重理论与实际相结合。解决问题的教学能使学生在实际生活中灵活运用数学知识，养成从数学视角解决实际生活问题的能力。

4)拓展思维，感受“数与符号”的魅力

随着新课改的实施，传统的授课模式已不能满足学生发展的需要，它忽视了学生的主体性，遏制了学生的个性发展。因此，在课堂教学过程中，教师应注重引导，打开学生思维的“闸门”，促使学生发挥主观能动性，感悟数学的价值。例如，教师在大屏幕上显示一个三角形，提问：摆一个三角形需要几根小棒？生：3 根。摆 2 个这样的三角形需要几根小棒？生：6 根。老师接着问：摆 3 个呢？生：9 根。教师追问：9 根是怎么算的呢？生：$3\times3=9$(根)。师：也就是用三角形的个数乘 3 就能得出所需小棒的根数。如果摆 a 个三角形，需要用多少根小棒？学生脱口而出：$a\times3$。教师继续引导“$a\times3$”表示什么，a 又是什么。案例表明，学生从认识具体的自然数到认识“用字母表示数”，在这个过程中，思维从具体形象思维转向了抽象概括思维。

2.1.2.2 学生“数与符号”内容学习中的错误类型及对策研究

1. 运算符号的错用、误用

由于学生自身身心发展特点，尤其是低年级学生注意力不集中、不持久，在进行数学运算时经常会把“＋”看成“－”，把“×”当作“÷”，又或者将“11＋1”看成“11－1”，“12×2”看成“12÷2”等。有的学生在脱式计算中出现数字“搬家”的现象，诸如把 89 看成 98，7.05 看成 7.5 等。这些情况都可能会导致计算结果错误。还有的学生虽采用了口算计算题目，但写下的结果却与正确答案相去甚远，如 $50+70=130$，$0.125\times8=10$，$3.51+0.9=3.6$ 等。

2. 计算法则的错误使用

通常情况下，在学完小数乘法后，学生在确定积的小数点位置时不会存在问题。但如果同时出现小数加、减法计算，有学生就会无视相同数位对齐这一原则，而将两个小数的末位对齐进行计算，再按照确定积的小数点位置的方法，确定和（差）的小数点位置，最终，因混淆运算法则而出现运算错误。

例如：(1)8＋2.16　(2)7.43－5　(3)0.008＋1.2

解：(1)8＋2.16＝10.16　(2)7.43－5＝2.43　(3)0.008＋1.2＝1.208

常见错误如下：(1)8＋2.16＝2.24；(2)7.43－5＝7.38　(3)0.008＋1.2＝2 或 0.008＋1.2＝1.2008。

上述错误主要是在整数、小数加减计算中，没有把相同数位对齐，产生错误的原因：①对小数的数位概念没有完全理解和掌握；②小数加减法法则掌握不牢；③整数加减计算法则负迁移。整数加减法中，整数的末位都是个位，只要把末位对齐，相同数位就对齐了。学习小数加、减法时，学生误认为小数也是末位数字对齐，而事实上小数的末位数位是不固定的，只有把小数点对齐，相同的数位才能对齐。

3. 问题解决题中的常见错误

问题解决题要根据数量间的相依关系进行缜密思考，合情推理，准确判断，寻找解题的途径与方法。但是，学生年龄小，生活经验少，思维能力还不强，因此，在问题解决的学习上有一定的困难，不少学生在做问题解决时经常出现这样或那样的错误。

1)求一个数是另一个数的几(百)分之几的问题

解答这类问题的关键是找准“标准”量，而“标准”量是在比较中得来的，如求甲数是乙数的几(百)分之几，则以乙数为“标准”；若求乙数是甲数的几(百)分之几，则以甲数为“标准”。学生在解题时，由于不会判定谁与谁比，谁是“标准”量，所以常常出错。

例如：人民机床厂计划生产 320 台机床，结果多生产了 40 台。请问该机床厂实际完成了计划的百分之几？

解：(320＋40)÷320＝360÷320＝1.125＝112.5％

常见错误解答：320÷(320＋40)＝320÷360≈0.889＝88.9％。

2)较复杂的分数、百分数问题

较复杂的分数、百分数问题，由于题中“1”的量不断变化，已知量与未知量所对应的分率也随着变化，学生一般难以找准这种变化，因而也很难确定选用哪种运算方法，导致解题时常常出现错误。

例如：玩具厂原有职工 128 人，男职工人数占总数的 25％，后来又调进男职工若干人，这时男职工人数占总数的 52％，这个厂现有职工多少人？

解：128×(1－25％)÷(1－52％)＝200(人)

常见错误解答：128×(52％－25％)×(1－52％)。

出现错误解法是由于没有分析出题目的数量关系而拼凑算式。本题中，调进男职工后，由于男职工人数变了，全厂总人数也变了。原来男职工人数很容易求出，若知道调进多少名男职工，又知道调进后男职工人数所对应的分率，全厂现在总人数并不难求。问题是不知道调进多少名男职工，因此只能从女职工人数考虑求现在总人数。女职工原有128×(1−25%)人，未调进女职工，即女工人数未变，显然女职工占后来总人数的(1−52%)，“不变的量”是“女工人数”，这样就不难求总人数了。现实教学过程中，学生常常会分步做，很难注意到不变量。

2.1.2.3　如何把学生“数与符号”学习错误和困难开发为学习资源

1. 错误归因，积极调整教学策略

在学习“数与符号”的内容时，教师要对学生可能出现的错误进行预判，对已经出现的错误进行归类和分析，解释各类错误出现的原因；同时，分析学生在学习过程中出现的理解上的问题和困惑，并有针对性地从多角度去寻求解决的策略和方法。例如，关于分数的学习，学生存在的主要问题是对分数多种意义理解困难，其中分数的无量纲性是难点，教师要针对学生理解上的困惑，寻求有效的解决策略。再如，关于数的认识，学生可能是在概念理解上犯错误，也可能是在位值理解上犯错误(不理解不同数位上的值，不理解小数点后面各数位所表示的意义)等。如果教师没有对学生的错误进行归因分析，而是只关注学生是否能改对，那么，学生的思维就无法得到发展。只有对学生的错误进行正确的归因分析，才能真正探寻错误背后的认知误区，在教学上有的放矢，有针对性地调整教学策略，促进学生对知识的深度理解。

2.“错题笔记”，规避同类问题再犯错

学生在学习新的“数与符号”内容时，总会因为各种原因在运算和数学测试中出错。作为教师，我们需要做的就是反复纠错。同时，鼓励学生建立“错题笔记本”也显得尤为重要。在各种练习和测试中，鼓励学生将自己的错题抄写在一个固定的“错题本”上，等到复习和查漏补缺的时候，每个学生都有自己的“错题笔记本”，采取“因错而异”的教学，因知识掌握的弱点不同，而有针对性地补短板，真正实现因材施教。

此外，教师在查阅学生的“错题本”时，可以就学生出现错误最多的内容进行反复强调和再次教授，有针对性地整体补弱，从而优化课堂教学质量。

3. 利用已错，激发学生的学习兴趣

心理学家盖耶认为：“谁不考虑尝试错误，不允许学生犯错误，就将错过最富成效的学习时刻。”“成功的教学所需要的不是强制，而是激发兴趣。”而“学习的最好刺激乃是对所学材料的兴趣”。学习错误是一种来源于学习活动本身，具有特殊教育作用的学习材料，它来源于学生、贴近学生，教学时回到学生的学习活动中，对激发学生的探究兴趣，唤起学生的求知欲具有特殊的作用。

例如，在教学五年级下册“分数的再认识”时，教师问学生：“你能吃完一个蛋糕的1/4吗？”部分学生不假思索地回答：“能。”教师问：“是吗？同学们不需要想一想再回答吗？”这时，有学生似乎恍然大悟：“不一定。”教师追问：“怎么又不一定了呢？”学生异常兴奋，结合生活实际侃侃而谈：“我可以吃完一个小蛋糕的1/4，但是如果是一个比较大或特别大的蛋糕就不行了。”经历这一过程，绝大部分学生意识到能否吃完一个蛋糕的1/4，要取决于这个蛋糕的大小。

这时,教师出示一个小蛋糕的课件,再出示一个超大蛋糕的课件,学生议论纷纷。教师进而总结:相同分数对应的“1”不同,所对应的部分也就不同。“错误”引发了学生对以上问题的主动、积极的思考,极大地调动了学生的思维热情,同学们在“欲罢不能”的探究氛围中完成了对新知的建构。

4. 将错就错,培养学生的创新能力

对于学生在学习中出现的错误,教师要巧妙利用,因势利导,让学生在探讨、尝试中认识新旧知识的联系和区别,发现知识规律,掌握学习方法。这样不但能保护学生的自尊心和学习数学的积极性,而且能培养学生的思维能力和创新精神。

例如,对分数实际问题的教学:水果店运来苹果180千克,运来的梨是苹果的2/3,运来的香蕉是梨的3/4,运来香蕉多重?部分学生在解题的过程中给出了180×2/3×(1+3/4)这样的算式。看到这样的解答,教师并没有批评学生,而是在交流讨论结束后,让学生明白这道题的正确算法。教师再把这个算式写在黑板上,引导学生继续探究:如果要列出这样的算式,需要如何修改题目呢?于是,学生开始分析这一算式中的(1+3/4),原来他们把梨看成“1”,在“1”的基础上多3/4,才可以列出(1+3/4)的式子。于是得出,应将题目改为“运来的香蕉比梨多3/4”,列式就是180×2/3×(1+3/4)。通过对这道错误算式的理解、讨论进而修改原题,学生不但对此类应用题的数量关系有了进一步明确的认识,还锻炼了自身的创新思维能力。

这里教师利用将错就错的方法,没有采取简单粗暴的方式轻易否定错误,而是充分利用错误中合理的、可利用的因素进行引导。这样处理既不会使学生由于思维偏差而产生自卑感,又可以使学生修改题目中看到自己思维的价值,增强学习的信心,使学生敢于出错,从而达到激发学生创新思维的目标。

5. 试错纠错,培养学生的发现意识

培养学生的发现意识,让学生学会自主学习,发展学生的创造性思维是数学教学的重要目标之一。利用学生学习中出现的错误,给学生一个自主探究的问题情景,让学生在纠正错误的过程中,自主地发现问题、解决问题,是培养反思习惯、发现意识的有效途径。

在“数与符号”内容的学习中,要允许学生在不断试错的过程中加深对“数与符号”的认识,从简单的自然数到用字母表示数,渗透不完全归纳思想和代数思想。从简单的“+”“-”“×”“÷”运算符号,到“分号”“比号”等,学生出现串用或者混用的情况在所难免,让学生在不断试错、纠错的过程中增加对数与符号意义的理解,培养符号化意识,提高抽象能力。

学生是在不断的探究过程中获得数学知识的,在这个过程中,学生的认知水平和思维方式是因人而异的。因此,出现偏差和错误是很正常的,关键是教师如何利用错误这一资源,创设自主探究的问题情境,引导学生审视问题、分析问题,让学生在纠正错误的过程中,自主发现问题、解决问题,深化对知识的理解和掌握,增强学生的学习信心,培养学生的发现意识。

2.1.3 "数学符号"的教学设计

2.1.3.1 小学"数与符号"内容教学策略的选择与实施

1. 数学教学策略

数学教学策略是指数学教师对数学课堂教学所做的系统决策和设计。它包括设置数学学习情境的策略，呈现数学教学内容的策略，选择数学教学方法与教学辅助手段的策略，教学效果的检查和评价的策略等。

数学认知结构是内化的数学知识结构，而数学知识结构又是通过数学教材反映出来的，因此，选择和分析数学教学内容，必须立足教材，但又不能照本宣科，要对教材进行剖析和重组，使它促进学生数学认知结构发展。其具体表现如下：

(1)分析和领会单元数学知识结构，并按数、符号等几个方面对教学内容进行分类，弄清教材中的知识分布情况。在此基础上，以整体建构为指导，瞻前顾后，适时把本单元的知识与其他内容联系起来考虑，以克服知识离散的缺点，使学生学习时逐步形成经纬交织、融会贯通的知识网络。

(2)在分类的基础上，分析本单元"数与符号"教学的重点和难点。所谓重点，就是知识的中心点，即单元或学科领域中的核心知识点，它在抽象性、概括性程度上高于其他知识，理解了中心点的知识后，其他知识的掌握就水到渠成了。分析教材时，以突破重点、难点为核心，并参照《义务教育数学课程标准》和教学方案分配教学内容，安排课时和教学顺序。

(3)根据"数与符号"知识学习的特点和学生的认知特点确定教学方法以及相应的教学辅助手段。

事实上，教学方法的选择和组合，同教学内容的特点、学生的认知发展水平及差异是紧密联系在一起的。虽然目前数学教育书籍和刊物上提到的数学教学方法很多，但适合所有类型知识的学习方法是不存在的。因此，不同知识只能采用不同的教学方法，这就是"教学有法，教无定法"的实质所在。

2. 关于"数"的教学策略

1)注重"数形结合"的教学

数学既是一门科学，也是一门艺术，只有深入其中才能感知数学的魅力所在。数形结合在小学教材中运用较广。著名数学家华罗庚说过："数缺形时少直观，形少数时难入微"，即图形中隐藏着数的规律，利用数的规律可解决图形问题。利用数形结合解决数学问题，能让学生更直观地了解数学原理与事实。学生的逻辑思维比较简单，是一种线性思维，需要教师采用形象直观的方式进行教学，帮助学生弄懂数与数之间的关系、分类，让学生的思维由线性向网状过渡，从而形成知识网络。例如，教师可以引导学生采用画图方式，厘清"数"的分类，让学生自己设计图案画出图谱。以枝干图为例，数是主干，一级枝干为整数、小数、分数；而一级枝干又可以继续开枝散叶，如整数可以散开为正数、负数、0。以此类推，帮助学生简单直观地记住“数”这一大家族各成员间的关系。

2)注重逻辑，实现思维数学化

数学是一门既需要逻辑思维又需要抽象思维的学科，在真正获得数学知识前，需要厘清对“数”的认识；在学习数的过程中，需要理解数的概念，了解数的文化。例如，整数是序列中所有数的统称，分为正数、负数、0。0表示一个物体也没有。0和1，2，…都是自然数，自然数都是整数。最小的一位数是1，最小的自然数是0。像+4，+19，+8844这样的数都是正数。像−4，−11，−7，−155这样的数都是负数。最需要注意的是，0既不是正数，也不是负数。正数都大于0，负数都小于0。小数是实数的一种特殊表现形式，分为有限小数和无限小数。

“数”是学习数学的基础，教师需要在学生学习的起点担负起引导任务，培养学生良好的学习习惯，使学生充分感知“数”的魅力，认真思考，自主探究，找到适合自己的学习方法，迎难而上。

3. 关于“符号”的教学策略

英国著名数学家罗素说过：“什么是数学？数学就是符号加逻辑。”符号是人类文明发展的重要标志之一，它并不是现实世界中的真实存在，而是研究对象的特定数学表达方式。

在课堂教学中，教师要注重学生符号意识的培养，让学生感受符号的价值，提高学生运用符号化思想解决实际问题和数学本身的问题的能力。

1)创设情境，培养学生符号意识

《义务教育数学课程标准》指出：“创设情境，让学生在生动、具体的情境中学习数学。”数学是一门抽象性很强的学科，在课堂教学过程中，要做到化抽象为形象，就离不开情境的创设。因此，想把数学课上活、上生动、上精彩，就应联系学生的生活实际，从学生的生活经验和知识基础出发，创设富有吸引力的情境，为发展学生的思维和唤醒学生的符号意识提供源源不断的动力。

例如，在教学五年级上册“用字母表示数”时，创设这样的情境：出示汽车的车牌，电视上CCTV的标志，楼号A座、B座等。教师向学生问道：“看了这几幅图片，你觉得它们有什么相同之处？”生：“都有字母”。(教师板书：字母)教师接着问：“生活中还有哪些地方用到字母？”生1：“体育赛事，如NBA、CBA。”生2：“加法交换律 $a+b=b+a$。”生3：“数学课本中的单位名称：kg、km、m、cm、mm等。”师：“字母在生活中的应用非常广泛，今天我们一起来研究用字母表示数。”

这样的提问很自然地引导学生进入新知的探究中，有效地激发了学生的探究欲望和求知热情。上述过程，在引入环节中，教师通过创设贴近学生生活实际的问题情境，激发学生的兴趣，增强学生的求知欲和内驱力，有效地唤醒了学生的符号意识，帮助学生理解符号的意义、培养符号感。

2)利用符号的简洁性和通用性，引导学生感受符号之美

“近代自然科学之父”伽利略曾说：“展现在我们眼前的宇宙像一本用数学语言写成的大书，如果不掌握数学的符号语言，就像在黑暗的迷宫里游荡，什么也认识不清。”符号

可以解释拥有复杂结构命题的正确定义，探明概念间的区别，寻求解决问题的途径。数学对象的空间位置结构、数量关系经抽象得到各种数学图形和图式，在教学中，各种量的关系都是以符号的形式来表示的，即在数学教学中运行着一套形式化的数学语言。

符号语言是数学中通用、特有的简练语言，是人类数学思维长期发展过程中形成的表达方式。例如，象形符号用符号的形状特征来反映数学概念，它通常将图式的原型压缩成如“△”“∠”“⊥”“//”等符号，这类符号可由形、思、义等加以理解和运用；缩写符号多数是由数学概念的外文词汇的第一个字母构成，如“f”表示函数、“$\boldsymbol{R}$”表示实数集等，这类符号需要以文字概念为基础进行记忆；约定符号的形成和思维活动的习惯与历史有关，如习惯上用x、y、z表示未知数，用a、b、c表示已知数，用大写斜体字母表示点，用小写斜体字母表示直线等，这类符号主要通过规定的简洁性、合理性来产生思维共鸣。在数学中各种量的关系、量的变化以及量与量之间的推导演算都是以符号形式来表示的。教学中，要引导学生认识符号之意，感受符号之美，为培养学生的符号意识奠定情感基础。

例如，一年级上册“比较大小”一课，初看起来比较抽象，教师可以结合学生已有的生活经验和认知基础进行教学。从生活经验看，学生知道东西的多和少；从认知基础看，学生已有“一一对应”的初步感悟，会运用“＝”。在此基础上，教师首先通过拟人的手法，利用学生熟悉的“＝”，让学生体会数学是怎样用符号来表示数量之间关系的，接着由“＝”引出“＞”，由“＞”设计创造出“＜”，生动、直观，便于理解。这样，学生既能主动地理解“＝”“＞”“＜”的意义，又能明白如何用这些符号来表达数量间的关系，还能看到关系式，知道其表达的是什么意思。学生的符号感也就自然而然地得到发展。

3)将符号意识融入运算教学过程

学生“能从具体情境中抽象出数量关系和变化规律，并用符号来表示，会进行符号间的转换”，是《义务教育数学课程标准》对培养学生符号感的要求，而数的运算教学是达到这一要求的最好载体。在教学中，教师要充分利用这一载体，增强学生的符号意识。例如，在二年级上册“认识乘法”的教学中，由于学生以前没有接触过“×”这一运算符号，教师想让学生真正理解并应用好“×”这一运算符号，应在已有加法知识基础上，精心创设教学情境，使学生在思考探索的过程中抽象出数量关系和变化规律，再引入乘法符号“×”，使学生真正理解符号“×”的乘法意义。又如，教师可以利用乘号来历的形象说法去引导学生，学生通过把“＋”斜过来(旋转45°)变成“×”来理解乘法是一种特殊的加法，再进一步引导学生理解特殊所在。最后，总结乘法的定义，即求几个相同加数的和的简便运算叫作乘法。这样学生既可以理解加法与乘法的关系，又可以理解相乘的方法。

在小学数学课程教学中，教师要注重发展学生的符号意识。数学符号不是小学数学教学的主体内容，它只是为数学科学内容表述和数学教学服务的重要工具。因此，在教学中我们不能为“符号”而“符号”，而要在数学符号语言的教学中，了解符号的历史，弄清数学符号的意义和实质，才能冲出数学自身抽象禁锢，使数学符号变得更加多样化。这样可以构建学生的数学思维，提高学生的数学逻辑推理能力，从而提高学生其数学符号语言的理解应用能力。

2.1.3.2 小学"数与符号"内容学生学习活动的设计

1. 活动设计

(1)过程准备

从符号之历史、功用、美感、发展四大内容展开，各小组选择其一，给予各组一周的时间搜集资料；之后，提供相应的整理建议，再以一周为限整理妥当；最后各小组派代表与教师讨论、改进，直至完工。

在此过程中，各小组的成员安排也需花费一定心思。前两项可能对学生而言尚能理解，而后两项在准备阶段有一定难度，所以这两组成员的自主研究能力上应比前两组强，应给予后两组一定增援。在各小组的分工合作上也要加以指导、协调，使人人都能参与活动，都能在参与中有不同程度的发展。

(2)学具准备

卡片、多媒体课件、主持词等。

(3)活动目标

① 学生知道常用运算符号"＋""－""×""÷"的发展历史，并能从中引发对探寻其他符号历史的兴趣。

② 学生感悟符号的功用与美感，学生能在一定程度上感受生活中的美。

③ 发现创造符号的意义与价值并，逐步学会用发展的眼光看问题。

④ 交流过程中，体验合作与思考带来的快乐并且能体会到数学作为一门科学的严密性。

2. 活动反思

阅读材料以较多的数学史实为载体，并且大部分知识要求学生以了解为主。针对这一特点，若教师单方面进行系列史实讲述，不免效果欠佳。因此，学生以各种途径搜集史实，在相关论据的基础上相互交流成果，即在自主研究、学习的前提下增进交流、合作学习，有助于共同进步。

2.1.3.3 小学"数与符号"内容典型课例分析

1. 六年级下册"数的认识"课例

1)整理和复习整数、自然数、小数等

教学内容：数的意义、数的读法和写法。

教学目标：学生进一步理解自然数、整数、分数、小数等有关概念，理解掌握它们之间的关系，能用这些概念来解决有关的问题；理解掌握整数、分数、小数的读写方法，能正确熟练地读写这些数。

教学过程：

师：从今天开始，我们学习第六单元——"整理和复习"。本单元内容是小学阶段数学知识的重要组成部分，是对小学阶段数学知识的总结和概括，同时也是中学数学知识的重要基础。

(1)举例说说，小学阶段学习了哪些数？

教师板书：自然数、整数、分数、小数。

(2)理解整数、自然数、0之间的关系。

师：自然数是用来表示物体个数的，0，1，2，…都是自然数；自然数也都是整数；0是最小的自然数。

2)理解小数与分数之间的关系

提出问题：小数与分数之间有什么联系？小数分几种情况？划分的依据是什么？

学生总结后，可归纳如下：

有限小数：小数部分的位数是有限的。

无限小数：小数部分的位数是无限的。

学生观察和填写整数、小数数位顺序表，理解整数与小数之间的联系，并回答如下问题：①什么叫数位？②整数与小数之间有什么联系？③理解百分数的意义及有关术语，举例说说什么叫百分数。

3)复习数的读法和写法

①请同学们总结整数的读法和写法。②请同学们想一想：小数和分数应该怎样读？怎样写？

2. 五年级上册“用字母表示数”课例分析

1)用字母表示数的意义和作用

用字母表示数，可以把数量关系简明地表达出来，同时也可以表示运算的结果。

2)用字母表示数的要求

(1)省略上的要求

字母和数、字母和字母相乘时，可不写“×”，用“·”表示，也可以什么符号都不写，直接把数或字母写在一起。例如，$a\times b\times c$ 可写成 $a\cdot b\cdot c$ 或 abc；$7\times x\times y$ 可写成 $7\cdot x\cdot y$ 或 $7xy$；字母和1相乘时，可不写1，例如，$1\times a$ 就写成 a，$1\times b$ 就写成 b。

(2)顺序上的要求

字母和数相乘时，省略乘号，必须把数写在字母的前面。例如：$a\times 5$ 要写成 $5\cdot a$ 或 $5a$，不能写成 $a5$。

字母和字母相乘时，习惯上按英文字母顺序写。例如：$x\times a$ 一般写成 ax，$3\times b\times a$ 一般写成 $3ab$。

(3)写法上的要求

相同的字母相乘，要写成乘方的形式。例如：$a\times a$ 写成 a^2，$x\times x\times x$ 写成 x^3，$(a-b)\times(a-b)$ 写成 $(a-b)^2$。

带分数与字母相乘，省略乘号后，要将带分数化为假分数。例如：$1\frac{1}{2}\times a$ 写成 $\frac{3}{2}a$，而不写成 $1\frac{1}{2}a$。

(4)单位名称上的要求

用含有字母的代数式表示一个数量时，要在最后写上单位名称。如果代数式是数与字母相乘的形式，不必用括号把代数式括起来；如果代数式有加减关系，要把代数式用括号括起来，再在括号外边写上单位名称。例如，每千克苹果 a 元，买 8 千克应付 $8a$ 元。这里的 $8a$ 不用括号。一大箱苹果 a 千克，一小箱苹果 b 千克，4 大箱苹果比 3 小箱苹果多($4a-3b$)千克。这里的 $4a-3b$ 必须用括号括起来。

2.1.3.4 不同年级“数与符号”内容纸笔测验试题的编制

怎样的试题能更好地体现课程改革的精神和要求？怎样的考查内容是有价值的？怎样发挥评价的基本功能，促进学生发展、教师提高和改进教学？怎样发挥命题的诊断性、激励性、导向性功能？下面将一一解答。

1. 立足基础，恰当评价学生对基础知识和基本技能的理解及掌握情况

学生对于基础知识、基本技能的理解与掌握情况如何，以前、现在乃至今后依然应当作测查评价的重要内容，否则，应用与拓展将成为“无本之木、无源之水”。但基础知识与基本技能如何考查，是否拘泥于某些记忆性问题、程序化问题？这是值得我们思考的。

1)基础知识

(1)数与运算的意义、数学概念的内涵、相关的性质与规定等都是重要的基础知识。

(2)避免对概念、法则本身的内涵、文字等记忆性内容的考查。

(3)学生不需要记住概念，会解释、辨析概念的异同，能将概念从文字表述转换成符号的、图像的或口头的描述或表征即可。

(4)数学概念反映了学习内容在数量关系和空间形式方面的本质属性。简单的记忆和机械的训练只能使对概念的理解流于表象。

2)基本技能

数学学科的核心词应成为数学知识能力评价的重要方面。11 个核心词为数感、量感、符号意识、运算能力、几何直观、推理意识、数据意识、模型意识、应用意识、创新意识。

2. 改变问题呈现形式，力创问题情境的新颖性

评价学生的真实能力水平，需要创造新颖的问题情境，这样学生面对新颖的问题，不是简单地建立一个反应，而必须提取已有的知识经验来解决问题。只有这样，与此题相关的知识基础是否扎实，学生是否真正理解此知识才有可能得到真实反映；否则，很有可能是反复操练、强化记忆的结果。无论是导向还是评价学生的真实学力，考查时创设新的问题情境都是必要的。一方面，它可以提供有效的信息，平时教学只关注操练，不注重能力的培养，这对学生的学力提高是不利的；另一方面，只有面对新的问题情境，才能比较真实地显示学生的知识、能力状况。

3. 选择实质性问题，体现数学的本质特征，关注思维的过程与方式

所谓实质性问题，就是问题能体现数学的本质特征，关注思维的过程与方式，不在“细枝末节”上为难学生，更不做文字游戏，反映学生的真实水平。

4. 关注差异，不追求学生发展的整齐划一，而追求个体发展的最大化

(1)开放性问题引入评价

开放性问题反映的不仅仅是“会”与“不会”，“对”与“不对”，而且是其对问题理解的深度与广度。

例如:某服装厂对甲、乙、丙三个车间某月生产的服装进行质量检查,取得的数据见下表。请你用所学的数学知识,根据下表情况对这三个车间作出合理的评价。

车 间	生产量(件)	质量有问题的服装数(件)
甲	2500	12
乙	3000	15
丙	2700	13

(2)设置选做题,采取奖励加分方式

下面两小题任选一题,做对带★的加1.5分。

① 一个长方体长5厘米、宽3厘米、高2厘米,它的表面积是(　　)平方厘米,可以切成(　　)个棱长是1厘米的小立方体。

② ★图2-3是一个长方体的前面和右面,那么这个长方体的底面积是(　　)平方厘米。

设置选做题,是给具有较高水平的学生予以奖励加分的方式,这样可以突出评分标准的人文关怀与人文精神,体现了对学生数学学习水平差异的尊重,也能让不同学习水平的学生都能在数学学习中获得成就感。

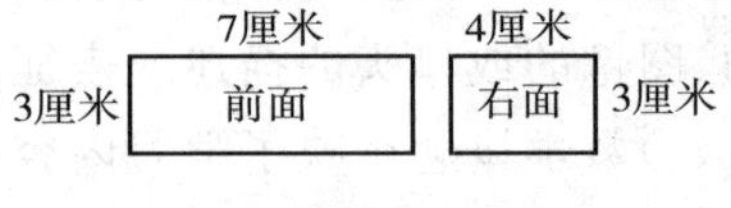

图2-3

(3)课内与课外结合,测查与学习相结合

学生的学习渠道日趋广泛,信息来源非常丰富,研究性学习已成为数学学习的一种重要方式。在这样的背景下,学生除教材内容的学习外,究竟还要掌握什么?除教师指导的学习外,自己的学习能力如何?基于这样的思考,测查中应设计既能反映出学生课堂学习的成果,又能考查学生课外的知识积累及自学能力、探究能力的试题。我们以为,考试虽具有检测的功能,但考试本身也是学生学习的另一种渠道与方式。如果学生能通过考试这一学习途径,了解并掌握一些新的结论与方法,不也是对"数学考试"功能的再拓展吗?即使其在考试时并没有顺利解答,或许也能为今后学习做很好的铺垫。

2.1.3.5 "大数的认识"教学设计

1. 四年级上册"大数的认识"教学分析

"大数的认识"由"亿以内数的认识"和"亿以上数的认识"两个部分组成。具体内容包括亿以内数的读写法、数的产生、十进制计数法、亿以上数的认识、计算工具的认识、用计算器计算。教材安排先教学亿以内数的读法和写法,再教学亿以上数的读法和写法,在两部分认数教学中间安排的十进制计数法是对亿以内数的认识内容的归纳整理,并作为亿以上数的认识的基础,起到承上启下的作用。"大数的认识"是万以内数认识的巩固和扩展,也是学生必须掌握的基础的数学知识之一。

"大数的认识"的知识落脚点是"万以内数的认识",学生在三年级已经认识了万以内的数，具备了大量的关于数的认识的直接经验，尤其对万以内数的组成和计数单位等有了较深的了解，这就为数的认识扩充到万级、亿级做好了铺垫。从万以内数的认识到亿以内数、亿以上数的认识，是学生对数的概念的又一次扩充。学生在读、写大数时常常出现错误，这往往与数的概念不清楚、数的感受不丰富有关。教学中应充分利用教材提供的丰富素材，让学生感受大数，培养数感。

2. 学情分析

① 学生在亿以内数、亿以上数的读写上比较容易出错，特别是数的中间或末尾有0的读法、写法。

② 学了计算器的使用，有学生会在计算时依赖计算器。

③ 一部分学生对数学方法的归纳能力较为欠缺。

3. 教学目标

① 使学生在认识万以内数的基础上，进一步认识计数单位“万”“十万”“百万”“千万”和“亿”，知道亿以内及以上各个计数单位的名称和相邻两个计数单位之间的关系。

② 掌握数位顺序表，根据数级正确地读写大数，会比较大数的大小，会将整万、整亿的数分别改写成用“万”和“亿”作单位的数，会用“四舍五入”法把一个大数省略万位或亿位后面的尾数，求出它的近似数。

③ 在认数过程中，使学生体会和感受大数在日常生活中的应用，进一步培养数感。

4. 教学重点、难点

(1)教学重点

① 认识计数单位“万”“十万”“百万”“千万”和“亿”。

② 掌握数位顺序表，根据数级正确地读写大数，会比较大数的大小。

(2)教学难点

用“四舍五入”法把一个大数省略万位或亿位后面的尾数，求出它的近似数。

5. 教学措施及教学中应注意的问题

(1)创设具体教学情境，培养学生对于大数的感受，发展学生的数感

大数对于学生来说比较抽象，读写起来也比较困难。教师应充分利用教材提供的素材，创设具体教学情境，使学生获得有关大数的丰富感受。教学读、写数时，教师应注意放手让学生探索，在学生理解并掌握读、写数的方法后，要通过一定的训练使其达到熟练的程度。

(2)注重基础知识、基本概念的教学，同时要为学生留有自主探索的空间

数位、数级、十进关系等知识，应让学生牢固掌握。但是，不应把现成的结论、法则直接告诉学生，而是要创设问题情境，让学生自己去发现、去体会，通过自己的独立思考达到对这些知识的理解。

(3)密切大数与学生现实生活的联系，培养学生的应用意识

在教学中，教师应注意培养学生收集生活中大数的习惯和能力，如说一说生活中哪些地方用到大数。通过教学，学生逐步认识到，数的产生与发展都是生活实践的需要，认

识数是为了用它来交流，来解决生活中的实际问题，培养学生的应用意识。

2.1.3.6 **“数与符号”内容的教学反思**

在人类发展的历史长河中，先有量，再有数，从量到数是人类认识上的一次飞跃，并由此产生了算数的理论。随着生产的发展，用数来表达数量关系的一般规律就显得无能为力。于是必然引起数学史上的第二次抽象，即用字母表示数。有了字母表示数，代数式、方程出现了，数学中的定理、性质、定律、法则等也能用字母公式简洁地表达出来。

1. 以“用字母表示数”为例，通过观摩课堂进行的教学反思

1)分析教学内容而产生的教学反思

(1)抽象性

用字母表示数，本身具有强烈的抽象性。习惯了用数来描述、计算的学生，在初步接触本章内容时，往往感到很难理解研究的对象，尤其容易混淆字母与数之间的关系。比如，3 米有多长？1 小时是多久？学生对具体数值较好把握，而对 a 米、t 小时就较难把握。又比如，对用字母表示数的任意性特点，用字母表示数的取值限制性特点，用字母表示数的相对确定性特点，用字母表示数的规范性特点等，学生会感觉枯燥抽象，要求具体情景具体分析。

(2)符号化思想

作为数学符号系统中的元素符号，字母早在低年级的数学学习中已经出现，用字母表达式来概括四则运算定律，用字母来表示单位等。学生对于用字母表示数的简洁性有比较初步的感受。用字母表示数，是今后学生学习用字母表示代数式的基础。那么，本单元的学习除了引导学生用字母这种符号表示数量关系，进一步体会符号的简洁易记的特点外，还要明确地教会学生使用这些符号和表达式描述数量关系，进行表达、交流与解决问题。

(3)情境与模型

学生对字母表示数的意义的理解，需要经历运用字母表示具体情境中数量关系的活动来实现，教材在编写中也很重视情境的创设。在学习含有字母的式子时，教材创设了年龄关系的情境，探究年龄关系，从具体的数量变化中，发现数量之间内在的本质关系没变，从而使用字母来描述数量关系，构建数学表达式。在具体的教学中，教师也可组织大量的现实情景来引领学生体会字母表达式描述数量关系的科学性。比如，猜身高、比速度、求发行量等。

2)分析学生而产生的教学反思

(1)学情分析

对于用字母表示数，学生已经具有一定的认知基础。在中低段的学习中，学生已经接触到用字母表示图形的边，能够比较熟练地使用字母表示运算定律，用字母表示图形的周长或面积计算公式。在生活中，学生也广泛使用字母，对用字母表示数的简洁性有初步的体会。对于常见的数量关系，学生也已经熟练掌握并且记忆深刻。

《义务教育数学课程标准》指出，“学生是数学学习的主人”，“有效的数学学习的活动

不能单纯地依赖模仿与记忆,动手实践,自主探索与合作交流是学生学习数学的重要方式”。因此,教师在课堂上应相信学生,大胆放手,让学生积极参与,最大限度地给学生以自主学习的机会。引导学生主动地进行自学、思考、讨论、合作交流等活动,发现规律,掌握知识,提高能力。教学中,教师提问:“你能用含有字母的式子表示张老师的年龄吗?”还学生自由思考的时间和空间,让学生在面对实际问题时运用所学的数学知识和方法寻求解决问题的途径。同时让学生在小组内相互商量,鼓励学生说说自己的想法。因此,学生出现了用省略号表示、用文字表示、用符号表示和用字母表示等多种新的、宝贵的表示方式,在探索过程中最大限度地发挥自主性和潜在的创造力,促进个性发展。“合作交流”作为新的学习方式的重要组成部分,表现出了很大的优越性,与以往的学习不同,交流能促使同学之间、师生之间相互沟通,取长补短,从而建立新型的师生关系。由于长期的接受式学习方式的影响,仍有相当数量的同学表现比较被动,参与少、发言少、思考少,他们还是在期待着老师的讲解,学习的主动性不强。

数学课本是学生了解数学世界的窗口,数学老师要充分利用这一窗口让学生主动地去接触,让学生在读课本的过程中接受信息,并用自己已有的知识与经验去解读这些信息。任何学习都是学习者自主建构的过程,学生的学科学习离不开学习主体与课本之间的交互作用。在教学含有字母的式子能表示数量关系后,教师没有直接告诉学生如何对含有字母的乘法算式进行简写、略写,而是把课本内容以小秘密的形式呈现,让学生通过自学思考的学习方法,自己发现结论。

(2)问题改进

教师的过渡性语言和总结性语言略显简单,在让学生体会“为什么用字母表示数”这个问题中教师的语言不够丰富,对学生回答作出的评价也存在不足。更好地设计教学问题,更科学地评价学生是教师需要继续学习和探索的重要内容。

2. 让符号化思想贯穿小学数学课堂

怀特海曾说过:“在数学中,只要细细分析,即可发现符号化给数学理论的表述和论证带来极大的方便,甚至是必不可少的。”显然,在教学中,教师不能只是单纯地讲解知识,还要引导学生体验隐含在知识背后的数学思想。而符号化思想就是重要的数学思想之一,符号化思想就是用符号进行表示、交流、运算等活动的思想,培养学生的符号意识和运用符号解决实际问题的能力是小学数学课堂教学的重要目标。因此,教师应尊重学生的原有经验,让学生经历从具体的生活情景中抽象出数量关系的符号化过程,使学生体验符号的价值。

例如,针对数学课堂中常见的数学符号“+”“-”,学生能够想到的无非是加法和减法。极少数同学能够想到学习过的正、负数,说明多数学生在学习这部分时,并没有完全掌握正、负数的含义。此时,教师可以联系生活实际,让学生说说在哪里看到过正、负数。最简单且贴近生活的便是每天的天气预报,可以让学生记录一周的天气变化,冬天的温度是怎么样的,夏天的温度又是怎么样的,通过亲身体验,学生对正、负数的理解会更加深刻。但“+”“-”这两个符号仅仅出现在加、减法,正、负数当中吗?可以让学生搜集生活中有关这两个符号的具体应用，并让学生明白这两个符号的由来。比如电池上标注的“＋”“－”表示什么意思，饮料瓶或食品袋有时也会出现这两个符号，又表示什么意思？让学生能够充分地感悟生活与我们的数学学习之间密切的相关性，让学生在生活中乐于观察，在课堂中乐于学习。

2.2 数的运算

2.2.1 “数的运算”内容的理解

2.2.1.1 “数的运算”发展史

1. 运算符号的演变历史

运算符号并不是与运算同进产生的，中国在商代或更早以前就已经有加法、减法运算，但没有运算符号。与其他几个文明古国一样，把两个数写在一起就表示相加，就像今天的带分数写法一样。3世纪，希腊出现了减号“↑”，但仍没有加法符号；6世纪，印度出现了以单词的缩写为运算符号的情况，其中减法是在减数上画一点；后来欧洲人承袭了印度的做法，例如用拉丁字母的P(plus的第一个字母，意思是相加)表示加，用M(minus的第一个字母，意思是相减)表示减。

“＋”“－”出现于中世纪。据说，当时酒商在售出酒后，曾用横线标出酒桶里的存酒，而当桶里的酒又增加时，便用竖线条把原来画的横线画掉，于是就出现了表示减少的“－”和表示增加的“＋”。1489年，德国数学家魏德曼(J. Widman，1460—1499)在他的著作中首次使用“＋”“－”表示盈余和不足。1514年，荷兰数学家赫克(V. Hoecka)把它用作代数运算符号。后来又经过法国数学家韦达(Franciscus Vieta，1540—1603)的宣传和提倡，“＋”“－”才开始普及，直到1630年，才得到大家的公认。

乘号曾经出现过十几种形式，现在通用的有两种。一个是“×”，最早由英国数学家奥屈特1631年提出；一个是“·”，由英国数学家奥特雷德(William Oughtred，1574—1660)首创。德国数学家莱布尼茨(Gottfried Wilhelm Leibniz，1646—1716)认为“×”像拉丁字母“X”，反对“×”的使用，而赞成用“·”。他自己还提出用“п”表示相乘。这个符号现在应用到集合论中。到了18世纪，美国数学家欧德莱确定把“×”作为乘号。他认为“×”是“＋”斜过来写的，是另一种表示增加的符号。

“÷”最初作为减号，在欧洲大陆长期流行。直到1631年英国数学家奥屈特用“:”表示除或比，另外有人用“－”(除线)表示除。后来瑞士数学家拉哈在他所著的《代数学》里根据群众创造，正式将“÷”作为除号。

※ “小九九”的由来

《九九乘法歌诀》，又常称为“小九九”。现在学生学的“小九九”口诀，是从“一一得一”开始，到“九九八十一”止，而在古代，却是倒过来，从“九九八十一”起，到“二二得四”

止。因为口诀开头两个字是“九九”，所以，人们就把它简称为“九九”。大约到 13、14 世纪才倒过来变成“一一得一……九九八十一”。

中国使用“九九口诀”的时间较早。在《荀子》《管子》《淮南子》等书中就能找到“三九二十七”“六八四十八”“四八三十二”等句子。由此可见，早在春秋战国时期，《九九乘法歌诀》就已经开始流行了。

2. 计算工具的发展简史

现在我们所说的计算机，其全称是通用电子数字计算机，“通用”是指计算机可服务于多种用途，“电子”是指计算机是一种电子设备，“数字”是指在计算机内部一切信息均用 0 和 1 的编码来表示。计算机的出现是 20 世纪最卓越的成就之一，计算机的广泛应用极大地促进了生产力的发展。

自古以来，人类就在不断地发明和改进计算工具，从古老的“结绳记事”，到算盘、计算尺、差分机，直到 1946 年第一台电子计算机诞生，计算工具经历了从简单到复杂、从低级到高级、从手动到自动的发展过程，而且还在不断发展。回顾计算工具的发展历史，我们从中可以得到许多有益的启示。

1)手动式计算工具

人类最初用手指进行计算。人有两只手，十个手指头，所以，自然而然的习惯用手指计数，并采用十进制计数法。用手指进行计算虽然很方便，但计算范围有限，计算结果也无法存储。于是人们用绳子、石子等工具来延长手指的计算能力，如中国古书中记载的“上古结绳而治”，拉丁文中“Calculus”的本意是用于计算的小石子。

最原始的人造计算工具是算筹，我国古代劳动人民创造和最先使用了这种简单的计算工具。算筹最早出现在何时，现在已经无法考证，但在春秋战国时期，使用算筹的情况已经非常普遍了。史书记载，算筹是一根根同样长短和粗细的小棍，一般长为 13～14 cm，径粗为 0.2～0.3 cm，多用竹子制成，也有用木头、兽骨、象牙、金属等材料制成的。算筹采用十进制计数法，有纵式和横式两种摆法，这两种摆法都可以表示 1，2，3，4，5，6，7，8，9 九个数字，数字 0 用空位表示(图 2-4)。算筹的计数方法为：个位用纵式，十位用横式，百位用纵式，千位用横式……这样从右到左，纵横相间，就可以表示任意大的自然数了。

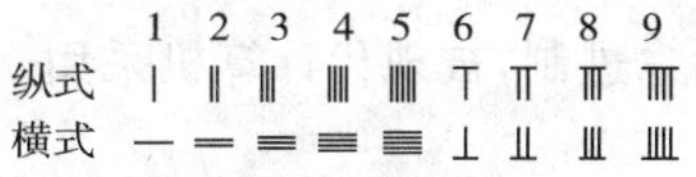

图 2-4

计算工具发展史上的第一次重大改革是算盘，它也是我国古代劳动人民创造。算盘由算筹演变而来，并且和算筹并存竞争了一段时期，在元代后期取代了算筹。算盘轻巧灵活、携带方便，应用极为广泛，先后流传到日本、朝鲜和东南亚等国家与地区，后来又传入西方。算盘采用十进制计数法并有一整套计算口诀，例如“三下五去二”“七上八下”等，都是最早的体系化算法。算盘能够进行基本的算术运算，是公认的最早的计算工具。

1617 年，苏格兰数学家奈皮尔(John Napier，1550—1617)发明了 Napier 乘除器，也称 Napier 算筹。Napier 算筹由十根长条状的木棍组成，每根木棍的表面雕刻着一位数字的乘法表，右边第一根木棍是固定的，其余木棍可以根据计算的需要进行拼合和调换位置。Napier 算筹可以用加法和一位数乘法代替多位数乘法，也可以用除数为一位数的除法和减法代替多位数除法，从而大大简化了数值计算过程。

1622 年，英国数学家奥特雷德根据对数原理发明了圆形计算尺，也称对数计算尺。对数计算尺在两个圆盘的边缘标注对数刻度，然后让它们相对转动，这样就可以基于对数原理用加减运算来实现乘除运算。17 世纪中期，对数计算尺改进为尺座和在尺座内部移动的滑尺。18 世纪末，改良蒸汽机的瓦特(James Watt，1736—1819)独具匠心，在尺座上添置了一个滑标，用来存储计算的中间结果。对数计算尺不仅能进行加、减、乘、除、乘方、开方运算，甚至可以计算三角函数、指数函数和对数函数，它一直使用到袖珍电子计算器面世。即使在 20 世纪 60 年代，对数计算尺仍然是理工科大学生必须掌握的计算工具，是工程师身份的一种象征。

2)机械式计算工具

17 世纪，欧洲出现了利用齿轮技术的计算工具。1642 年，法国数学家帕斯卡(Blaise Pascal，1623—1662)发明了帕斯卡加法器，这是人类历史上第一台机械式计算工具，其原理对后来的计算工具产生了持久的影响。帕斯卡加法器是由齿轮组成、以发条为动力、通过转动齿轮来实现加减运算、用连杆实现进位的计算装置。帕斯卡从加法器的成功中得出结论：人的某些思维过程与机械过程没有差别，因此可以设想用机械来模拟人的思维活动。

1673 年，莱布尼茨研制了一台能进行四则运算的机械式计算器，称为莱布尼茨四则运算器(图 2 - 5)。这台机器在进行乘法运算时采用进位-加(shift - add)的方法，后来演化为二进制，被现代计算机采用。

图 2 - 5

莱布尼茨四则运算器的发明在计算工具的发展史上达到一个小高潮，此后的一百多年中，虽有不少类似的计算工具出现，但除了在灵活性上有所改进外，都没有突破手动机械的框架，使用齿轮、连杆组装起来的计算设备限制了它的功能、速度以及可靠性。

1801 年，法国机械师雅卡尔(Joseph Marie Jacquard，1752—1834)发明了可编程织布机，其通过读取穿孔卡片上的编码信息来自动控制织布机的编织图案，这直接引起法国纺织工业革命。雅各织布机虽然不是计算工具，但是它第一次使用了穿孔卡片这种输入方式。如果找不到输入信息和控制操作的机械方法，那么真正意义上的机械式计算工具是不可能出现的。直到 20 世纪 70 年代，穿孔卡片这种输入方式还在普遍使用。

19 世纪初，英国数学家巴贝奇(Charles Babbage，1791—1871)取得了突破性进展。巴贝奇为了解决航海、工业生产和科学研究中的复杂计算，发明了许多数学表(如对数表、函数表)。这些数学表虽然带来了一定的方便，但由于采用人工计算，错误很多。巴贝奇决心研制新的计算工具，用机器取代人工来计算这些实用价值很高的数学表。

1822 年，巴贝奇开始研制差分机(图 2 - 6)，专门用于航海和天文计算。在英国政府的支持下，差分机历时 10 年研制成功，这是最早采用寄存器来存储数据的计算工具，体现了早期程序设计思想的萌芽，计算工具从手动机械跃入自动机械的新时代。

图 2 - 6

1832 年，巴贝奇开始进行分析机的研究。在分析机的设计中，巴贝奇采用了三个具有现代意义的装置。

(1)存储装置：采用齿轮式装置的寄存器保存数据，既能存储运算数据，又能存储运算结果。

(2)运算装置：从寄存器取出数据进行加、减、乘、除运算，并且乘法是以累次加法形式实现，还能根据运算结果的状态改变计算的进程，用现代术语来说，这就是条件转移。

(3)控制装置：使用指令自动控制操作顺序，选择所需处理的数据以及输出结果。

巴贝奇的分析机是可编程计算机的设计蓝图，实际上，我们今天使用的每一台计算机都遵循着巴贝奇的基本设计方案。但是巴贝奇先进的设计思想超越了当时的客观现实，由于当时的机械加工技术还达不到所要求的精度，所以这部以齿轮为元件、以蒸汽为动力的分析机一直到巴贝奇去世也没有被制造出来。

3)机电式计算机

1886 年,美国统计学家霍列瑞斯(Herman Hollerith,1860—1929)借鉴了雅各织布机的穿孔卡原理,用穿孔卡片存储数据,采用机电技术取代了纯机械装置,制造了第一台可以自动进行加减四则运算、累计存档、制作报表的制表机,这台制表机参与了美国 1890 年的人口普查工作,使预计需要 10 年的统计工作仅用 1 年零 7 个月就完成了,是人类历史上第一次利用计算机进行大规模的数据处理。霍勒瑞斯于 1896 年创建了制表机公司 TMC 公司,1911 年,TMC 与另外两家公司合并,成立了 CTR 公司。1924 年,CTR 公司改名为国际商业机器公司(International Business Machines Corporation),这就是赫赫有名的 IBM 公司。

1938 年,德国工程师楚泽(Konred Zuse,1910—1995)研制出 Z-1 计算机,这是第一台采用二进制的计算机。在接下来的四年中,楚泽先后研制出采用继电器的计算机 Z-2、Z-3、Z-4。Z-3 是世界上第一台真正的通用程序控制计算机,不仅全部采用继电器,还采用了浮点计数法、二进制运算、带存储地址的指令形式等。这些设计思想虽然在楚泽之前已经有人提出过,但楚泽第一次有人将这些设计思想具体实现。在一次空袭中,楚泽的住宅和包括 Z-3 在内的计算机统统被炸毁。德国战败后,楚泽流亡到瑞士一个偏僻的乡村,转向计算机软件理论的研究。

1936 年,美国哈佛大学应用数学教授艾肯(Howard Hathaway Aiken,1900—1973)在读过巴贝奇和爱达的笔记后,发现了巴贝奇的设计,并被巴贝奇的远见卓识所震惊。艾肯提出用机电的方法,而不是纯机械的方法来实现巴贝奇的分析机。在 IBM 公司的资助下,1944 年他研制成功机电式计算机 Mark-I(图 2-7)。Mark-I 长 15.5 米、高 2.4 米,由 75 万个零部件组成,使用了大量的继电器作为开关元件,存储容量为 72 个 23 位十进制数,采用了穿孔纸带进行程序控制。它的计算速度很慢,执行一次加法操作需要 0.3 秒,并且噪声很大。尽管它的可靠性不高,但它仍然在哈佛大学使用了 15 年。Mark-I 只是部分使用了继电器,1947 年研制成功的计算机 Mark-Ⅱ则全部使用继电器。

图 2-7

艾肯等人制造的机电式计算机，其典型部件是普通的继电器，继电器的开关速度是1/100秒，限制了机电式计算机的运算速度。20世纪30年代，社会上已经具备了制造电子计算机的技术能力，机电式计算机从一开始就注定很快会被电子计算机替代。事实上，电子计算机和机电式计算机的研制几乎是同时开始的。

4)电子计算机

1939年，美国爱荷华州立大学数学物理学教授阿塔纳索夫(John Vincent Atanasoff，1903—1995)和他的研究生贝瑞(Clifford Berry，1918—1963)一起研制了一台称为ABC(Atanasoff Berry Computer)的电子计算机。由于经费限制，他们只研制了一个能够求解包含30个未知数的线性代数方程组的样机。阿塔纳索夫的设计方案中第一次提出采用电子技术来提高计算机的运算速度。

第二次世界大战中，美国宾夕法尼亚大学物理学教授莫克利(John Mauchly，1907—1980)和他的研究生埃克特(Presper Eckert，1919—1995)受军械部的委托，为计算弹道和射击表启动了研制ENIAC(Electronic Numerical Integrator And Computer)的计划。1946年2月15日，这台标志人类计算工具历史性变革的巨型机器宣告竣工。ENIAC的最大特点就是采用电子器件代替机械齿轮或电动机械来执行算术运算、逻辑运算和存储信息，因此，同以往的计算机相比，ENIAC最突出的优点就是高速度。ENIAC每秒能完成5000次加法，300多次乘法，比当时最快的计算工具快1000多倍。ENIAC是世界上第一台能真正运转的大型电子计算机，它的出现标志着电子计算机(以下称计算机)时代的到来。

虽然ENIAC显示了电子元件在进行初等运算速度上的优越性，但没有最大限度地实现电子技术的巨大潜力。ENIAC的主要缺点是：第一，存储容量小，最多存储20个10位的十进制数；第二，程序是“外插型”的，为了进行几分钟的计算，接通各种开关和线路的准备工作需要几个小时。新生的电子计算机需要人们用千百年来制造计算工具的经验和智慧为其赋予更合理的结构，从而获得更强的生命力。

1945年6月，普林斯顿大学数学教授冯·诺依曼(John von Neumann，1903—1957)发表了EDVAC(Electronic Discrete Variable Automatic Computer，离散变量自动电子计算机)方案，确立了现代计算机的基本结构，提出计算机应具有五个基本组成成分，即运算器、控制器、存储器、输入设备和输出设备，描述了这五大部分的功能和相互关系，并提出“采用二进制”和“存储程序”这两个重要的基本思想。迄今为止，大部分计算机仍基本上遵循冯·诺依曼结构。

需要强调的是，EDVAC方案是集体智慧的结晶，冯·诺依曼雄厚的数理知识和非凡的分析、综合能力，在EDVAC的总体配置和逻辑设计中起到了关键作用。可以说，现代计算机的发明绝不是仅凭杰出科学家的个人努力就能完成的事业，研制电子计算机不仅需要巨大的资金，而且需要数学家、逻辑学家、电子工程师以及组织管理人员的密切合作，需要团队的共同努力。

※ 运算的封闭性

若从某个非空数集中任选两个元素(同一元素可重复选出)，选出的这两个元素通过某种(或几种)运算后的得数仍是该数集中的元素,那么,就可以说该集合对于这种(或几种)运算是封闭的。

封闭性,即闭包(数学)。数学中,若对某个集合的成员进行一种运算,生成的仍然是这个集合的成员,则该集合被称为在这个运算下闭合。例如,实数在减法下闭合,但自然数不行:自然数 3 和 7 的减法 3－7 的结果不是自然数。类似地,如果一个集合成员在每个运算下都闭合,那么这个集合可以被称为在这些运算下闭合。

一个集合在某个运算或某些运算的搜集下闭合,则可被称为满足闭包性质。闭包性质经常作为公理,通常叫作闭包公理。现代集合论通常这样定义:运算为在集合间的映射。

当一个集合 S 在某个运算下不闭合,我们通常可以找到包含 S 的最小的闭合集合。这个最小闭合集合被称为 S 的(关于这个运算的)闭包。例如,若把自然数集看作实数集的子集,它在减法下的闭包就是整数集。一个重要的例子是拓扑闭包。闭包的概念推广为伽罗瓦连接,进一步为单子。需要注意的是集合 S 必须是闭合集合的子集,这样才能定义闭包算子。在前面的例子中,实数在减法下闭合非常重要,减法并非总是在自然数的定义域中有定义。

闭包这个词的两种用法不应混淆。前者与闭合的性质有关,而后者与包含不闭合集合的最小闭合集合有关。简要地说,一个集合的闭包满足闭包性质。

(1)闭包集合

如果对一个集合的成员进行某种运算,返回值总是这个集合的成员,那么称这个集合在这种运算下闭合。有时会明确要求运算的返回值位于某个集合中,在这种情况下它叫作闭包公理。例如,群被定义为满足一些公理的带有一个二元运算的一个集合,包括了群的任何两个元素的结合再次是一个元素的公理。但是现代的运算定义使这个公理变得多余,在 S 上 n 元算子只是 S^{n+1} 的子集。根据这种定义,在一个集合上的算子不能有在这个集合之外的值。

虽然如此,算子的闭包性质仍有某些用处。在一个集合上闭合不必然蕴含在所有子集上闭合。所以群的子群被定义为在其上二元乘法和一元逆运算满足闭包公理的子集。

一类不同的运算是找到拓扑空间的子集的极限点(如果这个空间是第一可数空间,只考虑收敛序列就足够了,但一般而言至少要考虑网的极限)。拓扑学中通常称在这个运算下闭合的集合为闭集。如果没有其他说明的话,一般而言闭集就是指闭合的性质。闭区间如$[1,2]=\{x:1\leqslant x\leqslant 2\}$就是在这种意义上闭合。

偏序集合是向下闭合的(也叫作下闭集合),如果对于这个集合的所有元素,所有更小的元素也都在其中。这适用于实数区间$(-\infty,p)$和$(-\infty,p]$的例子。

向上闭合和上闭集合也有类似的定义。

(2)闭包算子

给定在集合 X 上的一个算子,可以对 X 中的一个子集 S 定义闭包 $C(S)$,$C(S)$是在 X 中包含 S 且在运算下闭合的最小子集。例如,群的子集的闭包是这个集合所生成的子群。

关于某个运算的集合的闭包定义了在 X 的子集上的闭包算子。闭合集合可以确定自闭包算子。如果一个集合是闭合的，那么它等于自己的闭包。所有闭包算子都有以下典型结构性特征：

① 闭包是递增的或扩大的：一个对象的闭包包含这个对象。

② 闭包是幂等的：闭包的闭包等于闭包。

③ 闭包是单调的，就是说，如果 X 包含在 Y 中，则 $C(X)$ 也包含在 $C(Y)$ 中。

若一对象等同于自身的闭包，就可以称为闭合。根据幂等性，一个对象是闭合的，当且仅当它是某个对象的闭包。这三个性质定义了所谓抽象闭包算子。一般地，一个抽象闭包作用于一个集合的所有子集的类上。

5)负数及其运算的发展

比 0 小的数叫作负数，负数与正数表示意义相反的量。负数用负号（minus sign，相当于减号）“－”和一个正数标记，如－2，代表的就是 2 的相反数。于是，任何正数前加上负号便成了负数。一个负数是其绝对值的相反数。在数轴线上，负数都在 0 的左侧，最早记载负数的是我国古代的数学著作《九章算术》。在算筹中规定“正算赤，负算黑”，就是用红色算筹表示正数，黑色的表示负数。两个负数比较大小，绝对值大的反而小。

从数学发展史上看，在使用负数和它的运算方面，中国在世界上处于遥遥领先的地位。在国外，印度大约在 7 世纪才开始认识负数，并用小点或小圈记在数字上面表示负数。欧洲直到十二三世纪才有负数，而实际进行运算还要在几百年之后。在中国，除了负数的实际意义，在解方程中更进一步运用了正负数的运算。

在我国，有关这方面内容的最早文字记载出现在秦、汉时期的古代算经《九章算术》一书的第八章《方程》中，大致有以下一些内容：关于负数的引用，书中以卖（收入钱）为正，则买（付出钱）为负；余钱为正，不足钱（亏钱）为负。在关于粮谷计算的问题中，以益实（增加粮谷）为正，损实（减少粮谷）为负。

魏晋期间，刘徽在《九章算术》的注文中，则更进 步概括了工、负数的意义：“两算得失相反，要令正负以名之。”（算是算筹，代表数字，古代用算筹来运算）这句话的意思是：两种得失相反的数，分别叫作正数和负数。

《九章算术》中还记载了正负数的运算法则，实际是正负数加减法的运算法则。也就是书中在方程解法中用到的“正负术”。

正负术曰：同名相除，异名相益，正无入负之，负无入正之；其异名相除，同名相益，正无入正之，负无入负之。

其中前四句是正负数减法法则。译文是：同号（两数相减），（把绝对值）相减；异号（两数相减），（把绝对值）相加；零减正数，得负数；零减负数，得正数。

后四句是正负数加法法则。译文是：异号（两数相加），（把绝对值）相减；同号（两数相加），（把绝对值）相加；正数与零相加，得正数；负数与零相加得负数。当然，从现代数学观点看，古书上的文字叙述不够严谨。

上述《九章算术》中关于正负数的内容，都是和当时的“方程术”相联系的。

在《九章算术》之后，东汉的刘洪(约 130—196)又将正负数用于历法的计算，在《乾象历》一书中正负术称强正、弱负(强表示正，弱表示负)。

强弱相并，同名相从：正负数加法，同号就是相加。

异名相消：负号就是相减。

其相减也，同名相消：对于减法，同号就是相减。

异名相从：异号就是相加。

无对互之：被减数是零时，原正数变为负数，原负数变为正数。

刘洪的说法比《九章算术》的说法更清楚。

2.2.1.2　小学数学中四则运算意义的本质理解

1. 四则运算的意义

在初等数学中，当一级运算(加减)和二级运算(乘除)同时出现在一个式子中时，它们的运算顺序是先乘除，后加减；如果有括号就先算括号内的，后算括号外的。同一级运算顺序是从左到右依次计算。这样的运算叫四则运算。四则是指加法、减法、乘法、除法的计算法则。一道四则运算的算式并不需要一定有四种运算符号，一般指由两种或两种以上运算符号及括号，把多数合并成一个数的运算。

1)加法

加法是基本的四则运算之一，它是指将两个或者两个以上的数、量合起来，变成一个数、量的计算。表达加法的符号为加号“＋”，进行加法时用加号将各项连接起来，把和放在等号“＝”之后。例如：1，2，3 之和是 6，就写成 $1+2+3=6$。加法的一般定义为：把两个数合并成一个数的运算叫作加法。相加的两个数叫作加数，加得的数叫作和。

加法是完全一致的事物的重复或累计，是数字运算的开始。减法是加法的逆运算；乘法是加法的特殊形式；除法是乘法的逆运算；乘方是乘法的特殊形式；开方是乘方的逆运算；对数是在乘方的各项中寻找规律，由对数而发展出导数，然后是微分和积分。

实数加法：同号两数相加，取原来的符号，并把绝对值相加。异号两数相加，取绝对值较大的数的符号，并用较大的绝对值减去较小的绝对值。任何数加 0 仍得原数。

一般来说，在一个集合 F 上定义一个二元关系“＋”，满足：

① 交换律：$a+b=b+a$。对任意的 $a,b\in F$，$a+b=b+a\in F$。

② 结合律：对任意的 $a,b,c,\in F$，$a+(b+c)=(a+b)+c$。

③ 单位元：存在一个元素 $0\in F$，满足对任意的 $a\in F$，$a+0=0+a=a$。

④ 逆元：对任意的 $a\in F$，存在一个元素 $(-a)\in F$，满足 $a+(-a)=0$。

“＋”称作定义在集合 F 上的加法。“＋”是加号，加号前面和后面的数是加数，“＝”是等于号，等于号后面的数是和。

加法原理：如果因变量 f 与自变量 $(z_1,z_2,z_3,\cdots,z_n)$ 之间存在直接正比关系并且每个自变量存在相同的质，缺少任何一个自变量时，因变量 f 仍然有其意义，则为加法。

在概率论中，一个事件，出现的结果包括 n 类结果，第 1 类结果包括 M_1 个不同的结果，第 2 类结果包括 M_2 个不同的结果……第 n 类结果包括 M_n 个不同的结果，那么这个

事件可能出现 $N=M_1+M_2+M_3+\cdots+M_n$ 个不同的结果。

2)减法

减法是基本的四则运算之一。从一个数量中减去另一个数量的运算叫作减法。已知两个加数的和与其中一个加数,求另一个加数的运算叫作减法。表示减法的符号是“-”,读作“减”。在减法中,已知的和叫作被减数,减去的已知加数叫作减数,求出的未知加数叫作差。减法是加法的逆运算。减去一个数,等于加这个数的相反数。$a-b-c=a-(b+c)$。

减法口诀表:

10-1=9

10-2=8 9-1=8

10-3=7 9-2=7 8-1=7

10-4=6 9-3=6 8-2=6 7-1=6

10-5=5 9-4=5 8-3=5 7-2=5 6-1=5

10-6=4 9-5=4 8-4=4 7-3=4 6-2=4 5-1=4

10-7=3 9-6=3 8-5=3 7-4=3 6-3=3 5-2=3 4-1=3

10-8=2 9-7=2 8-6=2 7-5=2 6-4=2 5-3=2 4-2=2 3-1=2

10-9=1 9-8=1 8-7=1 7-6=1 6-5=1 5-4=1 4-3=1 3-2=1 2-1=1

3)乘法

(1)乘法的意义

乘法的意义分为整数、小数、分数等不同情况。

① 整数乘法的意义:求几个(n 个)相同加数的和的简便运算,叫作乘法。其中相同的这个数及 n 个这样的数都叫“乘数”(或“因数”),结果叫“积”。例如,3×5 和 5×3 都可以表示 5 个 3 相加或 3 个 5 相加。注意:在如上乘法表示什么中,常把乘号后面的因数作为乘号前因数的倍。3×5=15,读作 3 乘 5 等于 15。

② 小数乘整数:与整数乘法的意义相同,就是求几个相同加数的和的简便运算。例如,2.5×6 表示 6 个 2.5 的和或 2.5 的 6 倍是多少。

③ 一个数乘小数的意义:与整数乘法的意义有所不同,它是整数乘法意义的进一步扩展。它可以理解为求这个数的十分之几、百分之几、千分之几……是多少。例如,2.5×0.6 表示 2.5 的十分之六是多少,2.5×0.98 表示 2.5 的百分之九十八是多少。

④ 分数乘法的意义:分数乘整数与整数乘整数的意义相同,而一个数乘分数就是求这个数的几分之几是多少。分数乘法的意义理解与小数乘法相同。

(2)乘法的意义分类举例

① 求几个相同加数的和是多少。例如,8×3,表示求 3 个 8 的和是多少,也可以表示求 8 的 3 倍是多少。

② 求一个数的若干倍是多少。例如,8×3 表示求 8 的 3 倍是多少,25×1.2 表示求 25 的 1.2 倍是多少,27×0.3 表示求 27 的十分之三是多少。

③ 求物体面积、体积。

④ 求一个数的几分之几或百分之几是多少。

(3)乘法原理

如果因变量 f 与自变量 $x_1,x_2,x_3,\cdots,x_n$ 之间存在直接正比例关系并且每个自变量存在质的不同，缺少任何一个自变量因变量 f 就失去其意义，则为乘法。

在概率论中，一个事件，出现结果需要分 n 个步骤，第 1 个步骤包括 M_1 个不同的结果，第 2 个步骤包括 M_2 个不同的结果……第 n 个步骤包括 M_n 个不同的结果，那么这个事件可能出现 $N=M_1\times M_2\times M_3\times\cdots\times M_n$ 个不同的结果。

(4)扩展资料

在各种文明的算术发展过程中，乘法运算的产生是很重要的一步。一个文明可以比较顺利地发展出计数方法和加减法运算，但要想创造一套简单可行的乘法运算方法却不那么容易。我们目前使用的乘法竖式计算看似简便，实际上这还需要我们事先掌握九九乘法口诀表。考虑到这一点，这种竖式计算并不是完美的。我们即将看到，在数学的发展过程中，不同的文明创造出了哪些不同的乘法运算方法，其中有的运算法甚至可以完全抛弃乘法表。

古巴比伦数学使用 60 进制，考古学家发现的一块古巴比伦泥版证实了这一点。这块泥版上有一个正方形，对角线上有四个数字 1，24，51，10。最初发现这块泥版时，人们并不知道这是什么意思，后来人们惊讶地发现，如果把这些数字当作 60 进制的三位小数的话，得到的正好是单位正方形对角线长度的近似值：$1+24/60+51/60\hat{}2+10/60\hat{}3=1.41421296296\cdots\cdots$ 这说明古巴比伦已经掌握了勾股定理。

60 进制的使用阻碍了古巴比伦数学的乘法运算发展，因为如果我们要背“59－59”的乘法口诀表的话，至少也得背 1000 项，非常难以记忆。另一项考古发现告诉了我们古巴比伦数学的乘法运算如何避免使用乘法表。考古学家们发现一些泥版上刻有 60 以内的平方表，利用公式 $ab=[(a+b)\hat{}2-a\hat{}2-b\hat{}2]/2$ 可以迅速查表得到 ab 的值。另一个公式则是 $ab=[(a+b)\hat{}2-(a-b)\hat{}2]/4$，这说明两个数相乘只需取它们的和平方与差平方的差，再两次取半即可。平方数的频繁使用很可能加速了古巴比伦人发现勾股定理的过程。

4)除法

(1)除法的意义和性质

除法是四则运算之一。已知两个因数的积与其中一个因数，求另一个因数的运算，叫作除法。

若 $a\times b=c(b\neq 0)$，用积数 c 和因数 b 来求另一个因数 a 的运算就是除法，写作 $c\div b=a$，读作 c 除以 b(或 b 除 c)等于 a。其中，c 叫作被除数，b 叫作除数，运算的结果 a 叫作商。

例如，在 $10\div 5=2$ 中，被除数为 10，除数为 5，商为 2。在非代数式的书写中，也可以将 a/b 简单写作 $a\div b$。大部分的非英语语言中，$c\div b$ 还可写成 $c:b$。

除数是几位，先看被除数的前几位，前几位不够除，多看一位，除到哪一位，商就写在哪一位上面，不够商 1，商 0 占位。余数要比除数小，如果商是小数，商的小数点要和被除数的小数点对齐；如果除数是小数，要化成除数是整数的除法再计算。

商不变性质：被除数和除数同时乘或除以一个相同的数（0 除外），商不变。

除法应用：如果 $a\times b=c$；b 不等于零，那么 $a=c\div b$，a 不等于零，那么 $b=c\div a$。

如果除式的商数必须是整数，而除数和被除数并非因数关系的话，会出现相差的数值，其相差（以下的 d）为余数。$c\div b=a\cdots\cdots d$ 意味着 $ab+d=c$，通常不定义除以零这种形式。特别地，当 $c\div b$ 作为 c 除以 b 的商出现时（此时商不为整数），或表示目前不进行除法时，$c\div b$ 可以表示一个数，这种数叫作分数。此时，c/b 读作 b 分之 c。例如：10/5 可理解为 10 除以 5 的商，读作五分之十。又如，$1/6+4/6=(1+4)/6=5/6$ 读作六分之一加六分之四等于一加四的和除以六等于六分之五。

除法的性质：一个数连续除以几个数，等于这个数除以这几个除数的乘积，就是除法的性质。有时可以根据除法的性质来进行简便运算。例如，$300\div 25\div 4=300\div(25\times 4)$。

(2)除法的意义分类举例

① 一个数里有几个另一个数，简称“包含除法”。例如，$24\div 3$ 表示 24 里面有几个 3。

② 一个数是另一个数的多少倍。例如，$24\div 3$，表示 24 是 3 的多少倍。

③ 把一个数平均分成若干份，每份是多少，简称“等分除法”。例如，$24\div 3$，表示把 24 平均分成 3 份，每份是多少。

④ 已知一个数的几分之几是多少，求这个数。例如，$24\div 1/3$，表示已知一个数的三分之一是 24，求这个数。

(3)因数

① 定义：整数 A 能被整数 B 整除，A 叫作 B 的倍数，B 就叫作 A 的因数或约数（在正整数的范围内）。例如，$6\div 2=3$，1，2，3 和 6 就是 6 的因数。

② 解析

在除法里，如果被除数除以除数，所得的商都是自然数而没有余数，就说被除数是除数的倍数，除数和商是被除数的因数。我们将一个合数分成几个质数相乘的形式，这样的几个质数叫作这个合数的质因数。

2.2.1.3 小学阶段的运算法则及运算律的介绍

1. 计算法则

1)整数加法的计算法则

(1)相同数位对齐；

(2)从个位加起；

(3)哪一位满几十就向前一位进几。

2)整数减法的计算法则

(1)相同数位对齐；

(2)从个位减起；

(3)哪一位数不够减,从前一位退 1,在本位上加 10 再减。

3)整数乘法的计算法则

(1)用第二个因数个位上的数去乘第一个因数的每一位数,得数的末位和第二个因数的个位数字对齐。

(2)用第二个因数十位上的数去乘第一个因数的每一位数,得数的末位和第二个因数的十位数字对齐;以此类推。

(3)把几次乘得的积加起来。

4)整数除法的计算法则

(1)从被除数最高位除起,每次用除数先试除被除数的前几位数。如果它比除数小,再试除比除数多一位数的数字。

(2)除数除到被除数的哪一位,就把商写在被除数的那一位上面。

(3)每求出一位商,余下的数必须比除数小。

5)小数加、减法的计算法则

计算小数加、减法,先把小数点对齐(也就是把相同的数位上的数对齐),再按照整数加、减法的法则进行计算,最后在得数里对齐横线上的小数点位置上点上小数点。

6)小数乘法的计算法则

计算小数乘法,先按照整数乘法的法则计算出积,再看因数中一共有几位小数,就从积的右边起数出几位,点上小数点。

7)小数除法的计算法则

(1)除数是整数的小数除法:按照整数除法的法则去除,商的小数点要和被除数的小数点对齐。如果除到被除数的末位仍有余数,就在余数后面添 0,再继续除。

(2)除数是小数的小数除法:先移动除数的小数点,使它变成整数,除数的小数点向右移动几位,被除数的小数点也向右移动几位(位数不够的,在被除数末尾用 0 补足),然后按照除数是整数的小数除法进行计算。

8)分数加、减的计算法则

同分母分数相加、减,分母不变,只把分子相加、减;带分数相加、减,先把整数部分和分数部分分别相加、减,再把所得的数合并起来;异分母分数相加、减,先通分,然后按照同分母分数加、减的法则进行计算。

9)分数乘法的计算法则

(1)分数乘整数,用分数的分子和整数相乘的积作分子,分母不变;

(2)分数乘分数,用分子相乘的积作分子,分母相乘的积作分母。

10)分数除法的计算法则

一个数除以分数(0 除外),等于这个数乘除数的倒数。

2. 计算顺序

四则混合运算的顺序:在四则混合运算中,加、减法叫作第一级运算,乘、除法叫作第二级运算。

在没有括号的算式里，只有同一级运算的，从左往右依次计算；含有两级运算的，先算第二级，再算第一级。

算式里有括号的要先算括号里面的；有小括号、中括号和大括号的，按照先算小括号里面的，再算中括号里面的，最后算大括号里面的顺序进行计算。

3. 运算定律

(1)加法交换律：两个数相加，交换两个加数的位置，和不变。这叫作加法交换律，即 $a+b=b+a$。

(2)加法结合律：三个数相加，先把前两个数相加，再加第三个数，或者，先把后两个数相加，再加第一个数，其和不变。这叫作加法结合律，即 $a+b+c=(a+b)+c=a+(b+c)$。

(3)减法性质：在减法中，被减数、减数同时加上或者减去一个数，差不变，即 $a-b=(a+c)-(b+c)$；$a-b=(a-c)-(b-c)$。

在减法中，被减数增加多少或者减少多少，减数不变，差随着增加或者减少多少。反之，减数增加多少或者减少多少，被减数不变，差随着减少或者增加多少。

在减法中，被减数连续减去几个数，可以用这个数减去这几个数的和，即 $a-b-c=a-(b+c)$。

(4)乘法的交换律：两个数相乘，交换两个因数的位置，积不变。这叫作乘法的交换律，即 $a\times b=b\times a$。

(5)乘法的结合律：三个数相乘，先把前两个数相乘，再乘第三个数，或者，先把后两个数相乘，再和第一个数相乘，积不变。这叫作乘法结合律，即 $a\times b\times c=a\times(b\times c)$。

(6)乘法分配律：两个数的和(或差)与一个数相乘，等于把这两个数分别与这个数相乘，再把两个积相加(或相减)。这叫作乘法分配律，即 $(a+b)\times c=a\times c+b\times c$；$(a-b)\times c=a\times c-b\times c$。

(7)乘法的其他运算性质。一个因数乘几(0 除外)，必须把另一个因数除以相同的数，其积不变，即 $a\times b=(a\times c)\times(b\div c)(c\neq 0)$。

两个因数同时乘(或除以)相同的数(0 除外)，积乘(或除以)这两个数的乘积，即 $a\times b=(a\times c)\times(b\times d)=(a\times b)\times(c\times d)(c\neq 0、d\neq 0)$。

(8)除法的运算性质

商不变性质，两个数相除，被除数和除数同时乘或者除以同一个数(0 除外)，商的大小不变，即 $a\div b=(a\times c)\div(b\times c)(c\neq 0)$，$a\div b=(a\div c)\div(b\div c)(c\neq 0)$。

一个数连续除以两个数，可以先把两个除数相乘，再用它们的积去除这个数，结果不变，即 $a\div b\div c=a\div(b\times c)$。

2.2.1.4 “数的运算”内容的解读

1.《义务教育数学课程标准》中“数的运算”内容变化及教学

1)内容变化情况

《义务教育数学课程标准》较之前版本主要有以下几方面的变化：一是把原来第二学

段“能口算百以内一位数乘、除两位数”调到第一学段，并连同百以内的加、减法改为“能口算简单的百以内的加、减法和一位数乘、除两位数”。二是内容有所增加。第一学段增加“认识小括号，能进行简单的整数四则混合运算(两步)”。第二学段增加两条，即“在具体情境中，了解常见的数量关系：总价＝单价×数量、路程＝速度×时间，并能解决简单的实际问题。“经历与他人交流各自算法的过程，并能表达自己的想法。”三是表述有所变动。在第一学段中，将“能结合具体情境进行估算，并解释估算的过程”修改为“能结合具体情境选择适当的单位进行简单的估算，体会估算在生活中的作用”；将“能灵活运用不同的方法解决生活中的简单问题，并能对结果的合理性进行判断”修改为“能运用数及数的运算解决生活中的简单问题，并能对结果的实际意义作出解释”。

2)教学中需要注意的问题

(1)引导学生主动建构算法

计算教学要求教师引导学生经历算法的建构过程，在直接经验的基础上，抽象概括出具有一般意义的算法，积累数学活动经验，感悟数学思想方法。

(2)尊重规律，有效训练

提高训练的实效性，要科学安排训练内容。例如，传统的“夺红旗”“开火车”等比赛活动，以趣激练，学生愿意积极投入；学生在计算过程中，经常出现把算式中的数字、符号抄错，可以呈现一些典型错例，要求学生纠错、改错，通过信息不断刺激，学生养成计算细心的习惯；在应用计算解决实际问题时，启发学生感受到学习计算是为了解决实际问题，体会正确计算的重要，增强计算的责任感；依据“评价建议”中对基本运算技能的指标要求，经常安排计算测查，帮助学生了解自己的计算状况，提升计算的信心。

(3)加强估算教学

估算是运算教学不可缺失的组成部分。估算教学应注意两点：一是把握估算教学的阶段要求。结合具体情境，选择适当的单位是第一学段估算的核心。估算的方法既是具体的，又是灵活的，要能满足解决问题的需要。二是有效开展估算教学。经常安排应用估算探索笔算法则、验算笔算、解决实际问题等活动，培养学生的估算意识，提高估算能力。

(4)重建解决实际问题教学

教学解决实际问题，教师应就基础知识和基本思想等方面把握各阶段的教学内容与要求。教学中，教师应引导学生经历解决问题的过程，并通过对解题过程与方法的再认与反思，形成对方法的本质特点、价值及使用要领的主观认识；要给学生提供题材丰富、数量关系多变的问题情境，让学生自我监控，实现把所学习的陈述性知识转化为程序性认识。

2. 知识体系梳理

1)四则运算

(1)加法和减法

一年级上册：10 以内的加减法；20 以内的进位加法。

一年级下册:20以内的退位减法;100以内的加法和减法(一)。

二年级上册:100以内的加法(二)。

三年级上册:万以内的加法和减法(一)(二)。

四年级下册:小数的加法和减法。

五年级下册:分数加法和减法。

(2)乘法

二年级上册:表内乘法(一)(二)。

三年级上册:多位数乘一位数。

三年级下册:两位数乘两位数。

四年级上册:三位数乘两位数。

五年级上册:小数乘法。

六年级上册:分数乘法。

(3)除法

二年级下册:表内除法(一)(二)。

三年级下册:除数是一位数的除法。

四年级上册:除数是两位数的除法。

五年级上册:小数除法。

六年级上册:分数除法。

(4)四则混合运算

四年级下册:四则运算(两步,先算乘除及小括号);运算定律。

五年级上册:小数混合运算。

六年级上册:分数混合运算。

2.2.1.5　"运算能力"的内涵及基本要求

1."运算能力"的内涵

在课程标准中,作为核心概念提出的运算能力主要是指"能够根据法则和运算律正确地进行运算的能力。培养运算能力要有助于学生理解运算的算理,寻求合理简洁的运算途径解决问题"。其中特别值得关注的是关于"理解算理、寻找算法"的要求。这里的"寻找"是一个前所未有的新提法,即这个运算能力中的运算不是现成的,而是需要经由学生的发现得到的。所以,今天的运算能力已经改变了以往单纯追求"又对、又快"的传统面貌,作为"算法多样化的"升级版,为学生的探索、发现提供了一片沃土。

数的运算是人们在日常生活中应用最多的数学知识。因此,它历来是小学数学教学的基本内容。培养学生的运算能力一直是小学数学教学的主要目的之一,有一定的运算能力也是每个人应当具备的基本素养。

《义务教育数学课程标准》在"课程目标"里明确指出:"了解四则运算的意义,掌握必要的运算(包括估算)技能。"在"内容标准"的"数与代数"中,明确把"数的运算"作为第一、第二学段的主要内容,并具体提出了"应重视口算,加强估算,提倡算法多样化;应减少单纯的技能性训练，避免繁杂计算和程式化地叙述'算理'"。

2. 运算能力的基本要求

《义务教育数学课程标准》提出了关于运算教学的具体目标。

1)第一学段

(1)结合具体情境，体会整数四则运算的意义。

(2)能熟练地口算20以内的加减法和表内乘除法，能口算简单的百以内的加减法和一位数乘除两位数。

(3)能计算两位数和三位数的加减法，一位数乘两位数和三位数、两位数乘两位数的乘法，两位数和三位数除以一位数的除法。

(4)认识小括号，能进行简单的整数四则混合运算(两步)。

(5)会进行同分母分数(分母小于10)的加减运算以及一位小数的加减运算。

(6)能结合具体情境，选择适当的单位进行简单估算，体会估算在生活中的作用。

(7)经历与他人交流各自算法的过程。

(8)能运用数与数的运算解决生活中的简单问题，并能对结果的实际意义作出解释。

2)第二学段

(1)能计算三位数乘两位数的乘法，三位数除以两位数的除法。

(2)认识中括号，能进行简单的整数四则混合运算(以两步为主，不超过三步)。

(3)探索并了解运算律(加法的交换律和结合律、乘法的交换律和结合律、乘法对加法的分配律)，会应用运算律进行一些简便运算。

(4)在具体运算和解决简单实际问题的过程中，体会加与减、乘与除的互逆关系。

(5)能分别进行简单的小数和分数(不含带分数)的加、减、乘、除运算及混合运算(以两步为主，不超过三步)。

(6)能解决小数、分数和百分数的简单实际问题。

(7)在具体情境中，了解常见的数量关系：总价＝单价×数量、路程＝速度×时间，并能解决简单的实际问题。

(8)经历与他人交流各自算法的过程，并能表达自己的想法。

(9)在解决问题的过程中，能选择合适的方法进行估算。

(10)能借助计算器进行运算，解决简单的实际问题，探索简单的规律。

3. 如何建立四则运算概念

首先，应注重在具体情境中体会运算的意义。四则运算是小学数学最基础的知识，在小学阶段，加法的定义是："把两个数合并成一个数的运算。"减法的定义是："已知两个加数的和与其中一个加数，求另一个加数的运算。"乘法的定义是："求几个相同加数的和的简便运算。"除法的定义是："已知两个因数的积与其中一个因数，求另一个因数的运算。"这些运算意义虽然在表述上已经比较直观，但对于低年级的学生来说，仍是十分抽象的。心理学研究表明，当一个数的运算与代表情境中的物体相联系时，才能在学生的头脑中获得真正的意义。情境可以赋予数以意义，从而使抽象的数成为具体的物体。因此，“结合具体情境”的要求，是符合学生的心理特点和认知规律的。

案例一

一年级上册“加法”的教学

教材创设了学生熟悉的活动情境图“折纸游戏”：已经折了1只红色的纸鸟，2只蓝色的纸鸟。

教学时，教师可以组织学生观察，并说：红色纸鸟的只数可以用“1”表示，蓝色纸鸟可以用“2”表示，一共折的纸鸟只数可以用“3”表示。要求一共有多少只纸鸟，可以把“1”和“2”合并起来？在数学上把这种运算叫作“加法”，写成“1＋2＝3”。然后让学生联系情境说一说“1”“2”“3”和“＋”各表示什么含义。最后通过小朋友把两只手里的气球合并以及让学生动手摆学具等活动，逐步让学生形成对加法意义的认识。

在这样的教学过程中，学生对加法含义的理解，建立在丰富的感性积累基础之上，在头脑中形成鲜明的动态表象，从而能够获得关于加法运算意义的准确理解。

其次，应淡化概念形式，注重数学本质。

案例二

二年级上册“乘法”的教学

教材通过情境图，首先让学生在具体活动中感知“几个几”：兔有3个2，鸡有4个3。再让学生用已经学过的连加进行计算：2＋2＋2＝6，3＋3＋3＋3＝12。

接着通过操作学具和观察花片等活动，学生进一步体验“几个几”：3个5可以写成5＋5＋5－15，5个3可以写成3＋3＋3＋3|3＝15。

然后通过计算桌子上电脑的台数：2＋2＋2＋2＝8，让学生懂得“4个2相加，可以写成2×4＝8或4×2＝8”。同时结合教学乘号、乘数、积等名称和乘法算式的读法。

这样的编排和教学，改变了传统教学中强调“相同加数”“相同加数的个数”“每份数”“份数”“被乘数”“乘数”等形式化的概念，以及设置所谓被乘数和乘数不能调换位置的人为障碍，强化了乘法的本质——同数相加。学生认识乘法的过程，是快乐的学习体验过程，也是理解数学概念本质的过程。

4. 如何重视口算教学

口算也称心算，是一种不借助计算工具，仅依靠记忆与思维，直接算出结果的计算方式。口算是基于个人对数的基本性质和算术运算的理解。口算不仅是笔算的基础，而且是运算中独立的一部分，在日常生活中有着很高的应用价值。因此，口算不仅有实践意义，而且是数感发展过程中的一个重要部分，可以发展高层次的数学思维以及培养解决实际问题的能力。在教学中具体落实“重视口算”的目标，应注重如下两点。

(1)在数形结合中理解口算算理

数的运算,其实质是对现实生活中物体的个数进行运算,可以说小学阶段的每个算式都可以在生活中找到实例。在让学生理解口算的算理时,除了要与实际情境相结合,还要逐步过渡到数学的语言符号。

案例一

二年级下册"整百数加、减整百数"的教学

首先创设"买电器"的情境:洗衣机 500 元,电冰箱 1200 元,电视机 800 元,电风扇 160 元。提出问题:"爸爸买一台洗衣机和一台电视机共要多少钱?"列式:500+800。

接着通过呈现具体的人民币(都是面值百元),引发学生思考:5 加 8 等于 13,500+800=1300。

然后通过计数器演示:5 个百加 8 个百是 13 个百,也就是 1300。

最后让学生叙说自己的思考和计算过程。

这样的编排和教学,由具体实物(百元人民币形象地表示计数单位"百")的操作过渡到半形象、半抽象的计数器(百位上算珠操作)演示,再通过学生在头脑中的表象演练,使学生逐步理解口算的算理(5 个百加 8 个百是 13 个百,就是 1300)。这样的教学符合学生的思维发展规律:直观动作思维→具体形象思维→抽象逻辑思维。

(2)科学合理训练,强化基本口算

在小学阶段的口算内容中,两个一位数相加与其相对应的减法和表内乘法与其相对应的除法是四则运算中的基本口算,俗称"四张九九表"。这"四表"是一切计算的基础,务必使学生达到"脱口而出"的熟练程度。为此,在口算教学中,除了让学生理解算理、掌握算法,还要注重口算训练的科学合理。

首先,应重视基本口算方法的教学。学生口算的方法一般存在三个层次:逐一重新计数→借数加算或减算→按数群运算。在教学基本口算时,要重视让学生逐步掌握按数群运算的方法。所谓数群,是指学生在计数时能将最后说出的数作为所数过的一群对象的总体来把握。所谓按群计数,就是计数时不以某个物体为单位,而是以数群为单位,如两个两个数、五个五个数等。同时,我们还应该注意,在教学初期为了达到算法指导下的正确计算,可不做计算速度的要求。

其次,应注重退位减法与表内除法的思路教学。学生正处于"具体运算阶段",思维的可逆性刚刚出现,只能进行初步的逻辑推理。而 20 以内退位减法和表内除法口算在很大程度上依赖于学生的逆向思维。因此,教学口算方法时,要特别强化退位减法和表内除法的基本计算思路(算减想加、算除想乘)的教学,以帮助学生掌握基本方法,同时有意识地培养学生的逆向思维能力。

再次,应注意口算训练科学化。要提供训练材料,选择训练时机,注意训练方法,考虑训练周期,做到适时、适量、适度。具体来说:一要注意加强课堂练习,采用讲练结合的

方式及时巩固所学口算内容；二要注意练习的针对性，抓住难点反复练习，不能平均用力，甚至出现易题多练、难题少练的现象；三要注意练习形式的多样化，提高学生口算的积极性，避免简单的机械重复。

5. 如何加强估算意识

估算具有重要的应用价值，是学生应该具有的重要的计算技能。随着计算技术的进一步发展，大量的计算并不要求进行精确的计算，一个人在日常活动中进行估算的次数，远比精确计算的次数多。在小学阶段的计算教学中，与估算相关的内容很多，如估计商的近似值、试商、估计小数乘法的结果、用估算进行验算等。要体现《义务教育数学课程标准》中"加强估算"的要求，可以着力于以下两方面。

(1)培养数感

数感是对数和数的关系的一种良好的直觉。在估算中数感主要表现为能在具体情境中把握数的相对大小关系，能为解决问题而选择适当的算法，能对结果的合理性作出解释。估算可以发展学生对数的认识，并对数感的培养有重要的意义，同时，良好的数感又是学生进行估算的必要基础。除了在教学"数的认识"时要加强数感的培养，在数的运算过程中更应结合具体计算培养学生的数感。

(2)掌握估算方法，养成估算习惯

研究表明，学生最常使用的估算方法主要有三种：简约、转换和补偿。所谓"简约"，是指学生在估算时先把数简化成比较简单的形式。例如，估算"495＋310"，把495看作500，把310看作300，这样估算时运用比较简单的形式"500＋300"即可。所谓"转换"，是指学生在估算时把一种问题转换成另一种问题来思考。例如，估算"602＋597＋589"时，把加法问题转换为乘法问题："600乘3是1800，所以答案差不多是1800"。而所谓"补偿"，则是指学生在进行简约或转换时，对数进行一些调整，以补偿前面运算中的不足，使估算比较准确。例如，"估算'602＋597＋589'"这一问题，学生在转换时可能会进一步想："答案人约是1800，而且会稍小于1800，因为我在将每一个数都简化成600时，用加的部分比用减的更多一些。"

此外，还要培养学生的估算习惯。我们在教学中也常常发现，有些学生在计算时会出现一些莫名其妙的错误。对此，我们应让学生养成及时估算检查的习惯，每做完一道题目，可以先估计一下答案，然后与实际计算所得的答案比较，及时察觉错误并加以更正。

6. 如何体现算法多样化

《义务教育数学课程标准》在第一学段的"教学建议"中指出："由于学生生活背景和思考角度不同，所使用的方法必然是多样的，教师应尊重学生的想法，鼓励学生独立思考，提倡计算方法的多样化。"要体现"算法多样化"的思想，应注重以下三方面。

(1)理解算法多样化的内涵

所谓算法就是指解决各种数学问题的程序与方法，具体包括运算的方法与解题策略。这两者都由一定的程序与规则组成，运算方法与解题策略有共性，也有区别。前者更偏重于技能，可以通过练习获得，进而成为技巧；而后者虽然也可进行训练，但由于问题信息复杂要有更多的思维。两者无本质区别，只有层次之差。

（2）找准算法多样化的前提

现代学习心理学研究表明，实施算法多样化也是有前提的，各种不同算法要建立在思维等价的基础上，否则多样化就会导致泛化。学生思维可以分为基于动作的思维、基于形象的思维、基于符号与逻辑的思维。显然这三种思维并不在同一层次上，不在同一层次上的算法应该提倡优化，而且必须优化，只是优化的过程应是学生不断体验与感悟的过程，而不是教师强制规定和主观臆断的过程，应让学生逐步找到适合自己的最优算法。

（3）把握算法优化的标准

过去我们仅仅用成人认为唯一合理的方法作为基本算法教给学生。现在我们认为的基本算法是什么呢？其实，基本算法并不是唯一算法，基本算法应该是指同一思维层次上的方法群。以此为基础，这里提出判定基本算法的三个维度：一是从心理学维度看，多数学生喜欢的方法；二是从教育学维度看，教师易教、学生易学的方法；三是从学科维度看，对掌握后续知识有价值的方法。理想的基本算法是三位一体的，在小学阶段，年级的升高对学科维度要求会逐渐增强。

从某种意义上说，算法多样化应是一种态度，是一个过程，算法多样化不是教学的最终目的，不能片面追求形式化。老师不必煞费苦心“索要”算法的多样化，也不必为了体现多样化，刻意引导学生寻求“低思维层次算法”。即使有时是教材编排的算法，但在实际教学中学生没有提出，即学生已经超越了“低思维层次算法”，教师可以不再出示，没有必要走回头路。

运算是一种智力操作技能，而知识转化为技能是需要过程的，运算技能的形成具有自身独特的规律。学生运算技能的形成一般要经历四个阶段，即认知阶段、分解阶段、组合阶段、自动化阶段。认知阶段主要是让学生理解算理、明确算法，这比较容易做到，而后面三个阶段常常被老师们忽视。一般说来，复杂的计算技能总是可以分解为单一技能，对分解的单一技能进行训练并逐渐组合，才能形成复合技能，再通过综合训练就可以达到自动化阶段。在进行运算教学时，应该从数学教育本质的角度出发，在大胆创新的同时，吸取传统教学的优势，促进运算教学的深入改革，为切实提高学生的运算能力和数学素养打下基础。

2.2.1.6 关于估算与精算的理解与教学

数的运算内容贯穿于整个一、二学段，是这两个学段数学学习分量比较重，占用学习时间最多的内容。对于数的运算，首先要使学生理解为什么要运算，不同目的决定了选择不同的运算方式和不同的精度要求。首先应当让学生理解的是面对具体的情形，确定是否需要计算。然后再确定需要什么样的计算方法。口算、笔算、计算器、计算机和估算都是供学生选择的方式，都可以起到算出结果的目的。

在运算模块中处于核心地位的两个概念是精算和估算。培养学生基本的运算技能，就是培养学生精算和估算的技能,这也一直是广大教师关注的问题。

1. 精确计算技能是重要的数学技能,要重视精算技能的培养

1)处理好算理和具体计算方法的关系

精确计算首先要弄清有关算理和算法的问题。一些教师认为,计算教学没有什么道理可讲,学生只要把法则牢记于心,反复“演练”就可以达到正确、熟练的要求。显然这是一种简单而且错误的认识,我们不能想象一个连基本的计算原理和方法都模糊不清的学生能够灵活、简便地进行计算,会具有较强的计算能力。一些教师认为,算理非常重要,在计算过程中让学生会说一整套的程序化的语言,以表明学生对算理的理解,这样学生对于算理真的理解了吗?这样的做法是不可取的。

(1)什么是算理和算法

到底什么是算理和算法呢?这两个问题可能许多老师经常思考,但却很少追根溯源,有的教师对此的认识是浅显的,有的甚至是错误的。

计算中根据小数的意义,并利用乘法的交换律与结合律,保证了计算结果的正确性,这才是算理。而运算法则是人们进行计算的一个基本程序或方法,它是具有操作性的,先做什么,再做什么,最后做什么。算理是四则运算的理论依据,它是由数学概念、运算定律、运算性质等构成的。具体的计算方法(主要指计算法则)是四则运算的基本程序和方法。运算是基于法则进行的,而法则又要满足运算定律。所以,算理为法则提供理论依据,法则又使算理具体化。

(2)教师如何帮助学生理解算理

强调算理的重要性并不难被广大一线老师接受,然而从操作层面如何帮助学生理解算理却是一个棘手且极具技术含量的问题。课程标准中的计算教学淡化了程式化地叙述算理和计算法则,重在让学生经历计算方法的获得过程,重在展示计算方法的形成过程,重在暴露学生的思维过程,让学生真正理解算理,掌握具体的计算方法,形成计算技能。在教学中,既要使学生知道怎么算,又要使其知道为什么这样算,学生明确了算理和具体的方法,才能灵活、简便地进行计算。

教学小数加减法时,可以让学生自主进行编题,如“0.8+3.74=。”这种类型将要揭示的“小数点对齐”是本节课的重点所在,同时,这节课也是小数加减法总结算法的重要时机。但为了让学生有机会调动已有的整数加减法的认知经验,经历判断、推理、抽象的思维过程,此时老师采取的方式是让每个学生自己试做,并说明自己这样做的道理。

小数加减法在小学“数与代数”的学习领域中占有什么位置?如何把握它与整数加减法的关系?在这节课中又该如何呈现知识的本质,抓住核心概念进行教学?教师在引导学生探究小数加减法计算方法的过程中,始终要抓住本节课知识的“魂”实施教学,不仅使学生能正确地计算出结果,而且要步步深入引导学生理解数学本质,引发学生对小数加减计算道理的深刻理解,即小数加减法与整数加减法的本质意义是一致的,相同的计数单位可相加减。像这样将“讲理”与“明法”有机地结合,让学生在理解算理的基础上总结算法,有助于学生更深入地理解数学核心概念,更好地实现“根据法则和运算定律正

确地进行运算的能力”。

2)直面学生的错误,将错误作为资源

谈到科学地培养学生计算技能的问题,我们不能回避如何面对学生的错误。如何处理学生出现的错误是提高计算能力的一个重要的方面。

(1)要深入了解学生计算的现状,准确分析错误的原因

作为老师,只有真正地了解了学生出现错误的原因,准确地分析出学生错误的原因,才能有的放矢对学生进行有效的指导。有的老师在分析学生错误产生的原因的时候,将错题原因归结为学生的马虎——审题不认真,计算不认真。在这马虎的背后是否应该要细细地思考学生到底为什么出错呢?

以“25×3=75”为例,学生怎么会得出 95 这个结果呢?这表面上是学生操作程序的错误,实际上是算理不清楚。我们在与学生交流时发现,学生做错的原因是 3 乘 5 等于 15 向十位上进 1,把 2 先加上进来 1 得 3 再乘 3,结果得 95。学生的问题是对乘法的算理不理解,因此出现了错误。老师只有深入了解学生,找准错误的原因,针对学生的问题进行指导,这样才会有实效。

(2)帮助学生自己反思错误的原因

教师不仅要了解学生错误的原因,而且一定要帮助学生自己反思错误的原因。例如,一位学生一直把“三八二十四”的口诀误记成了“三八二十六”,教师就要引导他自己发现错误的原因。当学生自己发现真正错误原因后,恍然大悟:“我怎么一下子把错误的口诀记了这么长的时间呢?”另外,老师们提到的除数是小数的除法,把小数转化成整数计算,学生干脆把“1.44÷1.8=”的小数点全部划掉,就是 144 除以 18,像这样的学生,教师要让他自己反思,并给予他们具体指导,帮助他们形成正确的认知。

(3)选择合适的练习题目,提高学生做题能力

在教学中,我们不能用题海战术来提高学生计算的正确率,而应该科学地选择题目进行针对性练习。选择题目时要根据教学的重难点和学生的易错点,要具有基础性、开放性和现实意义,让学生乐于投入练习中去。

3)合理把握算法多样化的教学

(1)算法多样化的价值

算法多样化的价值主要体现在以下方面:

第一,算法多样化有利于培养学生的创新精神,有利于学生的自我建构,使他们的潜能得到充分发挥;

第二,算法多样化有利于学生之间的交流,使学习资源能够共享;

第三,算法多样化有利于老师对学生的个性的了解,从而实行因材施教。

(2)给算法多样化提供机会

在教学中教师要在设计阶段给学生出现多样化的算法提供机会,并且在实施的过程中肯花时间。这不仅是教师的一种理念,而且是将对学生个性的尊重以及创新思维的培养落到实处。

(3)算法多样化教学的建议

第一,鼓励学生独立思考,主动探索出计算的方法。

第二,鼓励学生在独立思考的基础上进行交流。

第三,老师要善于比较不同方法的特点,挖掘不同算法的思维价值。

第四,教师要善于引导学生分析比较,在学生的质疑、辨析中促进学生对自己方法的反思和提升。

另外,教师有责任用适当的形式,向学生推荐一种比较好的算法,帮助学生进行再次选择。

4)科学培养学生精确计算技能的建议

为促进学生形成运算技能,加强练习是十分必要的,练习时要注意科学性,讲求实效。

(1)处理好展开和压缩的关系

计算教学中要处理好一个关系——展开和压缩。刚开始学习做题时,应该一步一个脚印来展开,先怎么做,再怎么做,最后怎么做,这些步骤一定要让学生明白。例如,两位数加两位数笔算加法:先把相同数位对齐,从个位加起,个位满十向十位进一。而且这个步骤要一步一步来,等到熟练以后这个过程就可以压缩了,压缩到学生不加思索就能做出来。又如,10 以内的退位减法,有的教师用破十的方法,15－7＝8,先用 10－7＝3,再用 3＋5＝8。让学生在动手操作的基础上掌握计算方法,以后学生完全压缩到自己都不能意识的程度,15－7 很快就得出结果 8,这就是基本的计算技能训练到位的表现。

(2)精心组织练习

练习的呈现方式要多种多样,而且要符合学生的认知特点,激发学生的兴趣。对于新学习的内容要及时练习,及时反馈。在学习新的技能时要把学过的计算技能纳入进去。教师在选择练习时,要多选择那些容易错的、易混的、具有强信息干扰的、思维定式的题目。例如,24×5 和 25×4、15×6 和 16×5 学生特别容易混淆,就要对比练习;而对于 12×2、13×3 这样没有进位的题目就可选择少练习。

(3)注意练习的及时反馈,有效地进行调控和指导

加强对学习有困难学生的辅导。正确认识学生个体差异,因材施练,关注他们的学习过程,有针对性地进行辅导。

(4)合理地安排练习时间

根据计算形成的各阶段的特点,应适当地分配练习的次数及时间,技能的形成和巩固需要有足够的练习次数和时间,但是并非练习的次数越多,时间越长,效果就越好。

2. 关于估算教学的思考

估算在《义务教育数学课程标准》中得到了强调,《义务教育数学课程标准》在第一、第二学段的“数与代数”中共有 45 条具体目标,其中有关估算的目标就有 6 条。教材也大大增加了估算的分量,教师们更是在估算教学中进行着积极探索。在我们的生活经验

当中，估计是非常普遍的。有学者将估计分为三种形式：数量估计（大约有多少，有人称之为估数）、测量估计（即我们所说的估测）、计算估计（即我们所说的估算）。这里讨论的是估算。

1）估算的价值

（1）估算在日常生活中有着广泛的应用；

（2）估算为判断计算器、口算和笔算结果是否合理提供了依据；

（3）估算有利于人们事先来把握运算结果的范围，是发展学生数感的一个重要的途径；

（4）估算对学生后续的数学学习有重要作用。

总之，我们只有在生活中深刻地去感受、领悟估算的价值，才能自觉地在教学中培养学生的估算意识，提升他们的估算能力。

2）《义务教育数学课程标准》关于估算教学的要求

（1）第一学段

能结合具体情境进行估算，并解释估算的过程，选择适当的单位进行简单估算，体会估算在生活中的作用。

（2）第二学段

在解决具体问题的过程中，能选择合适的估算方法，养成估算的习惯。

估算的内容是本次数学课程改革重点强调的内容之一。而在实际教学中，教师对估算价值的理解，以及对估算内容的要求和应用仍然存在一些困惑。这次修改强调了“选择适当的单位进行简单估算”，明确估算的重点：一是要有具体的情境；二是在一个确定的情境中，根据实际需要选择适当的单位进行估算。可见，估算的要求更加具体、明确，有助于清楚地认识和理解估算的价值与意义。

两个学段对于估算的要求侧重点不同。第一学段的估算强调在具体的情境中选择合适的单位。第二学段强调学生在解决问题的过程中，选择合适的方法进行估算。这个问题可以是实际问题，也可以是数学本身的问题。

3）估算的评价

估算的评价分为对估算意识的评价和对估算策略的评价。

估算分为两种类型：一种是根据实际问题来进行估算；一种是脱离实际问题的情境，纯算式地进行估算。

（1）根据实际问题的需要，选择合理的估算策略；

（2）纯试题的估算，只要结果落在合理的区间内，就可以认为是正确的；

（3）注重对估算结果数量级的把握。

4）关于估算的教学建议

（1）整体把握估算教学

所谓整体把握估算教学，就是要把握自己所教估算教学部分的知识结构与地位，要知道自己所教学的估算知识部分在整个小学阶段处于什么位置，对今后的估算学习能起到什么作用。要在自己所教的一段达到什么样的目标，这样一来在教学中就会做到游刃有余，心中有数。

(2)教师要重视估算，并把估算意识的培养作为重要的教学目标

首先要考虑估算的教学目标，如果把目标仅仅定位在凑整估算上，或是见到“大约”就要估算，会给学生一种错误的导向。而估算教学中，首要的是如何培养学生近似的意识，这是我们数学教学本身应该关注的问题，应该作为重要的教学目标来实施。

学习估算的开始阶段，对学生来说可能有一定的难度，或许会影响一点教学进度或计算速度，这时老师不能为了赶进度而着急，应该给学生充分理解的空间和时间。要知道开头的“慢”正是为了不久之后的“快”和“好”。

(3)要选好题目，提出好问题，让学生体会估算的意义和价值

作为教师，在教学设计当中，首先要选好题目，提出有估算价值的问题。比如，三位数除以两位数，让学生估一估这道题，它的商是几位数？这个问题就有价值。只有选好题目、提出好问题，学生才能自觉体会到估算的价值，有了对估算价值的这种体验以后，他们的估算意识才能不断增强。

(4)鼓励方法多样化，重视交流、解释过程，让学生进行合理估算

学生对于相关数学知识和技能的掌握情况及思维方式、水平不同，在估算中方法会多种多样。教师要积极鼓励学生估算方法多样化，应让学生充分交流，表达自己的想法，了解他人的算法，使学生体会到解决同一个问题可以有不同的方法，促进学生进行比较和优化。

(5)鼓励学生利用估算来验证计算结果，养成好习惯

在计算教学中，可以先引导学生用估算的方法确定一下结果的大致取值范围，提高计算的正确率。估算意识的培养，应该从点点滴滴做起，逐步地养成自觉估算的习惯。

(6)引导学生在问题情境的对比中，选择估算或精确计算，不断地积累这方面的经验

作为数学教师，要想办法搜集或者捕捉一些好的素材，在具体的问题情境当中让学生去感受，什么样的问题解决需要近似值，就是需要估算。哪些问题解决一定要算出精确值，比如“全家吃饭”饭费大约200元，就是估算，没有必要精确地计算。但作为饭店的收银员就需要精确计算，估算显然不行。

3. 正确处理精算和估算的关系

以上分别对精确计算和估算进行了梳理，但是我们必须明确精算和估算绝不是互无关系的两条路径，也不是非此即彼的关系。估算在解决实际问题中经常用到，估算与精算相互补充，在实际运用中有不同的功能。有些问题可能只需要估算，就没有必要精算。例如购物时，选择一些物品后，先估计一下大约需要多少钱，自己带的钱是否足够。《义务教育数学课程标准》中的案例6：“学校组织987名学生去公园游玩。如果公园的门票每张8元，带8000元钱够不够？”在此例中适当的方法是把987人看成1000人，所以适当的单位是“1000人”。有时在精算的过程中也用到估算。例如，乘法运算时先估计结果是几位数，可以简单判断结果是否正确。

2.2.2 学生关于“数的运算”的理解与典型错误分析

2.2.2.1 关于“数的运算”学习中的问题和困惑

※“小数乘小数”教学思考

“小数乘小数”一课教学前，学生已经掌握了小数乘整数的竖式计算方法，并能对其中的算理作出合理解释。本节课的教学，不但要让学生掌握小数乘小数的计算方法、理解算理，还要引导学生再次经历将未知转化为已知的学习过程，获得用转化的思想方法去探究新知的本领；通过引导学生有序地总结小数乘法的计算方法，培养学生的抽象概括能力。所以，本节课应该重点厘清以下两个主要问题：

问题一：研究学生的思维过程，厘清“学生可能会怎样想”。

有了“小数乘整数”的学习经验，学生大多会通过因数和积的变化规律，把小数乘法转化成整数乘法来计算。

可能会出现：

```
 9.8          9.8
×0.4         ×0.4
―――――        ―――――
3.9 2        3 9.2(误区：与小数加减法混淆)
```

要特别关注学生可能出现的错误，把学生之间的差异和错误作为最好的教学资源及时呈现出来，引导学生进行讨论。

问题二：研究学生的学习困难，厘清教学的重、难点。

怎样点小数点？这是小数乘小数的重点，既是算法问题，也是算理问题。

要重视估算。估算为笔算提供了一种支持：学生可以通过对笔算结果与估计结果的比较，判断笔算结果是否合理，从而初步确认相应计算方法的正确性。例如，“9.8×0.4”可以把9.8看作它比较接近的整十数10，乘积大约是4，因此，准确的积应该是3.92而不是39.2。

要重视数形结合。借助直观、形象的图示帮助学生理解“9.8×0.4”的结果应该比9.8小很多，甚至还不到9.8的一半。

要舍得花时间，让学生思考、发现、表达。鼓励学生完整、清晰地表达小数乘小数的思维过程。

当乘得的积的小数位数不够时，怎样点小数点？这是教学的难点。教学时，教师应有意识地收集和呈现学生的错误，引导学生进行比较和讨论，通过对错误的辨析引发学生的思考和重视，从而有效地突破难点。乘积的末尾有0，学生可能出现先去掉0，再点小数点的错误。

2.2.2.2 如何进行基于理解的计算教学

1. 基于理解的“小数乘整数”教学片段与思考

计算教学中既要重视算法的教学，还要使学生理解“数的运算也是讲道理的，不是按照程序机械运行”，在理解算理的基础上掌握计算方法，从而加深对于“数的运算”的理解。就“小数乘整数”而言，大多数学生在课前并非一无所知，但教学不能因为学生的“有所知”而压缩甚至忽略了过程，要立足学生经验基础，引导学生从多角度对核心问题展开讨论。

1)片段一：理解“一位小数乘整数”

(1)结合生活实际(经验)理解计算方法

由情境引出“3.5×3”之后，先让学生尝试计算，然后引导全班交流。

师：“3.5×3”你是怎么算的？

生1：3.5+3.5+3.5=10.5。

生2：3.5元=35角，35×3=105(角)，105角=10.5元。

师：联系“元、角、分”来理解是个好办法。想一想，还可以联系什么生活实际帮助理解？

生3：3.5米=35分米，35×3=105(分米)，105分米=10.5米。

这一环节的教学与学生的经验紧密对接，引导学生自主地以“实际情境(经验)”为中介，打通算理与算法之间的通道。

(2)教师引导学生探究“去情境化”的计算方法

师：(擦去算式后面的单位名称)不用元、角、分或长度单位，你能通过数的组成算一算“3.5×3”的得数是多少吗？

生：3.5就是35个0.1，35×3=105，105个0.1就是10.5。(这才是小数乘整数的本质，是从小数的组成解释计算中的道理)

师：这是从小数本身的计数单位来理解3.5×3，把3.5看成35个0.1，35个0.1乘3得到105个0.1，105个0.1改写成小数是10.5。

小数乘整数首先要转化成整数乘法，其本质就是“计算有几个该小数的计数单位”。在联系生活实际的基础上，借“擦去单位名称”这一动作，引导学生看到知识的根本，从而更深入地理解知识。

(3)沟通联系建立表征

师：刚才我们联系元、角、分、长度单位，又联系数的组成，这些不同方法之间有什么相同之处呢？生1：计算结果相同，都是10.5。生2：在计算过程中都有35×3=105。

师：都是先算35×3=105，计算结果却是10.5，为什么？

探究算理一方面是为了帮助学生理解和掌握计算的道理，更重要的是在探究和巩固算理的过程中培养与发展学生的思维能力，淡化了算理的教学实际上也是弱化了思维能力的培养。教学时，教师既要尊重学生计算思维的多样化，更要重视与教学目标一致的计算思维最优化，重点研究对竖式计算起关键作用的方法(用小数的计数单位来理解)。

2)片段二：理解“两位小数乘整数”

出示情境：妈妈买了一个西瓜，正好重3千克，每千克2.12元。

(1)估一估

师：5元钱够吗？(不够，学生估算)10元呢？(估算，够)也就是说，买3千克西瓜的钱数，比 5 元多，比 10 元少。小数部分的 0.12×3，你能通过画图来算一算吗？生：0.12 就是 12 个 0.01，12×3＝36，36 个 0.01 就是 0.36，最后 0.36＋6＝6.36。

(2)列竖式计算

师：能不能用竖式计算？请你试一试。

预设：

$$\begin{array}{r} 2.1\,2 \\ \times\quad 3 \\ \hline \end{array} \qquad \begin{array}{l} 2.1\,2 \\ \times 3 \\ \hline \end{array}$$

讨论：两个因数是相同数位对齐，还是末位对齐？

小结：先按照整数乘法的算法进行计算，所以写竖式时，末位对齐。

师：按照整数乘法计算之后，还要在积里面点上小数点，点在什么位置呢？为什么？(与估算结果对比验证)

(3)引起认知冲突

师：对每道题都这样边想道理边计算，太麻烦了，有更快捷的计算方法吗？

引导观察计算过的几道题，寻找积的小数位数与因数的位数之间的关系：因数是几位小数，积就是几位小数。

师：为什么"因数是几位小数，积就是几位小数"呢？(因为积与因数的计数单位相同，所以积的小数位数与因数的小数位数一样)

归纳：所以，只要看因数中的小数是几位小数，积就是几位小数。

(4)归纳总结算法

让学生自己总结小数乘整数的计算方法。不是教师说给学生听，也不是让学生说给教师听，而是让学生写下来。这样既是总结算法，也是让他们把思路再整理一遍。更重要的是，学生先自己写过，才能发现总结是很不容易的事情，才会明白教师和教材上总结的简洁性。而这是让学生学会抽象和概括的过程。

3)片段三：练习巩固，思维提升

(1)计算"14.8×23"的结果

师：你能直接说出得数吗？(希望老师告诉你哪一个算式和得数，你就能直接说出这道算式的得数了？)

出示：148×23＝3404；14.8×23＝(　　)；148×2.3＝(　　)；

0.148×23＝(　　)；(　　)×(　　)＝34.04。

(2)不计算，说出它们的积各是几位小数

$$\begin{array}{r} 3.7 \\ \times\quad 5 \\ \hline \end{array} \qquad \begin{array}{r} 3\,5 \\ \times 0.2\,4 \\ \hline \end{array}$$

学生口答完之后，再独立用竖式计算，最后反馈。

(3)直接写出得数(比比谁算得又对又快)

4)片段四:总结引申

师:今天学的小数乘整数,和以前学的乘法哪里不一样?猜猜看,以后还会学到什么?生:小数乘小数;分数乘分数……

让学生合情推理,引导学生发现数学学习是有规律的,是可以联系在一起的,从而带着问号和省略号走出课堂。

2. 基于理解的"小数乘小数"教学设计

1)课题引入

(1)上课开始,若干道"小数乘整数"的口算,既能让学生很快进入紧张的学习状态,又复习了"小数乘整数"的旧知,为新课学习做好准备。

(2)情境:早市卖的草莓每千克 9.8 元,王叔叔买 0.4 千克应付多少元?

列式:9.8×0.4(板书课题:小数乘小数)。

2)探索新知

(1)估算

方法一:10×0.4=4;方法二:9×0.4=3.6。

小结:积应该在 3.6 到 4 之间。

(2)直观图示(略)

借助图示,让学生直观感受"9.8×0.4"的结果还不到 9.8 的一半。

(3)试算

①9.8×0.4=3.92;②9.8×0.4=39.2。

(4)明理

两个因数都乘 10 后,得到的积就等于原来的积乘 100,要求原来的积,就要反过来除以 100。

追问:试算中②的做法错在哪里?

(5)深化

早市卖的草莓每千克 9.8 元,李阿姨买 1.25 千克应付多少元?

问:怎样计算 9.8×1.25?借助估算检验。

追问:12.50 是否可以化简?依据是什么?

(6)概括

反思:比较上面两题中两个因数与积的小数位数,你发现它们之间有什么联系?

根据你的发现,给下面各题的积点上小数点。

8.7	72.9	16.5
×0.9	×0.04	× 0.6
783	2916	990

想一想:小数乘法应该怎样计算?

3)巩固提升

① 根据 136×24＝3264,很快地写出下面各题的积。

13.6×24＝　　　　0.136×24＝　　　　1.36×2.4＝

② 下面的计算对吗？把不对的改正。

$$\begin{array}{r} 0.5 \\ \times 5.3 \\ \hline 15 \\ 25 \\ \hline 26.5 \end{array} \qquad \begin{array}{r} 4.5 \\ \times 1.4 \\ \hline 180 \\ 45 \\ \hline 0.630 \end{array}$$

讨论:① 当乘积末尾有 0 时,是先去掉 0 再点小数点,还是先点小数点再去掉 0？

② 4.5×1.4 的积为什么变成一位小数了？

③ 比比谁算得又对又快。

0.4×0.6＝　　　　1.2×0.2＝　　　　2.5×0.4＝　　　　0.1×0.1＝

4)课堂总结

小数乘法的计算方法和计算时需要注意的地方。

2.2.2.3　学生计算错误归因分析及解决策略的研究

运算教学在小学数学教学中占据着重要的地位,贯穿着小学教学的各个阶段。《义务教育数学课程标准》在“数与代数”中明确指出:“掌握必要的运算技能,能正确进行运算。”然而,在现实教学中,学生在运算过程中出现错误却是常见的现象,多数小学教师对学生的运算错误,只是停留在简单纠错的层面上,而没能对学生的运算错误的原因进行深入考量,也没能及时采取有针对性的对策建议进行规避。

1. 计算错误原因分析

学生在数学课堂的学习、数学练习以及数学考试中,出现的运算错误有很多种,比较容易出现的错误点主要有:对运算法则不理解、看错数学运算符号、与 0 有关的错误、估商错误、与小数点有关的错误等。总的来说,这些错误可以归为两方面的原因:一是知识技能方面,二是心理素质方面。据统计,学生运算过程中出现的错误,属于知识技能方面的错误仅占 40%左右,而属于心理因素造成的原因却占 60%左右。对学生在知识技能和心理素质方面的原因进行分析,可以帮助教师及时采取相应的规避策略。

1)知识技能方面

(1)缺乏扎实的基础知识和熟练的基本口算技能

学生对整数、小数、分数四则运算的学习,可以说是一个螺旋式上升的过程。它们之间相互贯通、相互促进,甚至是相互制约的。加法、减法是一种互逆的运算,加法和乘法口诀是学习乘法运算的基础,加法、减法和乘法是学习除法运算的基础;口算是笔算的基础,整数的四则运算是学习小数和分数四则运算的基础等。此外,一个新的运算的学习是建立在对相应数概念和意义理解的基础之上的。因此，在学习一个新的运算内容之前，如果没有扎实的基础知识和熟练的基本口算技能作为依托，当前运算内容的学习将会受阻，导致运算不正确。

(2)对运算法则不明确，算理不理解

整数、分数、小数四则运算的内容有相同之处，也有不同之处。每一种数的运算都有其运算规律和规则，如果对运算法则不明确，算理不理解，就可能会产生模糊、错误的记忆，导致运算出错。

(3)没有形成技能技巧

有些学生尽管已掌握运算所需的知识要领，但是还是会出现运算失误产生操作错误的情况。看似粗心，其实是学生的运算技能技巧不过关造成的。

2)心理素质方面

在心理素质方面，学生运算错误，首先要受情意态度的影响，此外大部分是由于其在认知上的不足。学生处于认知发展的具体运算阶段，认知水平较低，情感和意志也比较薄弱，因此造成学生在运算时容易出现这样和那样的错误。

(1)情意态度

情意，指的是情感和意志。可以说造成学生运算出错的心理因素首先在情意态度方面。学生的作业负担过重一直是近几年比较受关注的问题，因此有些学生内心排斥完成作业，以至于在写作业时不能认真审题，注意力不集中，敷衍了事；有些学生碰到难题，会产生畏难情绪，无法静下来认真思考算法，浅尝辄止。诸如此类现象成为部分学生运算出错的导火索。

(2)认知局限

① 感知不精确。人的很多知识是通过视觉和听觉获得的，而视觉和听觉都属于感知的一部分。学生在进行运算时，首先要通过视觉感知数字和符号，但是学生的视觉是有选择性的，常常容易感知一些强烈的和有兴趣的成分，而掩盖其他的弱成分，像符号混淆运算错误、抄错数字等错误便是学生的感知不够精确造成的。

② 注意不稳定。注意具有选择功能、保持功能、调节和监督功能。然而学生注意的稳定性较差，面对单调的运算容易出现注意的分散，注意的范围也不广，加上学生的已有经验不足，在同一时间内把注意指向运算的各个方面，往往丢三落四、顾此失彼。

③ 思维僵化。思维定式对学生运算教学有积极的作用，在环境不变的情况下，思维定式能使学生利用已经掌握的知识和方法迅速地解决运算的问题；思维定式也具有消极的作用，在环境变化了的情况下，学生按照已有的思维模式去解决问题，往往会产生知识的负迁移和不适当的应用及推广。而且学生依赖具体事物的支持，其抽象能力、概括能力比较弱，不能综合分析和比较新旧运算法则的区别，由此造成运算出错。例如，学生在小数学习的过程中，容易产生整数乘法和除法的干扰错误等。

④ 记忆干扰。清晰、准确的记忆是学生继续学习的前提，反之模糊、错误的记忆将会干扰学习的进行。心理学研究表明，暂时性遗忘是由于干扰抑制，包括外界的强烈刺激，

过度紧张忧虑，学习材料间的前摄抑制干扰和倒摄抑制干扰等。例如，初学“乘法口诀”的学生，对于某些口诀的记忆不牢靠，往往不能准确地提取储存信息，出现运算错误；又如学生对数学的运算法则不熟悉或者不理解，往往会对算理和法则的记忆逐渐衰退，造成运算出错。

⑤ 不良的学习习惯。有些学生在进行运算时，往往一看到题目就马上动笔，不能认真审题，也没有耐心去寻找合理的算法；有的不管计算题的难度如何，往往懒得列竖式，一律用口算、心算；有的在书写时字迹潦草、杂乱无章，没有专门的草稿纸，在桌子和卷子上随意打草稿；更有的只求速度，不求质量，没能形成验算的习惯。这些不良的习惯都可能造成运算出错。

上述造成各种运算错误的知识方面和心理方面的原因并非孤立存在的。它们往往交互存在、互相影响，所以教师在分析学生运算错误时，要考虑多方面的因素，统筹兼顾，及时采取切实有效的、有针对性的措施。

2. 计算错误的规避策略

认清了学生产生错误的原因，教师就要及时采取合理的规避策略，以降低他们运算错误的发生率。

1)从学生角度

(1)培养学生良好的学习习惯

① 端正学生学习运算的态度。现在很多学生都不明白学习是为了什么。低年级的学生尤其认为学习只是为了满足家长和老师的要求，被动地进行学习。针对此类情况，教师可以做以下尝试来端正学生的学习态度：a. 激发学生的学习兴趣。运算本身比较枯燥，如果运用奥苏贝尔的先行组织者策略，于数的运算学习之前，呈现一个激发学生学习的案例，学习效果将事半功倍。b. 设立情感目标。运算是我们日常生活中比较常用的一项技能，如果能够联系实际，取之生活，用于生活，将会带给学生更多的情感体验。c. 反例启示。以运算马虎招来损失的例子，启发学生认真的态度。例如，银行工作人员做账时，如果不小心点错了小数点或者多加一个零，就可能会出现无法想象的后果。

② 养成良好的运算习惯。良好的运算习惯是正确运算的前提保障。小学高年级的运算习惯一般已经养成，因此培养学生良好的运算习惯要从低年级就开始抓起。教师可以从以下几个方面进行培养：

a. 认真审题的习惯。学生的感知比较粗略，容易看错符号和数字，这就要求教师刻意培养学生进行审题的习惯，掩盖学生感知上的不足。教师可以向学生讲解认真审题的好处，如“$32\times6+3.2\times40$”，有些学生拿到题目就开始计算，有些学生却仔细审题发现，把 3.2 扩大 10 倍，同时把 40 缩小 10 倍，就可以运用乘法分配律进行运算，正确率高，速度又快。

b. 打草稿和认真书写的习惯。有些学生随意拿张纸打草稿，字迹潦草，杂乱无章。针对此类情况，在进行运算之前，教师可以要求学生备好草稿纸，告诉学生如何合理地利用草稿纸，让学生了解规范书写和打草稿可以减少错误的发生。

c. 自觉检验的习惯。学生有些运算错误是注意力不集中造成的。例如，在进行除法运算时，遗漏商数中的零，如“2717÷13=29”，答案应为209；与小数点位置相关的错误中，乘积中的小数点位置不对，如“33×2.05=676.5”，答案应为67.65。这时，教师可以尝试运用估算的方法，培养学生自觉检验的习惯，则可以在预防这类错误方面取得较好的效果。例如上述例子的第一个，把2717约为3000，13约为10，则商约为300；第二个例子，把33约为30，2.05约为2，则乘积约为60。

(2)加强知识方法的学习

① 运算的基本功训练。学生运算的内容贯穿于小学教学的各个阶段：整数、小数、分数四则运算。因此，教师要狠抓低年级的基础运算，在学习新的运算内容之前，应确保学生具备扎实的基础知识和熟练的基本口算技能。

② 展示思路，讲清法则和算理。学生在学习新的计算内容时，要经过同化和顺应两个过程。教师要注重运算法则和算理的建构过程，让学生一步一步建构运算法则，展示思路，讲清算理，创设认知冲突，适当运用反例，揪出易错点，加深学生对法则和算理的理解与掌握。

③ 提供形式多样的变式训练。在学生刚学完运算法则和算理之后，应展开对法则和算理的训练，以巩固新知。除了围绕重点、难点的专项练习，还应加强易混易错的对比练习，引起学生的认知冲突，以便区别相似、易混、易错内容的异同。此外，让学生多做变式练习，可以培养学生动脑、求新、求异解决问题的良好习惯，形成猜想，探索多种模式，才能打破思维定式和知识负迁移的干扰，进一步提高运算能力。

(3)出声思维的训练

学生正处于由具体形象思维向抽象逻辑思维转化的阶段，但仍有很大的具象性。因此，教师在教学运算法则和算理时，可以运用出声思维法。一方面，教师通过出声思维进行示范，讲清楚为什么要这样运算，怎么运算，将思维外显化；另一方面，适时提问，让学生进行出声思维，将思维过程用言语表达出来，这有助于学生理解计算法则和算理。此外，在进行具体练习的最初阶段，也可以要求学生指出对哪些数进行运算，如何进行运算，并让他们说一说相应的规则，这有助于学生掌握运算法则和算理。

2)教师角度

(1)开发错误资源

错误，也可以作为一种重要的教学资源。教师在日常教学中，可以注意发现和收集学生的错误，形成错题资源。教师要将学生运算中的错误分类记录下来，找出其中的共性错误，对其进行归纳整理，以便在之后的教学中对学生易错易混的内容进行深刻讲解，预防和消除此类错误的发生。当然，对于学生经常犯的运算错误，可以让学生整理出一个错题集，一方面便于学生纠正错误；另一方面也便于教师对其进行归纳整理，形成错题资源，或作为对个别学生进行个案研究的参照。

(2)进行个案研究或分析

学生的有些运算错误具有顽固性和长期性，这时教师可以对学生进行个案研究，对学生进行长期监控。首先,对学生的错误样例进行分析和归类,剖析根源,找出原因;其次,与学生进行访谈,纠出错因,并向学生讲解如何纠正此类错误;再次,设计有针对性的练习,有目的地进行训练;最后,纠错的过程还需要家长和学生的密切配合,需要教师的长期观察,错误才能逐步矫正。

总之,提高学生的运算能力,减少学生运算错误的发生率,并不是一朝一夕就可以做到的。但是,作为一名数学教师,应该对学生常出现的运算错误高度重视,对其进行归纳整理,找出运算错误的"罪魁祸首",及时采取预防和消除运算错误的方法,逐步提高学生的运算能力。

2.2.2.4 如何把学生的计算错误当作教学资源

数学课堂教学中肯定会出现一些意想不到的错误,这实属正常现象,没有错误的课堂是不真实的课堂,关键看教师对错误的认识,以及如何利用好错误的教学资源。如果老师能合理利用错误资源,使学生在与同学的交流中、在老师的正确引领下,通过思维的碰撞、调整,从错误走向正确,从困惑走向明朗、清晰,那无疑是一节精彩的课。例如,在教学一年级上册"8、7、6加几"一课,学生计算"8+5="出现了把5分成1和4的情况。很多老师认为学生不应该出现这样低级的错误,而实际上是老师没有对错因进行深入思考。学生为什么会出现这种情况?因为学生在学习一年级上册"9加几"时知道9和1凑成10,他把9加几的方法错误地迁移到8加几上了,这实属正常现象。如果老师能抓住这一错误资源,引导学生去说一说:你是怎么想的?学生会思考,思维会调整,最后,学生会明白8和2才能凑成10,并在过程中获得成功的喜悦。当然,在这一过程中其他同学也明确了为什么要把5分成2和3,为后面6,5,4,3,2加几做了很好的铺垫。

2.2.3 "数的运算"的教学设计

2.2.3.1 小学"数的运算"内容教学策略及其运用

"数的运算"是小学阶段的重要教学内容,也是学生数学学习中用到最多的知识,学生对算理和算法的掌握程度,直接影响着对其他数学知识的掌握水平。所以教师在教学过程中一定要重视"数的运算"的教学,以提高学生的整体数学水平。《义务教育数学课程标准》对计算内容做了大幅度的调整,删去了大量烦琐的计算内容,同时也适当降低了计算的要求。原来作为学生必须具备的计算技能,有了新的内涵——提倡算法多样化、更加关注学生形成技能的过程。这些调整为减轻学生负担,培养学生各种能力提供了很大的空间。有效的教学策略是学生获得良好运算技能的平台,是小学数学课程的一个重要的目标。针对学生的认知规律和技能形成的特点,可以采用以下几个策略来开展"数的运算"的教学。

※ 策略一:复习旧知做铺垫,创设情景引新知

(1)必要的铺垫是学习新知的基础,数学知识是互相衔接的,新知要由旧知做铺垫,旧知引出新知,学生更易接受。如,在教学三年级上册"两位数减两位数"时,先出示练习

"55－30＝，24－5＝"，这两道题复习了两位数减整十数和两位数减一位数的知识，为学习"两位数减两位数"新知做准备。有了旧知做铺垫，学习新知就容易多了。

(2)数学源于丰富的生活情景，丰富的生活情景是理解运算意义的基础。在玩耍和做游戏时，学生会提出各种问题："你有3粒糖，我有5粒糖，我们一共有几粒糖""我比你多几粒糖"等，通过数一数或一一对应等方法来获得对加减法意义的理解。美国著名的数学教育家卡彭特(Loren C. Carpenter，1947—)等在1982年的研究表明，学生使用积木等学具计算加减法，比没有积木时做得更好，他们反对一开始就进行单纯的符号训练。可见在情景中提出实际问题是学生理解并掌握运算意义的重要基础，丰富的生活情境，不仅可以帮助学生理解运算的意义，而且可以进一步扩展学生对运算意义的理解。

※ 策略二：理清算理是前提，讲清算法是关键

所谓"算理"，是指为什么这样计算；所谓"算法"，是指如何计算。学生掌握计算法则，关键在于理解。有些教师认为，反复"演练"就可以正确、熟练地掌握计算方法。

其实，这样的教学不能达到真正掌握知识的目的，而且学到的知识又容易遗忘。特别到了高年级，只注重算法，不引导学生理解算理的教学方法将会事倍功半，达不到理想的教学效果。

1. 理解算理是进行计算的基础

学生理解了算理，可以为掌握计算法则打下良好的基础，对计算法则中的每个环节的理解都成为有意义的操作。例如，在教学四年级上册"三位乘两位数的笔算"这一内容时，教师出示例题：李叔叔从某市乘火车去北京用了12小时，火车每小时行145千米，该城市到北京有多少千米？由于在教学这一内容之前学生没有学习过行程问题的三个量(路程、时间、速度)之间的关系，所以不能用路程＝速度×时间的数量关系式来帮助理解。这时，有的老师就放弃引导学生对算理的理解，而直接进入算法教学，这是对学生的伤害，学生不理解算理，直接"生吞活剥"。这样的教学，虽然使学生学会计算"三位数乘两位数的笔算"，但并不会用以解决问题。正确的做法是引导学生理解：每小时行145千米，那么12个小时就是12个145，所以算式为"145×12"，这样的教学实际上运用了乘法的意义，学生理解起来应该是很容易的。

2. 掌握算法是计算教学的关键

要让每一个学生都掌握计算法则，教师教学时在阐明算理的基础上，还要讲清算法，使法则中每一句话都立足在一定的算理上，使法则中所阐明的每一个步骤都成为正确操作的依据，忽视任何一方面都会造成计算教学中的失误。

※ 策略三：有效算法多样化，计算技能要巩固

1. 鼓励学生算法多样化，学生自主探究找到的算法是学生的创造，是他们的学习成果

这里面既包含了数学知识，还包含了宝贵的探究精神和学习态度。尊重学生算法，是教师引导学生优化算法时必须遵守的行为准则。例如，在教学一年级"两位数减一位

数”时，师出示“23－7”，问：等于几呢？我们用小棒来帮忙摆一摆，算一算。学生汇报了三种不同的摆法。师：这三种摆法是不同的，但它们有个相同的做法是什么？生：打开一捆小棒。师：为什么打开一捆小棒？生：个位不够减。师：像这样个位不够减，要打开一捆小棒再减。在教学中，尽管摆小棒的方法不同，但他们都有一个相同的做法，都要打开一捆当作十再减，学生体验到个位不够减，从十位退一作十再减的计算方法。而在具体计算中学生选择自己喜欢的算法，又理解了重要的算理。

2. 进行必要的强化练习

① 重视尝试练习的设计。练习仿照例题，再设情境题（或仿照或适当拔高）进行设计。这是学生习得新知后的第一步，学生在完全独立的氛围中完成习题，是对初步形成的计算技能的首次确认，学生在尝试通过练习中获得成功的喜悦，启动对掌握数学知识的良性循环。教师则利用尝试练习对困难学生进行再强化、再讲解。

② 练习设计要从基本抓起，有针对性、层次性。计算技能的形成，关键不在于重复的次数，而在于练习的正确组织。学生出现计算错误，往往是一些基本计算中的错误，教师平时要舍得在基本计算上花力气，这样才有利于学生综合运算能力的提高。在日常教学中，精心设计有针对性、层次性的练习，采用学生喜闻乐见的游戏、竞赛、操作等方式，激发学生的学习兴趣，发展学生的思维。

计算教学需要教师对学生的学情有充分的了解，需要关注情境创设中的“数学味道”，需要教师拥有较高的素养以及适当的教学调控能力。我们要让学生在体验快乐、感受趣味的过程中思考，在思考中品味数学内在的魅力，在计算中获得成功，从而进一步促进学生树立提升计算能力的意识，真正成为计算的强者。

2.2.3.2 小学“数的运算”内容的教学设计

1. 小学数学10以内加减法教学策略

当前，小学数学教师在开展10以内加减法教学时，应考虑到学生年龄较小，一时间难以快速学会计算方法，并且，容易对抽象的教学内容不感兴趣的情况，因此，教师在教学中应落实全新的教学方法，如运用游戏化教学法。此外，教师还可以组织学生开展加减法比赛，同时引导学生多做加减法数学题和应用题，提高学生的计算能力。

1）将加减法与游戏结合起来

由于学生年龄比较小，对游戏比较感兴趣，教师结合学生心理特点，将10以内加减法与游戏结合起来，例如利用扑克牌进行游戏活动，游戏中选取带有数字的扑克牌，之后，扣在桌子上，引导学生选取两张扑克牌，计算出两张扑克上的数字，准确计算出得数即得1分，计算错误不得分。学生明确游戏规则后，在教师的带领下，依次选出扑克牌，并且积极举手表述说出得数。游戏过程中学生主动参与，并认真计算，思维活跃。该游戏不仅能发挥学生的发散思维，还开发学生的智力。因此，教学中教师可以根据教学内容，设计游戏环节，同时开展不同形式的游戏活动，将加减法与游戏融合起来，调动全体学生积极主动参与到游戏中计算、分析、思考，进一步培养学生的计算能力和数学思维。

2)开展加减法计算比赛

在进行小学10以内加减法教学时,教师为了活跃课堂氛围,在教学中应先讲解计算方法,之后,根据学生的计算能力和学习能力,将其分为5人小组,引导各组学生开展加减法计算比赛,规则为在规定的时间内,快速计算出得数,并且得数均正确的小组,即为胜利。教师应调动各组学生主动投入比赛中。比赛过程中全体学生积极运用教师传授的计算方法,计算出得数,在学以致用的同时做到认真计算,思维更严谨,计算结果的准确性提高。对于学生出色的表现和取得的进步,教师应多表扬夸奖学生,这有利于增强学生学习的自信心和动力。

3)引导学生多做计算题

小学数学教师为了促进学生快速算出正确的计算结果,在教学过程中应先讲解计算方法,告诉学生计算时一定要认真,马虎大意就会导致计算出错;同时,传授计算技巧,使学生明白先记住第一个加数,接着往后数手指或者心算,都可以计算出10以内加减法题。教师在学生理解和掌握计算方法后,引导学生多做计算题,调动学生积极性,按照要求计算诸多加减法练习题,等学生计算过后,教师应仔细检查所有的计算题,对于准确率较高的学生及时给予鼓励,同时发放一些小奖品,以此激励学生更加积极地计算,提高学生的主动性和积极性。学生在教师的指导下,认真计算10以内加减法题,计算过程中学生注意力集中、思维活跃,并动脑思考,不仅开发学生的智力,还提高学生的思维水平和思考力,对于提升学生计算能力起到促进作用。另外,由于学生年龄较小,难以承受过重的计算任务,因此,教师需要采取适量、适度的原则,合理地为学生布置10以内加减法的计算题,从而提高学生的计算水平,激发学生计算的兴趣,同时也能够推动学生计算能力的提高。这对学生而言具有积极促进作用,能够夯实学生的计算基础,为学生更高阶段的计算学习打下良好的基础。

4)引导学生做加减法实际问题

小学数学10以内加减法教学内容主要包括计算题、实际问题,为了提高学生计算能力,教学中教师应引导学生多做不同的加减法实际问题,并要求学生说出计算步骤和思路,使学生在计算过程中认真思考和分析,逐渐提高学生的思维能力和分析能力。例如,小明到文具店买铅笔5支,花了5元钱,买6本笔记本花了12元,问一共花了多少钱?多设计诸如此类的问题,引导学生独立自主计算,调动学生主动动脑思考。此外,也可以展示与减法相关的实际问题,使学生计算诸多加减法实际问题,这样必然会提高学生的计算能力、逻辑思维能力和思考力。同时,鼓励学生说出思路和计算步骤,养成思路清晰、思维严谨的习惯。

2.100以内数的加减的计算教学策略

小学数学中数与代数以及数的计算的知识最多,计算能力也是今后学习数学知识的基础,尤其是低年级对计算的要求更为严格,低学段的计算知识也为高年级的进一步学习奠定基础。“100以内数的加减”是小学数学二年级下册的内容,主要教学两位数加、减两位数的笔算,具有承上启下的作用。很多教师在进行该单元教学时没有分清楚算理和算法，不重视过程推导，只重视计算结果正确与否，导致学生学习兴趣不高，思维得不到锻炼，计算能力弱化。

1)100 以内数的加减计算教学常见的问题

(1)算法和算理混淆

算理是指计算过程中的道理，是客观存在的规律，主要回答“为什么这样算”的问题。如 22＋17＝？就是根据数的组成进行演算的，22 是由 2 个十和 2 个一组成，17 是由 1 个十和 7 个一组成，先把 2 个一和 7 个一合起来就是 9 个一，再把 2 个十和 1 个十合起来就是 3 个十，最后把 3 个十和 9 个一合并组成 39，这就是算理。

算理和算法既有联系，又有区别。当学生进行了一定量的练习以后，发现了计算的规律：个位数只能与个位数直接相加、十位数只能与十位数直接相加，也就是相同数位上的数才能直接相加，再把几个得数合并。这是学生感悟算理的过程。最后进行优化计算，为了便于计算，一般写成竖式，在此基础上引导学生抽象概括出普遍适用的计算法则：把相同数位对齐；从个位加起，满十向前一位进 1。这就是算法。

可以看出算法必须以算理为前提，只有了解了计算的道理，才能创造出计算的方法，算理和算法是相辅相成的。计算教学不但要知其然还要知其所以然，很多学生计算错误就是因为不清楚为什么，只是根据总结的算法机械地生搬硬套。部分学生由于提前学过算法，对教师算理的教学不感兴趣，当教师教学算理时不积极思考，认为只要算出正确答案即可。部分教师没有把算理和算法讲解透彻，教学时模棱两可，学生也就听得似懂非懂，以致不清楚计算的由来，只是会按照方法正确计算，误以为自己学得很好，遇到难题或是变形题就不知所措，形成学习伪高效的现象。

(2)计算兴趣不浓

计算教学是枯燥乏味的，如果灌输性地教学，课堂教学氛围将会非常沉闷，尤其是当学生的思维没有跟上节奏时，教学效果将难以保证。部分教师为了学生的正确率，往往采取题海战术，以求通过大量练习来提高学生计算能力，但这更是大大降低了学生的学习兴趣。部分教师还习惯对学生的计算过程进行过多干预，不给学生充足的思考时间，急于教会学生计算答案，学生因此失去学习的独立性，甚至养成被动学习的习惯，形成思维上的懒惰。

(3)学习习惯不好

部分学生读题时粗心，没有认真看题，有时会把数字看错，如把 36 看成 63；有时会把运算符号看错，如把“＋”看成“－”；有时会把结果写错。部分学生书写不规范，有时漏写、错写数字和运算符号，列竖式时数位不对齐，进位 1 和退位减写错位置。大多数学生没有养成算前估算、算后验算的习惯。

(4)家长对数学计算能力培养存在偏见

部分家长只在乎学生的考试成绩，对学生计算能力的培养不够重视，觉得现今社会用计算器计算就很方便，没必要在意会不会列竖式计算。或者认为计算过程培养的能力不重要，结果正确就行，对计算教学重要意义的认识存在偏见，家长的思想偏见影响学生的学习态度。

2)教学的优化措施

(1)加强学生对算法和算理的掌握

教师不仅要使学生会算,还要使学生知道为什么这样算,也就是加强对基础知识的理解。例如,有的学生对20以内进位加和退位减不熟练,在计算100以内加减法题时就会出现计算不准确的情况。因此,教师在教学时不要急于求成,而是要帮助学生从已有知识出发,在教学前进行摸底测试,了解学生对20以内进位加和退位减的熟练情况,从学生的问题出发,利用小棒的操作演示、课件动画展示、学生自主尝试演算等方式,让学生写出先算什么、再算什么。教师指导板书,引导学生把思考过程用语言准确简洁地表达出来,这样多方面结合,让学生吃透算理;然后再引导学生总结算法,利用总结的算法进行计算,真正了解计算的前因后果,从而提高计算正确率,提升计算能力。

(2)重视口算

口算是笔算的基础,只有口算能力强,才能加快笔算速度,提高计算的正确率,并且口算可以提高思维的敏捷度。学生进行口算时不仅要计时,更重要的是能看出对错,教师对完成度很好的学生给予奖励,使学生重视。例如,"20以内的进位加和退位减"要多练习,学生必须熟练掌握,这是学习"100以内加减法"等知识的基础。也可采取不同的形式口算,提高学生的积极性。

(3)注重错题分析

学生计算出现了错误,教师要及时引导学生认真分析错误原因,找到错误根源,然后改正。教师更应该对学生常犯的典型案例进行训练,例如"100－12＝"的竖式计算,学生退位号位置经常写错;如"24＋6－12＝",学生会在算出加法后,将减法也同样算成加法;再如,"45－(6＋19)＝"的计算,学生会先算减法后算加法,没有弄清楚小括号的作用,也有很多学生计算答案正确,过程错误。要求学生准备一个笔记本,把每天作业中出现的错误记在这个本子上,并写出改正方法,经常复习。

(4)快乐教学

实施快乐的计算教学,如接龙游戏、利用课件演示、利用学具动手操作等,可以很好地贴近学生好奇、贪玩的天性,营造出良好的课堂教学氛围,同时也贴近生活,让教师与学生的关系变得更加和谐,帮助学生轻松地进行计算学习。

(5)养成良好的计算习惯

要求学生算前进行估算,抄写题目时用手指指着一个个对应校对抄写下来的题目,细到数字、符号,做到不错不漏;看清题目中的每一个数字和运算符号;书写工整、规范,列竖式计算时,数位要对齐,数字间要有适当的间隔,用直尺画横线,进位的数字要写在适当的位置上,退位号不能少;算后自觉验算。

2.2.3.3 "数的运算"内容纸笔测验试题编制

1. 小学数学纸笔测验命题策略

《义务教育数学课程标准》提出:评价的主要目的是全面了解学生数学学习的过程和

结果，激励学生的学习和改进教师的教学；应建立目标多元，方法多样的评价体系，评价既要关注学生学习的结果，也要重视学习的过程；既要关注数学学习的水平，也要重视学生在数学活动中所表现出来的情感与态度，帮助学生认识自我、建立信心。同时，纸笔测验评价也是教师检测教学，反思与改进教学的有力手段。

1)关注基础，凸显对知识技能的正确理解和熟练掌握

在课程教学中，基础知识与基本技能依然是“四基”重要的组成部分，而且是其他基础的载体。试卷命题应突出体现基础性，全面地考查和评价学生的知识与技能。命题时应使测试内容与教学内容相一致，测试的评价目标与教学要求相吻合。针对学生在该学段的学习内容，命题应该点多、面广，针对性强，难度适宜，着眼于基本要求，尽可能把本单元或本学期所学过的重要概念、公式以及基础性的知识融汇其中。整份试卷命题要找准大部分学生都能达到的底线，使大多数的学生在测试时都能获得成功的喜悦，从而对数学产生浓厚的学习兴趣。

【试题一】 4210÷70 的结果是(　　)。

A. 商 6 余 1　　B. 商 6 余 10

C. 商 60 余 1　　D. 商 60 余 10

分析：本题的三个错误答案中，B 是针对部分学生容易遗漏商末尾的 0 而设置的；C 是针对部分学生不理解被除数与除数同时缩小 10 倍，只是商不变，余数却相应缩小 10 倍这一算理而设置的；A 是上述两种错误的综合，是针对学习困难学生设置的。这样的试题，由于把握了学生的思维特点及其学习某一知识的常见错误，可以收到较好的测试效果。

【试题二】 五年级学生学习了三角形面积后，可以编拟如下测试题(图 2-8)。(单位：厘米)

(1)求出图中三角形的面积；

(2)画一些与图中三角形面积相等的三角形。

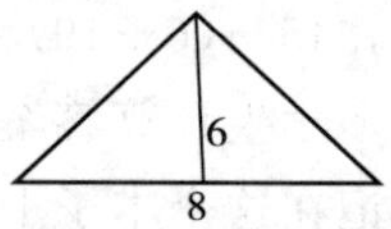

图 2-8

分析：第一个问题是封闭式的，学生按照三角形面积公式可以直接计算出得数。而第二个问题是开放式的，学生可以根据“等底等高的三角形面积相等”的规律来画与图示面积相等的三角形。至于怎样画，不同的学生会有不同的思考方法。学生能尝试着用自己喜欢的各种方法创造性地解决问题，不同层次的学生都能看到自己的进步，感受到成功的喜悦。

2)关注过程，凸显对知识的探索和灵活运用

传统试题比较偏重于考查记忆知识的再现，繁难的计算、以固定的模式解决的问题过多，忽视了对过程和方法目标的检测，造成教学中一味地反复训练和机械模仿，学生学得过死，缺少创造性和探索性。

《义务教育数学课程标准》提倡的评价理念中很重要的一条就是不仅要注重结果，还要注重过程，不仅要看学生解决问题的答案，还要看学生解决问题的思考过程。为此，应

提供一些情境性的问题和富于思考的问题，以及需要多种方法解答的问题，这样既能使学生对知识有深层次的理解，又能让学生在探索的过程中学会探索的科学方法，培养学生运用知识举一反三、触类旁通的能力。

【试题三】 （图 2 - 9）这支铅笔的长是（　　）厘米。

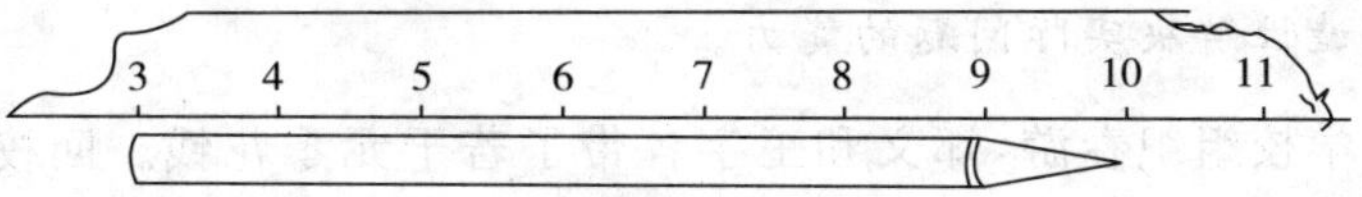

图 2 - 9

分析：本题考查学生起点非零刻度的测量，学生只有注意到起点的刻度，才能正确测量出铅笔的长度。这样的试题不仅关注学生测量结果的准确性，而且还关注学生测量活动的过程和测量方法，考查了学生的实践能力。

【试题四】 把一个底面积 45 平方分米，高 7 分米的圆柱体钢块，铸成一个圆锥体零件，这个零件的体积是（　　）立方分米。已知这个零件的高是 9 分米，那么它的底面积是（　　）平方分米。

分析：此题是将一个圆柱体化成与它等体积的圆锥体，如果平时教师片面强调圆锥体积计算公式的应用，忽视学生审题习惯和分析能力的培养，限制了学生的思维能力，就会造成较高的错误率，这就是机械的接受学习带来的弊端，也就是所谓的“熟能生笨”。

【试题五】 如图 2 - 10 所示，圆与长方形的面积相等，圆的周长是 16 厘米，阴影部分的周长是多少厘米？

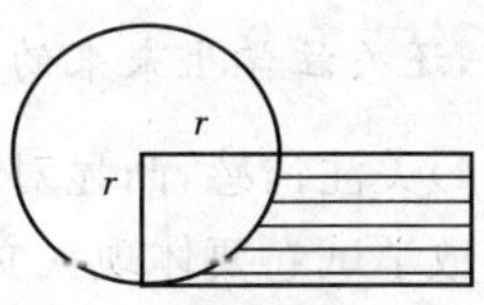

图 2 - 10

分析：解答此题要求学生对“圆面积公式的推导过程”很熟悉，从而发现其中蕴含的数学方法和规律。由“长方形的长＝圆周长的一半，宽＝圆的半径”推知，阴影部分周长相当于长方形的两个长（即圆周长）＋一个圆弧的长（即圆周长的 1/4），由此得出 16×5/4＝20（厘米）。

类似这样的试题，目的是让学生经历数学知识的形成过程，更多关注对知识本身意义的理解，而不局限于能否记住一些概念、公式和法则，使学生在理解数学知识的同时，思维能力得到很好的发展。

3）关注发展，凸显在问题解决中引导探究创新

试卷命题在注重基础知识考查的同时，还应体现试卷命题的发展性，突出对解决实际问题能力的评价。题目的表现方式应该灵活多样，多提供给学生有一定价值的问题情境，从而挖掘知识中的潜在因素，引导学生在问题情境中经历探究过程。在解决综合性、任务性问题的过程中，通过学生的解答，了解他们对知识技能的理解与运用，了解他们思维的创造性和解题的灵活性，从而完成多种目标的评价。

【试题六】 张大爷用一条长 31.4 米的篱笆，要围成一个菜园，张大爷应该怎么围（画出示意图）？这样围成的菜地有多大？（如果除不尽，保留两位小数）

分析：此题结合了学生的生活，用绳子围可以有多种方案，主要检查的是学生对长方形、正方形、圆形等图形在面积相等情况下对材料的耗费问题的思考。最佳方案是围成圆形，圆形能得到更大的菜地面积。这样不仅检测了学生对几何图形知识的了解、运用，也培养了学生创造性解决实际问题的能力。

【试题七】 学校组织春游，郑义和王宇各带了若干元零花钱。回校后，两人交流花了多少钱。郑义说："我用了一半钱，还剩 7.5 元。"王宇想了想，说："我也用去了一半，不过剩下的比你原来带去的钱少 5 元。"请你根据两人的对话，列式计算出王宇带了多少元钱。

分析：题目采用对话情景的形式出现，让学生感觉像生活中的交流、倾听。学生对此表现出亲切、喜欢的倾向，同时在解题的过程中学生捕捉信息、分析信息的能力得以提升。

【试题八】 一辆公交车上，老年乘客的人数约占所有乘客的 1/6，中学生人数约占所有乘客的 1/3，其他青壮年人数约占所有乘客的 1/2，请问车上（　　）人数最多，车上（　　）人数最少。如果车上的座位数正好是乘客总人数的 1/6，中学生和其他青壮年都让座了，请问老年乘客都有位置吗？

分析：此题不仅考查分数大小比较和分数加减法计算的基本知识，还是一道富有生活气息、充满人文教育性的试题，让学生懂得人与人之间的尊重和友爱，引导了学生跳出了书本的"围城"，不仅着眼于知识和技能，还关注情感态度与价值观，既顾及学生现在的发展，还关注学生未来的发展。

4）关注情感，凸显对学生的人文关怀

数学试卷要体现人文性，体现教师对学生的关爱。根据数学课程理念和数学学科特点，可以在数学试题的表述及试卷的编制方面进行尝试。

【试题九】 我们班的郑孜航同学测得身高是 138（米、分米、厘米），体重是 36（吨、千克、克），他每天步行去上学，从家到学校要走 20（时、秒、分），他每分钟走 50（千米、分米、米），他的家到学校有（100、1000）米，来回一趟要走 2（千米、分米、米）。如果学校 8:45 上课，郑孜航同学 8:30 离家去上学，他（一定、可能、不可能）会迟到，你的理由是什么？

分析：本试题将长度单位、质量单位、时间单位等知识串在了一起，便于检查学生是否理解相关知识的区别和应用。此试题紧紧围绕学生生活实际，是学生在日常生活中经常遇到的问题，他们在解答时，会感到数学的趣味，对数学产生亲切感，同时也解除了对考试的厌恶和恐惧的心理，充分体现了《义务教育数学课程标准》精神。

教师在试卷编制时还可以写上一段关爱、鼓励、引领学生的卷首语、卷尾语。如在卷首写道："同学们，一学期过得真快，你一定掌握了许多新的知识和本领，让我们一起来动脑筋，体验一下用知识解决问题带来的快乐吧！相信你能行！"在卷尾写道："同学们，题目都做好了吗？是不是再检查一遍呢？相信你一定能交一份满意的答卷!”这些热情的话语体现了对学生的关爱，拉近了学生与试卷的距离，有助于消除学生对考试的紧张与恐惧心理，帮助学生调整好考试状态，发挥出正常水平。

试题表述也应该多用鼓励性语言，如“下面都是你学过的基本计算题，只要你细心，一定能做得既对又快!”“下面这些图形你一定很熟悉吧？那就请你动起手来，成功是属于你的!”“生活中有许多问题和数学有关，你能解决这些问题吗？相信你一定能行!”等。这样可以帮助学生认识自我，建立自信。

传统的教学是为评估服务的，往往是考什么便教什么，应该提倡评估为教学服务。数学试卷的命题要充分体现数学课程的理念和数学学科的特点，使“知识与技能、过程与方法、情感态度与价值观”的三维目标更多融入试卷之中，使评价内容和命题方向能充分发挥对教学的正确导向作用，从而促进教学改革的进一步深化，促进学生的全面发展。

2.2.3.4 同课异构：任选一节计算教学内容

1. 基于思维的计算教学——“乘法分配律”教学实践与思考

1)乘法分配律教学设计

(1)教学目标

① 经历观察、类比、猜想、验证、归纳等数学活动，进一步体验探索规律的过程，理解掌握乘法分配律并会用字母表示。

② 通过变换、联想等方法深化和丰富学生对乘法分配律的认识，提高学生的数学思维能力。

(2)教学过程

① 创设情境：

a.(出示)学校为一(1)班 30 名新同学定做校服，每件上衣 65 元，每条裤子 45 元。每人一套，全班一共需要多少元？

学生默读题目。怎样列式？让学生讲清楚列式的理由。

方法一：65×30＋45×30(30 件上衣的钱加 30 件裤子的钱，就是一共要付的钱)。

方法二：(65＋45)×30(一套衣服的钱乘 30，就是一共要付的钱)。

学生口述列式，引导学生“图文对照”，借助情景图进一步理解算理。

b. 在工人师傅成批地制作之前，他们会先做出一件样品，让学校负责买衣服的老师看一看是否满意。下面请同学们帮工人师傅一个忙，看看他做一套校服得用多大面积的一块布料？

学生先独立完成，再全班交流：

(90＋110)×100(布料的总长度×宽度＝布料的总面积)

90×100＋110×100

(做上衣用的布料面积＋做裤子用的布料面积＝一套校服需要的布料面积)

学生口述列式，图文结合，引导学生借助情景图进一步理解算理。

② 探究新知。

a. 观察特征。

师：同学们，看看这些算式，老师发现左边的两道算式感觉蛮像的，你们觉得呢？（学生纷纷点头赞同）那你能说说它们像在哪些地方呢？

生1：左边的算式都有小括号。

生2：左边的算式小括号外面都乘上一个数。

师：左边的算式都是先算两个数的和，然后再乘一个数。让我们再来看看右边的两道算式，它们有相同的地方吗？

生1：它们都是先算出两个数的乘积，再相加。

生2：我想补充一点，在相乘的两个数中有一个数是相同的。

师：确实是这样的！

b. 引导学生验证，将左右两边的算式组成等式。

师：两边算式的结果相等或不相等，我们怎样才能知道？

生：计算。（师生共同口算第一组算式）

师：通过计算，我们发现第一组算式左右两边都等于3300，在数学上我们可以用等号连接。（师用等号连接第一组算式）接着我们来看第二组算式，咱们提高点儿要求，谁有本领不用经过精确的计算也能作出判断？可以互相交流讨论。（学生讨论）

生：右边算式中的90×100是90个100，110×100是110个100，合起来是200个100；左边的算式正好也是200个100，所以是相等的。

师：非常精彩！从乘法的意义着手，同样说明了问题。现在我们可以放心地在每两道算式之间写上等号了。（师用等号连接第二组算式）

师：这两道算式结果是相等了，那算式之间究竟有没有什么联系呢？让我们再轻声地读一下每一道等式，看看有什么发现？（生轻声读算式）

生：第一道等式左边是65和45的和与30相乘，右边是65和45分别与30相乘，再把两个乘积相加。

师：问题的关键是这样变化后，计算的结果是——

生（齐）：相等的。

师：是呀，带着这样的想法一起看看第二道等式。

生：左边算式是110和90的和与100相乘，右边算式是110和90分别与100相乘，再相加，结果一样。

师：同学们，这两道等式左边的算式先算加法后算乘法，右边的算式先分别相乘再相加，改变了运算的顺序，结果却不变，这样的现象是巧合吗？

生：不是！

师：既然大家都这么肯定，那现在老师写一道算式，你能很快写出一道与它得数相等的算式吗？

板书：(15＋10)×4。

生：15×4＋10×4。(对应先前算式板书)

师：结果究竟等不等？

生1：我们可以分别计算，左边的算式计算结果等于100，右边的算式结果也等于100，所以相等。

生2：我不用算也能发现它们相等。左边算式表示25个4，右边算式是15个4加上10个4，也是25个4，正好相等。

师：哎！看来你们还真发现了一些名堂。那具备这种规律的等式就这三个吗？

生：无数个。

师：口说无凭，下面就请每位同学在练习本上写出两个例子吧。要求先写两道符合这种规律的算式，再验证两边是否相等，最后在小组内交流自己写的式子。

师：谁愿意将你的例子说给大家听听？

生1：我的第一个例子是(1＋2)×3＝1×3＋2×3。

师：怎样证明相等呢？

生1：我是计算的，两个算式都等于9。

生2：我写的是(100＋50)×20＝100×20＋50×20，左边算式等于3000，右边算式也等于3000。

师：这个例子计算起来要麻烦一些，能利用乘法的意义来验证吗？

生：左边算式表示150个20，右边算式是100个20加上50个20，正好也是150个20。

师：老师知道，还有很多同学想和大家分享自己的例子，但有限的时间不允许每个同学上来展示自己的例子。现在请大家想一想，假设我们班每人写的2个例子都不一样，咱们班35人，共70个例子，再加黑板上的4个例子，一共有了74个例子，举完了吗？

生：没有！

师：既然没有，那么如何保证猜想的正确呢？(学生面露困惑之色)数学上常用的方法是进行适当分类，例如，先在一位数范围内验证，再向两位数、三位数、四位数的范围拓展，还要重点看看“0”这个特例是否成立，这种验证方法能保证猜想的正确。另外，还可以用举反例的办法来验证，有没有哪位同学举出符合特征的算式却不相等的例子？

生：没有！

师：确实，凡是符合这样规律的两个式子结果都是相等的。现在问题来了，都说有无数个这样的例子(在先前板书下面板书……)，那如果非要你写出一个等式就能包含所有的例子，你会吗？在练习本上试着写一写。

学生独立思考，全班交流：

生1：$(a+b)\times c=a\times c+b\times c$。

生 2:(□＋△)×★＝□×★＋△×★

生 3:(甲＋乙)×丙＝甲×丙＋乙×丙

……

师:这些方法都能概括我们发现的规律吗?(能)你认为哪种方法更好?说说理由。

师:数学上常用的是字母表达式【板书:$a\times c+b\times c=(a+b)\times c$】,简洁明了,说起来就方便多了。这一规律还有个名字——

生:乘法分配律。(板书:乘法分配律)

师:对!两个数的和与一个数相乘,等于两个数分别与这个数相乘,再把两个积相加。数学家们给这一规律起的名字叫乘法分配律。它还可以用图形语言表达。

师:想一想,乘法分配律中“分”“配”“律”体现在哪呢?

归纳:c 组$(a+b)$“分成”c 个 a 加 c 个 b;c 个 a 加 c 个 b“配成”c 组$(a+b)$;“律”即规律。

师:现在我们一起回顾一下刚才的学习过程,我们是怎样得到“乘法分配律”这个规律的?(归纳:猜想—验证—结论)

③ 回顾旧知,深化学生对乘法分配律的认识。

a. 回顾两位数乘一位数的口算。

师:其实说起乘法分配律,大家并不陌生,在我们以前的学习中就已经接触过,现在让我们一起回顾一下。

二年级我们学过“两位数乘一位数”:14×2 是怎么算的?你能找到乘法分配律的影子吗?

生:把 14 可以分成 10 和 4,2 个 10 和 2 个 4 加起来正好是 28,所以 14×2＝28。

师:将这种想法用等式表示出来就是 14×2＝10×2＋4×2,这样的想法不正符合我们刚学的乘法分配律吗?

b. 回顾长方形的周长计算方法。(出示篮球场图片)

师:怎样求出篮球场的周长?

生 1:28×2＋15×2;生 2:(28＋15)×2。

师:这两道算式自然是相等的[出示:28×2＋15×2＝(28＋15)×2],你再仔细看看这道等式,想到了什么?

生(齐):乘法分配律!

师:看来,咱们数学学习前后有着非常密切的联系,这就告诉我们要扎扎实实地上好每节课。

④ 巩固练习

a. 在□里填上合适的数,在○里填上运算符号。(课件逐一出示)

(42＋35)×2＝42×□＋35×□;15×26＋15×14＝□○(□○□);

72×(30＋6)＝□○□○□○□。

b. 出示：(20－8)×5＝□○□○□○□。

师：感觉有些不一样了吧，你觉得可能等于什么？

生：20×5－8×5。

师：怎样才能确定呢？

生1：可以算一算。左边的算式等于60，右边的算式也等于60。

生2：也可以直接想，左边算式是12个5，右边算式是20个5减去8个5，也是12个5。

师：面对这道等式，回想我们刚学的乘法分配律，你能联想到什么？

生：$(a-b)\times c=a\times c-b\times c$。

师：这样的联想究竟对不对？你能用刚才我们研究乘法分配律的方法，尝试着自己来研究吗？学生举例验证，全班交流。

师：同学们，刚才通过联想，我们将乘法分配律由"两个数的和"拓展到了"两个数的差"。这是一种很有价值的思考。你还能联想到别的吗？(引导：如果把乘法分配律中"两个数的和"换成"3个数的和""4个数的和"或"更多个数的和"，结果还会不会不变？怎样验证？)

⑤ 课堂总结。

这节课我们学习了什么？我们是怎么得到乘法分配律的？你学到了哪些有用的方法？

2)教学思考

数学是思维的体操，"帮助学生学会思维"历来是数学教学的应有之义。如何以具体数学知识内容的学习为载体帮助学生学会思维呢？就"乘法分配律"的教学而言，需要我们从学生已有的经验出发，通过数学思维方法的分析，带动、促进乘法分配律的教学。既让学生掌握具体的数学知识，又帮助学生深入领会并逐步掌握内在的思维方法。

第一，抓住内在不变的"理"，来理解外在变化的"形"。

乘法分配律沟通了乘法与加减法的联系，是一种重要的数学模型，也是学生最难理解和掌握的"运算律"。有些学生在学习时就糊里糊涂，始终弄不明白乘法分配律为什么会有这种形式上的变化；有些学生虽然在初学时会机械地模仿，但很快就遗忘了，更谈不上自觉、灵活地运用……其中最主要的原因是教师在教学时，只重视引导学生对规律的"外形"进行研究，忽视了对规律"内在"的本质进行探究；只是借助不完全归纳法发现它"是什么"，至于"为什么"却悬而未决。这导致学生对规律的实质体验得不够，领悟得不深。

乘法分配律的实质是"c组$(a+b)$分成c个a加c个b"和"c个a加c个b配成c组$(a+b)$"，要让学生充分感知和深入理解，必须始终抓住内在不变的"理"，来理解外在变化的"形"。首先，从现实情境引出数学问题，并通过比较计算结果或乘法的意义，把解决问题的两种解法建立一个等式，利用学生熟悉的实际问题帮助他们在首次感知乘法分配律时体验它的合理性；再从个案的等式关系类推到若干同类现象的等式关系，不断丰富学生的感性材料，也体现了科学的认知方法和态度；接着，在学生充分感悟左、右两边算式特点的基础上，引导学生提出猜想，继而进行举例验证，形成自己的发现；然后，让学生采用语言、文字、符号等各种方式来表达自己的发现，师生合作形成统一范式"$(a+b)\times c=a\times c+b\times c$"，教师再以"乘法分配律中'分''配''律'体现于何处，引发学生深度思考，形成"c组$(a+b)$分成c个a加c个b"和"c个a加c个b配成c组$(a+b)$"的观念，从而真正理解乘法分配律。特别地，在探究新知的过程中，注意渗透"数形结合"的思想方法，让学生结合"形"来研究"数"的运算律，借助直观丰富的表象去感悟乘法分配律的内涵。

第二，关注科学探究方法的指导。

"规律探究"过程中对猜想的验证，采用不完全归纳法，通过大量举例的方式进行验证，这是小学数学教学的特点之一。但举例验证绝不是简单地让学生随意地举几个例子。教学中，既要注重引导学生正确地举例，即举的例子要符合"两个数之和乘第三个数"以及"两个数分别乘第三个数然后相加"这样的特征，又要引导学生用多种方法正确地验证。同时强调结论的得出必须通过列举大量的例子，只有找不到反例，才能进行归纳，获得结论。当举例验证不能穷尽所有的例子时，引导学生不仅仅关注例子的"量"的增加，还应注意所举例子的典型性和代表性，适时渗透"分类举例验证"的思想，指导学生经历科学的验证过程，使学生举例验证的过程更符合数学思维的要求，也为今后探索乘法分配律在小数、分数范畴内是否成立留下思考的空间。

第三，在"说理"中感悟演绎论证的思想方法。

限于学生的认知水平，在小学数学的教学中，较多地使用了举例验证等归纳论证的方式，但有时也可以根据所学数学内容的特点，适时引导学生尝试通过"说理"，感悟演绎论证的方式，促进学生数学思维的发展。在规律猜想、规律验证、规律概括等教学环节结束后，适时引导学生回顾反思，共同归纳、总结研究方法，形成方法结构。在引导学生由"$(a+b)\times c=a\times c+b\times c$"联想到"$(a-b)\times c=a\times c-b\times c$"后，适时启发学生"这样的联想究竟对不对？你能用刚才我们研究乘法分配律的方法，尝试着自己来研究吗?"让学生把学到的数学思维方法自觉进行迁移应用。在学生通过猜想、验证、归纳得出乘法分配律后，没有马上进入练习环节，而是引导学生回顾"一位数乘两位数的算理"及"长方形周长的两种算法"等知识，进一步说明为什么乘法分配律左、右两边的式子是相等的，这样的"说理"让学生经历了演绎论证的思维过程，既沟通了新旧知识的联系，又使数学思维又一次得以提升。

总之，重视对规律实质的探寻，不但能让学生牢固地掌握规律的"外形"，而且能让学生准确地理解规律的"实质"，还能增强学生自主探究规律的本领和意识，学习在"变"中寻找"不变"的方法。

2.2.3.5 在计算教学中实现"意义、算理、算法、技能"的有机结合

1. 计算教学意义的理解

计算过程是一个以运算规律以及数和运算的意义为手段进行一种较为简单的逻辑

推理的过程。一般来说,相对简单的计算可以通过口算得出结果;对于一些数据较大的计算就需要通过笔算的形式进行求解,即将计算过程中的每一个步骤进行记录,然后一步一步进行推算。在教学过程中,教师不但需要教会学生解题,还需要让学生明白为什么要这样解。因此教师要教会学生对算理的理解。

在计算教学中,算法与算理是两个不同的专业术语,并且各自有各自的意义。所谓算法,指的就是计算方法,详细来说就是把复杂的思维过程简单化,然后添加一些人为规定的固定操作步骤,即计算法则;而算理指的就是在计算过程中存在的道理,即在计算过程中的思维方式,也即对问题的思考与分析,比如为什么要用这样的方法解题,还有没有更合适的办法等。比如,想要计算 327＋51 这道题,可以利用数的组成对其进行计算,计算过程如下:将每一个数字的数位进行分析,即 327 百位上是 3,十位上是 2,个位上是 7;51 十位上是 5,个位上是 1。对应数位相加得到的结果是 378。经过不断发现与总结得出,只有相对应的数位才能够相加减,比如百位只能与百位相加减,十位只能与十位相加减,这样的过程就体现了学生对于算理的理解,最后将计算过程简化成竖式形式,进而对一个计算法则进行验证,即相同数位对齐,从最低位起开始相加,满十的向前进 1。这就是算法。在计算过程中,算法与算理相辅相成,算理为算法提供了理论支撑,而算法是算理的精炼与概括。因此,算理是学生掌握算法的手段,为学生学习算法打下基础,而学生学习的主要目的就是掌握算法。两者呈现出焦灼的状态。所以引导学生沟通两者关系,促使两者之间的和谐发展,是计算教学的关键问题所在。计算过程中,在掌握算理的基础上也对算法进行理解吸收,这样才算是维持了算法与算理之间的稳定与平衡。

2.“算理”与“算法”必须有效融合

领会教材的编排意图,“算法”就分成了“怎样列式”和“怎样计算”两个层面。“算理”也分成了两个层次:一个是“为什么这样列式”的道理,另一个是“为什么这样计算”的道理。只有将“算理”与“算法”有效融合,才能达到计算教学“知识与素养”并举的理想效果。例如,在探究“天空中一共有多少只海鸥?12＋3 怎样计算”时,学生可能会出现以下几种情况——首先,用学具正方体块摆,先摆 12 个(12 是一个整体),再摆 3 个,数数发现是 15 个。其次,用学具正方体块摆,先摆 12 个(12 分成了 10 和 2),再摆 3 个,先把 2 个和 3 个合起来就是 5 个,再把 10 个和 5 个合起来,是 15 个。接着数数:心里想着 12,再数上 3 个,就是 13、14、15。然后口算:先算 2＋3＝5,再算 5＋10＝15。最后,用小棒摆:先摆一捆零两根小棒,表示 12,再摆 3 根小棒;先把单根的小棒合起来,即把 2 和 3 合起来是 5 根,一捆 10 根再加上 5 根就是 15 根小棒。

3.“意义、算理、算法、技能”的有机结合

借助情景理解意义、算理与算法,在学生掌握算法、明确算理以后,进行适量的练习。注重练习的多样性、代表性,练习是为了说法明理,逐步达到熟练的目的,计算熟练了,技能也基本形成了。

2.3 数量关系

2.3.1 数量关系内容的理解

2.3.1.1 数量关系的本质理解

《义务教育数学课程标准》指出："数学是研究数量关系和空间形式的科学。"数量关系的教学已经渗透到数学学习的诸多领域，尤其在数学问题解决的学习过程中，数量关系更发挥着重要的作用，它是学生有效解决数学问题的工具之一。因此，我们应该正确认识数量关系教学的本质，恰当进行数量关系的教学，让数量关系在小学数学问题解决的教学中发挥应有的作用。

1. 数量关系的本质

数学问题解决中的数量关系，其本质属于图式的范畴，是图式中各部分的反映。心理学对图式的概念有多种相似的阐述，一般认为图式是依据先前经验把各种相关概念有意义地组织起来的认知模式。它最初是由英国心理学家巴特莱特（Frederic Charles Bartlett，1886—1969）在1932年提出来的，他将个体积极组织过的过去的反应或过去的经验称为图式。同时，图式又是著名心理学家让·皮亚杰（Jean Piage，1896—1980）认知发展论中的一个核心概念，皮亚杰认为："以身体感觉为基础的基本行为模式，可以视之为个体用以了解周围世界的认知结构，这种认知结构称为图式（我国台湾心理学家称为基模），也可称为认知图式。"皮亚杰将图式视为人类吸收知识的基本架构，个体的认知发展或智力发展，均可解释为个体的图式随年龄的增长而产生的改变。

现代认知心理学家鲁墨哈特认为，图式是用来描述一类人、一类客体、一类事件的共同特征。它就像存在于我们头脑内部的表示一类事物共同特征的"表格"，即图式是我们头脑中关于一类客体、事件或情境的一般知识结构。图式一般由组成部分、各部分的排列顺序、各部分间的关系、每部分的变化范围四种成分构成。图式有一定的概括性，代表的知识是围绕一定的主题组织起来的，可以使我们超越给定的信息作出预测和推理。如：妈妈到服装店买衣服，短袖衫每件32元，裤子每条45元。她买了5件短袖衫和6条裤子一共要付多少元？这个问题中的"买衣服"就是一类事件的图式，"买衣服"一般包括来到服装店、选择衣服、算总价、付钱、找钱等几件事，隐含其中的与问题解决有关的各部分数量之间的关系是"买5件短袖衫的钱＋买6条裤子的钱＝一共要付的钱"，当然，其中还有"付出的钱－买衣服的钱＝找回的钱"这一数量关系，如果学生不熟悉这些内容，显然不利于顺利解决此类问题。再如：有些同学在解决有关到邮局汇款和汇费的问题时有困难，原因就是大部分学生头脑中不熟悉去邮局汇款的图式。

在问题解决中，图式集中体现为学生掌握不同类型问题的结构，我们在教学中常常把这种结构中各部分数量之间存在的关系概括为数量关系，其文字表达就是数量关系式，数量关系在解决数学常规问题中具有重要作用。如"求一个数的几倍是多少"的数学问题:“学校举行运动会。三年级有 56 人参赛,五年级的参赛人数是三年级的 4 倍。五年级有多少人参赛?”这样的题型就可以看作一个图式,它有两个变量:一个数和倍数。它们间的数量关系式是“一倍数×倍数=几倍数”。学生掌握了这样的数量关系,解答此类问题就十分快捷。而且,这两个变量是可以不断变化的。如可以将上面的题改成以下两题:①学校举行运动会。三年级有 56 人参赛,四年级参赛的人数比三年级多 8 人,五年级的参赛人数是四年级的 4 倍。五年级有多少人参赛?②学校举行运动会,三年级有 56 人参赛,四年级参赛的人数比三年级多 8 人,五年级的参赛人数比三、四年级参赛总人数多 1.5 倍。五年级有多少人参赛?解答这两道习题,最终仍然是将上面图式中的数量关系,进行恰当的变化,顺利找到解题方法。

2. 课改之前的数量关系教学

新课程改革以前,小学数学应用题的教学主要就是以数量关系的教学为中心组织起来的。有关数量关系的教学主要有这样一些特点:①对每一册教材中应用题数量关系的教学都有明确的具体要求。②重视简单应用题的数量关系的教学。以四则运算的意义作为概括数量关系的基础,教学中将一步解答的应用题分成一类,每一类都总结相应的数量关系。③例题教学中对基本的数量关系有明确的提示,用来指导师生的教学活动。④进行了一系列目标明确的有系统的数量关系训练。训练的形式主要有以下几种:a. 数量关系的概括练习。根据“火车的速度是燕子飞行速度的 1/2”,让学生说出:把燕子飞行的速度看作单位“1”,燕子的速度×1/12=火车的速度。b. 根据条件或问题说出数量关系:根据“一辆汽车 5 天运 160 吨”,让学生说出:一共的吨数÷天数=每天运的吨数。c. 数量关系的填空。杨树有 35 棵,柳树有 50 棵,(　　)-(　　)=杨树比柳树少的棵数。d. 利用数量关系叙述算理。用讲出每一步算式数量关系的方法来叙述算理。⑤对于一些典型的应用题,如相遇问题、平均数问题、工程问题、分数应用题,则根据它们的问题结构归纳出相应的数量关系进行专门练习。这样教学的结果是:学生对所学常规应用题的解法掌握得十分熟练,应用题练习或考试中的正确率很高。但这样的教学也导致学生在解决非常规问题时思路呆板,甚至严重扼杀了学生的创造性思维,形成了不良的思维定式,学生的思维日益失去应有的灵活性,思维活动逐步刻板化,解题的方法基本雷同且唯一。

3. 新课程改革数学教学中的数量关系及其教学(表 2-1)

表 2-1　新课程改革数学教学中的数量关系及其教学

内　容	课标要求	位　置
加、减法的意义	结合具体情境,体会整数四则运算的意义。	一上
乘法的意义		二上
除法的意义		二下
总价、数量、单价 路程、速度、时间	在具体情境中,了解常见的数量关系,如总价=单价×数量,路程=速度×时间,并能解决简单的实际问题。	四上

（续表）

内　容	课标要求	位　置
每份数×份数＝总量	能运用数及数的运算解决生活中的简单问题，并能对结果的实际意义作出解释。	三上
方程	(1)在具体情境中能用字母表示数。 (2)结合简单的实际情境，了解等量关系，并能用字母表示。 (3)能用方程表示简单情境中的等量关系（如 $3x+2=5$，$2x-x=3$），了解方程的作用。 (4)了解等式的性质，能用等式的性质解简单的方程。	五上
正、反比例	(1)在实际情境中理解比及按比例分配的含义，并能解决简单的问题。 (2)通过具体情境，认识成正比例的量和成反比例的量。 (3)会根据给出的有正比例关系的数据在方格纸上画图，并会根据其中一个量的值估计另一个量的值。 (4)能找出生活中成正比例和成反比例关系量的实例，并进行交流。	六下

教师如何按照课标的要求正确进行数量关系的教学呢？

(1)注重数量关系的积累和归纳

四则运算的意义是归纳数量关系的基础，在解决问题的教学中教师要充分领会教材的编写意图，引导学生将几个同类情境中的问题与运算意义相联系，充分经历思考与体验的过程，让学生思考情境中的问题与数学意义的联系。因此，在新课改的小学数学教学中正确认识和恰当发挥数量关系的作用，就显得尤为重要，顺利实现对数量关系的积累和归纳，为学生解决问题能力的发展奠定了坚实的基础。我们要重视对运算意义的教学。加、减、乘、除运算的意义是核心概念，要让学生积累数学原型。

数学原型：

加法：可以作为合并、移入、增加、继续往前数等的模型。

减法：可以作为剩余、比较、往回数、减少或加法逆运算等的模型。

乘法：可以作为相等的数的和、面积计算、倍数、组合等的模型。

除法：可以作为平均分配、比率或乘法逆运算等的模型。

(2)注重基本数量关系的抽象概括与应用

数量关系的概括要结合数学问题的实例进行，并且最好要从多个实例中概括出。如“单价×数量＝总价”“速度×时间＝路程”“工作效率×工作时间＝工作总量”等基本的数量关系，具有高度的概括性和广泛的应用价值，应该结合具体的问题情境帮助学生正确理解，并在此基础上通过抽象概括，进行变式运用，逐步实现数量关系的结构化迁移和在理解基础上的记忆，助力于提高学生解决问题的能力。

(3)与解决问题方法策略的学习有机结合

数量关系的学习和运用,应该紧密结合解决问题的过程进行,并可以和解决问题的方法策略结合在一起进行教学,如在运用综合、分析、画图等策略解决问题的过程中,都可以结合数量关系的教学。数量关系与方法策略都在具体解决问题的过程中起重要作用,将分析数量关系和运用数量关系有机结合可以帮助学生顺利找到解决问题的途径。

2.3.1.2 小学数学中的模型和模型思想

1. 什么是模型

史宁中教授在《数学思想概论》中指出:“数学发展所依赖的思想在本质上有三个:抽象、推理、模型……通过抽象,在现实生活中得到数学的概念和运算法则,通过推理得到数学的发展,然后通过模型建立数学与外部世界的联系。”

数学模型就是针对或参照某种事物系统的特征和数量之间的相依关系,运用数理逻辑方法和数学语言概括或近似地建构出的一种数学结构。

数学模型的历史可以追溯到人类开始使用数字的时代。随着数字的使用,人类就不断地建立各种数学模型,以解决纷繁复杂、千变万化的实际问题。大到科学技术的创新,小到人们的生活起居,都可以创建数学模型,利用模型确立最佳解决问题的方案。数学模型的建立是沟通现实问题与数学工具的不可或缺的桥梁。

模型所表达的这种数学结构是借助于数学符号刻画出来的某种系统的纯关系结构。从广义理解,数学中的各种概念、公式和基本算法都可以叫作数学模型。例如,加、减、乘、除都是模型,因为它们都是以现实世界的原型为背景抽象出来的。一部数学史,也是一部数学模型发展的历史。从狭义理解,只有那些反映了特定问题或特定的具体事物系统的数学关系结构,才能叫作数学模型。从这个意义出发,也可以把模型理解为联系一个系统中各变量间内在关系的数学表达。

2. 小学数学中的模型

在小学数学教材中,模型随处可见。例如,数与代数中的加、减、乘、除运算模型,分数、小数等数概念模型,方程模型;再例如,图形与几何中描述平面图形和立体图形特征的周长、面积、体积计算公式,同时,图形的形状特征本身也是一种模型。

(1)总量模型

总量模型也叫作加法模型,这种模型表达的是总量与部分量之间的关系,如果有多个部分量,则每个部分量之间是并列关系,在进行这种模型的运算时要用加法。因此,如果从数学计算的角度考虑,也可以称这个模型为加法模型。这种模型可以具体表示:总量=部分量+部分量。

运用这个模型可以解决现实生活中涉及总量的一类问题,这样的问题在小学低年级的数学教学中是屡见不鲜的。例如,例 1,小丽、小云两人踢毽子,小丽踢了 18 下,小云踢了 12 下。两人一共踢了多少下?再例如,例 2,淘气在文具店中买了一支铅笔和一块橡皮,铅笔每支 2 元,橡皮每块 1 元,淘气一共花了多少钱?等等。

在这个基础上,可以改变现实生活中具体问题的背景,可以改变“部分量”的情境,也可以改变"总量"的情境,引导学生灵活地使用这种模型。例如:上面的例 1 可以通过改变"部分量"的情境变成:小丽、小云、小红三人踢毽子,小丽踢了 18 下,小云踢了 12 下,小红踢了 14 下。三个人一共踢了多少下?上面的例 2 可以通过改变"总量"的情境变成:淘气在文具店中买了一支铅笔和一块橡皮,一共花了 3 元钱,铅笔每支 2 元,橡皮每块多少元?把加法运算变为减法运算:部分量=总量-部分量。

(2)乘法模型

从小学数学教材中不难发现,最常见的乘法模型主要有以下几种。

① 同类量合并模型,也叫等量组的聚集。

它的具体含义就是"连加"或者"几个几的和"。与加法模型不同,在这种模型里,被乘数和乘数的地位并不是相等的并列关系,而是不完全对称。该模型经常以"每……共……"的语言表述方式来呈现。在这里,理解此类乘法模型的重要基础是"份""组"。例如,小朋友们在游乐园玩旋转木马,每个旋转木马可以坐 2 个人,6 个旋转木马一共可以坐多少人?列成乘法算式是 2×6,在这里 2 和 6 这两个数的地位就是不完全对称的关系。

同时,由于不完全对称的因数关系,就会产生两种不同的逆运算:一种是已知总数与小组数,求每组中相同元素的个数,也就是"等分除"。例如,把上面的例子经过这样的变换,就变成"等分除"问题:12 个小朋友在玩旋转木马,他们一共坐了 6 个旋转木马,平均每个旋转木马上坐几人?

另一种是已知总数和每组中相同元素的个数,求小组数,即"包含除"。例如,把上面的例子经过这样的变换,就变成"包含除"问题:12 个小朋友在玩旋转木马,每个旋转木马上坐 2 人,需要几个旋转木马?

② 矩形模型,也就是长方形的面积模型。

例如,长方形长 6 厘米,宽 3 厘米,这个长方形的面积就是 6×3=18(平方厘米),它所包含的乘法含义是:这个长方形的面积等于 18 个(每排 6 个,有这样的 3 排;或每排 3 个,有这样的 6 排。)单位小正方形的面积之和。

等量组聚集模型是最基本的乘法模型,矩形模型也可以转化为等量组聚集模型,同时矩形模型也为理解等量组聚集模型提供了直观表象。这里要提出的是,与其他乘法模型不同的是,在矩形模型中,两个因数的位置是完全对称的。

③ 倍数模型。

顾名思义,倍数模型就是用来描述两个量之间的倍数关系的模型。例如,为庆祝元旦,同学们做了 5 朵黄花,做的红花的朵数是黄花的 4 倍,总共做了多少朵红花?

④ 配对模型。

这一模型在小学数学中体现为搭配问题。例如,有 4 件不同的上衣,有 5 条不同的裤子,一共可以有多少种不同的搭配方法?

⑤ 现实模型。

现实模型也就是在现实生活情境中提炼出的数学乘法模型,例如,速度-时间模型、工时-工效模型、单价-数量模型等。

⑥ 路程模型。

这种模型讲述的是距离、速度、时间之间的关系，如果假设速度是均匀的(或者平均速度)，可以得到模型的形式：距离＝速度×时间。

具体使用这类模型时，可以通过情境的变换来培养学生的思维能力。例如，变换时间：甲以每小时30千米的速度从A地到B地，上午9时从A地出发，中途休息1时，下午1时到达B地，求两地的距离。还可以改变速度情境，例如：甲以每小时30千米的速度，从A地到B地，两小时后，速度提升20%，走到B地，用了4小时，A、B两地的距离是多少？等等。当然，还可以转变距离，变乘为除：时间＝距离÷速度。A、B两地相距500千米，甲以每小时30千米的速度，从A地到B地，走到全程的3/5时，速度提升20%，几小时可以走到B地？

针对具体问题的不同，还可以把总量模型和路程模型结合使用。例如：甲、乙二人从两地相向而行，甲每小时行30千米，乙每小时行20千米，4小时相遇，求两地的距离。

通过对模型的构建和理解，我们可以逐渐认识到：数学不仅仅是对现实世界中数量关系和图形关系的抽象，也是逻辑推理的典范，数学所形成的概念、方法和命题还是描述现实世界强有力的工具。

这里的路程问题模型，同样也适用于像“总价＝单价×数量”“总数＝行数×每行数”等一类现实问题。

(3)植树模型。

这类模型的现实问题背景是：沿着一定的路线植树，这条路线的总长度被树平均分成若干段，把分成的段数抽象成间隔，把树的棵数抽象为点。在这个现实背景中引导学生探究规律，发现间隔数与点数之间的数量关系，找到解决问题的有效方法。由于路线不同、植树要求不同，间隔数与点数之间的关系就不同，可以形成以下三种基本模型：“总距离÷间隔距离＋1＝棵数；总距离÷间隔距离＝棵数；总距离÷间隔距离－1＝棵数。”

植树问题的模型价值在于能用来解决现实生活中这一类问题。让学生从抽象的数学模型出发，联系生活实际，发展思维能力，不断加深对“植树问题”这类数学模型的理解。例如，要在一条道路沿线安装若干个路灯，就可以把路灯看作点，把两个路灯之间的距离看作间隔。再例如，为方便居民出行建立公交站，为美化环境放置花盆等。特别是在现代社会，这个模型被广泛应用于资源调查或者环境调查。

(4)工程模型。

这类模型的现实问题背景是：一项工程，甲工程队和乙工程队单独完成分别需要A天和B天，要求两个工程队合作完成这个工程所需要的时间。从这种现实背景中所抽象出的数量关系，通常采用以下数学符号和语言来表达这种数学结构：假设该工程为“1”，由此得出，甲工程队和乙工程队一天分别能完成工程的$1/A$和$1/B$，则两队合作完成工程所需要的时间是$1\div(1/A+1/B)$。

这种模型的传统问题是出水管、进水管的注水问题。在具体应用该模型时，可以通过改变工作效率、工作时间或工作总量等条件来培养学生应用意识，发展学生思维能力。

在几种不同的乘法模型中，最基础的模型是同类量合并模型，其他的乘法模型都可以转化成此类模型。

数学教材中的乘法模型分布如表 2－2 所列。

表 2－2　数学教材中的乘法模型分布

问题 个数 册数	同类量合并模型	倍数模型	配对模型	矩形模型	现实模型
二上	57	18	2	0	
二下	4	0	0	0	
三上	34	5	10	0	
三下	16	0	0	17	
四上	11	2	0	0	7
四下	3	0	0	0	6
五上	14	6	0	15	26
五下	1	0	0	1	0
六上	8	52	0	1	8
六下	0	2	0	3	0
合计	148	85	12	37	47

在全册教材中，乘法模型的分布并不均衡，同类量合并模型的问题有 148 个，从而也印证了它是最基础的乘法模型。

3. 模型思想

模型思想是数学的基本思想之一，也是《义务教育数学课程标准》提出的十个核心概念之一："模型思想的建立是学生体会和理解数学与外部世界联系的基本途径。建立和求解模型的过程包括用数学符号建立方程、不等式、函数等表示数学问题中的数量关系和变化规律，求出结果并讨论结果的意义。这些内容的学习有利于学生初步形成模型思想，提高学习数学的兴趣和应用意识。"

小学数学教材虽然没有明确给出模型思想的具体定义，但是模型思想却渗透在小学数学教材的方方面面。例如，从"每小时(每分钟、每天)行驶的千米数×行驶的小时(分钟、天)数＝一共行驶的千米数"等具体的数量关系式中，概括出"速度×时间＝路程"的数学结构，这个过程里就富含着模型思想。又如从大量事实概括出"交换两个因数的位置，积不变"，并用字母式子"$a\times b=b\times a$"表示这一运算定律，也是富有模型思想的过程。再例如，"方程"就是常见的数学模型，列方程解决问题就是建模、用模的过程。虽然在小学教学中渗透模型思想，但是对学生的要求相对不高，学生不一定要写出规范的关系式或画出规范图像，能用自己的语言或其他方式来表示在现实问题中发现的数学规律、认识的数学现象即可。

4. 模型思想的教育价值

数学建模是问题解决的一部分，它不仅能够解决数学问题，还能够解决非数学领域需要用数学工具来解决的现实问题。模型的构建和理解，可以让学生充分感受数学的价值：数学不仅仅是逻辑推理的典范与对现实世界中数量关系和图形关系的抽象，数学所形成的概念、方法和命题还是描述现实世界强有力的工具。

构建数学模型，不仅能让学生切实把握知识的核心本质，更能快速、准确地解决问题。这些内容的学习对于学生初步形成模型思想，提高数学学习的兴趣和应用意识有很大的帮助。

建立和求解模型的过程可以用图 2－11 表示。

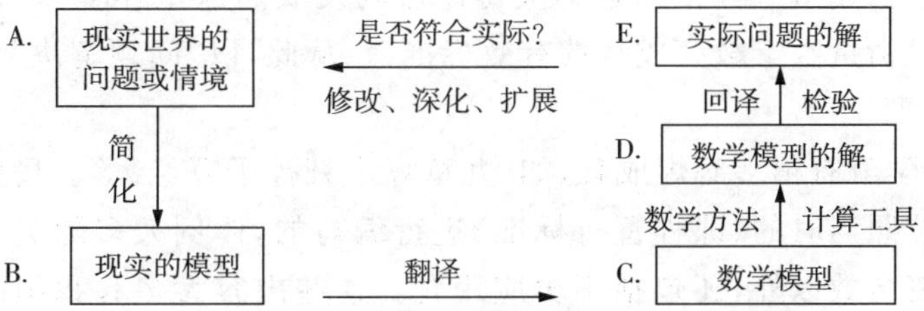

图 2－11

同时，使用模型的过程可以充分发挥人的想象力，而想象力是创造的源泉。这个想象力主要表现为构建现实背景、想象背景中事物之间的各种数量关系以及数量关系的各种组合可能。因此，在模型的教学过程中，不仅要培养学生分析问题和解决问题的能力，还要培养学生发现问题和提出问题的能力。

总之，引导学生建模、用模、反思不仅是帮助学生积累数学活动经验的有效方法，也能够充分培养学生的应用意识和创新意识。

2.3.1.3 关于问题解决的研究

1. 国内外关于问题解决的相关理论综述

解决数学问题的历史源远流长，早在公元前，古希腊数学家欧几里得的《几何原本》就以证明数学问题为出发点，而中国古代的数学经典著作《九章算术》也以解决应用问题而著称。但是 20 世纪 80 年代所产生的“数学问题解决”，则有其特定的含义。最初的“生搬硬套的练习”到“像数学家那样做数学”。

这里说的数学问题不同于数学习题。相对来说，问题的范围更为广泛。关于问题解决，相关研究比较一致的看法是：问题解决是指创造性地、综合地去运用各种数学知识解决那些并非单纯练习题式的问题，这些问题既包括源于数学内部的问题，也包括实际问题。它们通常是指非常规的问题，即情境设置相对复杂，条件隐含、没有可套用的直接的现成解法、程序或算法，答案开放，对人具有智力挑战。可以将问题具体描述为：

① 对学生来说，不是常规的，不能靠简单模仿来解决；

② 情境中隐含的数学问题，需要学生自己去求解，并作出解释；

③ 能对学生的智力提出挑战，或者能引起学生的思考，具有一定的趣味和魅力；

④ 答案具有一定的开放性，可以满足不同水平的学生由浅入深地作出回答；

⑤ 往往需要数学活动来参与。

20世纪60年代，“数学教育现代化运动”席卷世界。然而，事与愿违，该运动不仅未能实现其“现代化”的目标，反而导致学生的数学成绩大幅度下降。因此，作为对“新数学”运动的反对，70年代人们又提出回到基础，结果数学教育又走回“机械训练的十年”的老路。人们吸取了两次改革的经验教训后，美国数学教师协会于1980年4月公布了一个纲领性的文件——《关于行动的议程》。该议程提出，“80年代的数学教育大纲，当在各年级都介绍数学的应用，把学生引进问题解决中去”。“数学课程应当围绕问题解决来组织”，“数学教师应当创造一种使问题解决得以蓬勃发展的课堂环境”，“在问题解决方面的成绩如何，将是衡量数学教育成败的有效标准”。从此，以“问题解决”为旗帜的数学教学改革运动开始了。

我国古代数学就有很多辉煌成就，如《九章算术》《孙子算经》等。民国初年出版的算术教科书，都是按照当时的《课程暂行标准》进行编写的，体例大多随美、日，内容除了整数、小数、分数、复名数以外，还包括不少应用题。这些内容大多和我国的数学传统有较大关系。吴文俊院士曾说过：“西方重在定理，而中国重在代数学，不考虑定理，不考虑怎样定义公理，不考虑定理怎样证明，而着重解决各式各样实践中出现的具体问题，因此重在解方程……解多项式方程，就变成中国古代数学发展的主线。”事实的确如此，以《九章算术》为例，该书将246个问题分为九章，其中很多是人们在实践中遇到的各类具体问题，有些还流传至今。

自新中国成立以来，我国先后进行了8次课程改革，颁发了11部教学大纲。1952到1957年间，我国的课程改革主要是学习、模仿苏联的教育教学经验。大纲对于应用题教学的相关规定是：应以算术课及其课外作业全部时间的一半左右来学习解答应用题，除学习一般应用题外，还应学习典型应用题。大纲要求教师“适当地利用历史、地理、自然的材料编成应用题，供学生学习，但这种联系应与学生在当时所学到的数学知识和计算技能为限，无论如何不应为联系各科而破坏了算术本身的系统性”。大纲的这一要求指出了应用题教学与其他学科的相互联系，是带有一定方向性的改进意见，为当时和今后的应用题教学及进一步改革奠定了基础。

1963年颁布的《全日制小学算术教学大纲(草案)》将简单应用题分为12种，复合应用题分为2～5步(按解答步骤多寡分类)，典型应用题多达11～12种，如相遇、追及、流水、工程、植树、盈不足、年龄、方阵、鸡兔同笼、和差等问题。由于分类过细，要求又高，加之教学不甚得法，出现了学生靠找类型、死套公式等方法来解决问题的弊病，有的学生甚至用找关键词来代替数量关系的分析(如见“还剩”就“减”，见“一共”便“加”，见“倍”就“乘”，见“平均”就要“除”)等。这样，题目稍一发生变化，学生便不知所措，无形中增加了学生的学习负担，应用题这个“老大难”问题凸显了出来。

1978 年，按照邓小平同志提出的“教材要反映出现代科学文化的先进水平，同时要符合我国实际情况”的精神，教育部制定了《全日制十年制学校小学数学教学大纲（试行草案）》。大纲明确指出“使学生能够应用所学的知识解决日常生活和生产中简单的实际问题”，课程内容增加了代数、几何初步知识，并将“小学算术”易名为“小学数学”，充分体现了培养现代化建设人才的需要。在小学阶段正式引入一些简易方程，既遵循了从算术到代数、由浅入深的认识规律，又因势利导、由高到低地大大缩短了学生的认识历程。自 1978 年以后的 20 年，1 步应用题不再人为分类，而按加、减、乘、除意义自然归类；复合应用题只学到 4 步（义务教育大纲只到 3 步）；典型应用题也大幅度简化，把过繁的删去，只保留求平均数、相遇和工程问题，把一些逆思考题目如分数除法应用题、正反比例应用题等均列方程求解。这样，应用题“老大难”问题得到一定程度的缓解，学生解决问题的能力也有了一定程度的提高。

到了 20 世纪 80 年代，随着信息社会的快速发展，必须随时根据变化作出抉择，于是世界各国都开始注意把数学应用于现实世界的“问题解决”之中。根据数学广泛应用的基本特征，西方（尤其是美国）将“问题解决”作为数学改革的行动纲领，并发展成为世界性的口号；同时，数学教育家波利亚提出的“问题解决”教学也成为世界各国数学教育领域的共识。

我国在制定《全日制义务教育数学课程标准（实验稿）》（以下简称《课程标准》）时，为了与传统应用题“拉开距离”，干脆将应用题取名为“解决问题”与国际接轨。我国小学算术（数学）把应用题作为一个独立领域的传统格局被彻底打破了，并把应用题融于“数与代数”“空间与图形”“统计与概率”“实践与综合应用”等领域之中，把它作为各领域解决其相应实际问题的有机部分呈现。这种安排，与世界绝大多数国家的小学数学教学大纲相一致，比较合理，也比较符合逻辑。

2. 解决问题策略的教育价值

（1）有益于将生活问题转化为数学问题

解决问题的教学由于呈现方式的变化，与传统应用题相比，需要学生具有较强的信息解读能力。因此，教师要引导学生从数学的角度思考问题，培养学生筛选有效信息的能力。来自生活中的实际问题，一旦被学生提取蕴含其中的数学信息，并与过去所学的知识建立关联，学生就容易透过现象看本质，简洁地洞悉问题的实质，进而寻得解决问题的相应策略。这样的训练，经学生的自主探索，教师的适时指导，相信学生将生活问题转化为数学问题的能力一定会越来越强。

（2）能够增强对数学学科的学习兴趣

解决问题过程中所使用的策略，是一种数学思想方法的渗透。教师关注的不应仅是解决某一具体的数学问题，更为重要的是让学生在寻求策略的过程中自觉运用蕴藏其中的思维方法观察、分析，体验从不同角度思考的妙处，感受数学的丰富多彩，展现数学的独特学科魅力，激发学生学好数学的极大兴趣和用好数学的强烈自信心。

(3)培养学生的创新能力

解决问题教学本质是引导学生分析社会实践中遇到的各种数学现象,围绕小学数学面临的数学主客观矛盾寻求解决问题的方法。解决问题是一个发现和探索数学知识的教学过程。它的内涵比应用题更为宽泛,教师可以从学生的角度更好地思考数学问题的教学方法,审视数学教学中的实际问题,激发学生的好奇心,促使学生主动参与数学实践,促进学生对数学概念、规则、方法进行创造性地运用。解决问题教学更注重从学生学到的知识出发,调动学生把学过的知识运用到新的情境中去,是在学生原有认知结构的基础上再创造的过程。因此,通过解决问题的教学可以培养学生的创新意识和创造能力。

3. 常用的问题解决教学策略

策略是指导行动的方针,它区别于具体的途径或方式,数学解题的策略是为了实现解题目标而采取的指导解题行动的方针。解决问题的策略是指解决问题的人用来调节他们自己的注意力、学习、回忆和思维的技能。《数学习题理论》(戴再平著)提出了八个解题策略:枚举法、模式识别、问题转化、中途点、以退求进、推进到一般、从整体看问题、正难则反。

《数学解题学引论》(罗增儒著)提出了十个解题策略:模式识别、映射化归、差异分析、分合并用、进退互化、正反相辅、动静转化、数形结合、有效增设、以美启真。小学数学问题解决中常用的策略有以下几种。

(1)画图

由于学生的年龄特点,他们在运用数学符号,根据运算性质推理方面可能会遇到困难,而通过画图,学生可以找到问题的关键,把抽象的数学问题具体化。

例如:在三年级教学同分母分数加减法时,让学生自己尝试解决例题 1/8+3/8,很多学生想都不想,会直接告诉我们答案是 4/16,让他们尝试用画图来解释自己的答案,没想到画完图,没有一个学生再坚持这个答案,而是顺利找到正确答案是 4/8。

(2)列表

列表的策略有时也叫作列举信息的策略,在解决问题的过程当中,将问题的条件信息用表格的形式列举出来,往往能对表征问题和寻求问题解法,起到事半功倍的效果。

例如:在教学租船问题时,列表就是一种非常有效,而且易懂的策略。

(3)枚举

枚举法也叫穷举法,就是把所有可能的结果按照一定的顺序一一列举出来。可以是根据问题要求,一一枚举问题的解答,也可以是为了解决问题的方便,把问题分为不重复、不遗漏的有限种情况,一一枚举各种情况,并加以解决,最终达到解决整个问题的目的。枚举法是一种常见的数学方法,当然枚举法也存在一些问题,那就是容易遗漏掉一些情况,所以应用枚举法的时候选择什么样的标准尤其重要。例如,用数字 0,1,2 可以组成多少不同的两位数?就可以采用枚举法先确定十位数字,依次变换个位数字;或者是先确定个位数字,依次变换十位数字。

(4)假设

假设策略是指当某一变量因素的存在形式限定在有限种可能(如某命题成立或不成立,如 a 与 b 比大小,有大于、小于和等于三种情况)时,假设该因素处于某种情况(如命题成立,如 $a>b$),并以此为条件进行推理。它是科学探究中的重要思想方法,大量应用于数学、物理研究中,是一种创造性的思维活动。小学数学中经常用到这种解决策略。例如,$a\times 5/3=b\times 7/5$,判断 a 和 b 的大小。这样的题目如果进行推理,部分学生也能理解,但对于绝大部分学生来说,推理的过程相对比较困难,因此可以采用假设策略。假设 $a\times 5/3=b\times 7/5=1$,即可求出 a 和 b 的值,进而比较大小。类似此类题目运用假设策略可以适当降低理解的难度,也能帮助学生提高解决问题的速度。

2.3.1.4 《九章算术》中的比例问题

《义务教育数学课程标准》将数学素养纳入数学教学之中,数学文化是数学教师应该向学生传授的。《九章算术》是中国古代的数学专著,是"算经十书"(汉唐之间出现的十部古算书)中最重要的一种,其作者已不可考。一般认为它是经历各家的增补修订,而逐渐成为现今定本的,西汉的张苍、耿寿昌曾经做过增补和整理,其时大体已成定本。成书最迟在东汉前期,现今流传的大多是在三国时期魏元帝景元四年(263),刘徽为《九章算术》所做的注本。该书内容十分丰富,系统总结了战国、秦、汉时期的数学成就。下面介绍《九章算术》中按比例分配类的内容。

衰分(按一定的比例分配)术曰:各置列衰,副并为法,以所分乘未并者各自为实,实如法而一。不满法者,以法命之。

意思是:将所分配的份数按次序排列出来。把所分配的份数相加之和作为除数,把所分的数分别乘所分配的份数作为被除数,分别用被除数除以除数。被除数不是除数的倍数,用除数作分母(用分数表示结果)。注:"法"是指除数;"实"是指被除数;"未并者"是指没有加在一起的份数。

例如:有 10 千克小米,按 $6:5:3:1$ 分别分配给甲、乙、丙、丁四个人,问四个人各自分得多少千克小米?

"各置列衰"是按 6,5,3,1 的次序点排列起来。

"副并为法"是 $6+5+3+1=15$,把 15 作为除数。"所分的数"是 10。"以所分乘未并者各自为实"是 $10\times 6=60$(千克),$10\times 5=50$(千克),$10\times 3=30$(千克),$10\times 1=10$(千克),把 60,50,30 和 10 分别作为被除数。"实如法而一"是 $60\div 15=4$(千克),$50\div 15=3\frac{5}{15}=3\frac{1}{3}$(千克),$30\div 15=2$(千克),$10\div 15=\frac{10}{15}=\frac{2}{3}$(千克)。"不满法者,以法命之"是由于被除数 50 和 10 不是 15 的倍数,因此可把结果写成分数形式,即 $3\frac{5}{15}$ 千克和 $\frac{10}{15}$ 千克(现在要把结果约分为最简分数)。所以,甲、乙、丙、丁四个人各自分得小米 4 千克、$3\frac{1}{3}$ 千克、2 千克、$\frac{2}{3}$ 千克。

注：现在解答按比例分配问题的方法一般是先除后乘，即 $10\div(6+5+3+1)=\frac{2}{3}$（千克），$\frac{2}{3}\times6=4$（千克），$\frac{2}{3}\times5=3\frac{1}{3}$（千克），$\frac{2}{3}\times3=2$（千克），$\frac{2}{3}\times1=\frac{2}{3}$（千克）。而《九章算术》的方法是先乘后除。

数学是教学教育体系中重要的组成部分，数学史的教学对学生综合素质的提升和学习能力的培养具有重要作用。现在，由于教学方法、教学理念等多种因素的影响，很多学生对数学课程非常抵触，学习兴趣低，严重影响了教学效果。若能在课堂教学中适当引入数学文化，不仅能增加学生数学文化的底蕴，还能培养学生的学习兴趣，提高教学效率。

以小学数学教材为例，该版教材设置了"你知道吗?"板块，这个板块向学生介绍了一些数学家、数学奇闻、数学方法和思路等，极大地丰富了课堂内容，教师应将这部分内容融入课堂中，提升学生的数学素养。

1. 深入挖掘数学教材中的数学文化

小学数学教材包含很多数学文化因素，这些因素不仅使教学内容更加丰富，还能改变课堂教学气氛，使学生感受到数学的趣味性和应用性。数学文化不会单独列于教材中，通常会与数学理论知识结合在一起，教师在教学时要充分挖掘教材中的数学文化，使学生感受到数学的魅力，从而激发学生学习数学的积极性。

2. 课堂中渗入数学文化

教师应做好充分的课前准备，将数学文化和教学目标相联系，有意识地引导学生思考问题、解决问题，帮助学生建立学好数学的自信心。例如，在学习六年级上册"比和按比例分配"内容时，教师可将最后章节内容放到课堂中，将这部分内容引入教学内容，让学生对该问题进行深入思考，然后带着问题学习相关的内容，最后鼓励学生用数学知识解决问题。这种教学设计类似于任务式教学，能让学生的学习具有明确的目的性，提升他们的注意力，以取得良好的教学效果。

3. 利用数学活动感受数学文化

为了使学生更深刻地体会数学文化的魅力，教师可组织不同形式的教学活动，如数学知识游戏、数学人物竞赛、数学学科辩论赛等。灵活多样的活动促使学生多了解数学文化，感受数学文化的魅力；为提高学生的参与度，初期可采取团体合作的方式分组比赛；后期可进行个人竞赛；对于获胜的小组或个人应给予一定的奖励，提高学生的积极性。另外，教师也要不断提升自身的数学素养，利用多种方法将数学文化融入课堂中，促进学生数学思维的全面发展。

小学数学教学不仅要教学生基础知识，还应培养学生的数学素养，只有将数学文化巧妙地融入课堂教学中，才能提高学生学习的积极性，丰富教学内容，真正实现数学课程的教学目标。

2.3.2 数量关系的教学设计

2.3.2.1 小学"数量关系"内容教学策略的选择与实施

数量关系是从一类有共同规律的数学问题中总结出来的揭示某些数量之间的本质

联系的数学术语，并以数量关系式来表示这种联系。它为学生解决同类数学问题指明方向，提供基本方法，形成一种策略，是一种有数学价值的解决问题的模式。但教师在教学数量关系时经常会遇到一些不尽如人意的情况。

1. 数量关系数学时常规的问题

1)现象一：关注问题解决，忽视数学建模

史宁中教授说：要让学生学会“用数学的眼光观察世界，用数学的思维思考世界，用数学的语言表达世界”。数学的语言就是数学模型。《义务教育数学课程标准》也明确指出：“在呈现作为知识与技能的数学结果的同时，重视学生已有的经验，使学生体验从实际背景中抽象出数学问题，构建数学模型，寻求结果、解决问题的过程。”

模型是沟通数学和外部世界的桥梁，数学知识的学习，实际上就是建模和用模的过程。人们从现实生活中抽象出数学问题，建立数学模型，再用这种数学的语言、符号和方法去解释现实生活中的问题。例如，著名的七桥问题，数学家欧拉就是根据现实生活中的七桥问题创建了“一笔画”图论模型，从而解决了自己的猜想。

数学模型的价值：可以超越具体的现实情境，揭示出一类数学问题的共同本质，即不同的情境所具有的共同的数学结构。用好数学模型，可以让学生学会高阶迁移，从解决一个问题到解决一类问题。而在实际的教学中，很多老师往往舍本求末，不注重建模的过程，导致学生只会解决一道题，而不会解决一类题，只会生搬硬套，不能举一反三，丧失迁移能力。例如：加法模型中最常见的合并型，教师往往根据具体的情境，让学生尝试解释列成加法的原因，而不注重不断变换情境，让学生从不同的情境中抽象出相同的数学结构——把两个数合并起来这样一个数学模型。

2)现象二：关注点状教学，缺乏整体建构

任何知识的学习都不是点状的、割裂的、分散的，而是网状的、连贯的、聚集的，数学学习更是如此。数学是研究数量关系和空间形式的科学，其自身具有高度的抽象性、严密的逻辑性等特点，使数学知识具备高度的系统性、结构性，呈螺旋上升趋势。因此，教师在教学时，要具备全局意识，精心创设结构化的学科教学体系，才能让学生理顺数量关系，形成知识技能。

首先，在数学学习中，每一个知识点的学习都需要整体建构。在讲授每一知识点时，如果只关注该知识点的学习，而缺乏结构化的整体建构，则这一知识点就会变成无源之水、无本之木。因此，每学一个知识点，都要把这一知识点放在整个数学知识的网状结构中去认知，打通点与点之间的知识脉络，构建系统的学科思维，让数量关系的学习具有深层生长力。例如：在面积单元的教学中，长方形的面积是起始课。但这并不代表它没有来龙去脉，与此相反，要想让学生真正理解度量的本质，这节课正是承上启下的衔接课。可以让学生在长方形面积公式的推导过程中深切感悟：度量的本质其实就是用单位标准去测量所得到的结果。教师不仅可以把它与线段的测量和体积的测量结合起来，还可以把它与其他量(例如：质量、时间等)的测量相联系，让学生深刻感悟度量的本质。

其次，整个数学学科的学习需要整体建构。数学是一个有机的整体，是一个具有无限延伸生命力的、循序渐进的层次性知识网络。数学是人类文明的火车头，它是现代理性文化的核心，是创造的源泉，而深层理解是应用和创造的基础。离散的单个知识点的教学不仅让学生对数量关系的理解难以深入，更无法催生创造力。例如，分数、除法与比，在小学数学教学中，这三个知识点非常重要，它们之间存在着密切的联系，从除法到分数再到比，是一个不断发展的过程。因此，教师在教学时，要有整体建构观念，注重揭示三者之间内在的必然联系，把三者的教学统一起来。再例如，每一种新数的产生都有其必要性，让学生认识这种必要性，可以丰富学生对数学学科的认识，了解数学发展的历史，也从中明确数系的扩展，以发展的眼光看待数学学习。

再次，时代的发展需要数学教学的整体建构。马克思说："一门科学只有当它达到了能够成功地运用数学时，才算真正发展了。"高速发展的现代社会，让数学的应用场景日趋复杂：无论是科学研究还是工业应用，都离不开数学。学生只有构建完整的数学知识网络，才能灵活自如地面对日趋复杂的应用场景。同时，科学技术的创新更是需要用数学的模型语言来进行描述和表达，而数学模型本身就是建立在高层次的、深入的整体建构基础之上的。计算机的产生就是数学模型的产物。它采用了二进制和存储程序控制的概念。

最后，学生的数学学习需要整体建构。因为年龄特点，学生的思维以具体的形象思维为主，在抽象的数学知识的理解上存在一定困难。为了适应学生的年龄特点和思维特征，同一个知识体系可能分散在不同的学段或不同的单元，教师如果缺乏整体建构能力，不仅让知识体系内部各知识点相互孤立，难以建联，而且让各个知识点自身无法延伸和拓展。以认识图形为例，在一年级认识立体图形时，教师就要具备整体建构的教学理念，让静止的图形动态化，这不仅有利于学生认识图形的基本特征，而且为后续认识更加抽象的面、线、点以及图形的运动打下坚实的基础。再如，数的运算，教师要具备全局眼光，在学完分数的运算后，可以让学生比较整数、小数与分数加减法的异同，串联三者之间的关系，让它们成为一个完整的体系。

由此可见，整体建构对于小学数学的教学至关重要，它不仅影响学生对数量关系的深层理解，也关系到学生在数学学习上是否具有可持续发展能力。然而，在实际教学过程中，教师往往缺乏整体建构的理念和能力，进行教学设计时，往往"只见树木，不见森林"——把网状的、聚集的知识结构变成点状的、离散的各个知识点，从而导致学生"一叶障目，不见泰山"——点与点之间相互孤立而难以建联，不仅导致学生难以深入理解数量关系，更无法拓展与延伸。例如：在学习小数加减法时，学生往往会像做整数加减法一样，把末位对齐，这其实源于教师在教学时没有让学生真正理解小数点对齐的意义，只是盲目地教授计算法则。这样的教学导致学生对小数的计算法则只停留在对这一个"点"的认识上，阻断了与整数、分数之间内在的知识连接，让本该发展的高阶思维迟滞在低层的技能训练上。

3）现象三：关注解题技巧，忽略过程理解

《义务教育数学课程标准》明确指出："数学教育既要使学生掌握现代生活和学习中

所需要的数学知识与技能,更要发挥数学在培养人的理性思维和创新能力方面的不可替代的作用。”这充分表明:义务教育阶段数学教育的目的绝不仅仅停留在简单的知识层面,更主要的是要培养学生的思维能力。

美国心理学家奥苏贝尔(David Pawl Ausubel,1918—2008)从两个维度对学习的基本形式进行了区分:机械性学习和有意义学习。由于数学自身的抽象性、逻辑性强的特点,数学学习基本上可以归为有意义学习。有意义学习重在理解,这就需要教师在教学中为学生创设合适的学习过程,帮助学生把新知识与学生头脑中已有的知识建立起“非人为的”和“实质性的”联系。也就是说,数学学习不是重复的机械记忆,而必须是基于理解基础之上的有意义学习。经历合适的学习过程是帮助学生理解数学本质的必由之路。这种过程性学习带来的真正理解的有意义学习才是学生掌握数学知识的不二法门。

建构主义理论认为:学生不是被动地接受知识,而是主动地建构知识,学生对知识的理解取决于特定情境下的学习历程。这就要求教师在教学中以学生为学习主体,为学生创设合适的学习情境,让学生的推理、分析等高级思维活动被充分激发,唤醒相关的原有经验,让新旧知识相互碰撞、生长、延伸,从而实现知识的重组、转换和创造,以催生新知的建构。解题技巧的讲授,只是被动的机械学习,缺乏学生的主动建构,是一种低效的无意义学习。只有让学生真正经历、充分理解知识的形成过程,并在这一过程中发展思维能力,才能变被动为主动,由低效的机械学习转变为高效的有意义学习。而教师在教学中,往往只关注解题技巧的传授,忽视学生对知识本质的理解过程。例如:在讲解速度、路程、时间的数量关系时,教师关注更多的往往是三者之间的等量关系式,而很少有教师关注速度这一概念的内在理解,所以当速度较大时,不少学生会把它与路程相混淆。

4)现象四:关注机械训练,忽视数学思考

奥苏贝尔认为有意义学习是利用符号所代表的新知识与学习者认知结构中已有的适当概念建立非人为的、实质性联系的过程。有意义学习强调新旧数学知识的相互作用,认为数学学习就是学生积极建构新旧数学知识的相互联系,既包含着新知识的同化也包含着旧知识的改造,这一过程的本质就是理解数学意义,学习思考和思维过程。

《义务教育数学课程标准》指出:数学教学过程是师生双方在数学教学目的指引下,以数学教材为中介,教师组织和引导学生主动掌握数学知识、发展数学能力、形成良好个性心理品质的认识与发展相统一的活动过程。但是在教学中有很多教师通过机械训练达到建模的目的,这种建模只是一种死记硬背,不是在有意义理解的基础上建立的。例如:教学鸡兔同笼这一内容时,很多教师觉得学生不理解,学不会,就直接告诉学生用假设法做,假设鸡,求出来的就是兔子的数量,假设兔,求出来就是鸡的数量,至于为什么这么做却没有进行探究。这样的建模只是一种简单的模仿,对学生思维提高无任何作用。如果教学时老师能让学生先推一推、画一画、想一想,把推理的方法与算术法结合起来帮助学生理解深层次的道理,学生收获的不仅仅是知识,更是思维的提升。

5)现象五:过于数学化,忽视问题与生活的联系

教育家杜威说:“教育即生活,即生长,即经验改造。”教育家叶圣陶也提出了“生活即

教育”“社会即学校”“教学做合一”三大主张，生活教育理论是陶行知教育思想的理论核心。

《义务教育数学课程标准》指出：使学生感受数学与现实生活的联系，初步学会运用所学的数学知识和方法解决一些简单的实际问题。但是在教学中有不少教师就是为了知识而教，忽视了数学与生活的联结，使学生脱离情境理解问题，造成了学生理解上的困难。例如：在教学乘法分配律时，很多教师只关注形式上的总结规律，而不能联系生活实际解读“分配”的含义，学生识记起来就比较困难。在课堂教学中提倡生活化，使教育教学返璞归真，让课堂回归生活，使学生感知数学来源于生活，数学存在于生活之中。

6)现象六：浅层教学，忽视方法的总结和归纳

深度教学的“深度”是建立在完整而深刻地处理和理解知识的基础之上的。艾根(Eigen Manfred,1927—　)在深度学习的研究中，首次从知识论的角度，论述了深度学习的“深度”的含义。他认为“学习深度”具有三个基本标准，即知识学习的充分广度(sufficient breadth)、知识学习的充分深度(sufficient depth)和知识学习的充分关联度(multi－dimensional richness and ties)。这三个标准，也是深度学习的核心理念。

很多教师在问题解决过程中只是浅层次教学。他们教学的仅仅是一道题，缺乏把一类题进行总结从而提炼解决问题的方法。学生的头脑中问题解决的过程是随意的、模糊的，这就造成了他们不能很明确地把自己思考的过程归纳并传授给其他同学。例如，小明读一本故事书，已读的页数和全书页数的比是 1∶5，如果再读 25 页，已读的页数和全书的比是 2∶5，这本书有多少页？很多教师解决这一道题时没有进行延伸，但有经验的教师会拓展为：小明读一本故事书，已读的页数和未读的页数比是 1∶5，如果再读 25 页，已读的页数和未读的页数比是 2∶5，这本书有多少页？并根据这些题目进行总结，提炼方法，帮助学生解决一类题。

2. 解决问题的策略

1)对策一：注重数学与生活之间的联系

(1)数学教学要着眼于学生的生活经验

数学源于生活，高于生活。《义务教育数学课程标准》强调，教学情境要从学生的生活经验和已有的知识背景出发，教师要为学生提供观察和交流的平台，使学生有更多的机会从身边所熟知的事物中学习数学和理解数学，体会到数学在生活中的价值，感受到数学不仅仅是书本上的刻板知识，更是日常生活中不可或缺的“科学”。

(2)数学教学要唤醒学生的生活经验

学生往往对周围的各种事物、现象有着很强的好奇心，对生活经验也有一定的体验，但是却不会想到生活与数学的密切关系。我们在教学时应该紧紧抓住学生已有的生活经验，结合教学内容，合理利用学生熟悉的生活经验，将其作为实例引导学生进行积极的思考。例如，在教学路程、速度和时间时，师出示：①“神十”飞船在太空中 5 秒飞行了约 40 千米，“神十”的速度约是(　　)。②张老师骑自行车，2 小时行了 16 千米，张老师骑自行车的速度是(　　)。学生独立思考，列式计算，然后全班交流。生：40÷5＝8(千

米),16÷2=8(千米)师(故作惊讶地):哎呀!我发现张老师骑车的速度真快呀!竟然和“神十”飞船的速度一样,都是8千米。生(笑):二者速度不一样!“神十”飞船的速度是每秒8千米,张老师骑车的速度是每小时8千米。师:可是,从算式的得数和单位名称上看不出来二者有什么不一样啊?都是8千米呀?你能想个办法把这两个8千米区分开吗?学生先独立思考,在练习本上写出自己的想法,然后全班交流。生1(在黑板上算式得数的下方写出了自己的想法):每一秒8千米;每小时8千米。师:添上时间,就能把两个8千米区分开了,真是个好办法!还有别的办法吗?生2:在8千米前面分别加上“每一秒”和“每小时”。学生们通过讨论知道了在描述速度时需要从两个角度来进行,即单位时间内所行的路程才是速度。表示速度的单位有两个:时间的单位和路程的单位。速度就要与路程和时间两个量建立关系。这样的演示能够帮助学生建构三者之间的关系。

(3)数学教学要高于学生的生活经验

“数学教学活动必须建立在已有的经验基础之上。”生活经验是每个学生都具有的,但学生很难从这些生活经验中发现数学的规律。这就需要教师创设一定的问题情境,帮助学生将生活经验进行提升,找到头脑中的生活经验与数学的联系。例如在教学1/2乘1/3时,引导学生折一折,先折出一张纸的1/2,再把这张纸的1/2看成单位1平均分成3份,取其中的一份。学生折的过程没问题,但是教师要及时把这种观察体验抽象出来也就是求单位“1”的1/6,并总结抽象的过程,分数乘法计算就是用分子乘分子的积作分子,分母乘分母的积作分母。

2)对策二:让学生经历做数学的过程

(1)经历知识的形成过程

数学知识的形成过程漫长而复杂,而形成的结论却呈静止状态“躺”在课本里。学生如果只是被动地接受这些静态的知识和结论,而不经历从现实生活中发现问题,抽象出数学模型的知识形成过程,对知识的理解一定是肤浅的、表面的,不仅无法将所学知识应用于生活,更谈不上举一反三,形成数学能力。因此,在教学中,要合理设计教学过程,让学生充分经历发现问题、探索问题、解决问题的动态知识形成全过程,以充分调动学生学习的主动性和积极性,帮助学生深入地理解知识本质,形成数学技能。例如,在教学圆的面积计算时,可先让学生回忆平行四边形面积的推导过程,唤起学生原有的知识经验,再让学生大胆猜测:圆是否也能通过转化成其他图形来求面积?这样猜测有什么依据?可以转化成什么图形?怎样转化?再引导学生根据刚才的猜想动手操作,观察转化后的图形与原图形之间的联系,从而自主探究出圆的面积计算公式。经历过这样的猜测、验证、求解的知识形成过程,学生对圆面积的计算理解一定是动态的、深入的、持久的。

(2)经历知识的应用过程

学习数学知识的最终目的是应用,数学学习是一个从现实背景中抽象出数学问题,创建数学模型求解,再将数学模型应用于生活实际的循环往复的过程。同时,知识应用也是促进学生解决问题从熟到巧、形成数学能力的渐进过程。知识应用还能培养学生的数学情感。例如，在学习条形统计图时，可以让学生统计全班学生爱吃的水果、喜欢的运动等与学生的生活息息相关的内容，学生在应用知识解决问题的过程中，不仅发展了数学能力，而且深刻体会数学的应用价值，培养了数学情感。

3)对策三：关注学生思维品质的培养

(1)培养思维的深刻性

思维的深刻性指的是“思维活动的抽象程度和逻辑水平”，它是其他思维品质的基础，其发展水平直接影响其他思维品质的发展。而学生由于年龄特点，他们的思维往往是表面的、肤浅的，逻辑抽象性差，难以深入思考。

① 突破定式，培养思维的深刻性

在教学中，我们经常会发现这样一种现象：课上讲的例题，如果用乘法计算，那么课下布置的作业，学生们通常也会选择同样的方法，这其实是思维定式在起作用。

思维定式是一种心理状态，就是按照原有的思维经验和规律所形成的比较稳定的思维路线或思维模式。在外部条件不变时，思维定式可以帮助学生根据原有的经验，快速地解决问题；但当外部条件发生变化时，思维定式就成了学生思考和创新的障碍物。数学学习需要学生的独立思考和勇于创新。因此，在教学中要注重打破学生的思维定式，培养他们思维的深刻性。例如，在一次期末测试中，有这样一道题目：某班 45 名同学去划船，租一条大船需 100 元，可坐 6 人，租一条小船需 80 元，可坐 4 人，请设计一种租船方案，使租金最少。

平时学生做的题都是正好不空位子，而且这种题型，学生们已经形成了一种固定的解题套路：先坐大船，不空位子。

这是一道最基本的题目，不需要进行任何调整，直接就能算出答案，学生反而有点拿不准了，因为这道题无论怎么设计方案都无法正好不空位，扰乱了学生原有的已经固化的思维模式。这种情况下就需要教师引导学生思考问题的本质：解决这道题时，要思考的数学本质是什么？前提是省钱，就要首先考虑哪一种方案单价最低，再根据单价确定优先坐哪一条船。

② 巧用变式，培养思维的深刻性

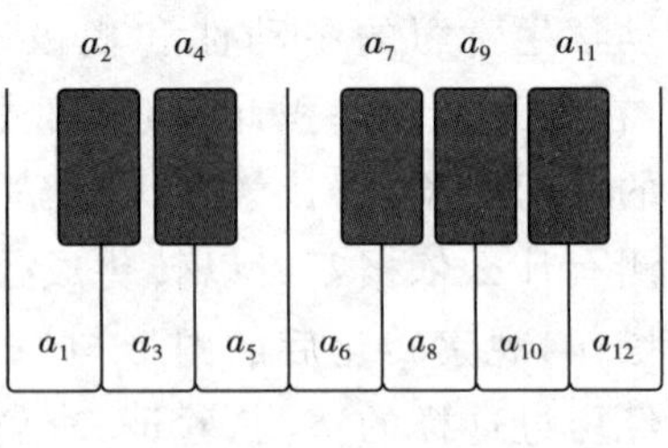

图 2-12

变式教学是数学教学中常用的一种方法，就是通过变换数学问题的各个方面，充分暴露问题的数学本质，从而使学生对问题的探究层层深入，思维不断深化，以促进深刻性思维品质的不断提升。例如，2020 年高考钢琴题的小学实践，如图 2-12 所示，将钢琴上的 12 个键依次记为 $a_1, a_2 \cdots, a_{12}$，设 $1 \leqslant i < j < k \leqslant 12$. 若 $k-j=3$ 且 $j-i=4$，则称 a_i, a_j, a_k 为原位大三和弦；若 $k-j=4$ 且 $j-i=3$，则称 a_i, a_j, a_k 为原位小三和弦，用这 12 个键可以构成的原位大三和弦与原位小三和弦的个数之和为(　　)。

A. 5　　B. 8　　C. 10　　D. 15

在让学生尝试这道题时，当学生用列举法找到五种可能性以后，在比较的基础之上，教师对题目进行了如下变式：

a. 改变取值范围。

例如：将 $1\leqslant i<j<k\leqslant 12$ 改为 $2\leqslant i<j<k\leqslant 14$，大三和弦和小三和弦的数量有什么变化？

b. 改变最大值与最小值的差。

例如：将大三和弦中 $k-j=3$，$j-i=4$ 和小三和弦中 $k-j=4$，$j-i=3$ 改为大三和弦中 $k-j=2$，$j-i=3$ 和小三和弦中 $k-j=3$，$j-i=2$，大三和弦和小三和弦的数量有什么变化？

c. 只改变其中一个条件。

例如：大三和弦中 $k-j=3$，$j-i=4$ 不变，小三和弦中 $k-j=4$，$j-i=3$ 改为 $k-j=3$，$j-i=2$，和弦的数量又会发生怎样的变化？

在 a、b 的变式中，学生会发现最终的结果变了，但是，在每道题中，大小和弦的个数仍然是相同的，这极大地激发了他们的好奇心和求知欲，在这样的知识和情感基础之上的第三个变式，学生很快就发现了其中的奥秘：原来，三和弦中最大、最小值的差与总的取值范围共同决定了和弦个数。原题中大三和弦最小值与最大值相差 7，而总的取值范围是 1 到 12，共 12 个数，因此，i 的最小值为 1，最大值只能是 5，共五种可能；同理可得，小三和弦也有五种。通过这样的变式，学生们的思维深度和广度得到了极大的提高与拓展，顺利实现由烦琐简单的枚举到更具思维含量的推理的华丽转身！

再如：$180\div 15=(180\times 6)\div(15$○□$)$，把此题稍加变式变成另外一道题：$180\div 15=$(180○□)÷(15○□)。此题既没有填符号，又没有填数字。这时，就可以启发学生思考：这里该填乘号还是除号？如果填乘号，可以填哪些数？如果填除号，又可以填哪些数？填除号引起了学生很大争议。有的学生认为可以填 1，3，5 这几个数；有的学生认为不能填双数，因为 15 除以双数除不尽；也有的学生认为不能填比 15 大的数，因为不够除（此时学生还没有学习分数和小数除法）。很显然，学生们的思维局限在已学过的知识范围，而且，不同学生的思维水平也是不尽相同的，甚至，由于思维的局限性，有的学生习惯认为，因此用出了错误的回答双数除不尽。

为了让学生的思维进一步深化，教师没有止步于此，而是抓住学生的“只要是整数”和“因为除不尽”让他们深入思考：这两个理由是否站得住脚？为什么？学生先是就除不尽展开争论，最终两个学生的发言让现场老师情不自禁地为他们鼓掌喝彩。生 1：不用去管是不是能除尽，因为没让你算结果。生 2：现在是因为我们没学过，以后学的知识多了，就能计算除不尽的或小数除以大数了。此时，教师让学生回忆商不变规律的文字表达，通过进一步深入理解，学生发现：乘或除以的数只要不是 0，其他任何数都可以，有的学生还即兴举出除不尽，甚至是小数的例子。

（2）培养思维的独创性

独创性是最具价值的思维品质，课标也把创新意识作为十大核心词之一，要想让学生拥有创造力，以适应现代社会对人才素质的要求，教学中就要培养学生思维的独创性。

① 发挥主动，培养思维的独创性

“授人以鱼，不如授人以渔。”社会发展要求人具有终身学习的能力，这就需要教师不仅仅教会学生知识，更要教会学生学习的方法。对于学生来说，充分发挥他们的主动性，让他们真正成为学习的主人，才能让他们独立思考，而独立思考是创造的基础。例如，可以尝试让学生作思维导图，由于每个人的想法不同，所以即便是同样的数学知识，学生们作出来的思维导图也是丰富多彩的，能够充分展现他们思维的独创性。也可以让学生自编题目，可以根据给定算式编制相关应用题，或者可以根据运算定律编制计算题。自编题目可以极大地发挥学生的主动性，也可以培养他们思维的独创性。

② 尝试实践，培养思维的独创性

如果说发挥主动性能让学生用积极的态度来提升创造力，那么勇于尝试、大胆实践则可以让学生直接参与创造的过程。在让学生进行尝试实践时，题目要有一定的选择性，要寻找既富思维含量又有独创空间的题目。例如工程问题：甲、乙两辆车运一堆煤，如果两辆车一起运，10 小时可以运完；如果只用甲车运，15 小时可以运完；如果只用乙车运，几小时可以运完？学生有三种解法，前两种是常见的解法：假设这堆煤的具体数量或把这堆煤的总量看作“1”。第三种解法极富创造力，如图 2－13 所示。

在图 2－13 中，学生的解题思路重在理解。把这堆煤平均分成三份，甲运一份需要 5 小时，甲、乙同运共需 10 小时，就是说同运的过程中甲 10 小时可以运这堆煤的 2 份，那么乙 10 小时就运了这堆煤的 1 份，乙运完这堆煤(3 份)就需要 30 小时。

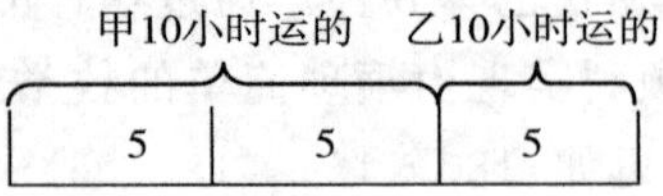

图 2－13

(3)培养思维的灵活性

灵活性也是思维的关键品质之一，它是指主体在进行思维活动时所呈现的灵活程度，直接影响着思维深刻性和独创性的发展。在数学学习中，思维的灵活性可以体现为思维起点的游刃有余、思维过程的融会贯通，也可以是思维结果的举一反三，还可以是概括迁移的触类旁通。培养学生思维的灵活性不仅可以帮助学生理解和迁移知识，还可以促进他们思维深刻性和独创性的发展。

① 发散拓展，培养思维的灵活性

发散思维是从不同的方向、途径和角度去设想，探求多种答案，最终使问题获得圆满解决的思维方法。教学中经常让学生对问题进行发散拓展训练，能够充分培养学生思维的灵活性。

例如：选择正确的余数填在□里。

(1)830÷40＝20……□(3,30)

(2)640÷50＝12……□(4,40)

(3)1300÷200＝6……□(1,10,100)

解决第一小题时，有的学生用 20×40，再看加上几得 830。有的学生用 20×40＝800，再用 830－800＝30。这两种方法看似相同，但实则上思维方法和思考难度还有一定区别。我让学生们自己分析这两种方法的异同，学生们虽然不能准确地用语言表达，但都能理解这两种方法一种是正序思维，一种是倒序思维。第三个学生的方法更简单：直接算出来看余数是几就行了。这时，有个学生却用了排除法。一时，学生们都转不过弯来，我也奇怪地看着他。他见大家都不知道这种方法，就得意扬扬地介绍起来：因为 20×40 末尾是 0，再加上 3 末尾是 3，而 830 末尾是 0，所以肯定是错的。讲到这里，学生们自发地给他鼓起了掌。相比而言，这种方法显然更胜一筹，首先，计算简单，只需计算所有算式的个位即可；其次，思考的角度新颖独特，是典型的发散性思维。接着，我又让他们用这个方法去试其他题目，发现第二题、第三题也适用。这样的发散让学生发现解决同一个问题，可以有多种角度、多种方法，从而让学生的思维越来越灵活。

② 题组变式，培养思维的灵活性

变式训练也是培养思维灵活性的有效策略之一。通过对一道基本题型进行层次、情境、角度的不同变换形成一组题目，让学生兼容并蓄，闻一知十。例如：相遇问题的多种变式，可以交换条件和问题进行变式：把通常所求的问题相遇时间改成求其中一个的速度，也可以改成求路程总和。也可以变换情境进行变式：把行程问题改换成工程问题或其他问题。还可以让其中的一个条件复杂化进行变式：其中一个先走一小时，或者中途休息一小时等。进行变换后，可以让学生观察，在这些题目当中，什么变了？什么没变？让学生深刻感悟变化中的不变，不变中的变化，在充分综合的基础上提升学生思维的灵活性。教学中，不仅可以通过一题多变，还可以通过一题多解、一题多法等来培养学生思维的灵活性。除此以外，还可以关注广阔性、批判性等思维品质的培养，用思维品质的提升来促进学生对数量关系的理解和应用，形成数学能力。

4)对策四：教师注重培养学生自主建模的能力

当教学一个新的概念，认识除法、用字母表示数、方程、植树问题、租船问题、相遇问题、鸡兔同笼等具有数量关系和变化规律的数学知识时，我们都会在教学中为学生尝试建立相应的数学模型。可是根据学生掌握情况反馈给老师的结果要么是模型建立太固化影响学生思维，要么是模型建立太模糊，学生在具体情境中不能正确区分。那么应该怎样科学建构数学模型，从而培养学生的数学核心素养，将数学的本质传递给学生，促进每个学生更积极地进行思考？

(1)确定建模的根基——现实生活问题

数学依托现实情境而存在，如果在数学教学时借助学生熟悉的生活情境会达到事半功倍的效果。教师出示：买了 20 个梨，5 个人吃了 10 个。教师提问题中一共有几个信息？哪两个信息之间有直接的联系？然后在小组内说一说。”学生都有此类经验，很容易找到买的梨与吃的梨有关或者与人数和吃的梨有关的信息，教师可以借此引导学生提出数学问题并解答。通过类似的经常性训练，学生逐步学会找每种量之间的关系，为自主建模积淀经验和基础。

(2)搭建模型的框架——多元表征,沟通本质

吴正宪老师的"归一问题"以三个贴近生活的数学问题展开了教学。①12件衣服有多少个扣子?②买8个碗需要多少钱?③6小时行多少千米?这三个来源于生活实际的问题引发了学生的思考:要解决这三个问题,需要知道什么?教师根据学生的回答,引导学生体从"1"到"多"的过程。

吴老师基于学生的经验或者学生的理解,并且尊重学生的理解过程,不断启发学生之间要读懂作品,她适时退后,让学生之间互相发问,让学生说出懂或者不懂。当学生不懂的时候,她主动让学生互相提出问题。让学生通过多元表征,沟通数学本质。

(3)抓住建模的核心——中间问题,数量关系

吴老师让学生把数学的数量关系进行梳理,并且把这样的对应关系板书到黑板上。(板书:24　　?个　　　　4　　12件)

吴老师这样说:"假如我们有了第二个问题,来不及解决,你们自己能够独立解决吗?同学们,你们经常说的'1'就是每份数,'多'就是总数。有了每份数和总数,它们之间的关系我们就可以这样表示:每份数×份数=总数;总数÷份数=每份数。现在问一个碗多少钱,已经不是困难。这里的每份数就可以叫作单价。单价、总价、数量又有了这样的数量关系。由此还可以想到,1小时行驶了多少也是每份数,这里就是速度,一共行驶多少就是路程。这就是'1'和'多'的关系。"吴老师提升了对知识的整体建构。从开始的问题出发回归到整个问题解决的过程,甚至创建了一种类型的问题的模型,为学生们打通了数量关系之间的承重墙。

(4)巧妙进行教学设计——引导学生主动架构模型

新课改下的小学数学应该培养学生的综合数学素养和核心素养,我们要的不仅仅是学生会做一道题,而且是由一道题延伸到一类题甚至一个领域。在学习完"已知一个数的几分之几是多少,求这个数"以后,为了对比分数乘法和分数除法解决问题的不同,教师进行了以下的尝试。开课伊始,教师出示两道算式15×3/5和15÷3/5,引导学生分别编两道解决问题,可以用文字叙述,也可以用图示。同学们创造了如下题目:

① 甲有15个,乙是甲的$\frac{3}{5}$,乙有多少个?	① 家里有15千克大米,小明每天吃$\frac{3}{5}$千克,几天能吃完?
② 梨有15个,苹果的数量是梨的$\frac{3}{5}$,苹果有多少个?	② 玫瑰的朵数是牡丹的$\frac{3}{5}$,玫瑰有15朵,牡丹有多少朵?
③ 鸭是多少只?	③ 有多少颗牛奶糖?

于是,教师引导学生思考以下三个问题:①他们编的题目符合算式意思吗?为什么?②如果把同学编的三道除法题分类,你会怎么分?说出你的理由。③比较左右三道题,什么情况下用乘法,什么情况下用除法?

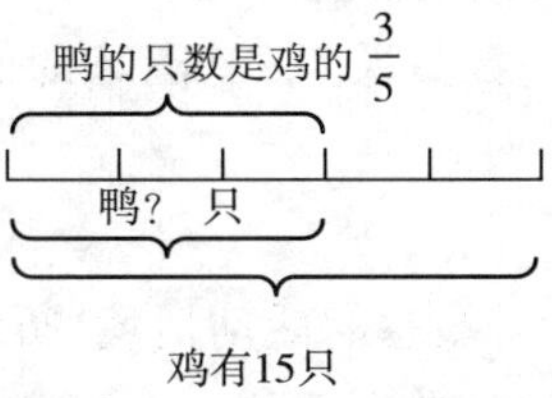

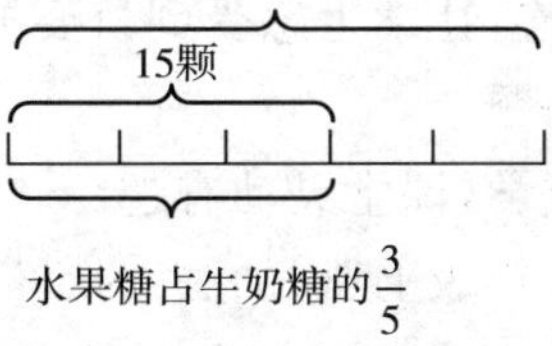

教师设计的第一个问题旨在让学生沉下心分析每一道题的数量关系，让学生知其然，更知其所以然，为后来的对比做铺垫。第二个问题是对学生课堂上生成的问题进行分析，着重理解除法的意义。第三个问题是本节课的重点，让学生经历观察→对比→思考→交流的过程，并在这一过程中建立分数乘法和除法解决问题的模型，即知道“1”求对应量用乘法，知道分率对应量求“1”可以用解方程法或者除法。

学生们积极参与问题的研讨，特别是第三个问题，学生的发现和总结异常精彩。学生甲发现：“左边都是求一个数的几分之几，可以用乘法，右边三道题中第一道求谁里面有几个谁，用除法，第二道和第三道虽然呈现形式不同，但都是知道了一个数的几分之几是多少，求这个数用除法。”学生乙接着说：“我发现只要知道了单位 1 和分率，求分率所对应的量就用乘法；知道分率及其所对应的量，求单位 1 可以用除法。”学生们纷纷点头表示赞同。善于思考的学生丙说：“我还发现了分数解决问题和整数解决问题差不多，求一个数的几分之几和求一个数的几倍一样，都可以用乘法，而求谁里面有几个谁和已知两个数的积与其中的一个数，求另一个数，都是用除法。”学生们又自主架构了分数乘、除法和整数乘、除法意义的连接点，让数学知识更加地系统化。

3. 效果呈现

很多善于思考的教师从低年级开始就比较注重数量关系的渗透。

1)心中有“关系”，实现高效课堂

我国著名教育家陶行知先生说：“好的先生不是教书，也不是教学生，而是教学生学。”因而，在教学中要特别重视学法指导，指导学生学习数学的基本方法，引导学生围绕数量关系多角度、开放性地思考问题，会收到意想不到的惊喜。

在教学六年级圆环的面积后，教师设计了这样的一节练习课。首先帮助学生回顾圆环的面积计算公式。接着引导学生思考：如果知道大圆和小圆的直径，如何求圆环的面积呢？学生跃跃欲试，很顺利地抢答出要先求出它们的半径，再利用公式来求得圆环的面积。接着教师把提问的权利交给学生，问：你猜猜，还可能出哪些类似的题目？有学生提出：可以知道大圆的半径或者环宽来求圆环的面积。还有学生受到启发后提出：知道小圆半径或者直径和环宽求圆环面积。还有的学生提出：可以知道大圆或者小圆的周长以及环宽来求圆环的面积。学生的不同问题呈现出来后，下面的同学积极思考，并且总结出：不管已知什么，只要求出大圆半径和小圆半径就可以求出圆环的面积。还有同学给予补充：为了提高正确率，做题时要画出草图弄清信息之间的关系，以免出错。接着教师集中呈现了多道问题，让学生去区分这些题都是我们预设的哪种类型，并找到解决办法。

一节 40 分钟的课堂，紧紧围绕圆环的面积公式进行变形和拓展，把学生的思维一步步打开，散中求连，让学生感受到只要抓住根本——数量关系式(圆环的面积)，这样就能很顺利地解决问题。

2)眼中有数学，课堂灵动有趣

如在教学一年级上册“加法”时，教材创设了学生熟悉的活动情境“折纸游戏”，折了 1 只红色的纸鸟，2 只蓝色的纸鸟。教学时，教师让学生观察叙说：红色纸鸟的只数可以用“1”表示，蓝色纸鸟的只数可以用“2”表示，一共折的纸鸟只数可以用“3”表示；要求一共有多少只纸鸟，可以把“1”和“2”合并起来，在数学上把这种运算叫作“加法”，写成“1＋2＝3”；然后让学生联系情境说一说“1，2，3”和“＋”各表示什么含义，逐步形成对加法意义的认识。这样的教学过程，学生对加法含义的理解，是建立在丰富的感性积累基础之上，在头脑中形成鲜明的动态表象，从而获得关于加法运算意义的准确理解。

3)脑中有”法”，课堂展现风采

课堂是学生积极展示自我的舞台，教师的引导至关重要，如果教师能深度挖掘教材，整体调控课堂，学生收获的不仅仅是知识，更多的是思维的提升。

在教学梯形的面积时，除了引导学生把完全相同的两个梯形拼成平行四边形从而研究梯形的面积外，教师可以引导学生继续思考：还能剪拼成哪些图形来推导梯形的面积呢？学生经过深入思考想出以下办法：生 1，把梯形沿两腰的中点剪开后可以拼成平行四边形，平行四边形的底相当于梯形的上下底的和，平行四边形的高是梯形高的一半，可以根据平行四边形的面积$(a+b)\times(h/2)$推出梯形的面积等于上下底的和乘高除以 2；受这位同学的启发，还有同学想到把梯形从对角分成两个三角形，第一个三角形的面积用上底乘高除以 2，第二个三角形的面积用下底乘高除以 2，合在一起利用乘法分配律可以推出梯形的面积。

老师及时引导学生总结这几种推导方法：都是把未知图形的面积转化成已经学过的图形面积，不同的是第一种方法是把两个完全一样的梯形拼成平行四边形，而后两种方法是直接通过一个梯形进行剪拼。接着老师又通过课件展示了另一种公式推导的方法，并接着出示数学家的证明方法，对学生进行数学史的渗透，学生再一次感受到探索数学的乐趣。

2.3.2.2 小学“数量关系”内容学生学习活动的设计

《义务教育数学课程标准》明确指出：数学课程不仅要考虑数学自身的特点，更应遵循学生学习数学的心理规律，强调从学生已有的生活经验出发让学生亲身经历将实际问题抽象成数学模型并进行解释与应用的过程，进而使学生获得数学理解的同时，在思维能力、情感态度与价值观等方面得到进步和发展。因此，在教学中教师要根据学生的特点设计教学，多给学生展示的机会，让学生在体验中总结规律，提炼模型。

1. 创造“说”的机会

语言是思维的体操。当学生们解决完问题之后一定要让他们说说自己是怎么想的，这既是他们梳理自己思路的过程，又是总结反思的过程。交流对数学学习乃至对以后适应社会生活都是非常重要的。在小学数学教学中，教师要给学生提供更多的机会去表达自己的思想，去倾听别人的想法，去体验交流，从而增强合作交流意识与能力。

在列方程解决问题时，可以让学生用文字等式来描述已知量与未知量之间的数量关系，将情景中的生活语言转化为数学语言，建立数量间的相等关系，最后将文字等式转化成符号语言（方程），实现等量关系模型化。例如，六年级上册“分数除法解决问题”中的例 1：学生体内的水分约占体重的 4/5，成人体内的水分约占体重的 2/3，求小明的体重是多少千克。这个问题，通过画图让学生寻找与问题有关的量，即“学生体内的水分约占体重的 4/5”，根据这一关系式让学生写出等式：小明的体重×4/5＝小明体内水分的质量。学生根据已有的知识用方程来解决问题，经历了生活情景—数量关系—符号语言的建模过程，让学生说一说思考的过程，把符号化的语言再次外显成口头语言，进一步理解题中的数量关系，提高数学思维能力和解决问题的能力。

2. 创造“玩”的机会

1)在做中学，在玩中学

爱玩是学生的天性。心理学研究表明：促进人们素质、个性发展的最主要途径是人们的实践活动，而“玩”正是学生这一年龄阶段特有的实践活动形式。在教学中，可以把课本中的一些新授知识转化成“游戏”活动，从“玩”中体验抽象的数学知识。

例如，教学“行程问题”之前，组织学生进行有趣的表演。让两个学生站在教室讲台的左右两边，相对而行，请另一个学生喊口令，学生说“出发”，两个学生很快撞在一起，教师立刻在黑板上画出他们行走的示意图，告诉学生这就叫相遇。再让两个学生一个在前慢行，一个在后快走，做一次追及表演，命令，快的追上慢的。教师又在黑板上画出他们行走的示意图，告诉大家这就叫作追及。就这样，学生在玩乐中不知不觉地理解了行程问题的概念和数量关系。

2)在摆中想，在玩中思

学完平面图形的认识后，组织学生玩七巧板，用七巧板摆出不同的图形，在摆玩中进一步感知图形的特征，在拼组中培养学生的空间观念。

3. 创造”画”的机会

1)画线段图分析数量关系

“线段图”是思维过程的表征方式，具有直观、形象、可操作的特点，学生在解决问题时可以借助线段图罗列信息，分析数量关系，准确地找出数量间的对应关系。

“线段图”能让学生“看见”数量关系。例如：六年级上册“分数解决问题”，例 9：人心脏跳动的次数随年龄而变化。青少年心跳每分钟约 75 次，婴儿每分钟心跳的次数比青少年多$\frac{8}{15}$。婴儿每分钟心跳多少次？可以借助线段图解决这道题(图 2-14)：

让学生利用“形”把问题情境中蕴含的数量关系形象地描述出来，学生甲说：“婴儿每分钟心跳的次数包括与青少年同样多的部分及比青少年多的部分。”学生很快地找到数量之间的一一对应关系，渗透了对应的思想。

学生乙说：“把青少年心跳的次数当作单位‘1’，婴儿心跳的次数是青少年的(1＋8/

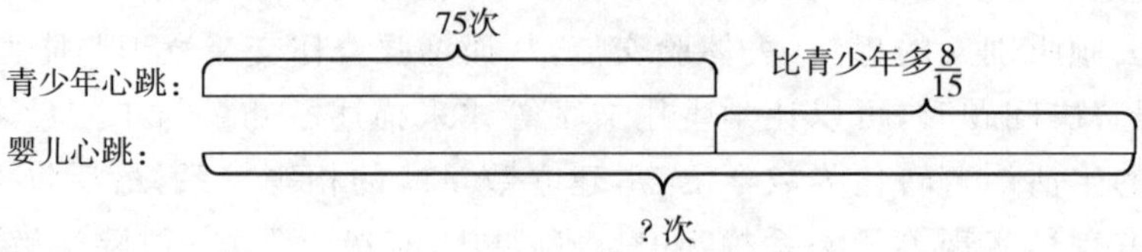

图 2-14

15)。”一语激起千层浪，学生的思维火花就在这时迸发出来，学生利用数形结合的线段图把数学问题中的数量关系清楚地呈现出来，剖析已知量与未知量之间的内在联系，发展数学思维能力，让抽象的分数问题更具体、明了。

“线段图”是解决问题的有效工具，画图能直观地显示题意，有条理地表示数量，便于学生发现数量之间的关系，从而形成解题思路。

2)画图理清数量之间的关系

学完一个知识点后引导学生画一画自己的所思所想，会呈现意外的收获。例如学习完圆柱和圆锥后鼓励学生画一画它们之间的故事，一方面进一步把对圆柱、圆锥的认识思维外显化；另一方面可以找到它们之间的关联，便于深入探究它们的特征。学生们用漫画的形式展现出圆柱和圆锥的关系。

从学生的思维特点来看：学生的思维是以具体形象思维为主，并逐步向抽象逻辑思维过渡，但是，这时学生的思维还是与直接经验、感性经验、形象材料相联系的，需要直观手段的支持。因此，注重培养学生的形象思维能力，是帮助他们学习抽象数学知识的前提。特别是“数学广角”中抽象思维的内容较多，教师可利用实物图表等直观手段帮助学生理解问题情境，分析数量关系，感悟思想方法，提高学习效率。如六年级上册“鸡兔同笼”例题：“笼子里有若干只鸡和兔。从上面数，有 8 个头，从下面数，有 26 只脚。鸡和兔各有几只？”为了让学生理清数量关系，教师可以引导学生用列表法。学生从列表中不难发现当鸡是 3 只、兔 5 只时才满足“共有 26 只脚”的信息。直观形象的列表可以帮助学生分析鸡脚与兔脚之间的联系，感悟数量关系，把复杂的问题简单化。

“列表法”是加工整理信息的表现形式，通过列表，学生能有意识地排除(或淡化)非数学的内容和无关的数据，保留有价值的数学信息，把分散、零星的重要数据用列表的方式组织起来，让一些较难发现的关系变得易懂明朗，从而有利于解决问题。

鸡兔同笼问题是小学阶段一个非常经典的题目，是一个对学生进行思维训练的良好学习方案。鸡兔同笼问题由原来五年级的学习内容调整到四年级。调整目的就是让学生体验用列表法和假设法有序地解决问题。但在五年级学生学习了方程以后，教师们可以单独增加一个学习活动，再让学生学习一次鸡兔同笼问题，拓展学生的思维，达到深度学习的目的，促进学生学习能力的提高。学习拓展活动的开展旨在让学生将列表法、画图法、假设法和列方程解答这四种方法进行对比联系，而不是让学生进行鸡兔同笼问题的再解答。学生在学习中可以发现列表法和假设法是一致的，先画鸡的脚，题中脚的数量多，就根据多的脚数给每只鸡补上 2 只脚，这只鸡就多成兔了，这一思路与假设法中先假设全是鸡，多出的脚是兔子少算的两只脚。而列表法和列方程解答又有一致的地方，经过学习，学生会发现原本独立的四种解法其实是一致的。再次进行鸡兔同笼问题的教学就是要让学生对四种方法进行比较，建立联系沟通，在学生豁然开朗的时候，深度学习的目的就达到了。

4. 创造“做”的机会

《义务教育数学课程标准》指出：“有效的数学学习活动不能靠单纯地依赖模仿与记忆模仿和记忆，动手实践、自主探究与合作交流是学生学习数学的重要方式。”特别是教学“空间与图形”领域的数量关系，更注重引导学生在自主探索的过程中获得知识和技能，掌握基本的数学思想和方法，让学生在“做数学”的活动中经历数量关系的探究过程。如教学六年级下册“圆柱的表面积”一课时，教师在课前先让学生收集圆柱状物体，再在课堂中组织以下操作活动：①让学生将标签剪下来，把圆柱的两个底面按在卡纸上描出来再剪下来。②让学生大胆猜测圆柱的表面积与剪下来的这些图形有什么关系。③小组内合作交流，自主探究，发现圆柱的侧面积就是标签的面积，两个底面积就是两个圆形的面积。由于学生剪下的标签有两种情况，即平行四边形和长方形，因此教师要再引导学生将平行四边形转化成长方形，从而推导圆柱侧面积的计算公式。这样才能够让学生在自主探究的活动中亲历数学知识的“再创造”过程，引导学生充分参与数量关系的探究过程，剖析图形中数量关系的本质。

2.3.2.3　四年级上册“路程、速度、时间”一课教学设计

1. 教学目标

(1)理解“速度”的含义，能正确使用复合单位表示速度。

(2)让学生经历体验数量关系提炼、归纳和应用的过程。

(3)初步体会模型思想。

2. 教学重点

自主建构数量关系，并能运用这一数量关系解决简单的实际问题。

3. 教学难点

对速度概念的理解。

4. 教学过程

1)创设生活情境，唤醒原有认知

师：上课之前老师想采访一下同学们：你们从家步行到学校需要多长时间？

生1：需要6分钟；生2：需要8分钟。

师：都是从家步行到学校，第一个同学需要6分钟，而第二个同学却需要8分钟，这说明第一个学生比第二个学生走得快，你们同意吗？

生：不同意，因为他们家离学校的距离可能不一样。

师：看来要比较他们俩谁走得快，不能仅从时间来进行比较，还要考虑距离。

【设计意图】通过学生的真实生活情境来导入，在唤醒原有经验的基础上，激发学生的学习情感。并设置只从时间来进行比较的错误思路引起学生的认知冲突，激发学生的

探究欲望。

2)理解速度含义,构建数学模型

(1)课件展示两位同学家到学校的路线图

生1:从家到学校有360米,用了6分钟。

生2:从家到学校有560米,用了8分钟。

师:现在能比较他们谁走得快吗?请把你的想法记录在练习本上。

【设计意图】让学生在自主解决问题的过程中初步了解比较快慢需要从两个角度来考虑。

(2)展示交流

生1:360÷6=60(米)。

生2:560÷8=70(米)。60米小于70米,所以生2走得快。

师:上面的两个算式表示什么意思?你是怎样比较他们两个的快慢的?

生:这两个算式分别求的是两位同学平均每分钟走的路程,都是一分钟,时间相同,走的路程越远,就说明走得越快。

师:在这里,两位同学一分钟走的路程就是他们的速度。谁再来说一说这两位同学的速度分别是多少?(生回答)教师关注学生对速度的完整表述,即既要有单位时间,还要有单位时间所行的路程。

【设计意图】通过研究讨论的过程,让学生深入理解速度的意义,并通过复述速度,让学生体会速度的复合单位的含义。

(3)展示多个速度,让学生观察相同点

师:请你解决下列问题:

① "神七"飞船在太空中5秒飞行了40千米,它的速度是多少?

② 小云骑自行车,两小时骑了16千米,他的速度是多少?

a. 生独立完成。

b. 展示交流:40÷5=8(千米),16÷2=8(千米)。

师:这两个8千米代表的意义相同吗?该怎么进行区分呢?

c. 学生讨论交流:可以在8千米的后面加上时间信息。

教师出示标准的速度单位,学生根据速度单位再次理解速度的意义并学会读写速度单位。

师:速度在我们的生活中应用非常广泛,谁能结合刚才的学习再举出几个速度的例子?(生自由回答)教师让学生再说一说每个例子中速度的具体含义。

【设计意图】通过计算两个单位时间内路程相等的问题,让学生发现只用路程没法准确表达速度的含义,体会速度单位产生的必要性,理解速度复合单位的含义。

(4)创建模型

师:请你利用所学知识解决以下问题:

① 汽车的速度是60千米/时，从甲地到乙地用了5小时，甲地到乙地的距离是多少？

② 小明从家到学校有480米，用了8分钟，他的速度是多少？

③ 火车的速度是160千米/时，小云到奶奶家有320千米，坐火车需要几小时？

师：根据刚才的问题，谁来说说路程、速度、时间三者之间有什么关系？请同学们把你们的想法和小组同学相互交流。生通过交流得出：速度×时间＝路程；路程÷速度＝时间；路程÷时间＝速度。

【设计意图】让学生经历从具体情境中抽象出数学模型的过程，感悟模型的价值和意义。

3)应用模型

北京到上海铁路全长大约1320千米，高铁以350千米/小时的速度从北京出发，4小时能到达上海站吗？

学生独立解决后交流：

(1)350×4＝1400(千米)　1400＞1320

(2)1320÷4＝330(千米/时)　330＜350

(3)1320÷350＜4(时)

【设计意图】引导学生用三种不同的方式来进行比较，在这个过程中，让学生熟练模型的应用并培养学生综合应用知识解决问题的能力。

4)全课小结

师：这节课同学们的表现都很精彩，你最大的收获是什么？生自由回答。

【设计意图】让学生在回顾反思的过程中进一步内化所学的知识，在学会数学表达的过程中强化数量关系。

2.3.2.4　方程与反比例的课例分析

※ 五年级上册“方程的意义”教学设计与思考

1. 学习目标

(1)结合具体情境了解方程的意义，会用方程表示简单情境中的等量关系。

(2)经历将现实问题抽象成等式和方程的过程，积累将等量关系符号化的活动经验，感受生活中大量的等量关系，体验数学与生活的密切联系。

2. 学习重点

了解方程的意义，会用方程表示简单情境中的等量关系。

3. 学习难点

将现实问题抽象成等式和方程，将等量关系符号化。

4. 教学过程

1)复习导入

课件出示下面练习，请学生独立做在练习纸上，做完后口答校对。

(1)这个长方形的面积是(　　)平方厘米。

(2)甲、乙两地相距(　　)千米。

(3)有 m 个饺子(m 作为整十数),每盘装 10 个,可以装(　　)盘。

【设计意图】能用含有字母的式子表示某一个量,是建构方程概念的重要基础。复习"用字母表示数",意在激活学生原有的认知,为引入方程做准备。

2)揭示课题

教师在黑板上板书课题:方程。

师:看到"方程"这个课题,你们有哪些想知道的?

生 1:方程是什么?

生 2:方程是怎么来的?

生 3:我想知道怎么解方程。

师:想到方程怎样去算、怎样去解,真好!不过,这个问题要在以后的学习中去解决。那么,今天这节课我们到底要研究哪些问题呢?我们不妨梳理一下,写在黑板上。师板书"什么是方程"和"怎么列方程"这两个重要问题。

【设计意图】由学生自己提出问题,激发学生学习兴趣;提炼本节课的重点,要学生明确本节课所要掌握的内容。

3)探究方程意义

(1)认识等式,出示天平图

师:认识吗?

生:天平。

师:如果老师把 50 克和 40 克的砝码分别放到天平的两边,你觉得会出现什么现象?

生:50 克的一边下沉,40 克的一边翘起。

师:要使天平平衡,你有办法吗?

生:左边再加上 10 克的砝码。

师:左边加上 10 克砝码,左右两边的质量相等,这时天平刚好平衡了。我们可以用一个等式来表示这种关系。(教师板书:40+10=50)这个等式表示什么意思?

生:等式表示左边原来有 40 克,加上 10 克,就和右边的 50 克相等了,天平就平衡了。

【设计意图】等式这个概念是学习方程的一个前概念,最好提前教学。如果离开现实情境给出含有未知数的等式,学生很难体会等式的具体含义。利用天平的例子能很好地将抽象的数学转化成直观的图像。

(2)认识方程

师:下面这幅图,你能看懂吗?

生 1:5 个橘子和 2 个梨的质量是一样的。

生 2:我觉得 1 个梨的质量等于 2 个半橘子的质量。

师:你能用一个等式表示天平两边物体的质量关系吗?(学生在白纸上记录,教师巡视,并选择其中有代表性的作品)第一个同学的列式表示什么意思?(图略)

生:计算出了橘子的质量。

师:拿到一道题目,我们会习惯性地求出答案。第二个同学呢?

生:他表示的是左边5个橘子的质量等于右边2个梨的质量。

师:第三个同学和第二个有什么区别?

生:因为题目告诉我们一个梨质量是150克,所以右边可以直接写150+150,而左边的橘子质量不知道,只能这样写。

师:第四个同学呢?

生:我们已经学过用字母表示数,橘子的质量不知道我可以用x表示,天平平衡表示左边橘子的质量等于右边梨的质量。

师:第五个同学,不仅列出了等式还求出了$x=60$。

师:这五种答案,你觉得首先可以排除哪一种?

生:第一种,要求是用一个等式来表示,她写了两个等式。

师:那余下的几种都是用一个等式来表示,你觉得哪种表示方式最好?

生:第四种,因为它最简便,又把等量关系表示出来了。

师:看来,有时我们不一定要急着把答案求出来,试着用一个等式去研究它们的时候,可能会有新的收获。未知的量我们把它叫作未知数,可以用字母表示。

师:$5x=150\times2$这个等式,不仅有已知数,还有未知数,而且将已知数和未知数建立起了一个等量关系。这个等式也就是我们今天要学的方程。

师:方程有什么好处?

生:简洁、方便。

师:现在问你什么是方程,你能用自己的话说说吗?

生1:方程就是一个特殊的等式。

生2:含有未知数的等式叫作方程。

师:像这样,依据未知数和已知数之间的等量关系建立起来的含有未知数的等式叫作方程。

【设计意图】让学生独立思考,用等式表示天平两边物体的质量关系,然后比较不同的表达方式,优化得出方程。在比较辨析的基础上,让学生尝试给方程"下定义",深刻理解方程的内涵表示的是未知数和已知数之间建立的一种等量关系,同时也让学生意识到用方程来表述有时更简洁。

(3)认识方程、等式与不等式的关系

师:同学们已经初步认识了方程,如果给你天平图,你能列出方程吗?(学生很快列出$x+50=150$,$50+50=100$)

师:对于$50+50=100$,你有什么想说的?

生:$50+50=100$不是方程,因为它们都是已知数。

生:它只是我们学过的普通的等式。

师:为了区别,请一位同学把黑板上所有的方程用一个大圈圈起来,谁来圈?再请一位同学用一个大圈把所有的等式圈起来。

师：看看这两个大圈，你觉得方程和等式有什么联系与区别？

生1：方程也是等式，是含有未知数的等式。

生2：方程是等式的一部分。

生3：所有的方程都是等式，但不是所有的等式都是方程。

师：如果要用一个式子表示这幅图中的数量关系，可以怎么列？

生：$x+50>100$。

师：它是方程吗？

生1：我觉得不是，要有未知数，还要是等式，才是方程。

生2：刚才老师说，要将已知数和未知数建立起一个等量关系。这个式子是大小关系，不是相等关系。

师：你是说不仅含有未知数，而且要有等量关系，也就是首先要是一个等式。$x+50>100$ 不是方程，也不是等式，那叫什么呢？

师：数学家们把它叫作不等式。

【设计意图】引导学生对等式、方程、不等式进行比较、辨析，不仅能够明确三者之间的关系得以明确，而且可以进一步强化方程的概念。

4)巩固练习

① 下边哪些式子是方程？

$35+65=100$（　　）；$x-14>72$（　　）；$y+24$（　　）；$5x+32=47$（　　）；

$6(a+2)=42$（　　）；$x+y=10$（　　）；$10+=34$（　　）；$x-3=5$（　　）。

② 根据数量关系列方程。

师：刚才我们通过天平认识了方程，那离开天平，是不是方程就不存在了呢？其实，生活中也存在这样的相等关系，不过生活中的等量关系没有天平这么直观，需要我们仔细地分析和辨认。敢不敢挑战一下？老师提供几个研究素材，同桌一起研究研究，看看这些生活中的情形怎么用方程表示。

小结：a. 根据不同的等量关系，可以写出不同的方程。b. 每一个方程背后都有一个等量关系。

③ 从甲地游到乙地，水母的速度是5米/分，章鱼的速度是8米/分，水母游12分钟可以到达乙地，章鱼 t 分钟后可以到达乙地。

5)全课小结

① 回顾什么是方程。

② 回顾怎么列方程。

③ 数学史你知道吗？

④ 你觉得在后面的学习中，我们还要学习方程的哪些问题？

6)教学反思

史宁中教授认为方程思想具有丰富的含义，其中最本质的表现之一就是建模思想。

所谓方程的建模思想是指将现实情景到用自然语言等价地表达出来，然后再用数学符号等价地表达出自然语言表达出来的事情。

(1)重点凸显：从形式到实质

本案例的教学重点不在于形式化地改动“天平”这一情境，而是放在概念的内涵与外延的拓展上，从“含有未知数的等式”这一表述拓展至“表示已知数和未知数的等量关系”。一开始借助特殊的“天平”来引入“方程”的概念，出示天平两端放有等质量的物品，然后让学生用一个等式表示天平两边物体的质量关系，学生在独立思考和汇报中逐步知道什么是方程，并理解方程的含义。其实此时很多学生对于方程的理解还停留在“形式”层面，因为有天平的情境，学生能较快地找出相等关系，而一旦脱离天平这一直观物体，学生们就很难建立起等量关系，因而此时所需要思考的是如何从“天平”走向“概念表述”。所以在理解方程意义后，案例又设计了这样一个环节，出示生活中的等量情形，让学生仔细分析和辨认，建立等量关系。这样的环节设计真正地实现了从“形式”走向“实质”。

(2)数学理解：从模糊到清晰

课结束后，教师把5个樱桃质量等于2个苹果质量的作业全部收起，发现大部分学生都能够用各种不同的描述方式来表示出其中的等量关系，但是学生们对于方程的理解是参差不齐的。因此在认识方程这一环节，选择有代表性的作品进行展示讨论，可以将学生们的思维过程都展示出来，从一开始的5个樱桃的质量等于2个苹果的质量，到5个樱桃的质量$=150+150$，再到$5x=150\times2$，这样的层层递进，让学生的理解由模糊到清晰，逐步完善对方程特征的构建。

(3)方式转向：从“算术”走向“代数”

“方程”承载着学生从算术思维到代数思维过渡的重任。学生已经被“算术思维”影响了4年，这个飞跃对于大多数学生来讲都会存在不同程度的困难，都是一次挑战。在很长的时间里，对于学生而言“=”更像是一个从左到右的单向箭头，因为算式总是先知道数据和运算符号，通过运算得出结果，也就是“程序性”的思考方式，而方程需要的是“结构性”的思考方式，由“程序性”到“结构性”思考方式的转变是学生认知的一个难点。以上的设计却很好地实现了这个方式转向：让学生在方程意义建构时，经历相等关系。结构表征、数量关系具体表达、等式意义完整表述、方程特征，清晰建构这样一个思考过程，对方程的本质更加理解。

※ 六年级下册“反比例”教学设计与思考

1. 教学内容

六年级下册第47页内容。

2. 教学目标

(1)在具体情境中，理解反比例的意义，并能判断两种量是否成反比例关系。

(2)经历对比归纳、抽象模型的学习过程，积累数学活动经验，初步渗透函数思想。

(3)在自主探索与合作交流中获得积极的数学学习情感体验。

3. 教学过程

1)前测引入,揭示课题

(1)对比分类

师出示“前测学习单”中的 4 张表格:

① 用 60 元钱购买笔记本,笔记本的单价和数量如表 2-3 所列。

表 2-3

单价/(元/本)	1.5	2	3	4	5	6	…
数量/本	40	30	20	15	12	10	…

② 用 60 元钱购买笔记本,已花的钱数和剩下的钱数情况如表 2-4 所列。

表 2-4

已花的钱/元	10	15	20	30	40	…
剩下的钱/元	50	45	40	30	20	…

③ 一辆车以同样的速度前行,行驶的路程和时间如表 2-5 所列。

表 2-5

时间/时	1	2	3	4	5	…
路程/千米	90	180	270	360	450	…

④ 小明读完一本书,平均每天看的页数和看完全书所需天数情况如表 2-6 所列。

表 2-6

平均每天看的页数	10	15	20	30	40	…
看完全书所需的天数	12	8	6	4	3	…

老师:同学们,课前我们已经仔细观察研究了 4 张表格,并按照表中两个量的变化规律给这 4 张表格进行了分类,发现有同学是这样分类:表 2-5,表 2-3、表 2-4、表 2-6。谁看明白了他是根据什么样的标准来分类的?学生根据分类结果反推分类标准,通过观察,发现成正比例关系的两个量与其他关系的两个量之间的变化趋势是不一样的。

【设计意图】

a. 观察表格中的两个量,发现其变化规律,渗透函数思想。

b. 给表格分类,在分类中倒逼学生明确分类的标准,也就是根据变化趋势来分,从中解读出有一个量始终保持不变。

c. 学习单里的素材也是贯穿本节课始终,更好体现了结合学生熟悉的具体情境这一教学目标。

(2)复习正比例

教师提问:表格 2－5 中的两个量之间成什么关系呢?怎样的两个量成正比例关系?

追问:你能想象出它的图像是什么形状吗?教师运用几何画板演示正比例的图像。

【设计意图】结合具体情境,组织学生复习正比例的意义和判断方法。唤醒学生原有正比例知识,加强解读不变的量、变化趋势、函数图像。通过结合几何画板演示正比例的函数图像,再次让学生感受一增一减的变化趋势,这样就为后面的对比提供了可能。

(3)出示课题

师:表 2－5 中的两个量成正比例关系,一个量增加,另一个量也增加;而表 2－3、表 2－4和表 2－6 中的两个量,一个量增加,另一个量反而减少,那它们之间成什么关系呢?学生猜测,教师出示课题:反比例。

2)理解概念构建模型

(1)自学反比例

教师出示问题:如何判断两个量是否成反比例关系?学生带着这个核心问题自学教师提供的学习材料。

(2)对比判断

教师组织学生汇报自学情况,判断表 2－3、表 2－4 和表 2－6 三张表格中的两个量是否成反比例关系。

① 立:教师问表 2－3 中的两个量是否成反比例关系。

学生先独立思考,再同桌交流,最后小组派代表汇报。

师小结:同学们真的很厉害,能快速判断怎样的两个量是否成反比例关系。像这样单价增加,数量减少,总价一定,这两个量就成反比例关系。

【设计意图】让学生自学后结合具体情境独立思考表 2－3 中的两个量是否成反比例关系,再小组交流判断,最后小组汇报判断。自学后,没有空对空的回答而是在熟悉的情境中判断。自学课本后的判断,既培养了学生自学能力又有的放矢地应用,同时初步构建反比例的意义:一增一减的变化趋势、乘积不变。

② 破:表 2－4 中,总价也是一定的,都是 60 元,老师判断这两个量是成反比例关系的,跟老师想法一样的同学请举手。

学生举手判断,预设此时大部分学生会举手认为表 2－4 中的两个量成反比例关系,个别学生会存在质疑。

教师追问:表 2－4 中两个量到底成不成反比例关系呢?

师小结:已花的钱＋剩下的钱＝总价(一定),和一定,不是乘积一定,所以不成反比例。

【设计意图】表 2－4 中的两个量,一个量变大,另一个量变小,总价始终保持不变即 60 元,所以已花的钱和剩下的钱成反比例关系。定式判断,赞成的请举手,引发冲突。慢慢地有质疑的声音,在辨析中明理,虽然都是一个量变大,另一个量随着变小,但一个是乘积不变,另一个是和不变。然后对比表 2－3 和表 2－4 中的两个量,说一说怎样的两个量成反比例关系。和不变的反例,更能凸显反比例的意义,同时学生发现了,反比例的两个量，一个量如果扩大两倍，另一个量就缩小到原来的 1/2，最终保持乘积不变。

③ 立：教师提问：那我们来观察表 2－6，表中的两个量到底成不成反比例关系呢？

学生回答，落实反比例的判断方法。

小结：每天看的页数×所需天数＝总页数（一定），成反比例关系。

【设计意图】快速地判断，凸显反比例的本质，一增一减中乘积始终保持不变。

(3)对比归纳

教师提问：通过刚才的学习，用自己的话来说说怎样的两个量成反比例关系。学生通过对表 2－3～表 2－5 三张表格进行对比，用自己的语言概括归纳反比例的意义。

小结：一个量增加，另一个量反而减少。它们的乘积一定。这两个量成反比例关系。用字母表示：$xy=k$（一定）。

【设计意图】对比表 2－3～表 2－5 中两个量的变化规律，用自己的话来说一说怎样的两个量成反比例关系。不同的学生有不同的表达形式，可以是具体直观的数据说明，可以是半抽象的增减趋势，还可以是抽象的表达形式，引导学生从直观到抽象，最后到字母的表征，但无论用何种表达方式，都说明两层意思：数据具有一增一减的变化趋势，两个量的乘积保持不变。初步渗透函数思想，即"已知＋未知＋规定思想"。"已知"，就是指"定量"，"未知"则是指"变量"，至于"规定思想"则是人们根据事物的规律形成的一种约定俗成的看法，这里的规定思想就是乘积一定。

3)构建函数图像模型

(1)教师提问

课前，我们还观察了表 2－7，谁能快速地判断表中的两个量成反比例关系吗？

表 2－7

速度/(千米/时)	120	80	60	40	30	…
时间/时	2	3	4	6	8	…

追问：那成反比例的两个量的图像是什么形状呢？用手势表示出来。教师利用几何画板动态演示反比例的图像，如图 2－15 所示。

师：横轴表示什么？

生：时间。

师：纵轴表示什么？

生：速度。

师：当时间是 1 小时，它的速度是多少？

生：240 米/小时。

师：当时间是 2 小时，速度是多少？

生：120 米/小时。

师：当时间是 3 小时，速度是怎么变化的？

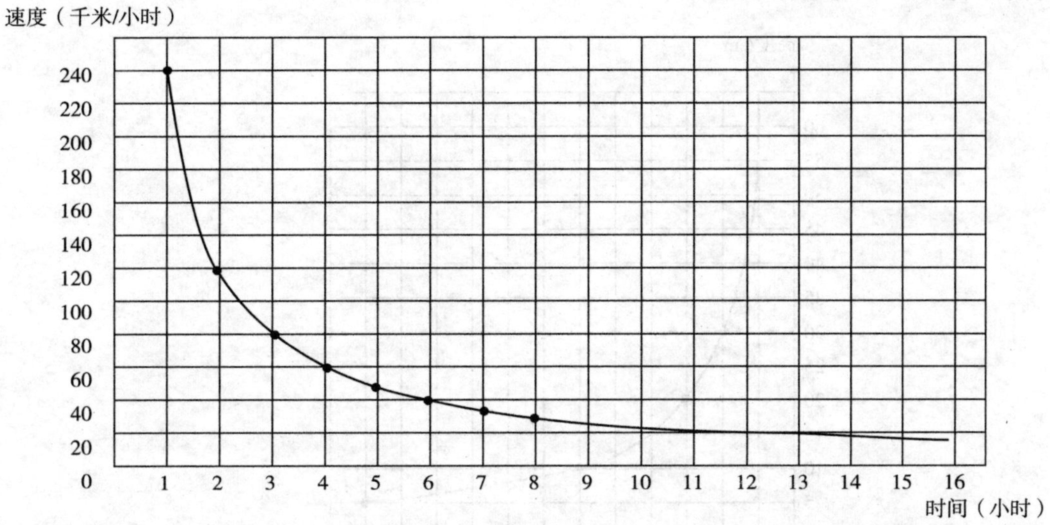

图 2-15

生：80 米/小时。

师：时间越来越大，速度是多少？

生：越来越慢。

师：感受到了吗？在变化的过程中有一个量始终保持不变，是哪个量？

生：路程。

师：那你在图像上能找到吗？生：反比例图像上黄色部分的面积始终是 240，保持不变。

师生小结：像这样一个量增加，另一个量减少，而它们的乘积始终保持不变，我们就说这两个量成反比例关系。

【设计意图】出示几何画板课件，构建函数图像模型。①感受所需的时间越来越长，速度就会越来越小；②时间如果扩大两倍，速度就缩小到原来的 1/2；③有一个量始终保持不变，即路程保持不变，就是黄色这块面积始终保持不变。由此充分感受反比例的图像。数形结合的实质就是将反比例的数量关系和直观的反比例函数图像相联系，将抽象思维和形象思维有机结合。在坐标系中实现了“数”与“形”的统一。反比例的教学都是从具体的问题情景中入手的，也就是从特殊到一般学习反比例问题，但问题情景千差万别，容易干扰学生的注意力，而反比例的图像表征却始终保持了一致性，对学生理解反比例的本质起着“直击要害”的作用。

(2)对比辨析

教师提问：同样都是速度、时间、路程，为什么图 2-16 的两个量成反比例关系，而图 2-17的两个量成正比例关系呢？

一辆车速度和时间的关系如表 2-8 所示。一辆车以同样的速度前行，行驶的路程和时间如表 2－9 所示。

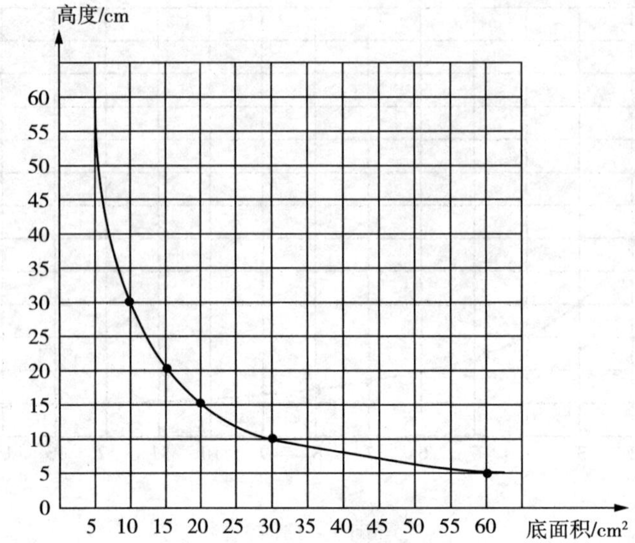

图 2－16

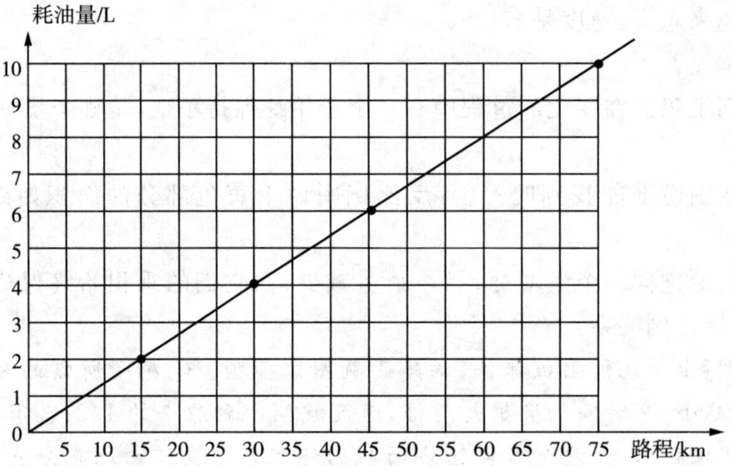

图 2－17

表 2－8 速度和时间的关系

速度/(千米/时)	120	80	60	40	30	…
时间/时	2	3	4	6	8	…

表 2－9　路程和时间的关系

时间/时	1	2	3	4	5	…
路程/千米	90	180	270	360	450	…

$$速度\times时间=路程(一定),\frac{路程}{时间}=速度(一定)$$

$$xy=k(一定),\frac{x}{y}=k(一定)$$

追问：那如果时间一定，路程和速度之间成什么比例？

【设计意图】同样是速度、时间和路程，为什么左边两个量成反比例，右边的成正比例，通过提问引发学生的思考。这里可以根据学生水平来解读，结合正反比例的表格、图像、数量关系式等几个不同维度，在速度、时间、路程这个具体情境中更深入地去思考正反比例的相同点和不同点。在辨析的过程中加深学生对反比例意义的理解，掌握判断反比例的方法。

4)设计练习推进模型

(1)列举生活的例子

教师提问：你能举几个例子吗？

预设学生举例：大米的总质量一定，每袋大米的质量和袋数成反比例；教室地面的面积一定，每块地砖的大小和所用的块数成反比例；等等。

【设计意图】新课程标准要求通过具体情境判断比例关系，从生活中来，再回到生活中去。因此，举出生活中成反比例关系的例子，让学生联系生活实际，把数学知识融入生活中。在举例的过程中，进一步落实反比例的意义，让学生真正感悟到反比例概念的重要性。

(2)拓展提升

判断：下面两个量是否成反比例关系？并说明理由。

① 一个数和它的倒数。……成反比例关系。

② 圆的周长一定，圆的半径和圆周率。……不成比例。

③ 房间的面积一定，正方形地砖边长和块数。……不成比例。

学生先用手势判断，再说明理由。

师：房间的面积一定，正方形地砖边长和块数成反比例关系吗？用手势判断。

师：请判断时认为成反比例关系的学生说明理由。

生1：地砖的边长增加，地砖的块数就会减少，房间的面积始终不变，所以地砖的边长和块数成反比例关系。

师：谁不赞成他的观点？

生2：我认为房间的面积是一定的，应该是地砖的面积×块数=房间的面积，而不是地砖的边长乘块数，所以不成反比例。

师：你现在怎么想？

生1：假如房间的面积是64平方米，地砖的边长扩大2倍，那么块数就要缩小$\frac{1}{2}$。

师：刚才这位同学借助表格来说明，那老师就把这个表格拿出来。师出示表2-10。

师:现在你怎么想?

生 A:它们不成反比例关系。地砖的边长和块数的乘积不一定。

师:请问哪个量是一定的?

生:房间的面积。

师:房间的面积不变,直接相关联的是哪两个量?

生:地砖的面积和块数。

表 2-10　正方形地砖面积和块数情况

地砖面积/cm^2	400	1600	2500	6400	…
所需的块数/块	400	100	64	25	…

生:实际上地砖的面积和块数成反比例关系。

小结:成反比例关系的两个量,一个量增加,另一个量减少,但是这两个量的乘积是一定的。

【设计意图】判断题第①题,学生能根据倒数的概念想到乘积为 1 的两个数成反比例。第②题从“数”上看很像反比例的字母表达式($\pi d=c$),但学生还是能发现这里的三个量其实都是定量,不存在比例关系。第③题一出示便激起千层浪,因为不同层次学生的抽象程度不同,语言表达也不同。随着思维的碰撞,有学生把思考引向半抽象的表格,这时老师及时出示后面的表格,学生发现理不清的思绪,通过一个具体表格就非常清晰了,原来正方形地砖边长和块数不成反比例。老师继续追问,房间的面积不变,直接相关联的是哪两个量?地砖的面积和块数,原来成反比例的是这两个量。通过思维的逐层推进,再现学生的思维路径,从而提升思维水平,构建练习推进模型。

5)构建课堂教学模型

回顾:今天这节课我们是怎么学习的?

学生静静感受这节课渗透的数学方法。

【设计意图】最后在课堂回顾时,我们着重突出对学习方法的渗透。对比分类—对比判断—对比归纳—对比辨析,让学生感受到在整堂课的学习中,始终贯穿着对比分析的研究方法,同时引导学生能够将对比分析的研究方法运用到生活中其他事物的研究上。这样同中求异、异中求同在数学学习中也是一种重要的模型。

2.3.2.5　如何设计合理的情境理解数量关系的内容

1. 生活化情境,激活原有经验

著名的教育家陶行知先生提出“生活即教育”“教、学、做合一”,他认为:“教育的根本意义是生活之变化。生活无时不变,即生活无时不含有教育的意义。”

心理学研究也表明:“当外部刺激唤起主体的情感活动时,就更容易成为注意的中心,从而强化理解和记忆。”因此,从现实生活中产生的真实问题设计能够充分激发学生的情感并唤醒学生原有的认知结构,为学生创造思维活动的重要外部条件。

在教学中，以生活化的素材和方式展开数学教学，不仅能让学生产生亲切感，用学习情感架构生活化素材与学生原有认知的桥梁，还能让学生充分感受数学的应用价值，深入理解数学的抽象和应用过程。

例如：在教学小数的认识时，可以创设“我和妈妈逛超市”的生活化情境，来激发学生的学习情感，同时，唤醒学生对小数的生活经验，进而从对元角分的小数认知逐步过渡到更为一般化的没有具体情境的小数的学习。

2. 冲突式情境，引发主动建构

建构主义理论认为：学习不是简单的知识由外到内的转移和传递，而是学习者主动建构自己的知识经验的过程，强调学生对知识的主动探索、主动发现和对所学知识意义的主动建构，强调知识的动态性。苏霍姆林斯基说过：“在人的心灵深处，都有一种根深蒂固的需要，这就是希望自己是一个发现者、研究者、探索者。”心理学研究也表明：“认知矛盾是动机的根源。”冲突式问题情境，能够给学生制造心理悬念，激发他们对所学知识的探究欲望，产生迫切的学习期待，从而主动进行知识的获得。同时，解决冲突的过程中，学生的思维能力也能得到极大的发展，认知水平不断提高，由知识的获取顺利转向思维的成长。

例如，顾志能老师在执教四年级上册“直线、线段、射线”时，就制造了这样的冲突式情景：让学生画出“无限延伸”，学生们的画法多种多样，有的在两边加箭头代表无限延伸，有的把线段画到纸的尽头代表无限延伸，还有的学生用省略号表示，在各种尝试中，学生们经历思维的碰撞、认知的冲突，到最终了解“线段的端点有什么用”。学生恍然大悟，从而在对自我的不断审视中完成对新知的理解，同时学生的“无限延伸时”，也极大地丰富和激发了他们的创造能力。

3. 趣味化情境，增强学习兴趣

兴趣是最好的老师，我国古代教育家孔子曾说：“知之者不如乐知者，乐知者不如好知者。”兴趣在汉语词典中的解释是“个体以特定的事物、活动及人为对象，所产生的积极的和带有倾向性、选择性的态度和情绪”。

心理学研究表明，学生对所学的知识产生的浓厚兴趣，可以引发其学习的内驱力，兴趣越浓厚，内驱力越持久，这种内驱力是让学生保持持久学习和主动探究的内在力量。学生由于年龄特点，注意力难以持久，数学的学科特点也会让学生产生畏难情绪，因此，教学中尤其是要针对学生的心理特点积极创设趣味化情境，让他们主动投入学习。

例如，在教学六年级上册“圆的认识”时，可以利用动画形象设计森林骑车比赛：几个小动物分别骑着不同形状的车轮开始比赛，除了圆形以外，其他形状的车轮上下颠簸，逗得学生们哈哈大笑。在笑声中，他们不仅对圆产生了浓厚的兴趣，还对圆的特点有了初步感知，让接下来的学习水到渠成。

4. 游戏式情境，玩中启迪思维

爱玩是学生的天性，游戏除了能让学生感受到娱乐的轻松，也能锻炼学生的智力。数学游戏不仅具备趣味性和娱乐性，还包含着丰富的数学知识和数学思想。因此，巧妙地创设游戏式情境，不仅能让学生主动学习数学知识，还能让学生体会到游戏中数学思维的重要性，让学生在学中玩，在玩中学，在活跃的课堂气氛中收获思维的成长。

例如，在教学六年级下册“抽屉原理”一课时，可以创设抢凳子游戏情境。学生在抢凳子的过程中发现当人数比凳子数多一时，总有一个人抢不到凳子。这个过程促使他们初步感受抽屉原理的本质，让晦涩难懂的抽屉原理简单明了起来。

再如，在教学讲解五年级上册“可能性”一课时，给学生创设玩扑克一定能赢的游戏式情境，学生从最初的不可思议、不甘心到最后的恍然大悟中，深深感受到数学思维的魅力，也极大地点燃了他们用数学思维来解决问题的高度热情。

5. 质疑式情境，培养创新能力

《义务教育数学课程标准》指出：要特别注重发展学生的应用意识和创新意识。宋代朱熹说过，“读书无疑者须教有疑，有疑者却要无疑”，学习过程实质上是一种提出问题、分析问题、解决问题的过程，一切发展性的学习必须从提出问题开始，在处理分析问题中发展，以解决问题而告终。这样的教学，才能真正让学生在矛盾中展开积极的思维，勇于探索，并创造性地解决问题。随着课程改革的不断深入，教师对培养学生的“创新意识”和“自主学习、探究性学习”等教学理念有了新的认识并达成共识。“数学教育既要使学生掌握现代生活和学习中所需要的数学知识与技能，更要发挥数学在培养人的思维能力和创新能力方面的不可替代的作用。”数学教学活动应引发学生的数学思考，鼓励学生的创造性思维。为了适应时代发展对人才培养的需要，数学课程还要特别注重发展学生的应用意识和创新意识。创新意识的培养是现代数学教育的基本任务，应体现在数学教与学的过程之中，应贯穿数学教育的始终。

如何让学生发现问题、带着问题学习？如何提高课堂的高效性？如何有意识利用数学的概念、原理和方法解释现实世界中的现象？如何把现实生活中蕴含着的大量与数量和图形有关的问题抽象成数学问题？等等。教师需要在整个数学教育的过程中提高自身的质疑能力和解疑能力，才能够解决以上问题，从而打造高效课堂。

质疑是应用意识和创新意识的基础，是开启应用和创新之门的钥匙。教学中积极创设质疑式情境，让学生发现和提出疑问，学会独立思考，归纳概括得到猜想和规律，并加以验证。让学生由被动地接受到主动地探究，在发展思维的过程中提高自身的自主创新能力。

例如，在教学四年级下册“三角形的稳定性”时，创设这样的质疑式教学情境：先在黑板上摆出一个三角形，让学生猜想，任意挪动两根小棒，是否能摆出另一个完全不同的三角形？大多数学生凭直觉认为能摆出来，但观察黑板上的图形后又有很大的疑惑。这种质疑能促使学生带着问题主动探究，独立思考，促进其思维能力的进一步发展和创新能力的提高。

6. 现场感情境，营造学习氛围

现场感是一个文学名词，是指使“受众在获悉信息时如见其人，如闻其声，如临其境，突出信息的可读性、可听性、可视性”，给受众以身临其境的感觉。

把现场感应用在数学教学中，能够使学生在获取数学信息时如闻其声，如临其境，可以让静态的数学信息变成可听、可视的动态信息。

在教学中，善于营造现场感教学情境，让学生身临其境，不仅能让信息动态化，加强情境的感染力，还可以渲染、强化现场气氛，营造出有利于教和学的“互动场”。

例如，刘德武老师在执教六年级上册“分数乘整数”时营造了令人震撼的现场感情境：刘老师做了几十张 $2/9\times3$ 的口算卡片粘贴成接连不断的一长条，上课时，先依次出示三个 $2/9\times3$，然后把几十张粘在一起的卡片一下甩出去（为了增强甩的效果，刘老师还特意在最后一张卡片的后面粘贴了稍重一点的小木块）。长长的卡片条幅从讲桌一直甩到最后一排，让学生产生强烈震撼的现场感，让教与学的“互动场”迅速升温。

3 图形与几何

3.1 图形的认识与测量

3.1.1 “图形的认识与测量”内容理解

图形的认识是图形与几何领域的重要内容。学生在现实生活积累的有关图形经验的基础上，认识常见的立体图形和平面图形，探索常见的图形的性质，并运用它们解决实际问题，在立体图形和平面图形的辨认、观察、对比、抽象等活动中建立空间观念。（图3－1）

图 3－1

3.1.1.1 “图形的认识”内容结构与基本要求

1.“图形的认识”内容结构

图形的认识除了对图形自身特征的认识，还包括对图形各元素之间、图形与图形之间关系的认识。图形的认识是以图形的要素为研究对象，以直观经验为基础，聚焦图形的本质属性，对图形进行辨别、分化、类比、归纳、抽象，是建立图形概念的基础和关键。把握图形关系也是正确认识图形的一个重要方面。图形的关系体现在两个方面：一是数量关系，如图形中边、角、面等要素的关系等；二是位置关系，如点与直线的位置关系、直线与直线的位置关系，以及一个几何图形中的边、面等位置关系。

在小学阶段，学生在这方面的学习内容主要有以下几部分。

1)初步认识立体图形

这里包括初步认识长方体、正方体、圆柱、圆锥和球等立体图形，由于学生在日常生活中最先接触的是各种各样的物体，从这些熟悉的物体中学生完全可以抽象出正方体、长方体、圆柱和球等立体图形，并直观地认识它们。

2)探索立体图形的特征

(1)长方体和正方体的特征及展开图

学生在第一学段已经初步认识了一些简单的立体图形，能够识别出长方体和正方体，知道长方体和正方体是最基本的立体图形。通过进一步对长方体和正方体特征的学习，学生对周围的空间和空间中的物体形成初步的空间观念，这是进一步学习其他立体图形的基础，也是学生由二维的平面图形（正方形、长方形）向三维的立体图形（正方体、长方体）发展的重要阶段。长方体、正方体各要素之间的特点，可以从棱、顶点、面三个方面进行研究，如探索长方体、正方体的展开图。通过动态的空间想象判断出某个平面图形能不能折叠成长方体或正方体，想象展开图与立体图的对应关系，这对学生来说存在一定的难度。

(2)圆柱和圆锥的特征

学生在学习了长方体和正方体的特征后已经积累了一些学习的经验。认识圆柱和圆锥，掌握它们的基本特征，包括认识圆柱的底面和高，认识圆锥的底面和高，认识圆柱的侧面展开图以及与底和高的关系。理解立体图形与平面图形之间的联系和转换，发展空间观念。（图 3－2）

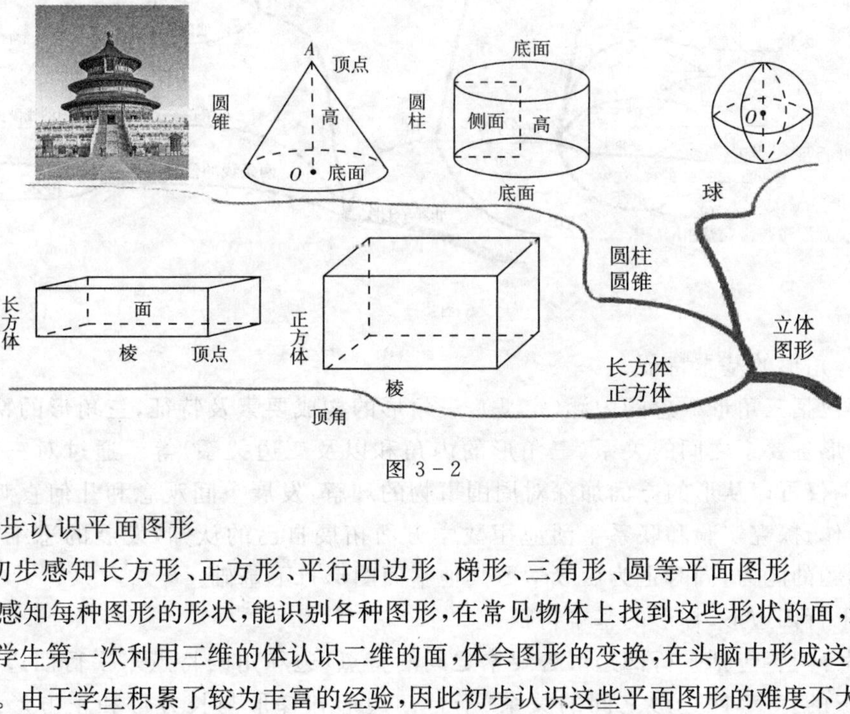

图 3－2

3)初步认识平面图形

(1)初步感知长方形、正方形、平行四边形、梯形、三角形、圆等平面图形

整体感知每种图形的形状，能识别各种图形，在常见物体上找到这些形状的面，形成初步的表象。学生第一次利用三维的体认识二维的面，体会图形的变换，在头脑中形成这些图形的空间表象。由于学生积累了较为丰富的经验，因此初步认识这些平面图形的难度不大。

(2)角的认识

角是一种最基本的几何图形，认识角是进一步深入认识其他几何图形的基础，是学习的一个重点。

角的认识分两段编排，第一段在二年级上册，初步认识角，初步认识直角、锐角、钝角；第二段在四年级上册，认识平角和周角以及锐角、直角、钝角、平角、周角之间的关系。

(3)线的相关内容

认识线段、射线和直线，认识平行、相交和垂直，其中让学生充分感知平面上两条直线的位置关系，认识平行线和垂直是后续学习平行四边形与梯形特征的基础，正确理解点到直线的距离是学生理解上的一个难点。

4)探索平面图形的基本特征

(1)长方形和正方形的基本特征

这是学生第一次真正深入探索平面图形的性质，所以是学习的重点，图形的特征包括边的特征、角的特征，也包括图形的对称性等方面的特征(图 3-3)。

如何把握这部分内容引导学生掌握探索平面图形特征的方法，是学生学习中的难点。

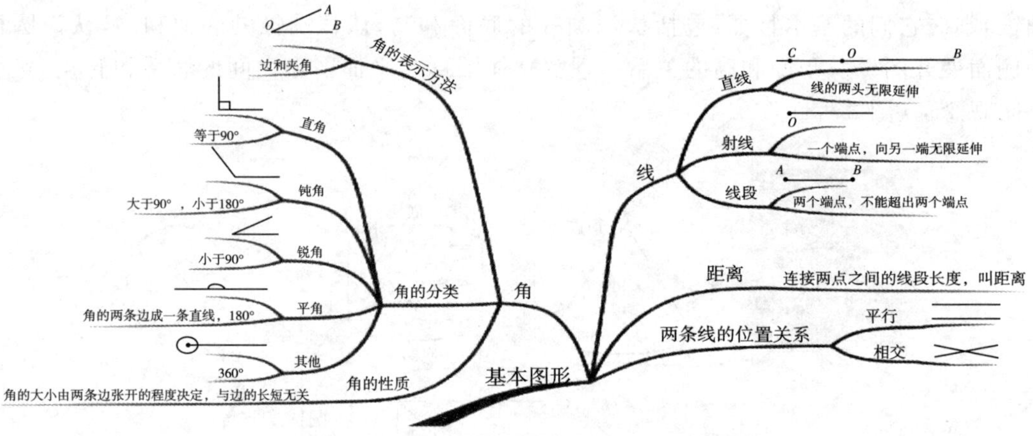

图 3-3

(2)三角形的基本特征

内容包括三角形概念的内涵(定义)，三角形的构成要素及特征，三角形的特性(稳定性)，三角形各要素之间的关系(三角形的内角和以及三边关系)等。通过对三角形的学习，学生不仅可以从形的方面加深对周围事物的理解，发展空间观念和几何直观，还可以在动手操作、探究实验和联系生活应用数学方面拓展自己的认知，发展的思维能力和解决实际问题的能力，同时也为后续学习其他平面图形打下基础。

(3)平行四边形、梯形的基本特征

这部分内容包括平行四边形各要素之间的特点(边和角的特点)，平行四边形的不稳定性，梯形的特点，四边形之间的关系(平行四边形和梯形与长方形和正方形之间的关系)。学生在学习了长方形和正方形的特征后，已经掌握了一些探索平面图形特征的方法，积累了一些学习的经验，所以这部分内容对他们来说难度不大。

(4)圆的基本特征

学生在第一学段初步认识圆后，再次认识圆并探究其性质。从直边图形开始进入曲边图形的学习，对学生而言是一种跨越，因为研究曲线图形的思想方法与直线图形相比是有变化且难度有所提升的。因此，通过对圆的研究，学生不仅需要掌握一些圆的基础知识，还需要通过学习感受“化曲为直”“等积变形”“极限”等数学思想方法，进一步培养数学思维能力和问题解决的能力。圆的认识包括认识圆心、半径和直径以及半径、直径的关系，圆的对称性等。(图 3-4)

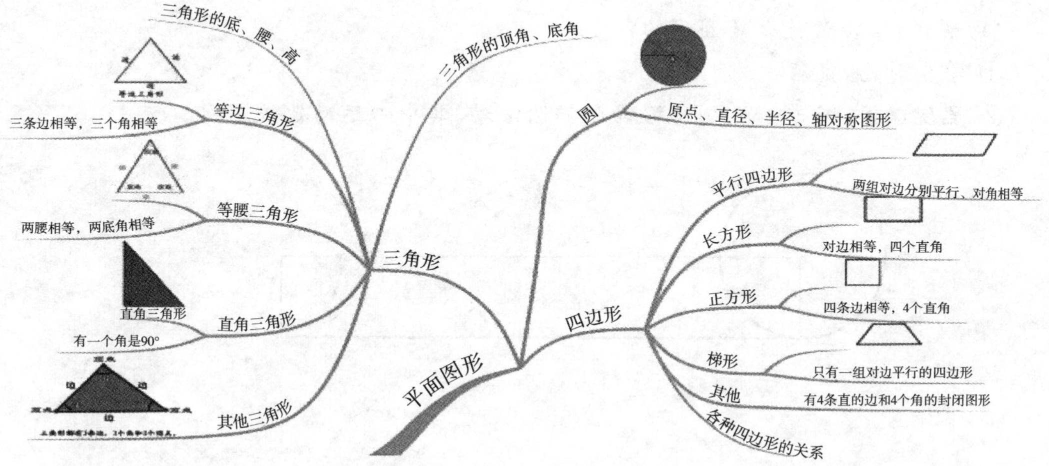

图 3-4

2.“图形的认识”内容呈现特点

1)立体—平面—立体

图形认识知识的编排，充分考虑了学生空间观念形成的规律，考虑到人们认识事物一般是从粗略的整体感知开始，然后对物体进行细致观察和局部研究的。客观世界最常见的各种形状的物体，面是附于体上的，学生首先看到的是一个个物体。在整体感知体的基础上，才能逐渐研究面，建立形的概念，所以，先认识“体”，后认识“形”能降低认知难度，有利于学生学习，因此教材在编排这些内容时，采取了体－面－线－面－体的混合螺旋编排结构。先直观认识立体图形，然后借助立体图形初步认识平面图形，而在学生深入认识平面图形特征后，再在其基础上安排学习立体图形的特征，探索及计算。这充分体现了从生活到数学、从直观到抽象、从整体到局部的特点，三维、二维、一维图形交替出现，目标要求逐步提高。

2)从生活中抽象出图形到应用于生活

从生活中抽象出图形，学习了图形及其特征以后，再应用于生活，这也是“图形的认识”内容编排的一个重要特点。例如，在学习平行四边形和梯形的认识时，教材提供了丰富的生活原型：木梯、挂衣架、堤坝截面、跳箱等。从这些生活原型中分别抽象出平行四边形或梯形的几何直观图，从直观到抽象，抓住图形的特征来构建概念，进一步加深对平行四边形和梯形的认识。现在老师都比较重视从生活中抽象出图形的过程，但是对于反过来将图形及其特征应用到生活中去，教师似乎挖掘得比较少。这就需要教师和学生共同思考，如学习了圆的特征以后，在生活中能不能运用这些特征解释生活中的一些现象。

案例一

我们的生活中经常用到圆，你能举例说出生活中的圆吗？

(1)解释：车轮为什么是圆形的？

① 学生讨论，说理。

② 呈现课件(图 3－5)：圆形滚动和椭圆滚动，其中心运动轨迹不同。

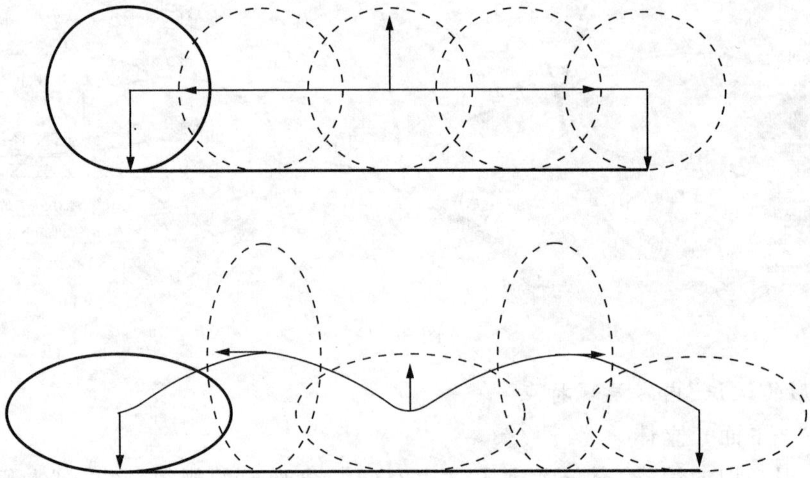

图 3－5

(2)生活中还有哪些地方也用到了圆？为什么？

生：井盖是圆形的，圆形的井盖怎么放都不会掉到井里，并且能恰好盖住井口，这里利用了同一圆的直径都相等的特点。

3. 从直观辨认到探索特征

例如，学生在一年级时学习直观辨认长方形等平面图形，到一定年级后，需要继续探索这些图形的特征，从直观辨认到探索特征。在认识长方形、正方形特征时，教师展开了以下教学活动。

1)游戏中初步感知长方形和正方形

师：老师在这个袋子里装了一些长方形、正方形以及其他平面图形，你能从中摸出一个长方形吗？(师出示一个黑色的袋子)学生跃跃欲试，并有几个学生上来试着摸长方形，且都准确地摸出了长方形。

师：你们为什么不摸出这个图形？(出示三角形)

生:因为长方形有四条边,但摸的时候,我感觉它只有三条边,所以我没摸出来。

师:这个图形(出示平行四边形)四条边,你们为什么不摸出来?

生:可它的角不是直角呀,长方形的角是直角。

师:这个图形(出示直角梯形)不也是四条边,并且有直角吗?

生:(激动地)不对,长方形四个角都是直角,但它只有两个直角。

师:这个图形四条边,四个角也都是直角,你们又为什么不摸出来呢?

生1:这不是长方形,这是正方形。

生2:正方形四条边都相等,长方形的这两条边却不等。

师:当然,长方形和正方形的关系很特殊,以后我们还将继续学习。那么通过刚才的学习,你觉得长方形和正方形各有哪些特点呢?

生1:我觉得长方形有四条边,四个角都是直角。

生2:我觉得长方形对面的两条边长度一样。

生3:我觉得正方形四条边都相等,四个角都是直角。

2)活动中二度建构

师:通过摸图形的游戏,同学们对长方形、正方形已经形成初步的认识。但情况是不是和你们讲的完全一样呢?下面,请大家结合手中的学习材料(长方形和正方形纸、直尺、剪刀等),动手量一量、折一折、比一比,再来深入研究一下长方形、正方形的特点。学生有的折、有的量、有的比,逐步探索出长方形和正方形的特征。

4. 注重图形之间的联系

例如,与线有关的部分,包括直线、射线和线段,与角有关的部分,包括锐角、直角、钝角、平角和周角。两部分知识各自的概念之间有着高度的关联性,相互之间又有着重要的联系。认识线段、直线、射线三种图形时,以"直线、射线与线段有什么区别"这一问题来引导学生探究三者之间的联系与区别,又在"角"的概念界定中,很好地利用了射线与角的关系,从两个层面对"角"做了概念说明:一为直观静态层面,即"从一点引出两条射线所组成的图形叫作角";二为延伸动态层面,即"角可以看作由一条射线绕着它的端点,从一个位置旋转到另一个位置所成的图形",紧紧抓住角的本质内涵进行说明。与此同时,在"角的分类"这一节内容中,又将研究锐角、直角、钝角、平角与周角这五类角的关系置于动态定义的背景下教学,较好地体现了"角"的各要素(边、度量单位)在角的构成过程中的重要作用,强化了对概念的系统性认识。

案例二

寻找长方形、正方形、平行四边形、梯形之间的联系

(1)学生独立思考,用合适的形式表示出各平面图形之间的联系。

预设:你们能想办法把这些平面图形之间的联系清楚地表示出来吗?请把你的想法写出来或画出来。(学生独立完成,师巡视了解自主整理情况。)

(2)学生汇报交流，感悟各平面图形之间的联系。

预设：如有困难，教师引导学生根据填好的“图形的特征表格”来梳理完成，如表 3－1 所示。

表 3－1 图形的特征表格

图形	边	角
正方形	四边相等	四角都是直角
长方形	对边相等	四角都是直角
平行四边形	两组对边分别平行	对角相等
梯形	只有一组对边平行	

学生说想法：长方形、正方形、平行四边形、梯形都有 4 条边、4 个角，所以它们是四边形，而三角形是三条边，它自成一类。

师评价：你采用了分类的数学思想，找到了长方形、正方形、平行四边形、梯形之间的联系，它们有一个共同的特征，都有四条边。

(3)出示“平面图形之间的联系”集合图，如图 3－6 所示。

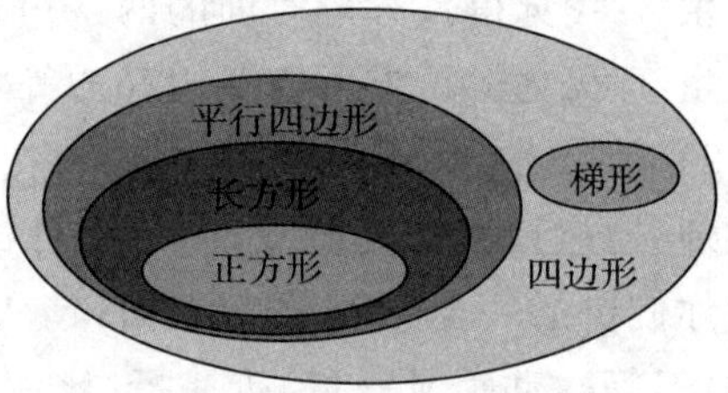

图 3－6

5.“图形认识”内容的基本要求

《义务教育数学课程标准》在不同学段对图形认识的内容提出了不同要求。

1)第一学段的要求

(1)能通过实物和模型辨认长方体、正方体、圆柱和球等几何体。

(2)能根据具体事物、照片或直观图辨认从不同角度观察到的简单物体。

(3)能辨认长方形、正方形、三角形、平行四边形、圆等简单图形。

(4)通过观察、操作，初步认识长方形、正方形的特征。

(5)会用长方形、正方形、三角形、平行四边形或圆拼图。

(6)结合生活情境认识角，了解直角、锐角和钝角。

(7)能对简单几何体和图形进行分类。

2)第二学段的要求

(1)结合实例了解线段、射线和直线。

(2)体会两点间所有连线中线段最短，知道两点间的距离。

(3)知道平角与周角，了解周角、平角、钝角、直角、锐角之间的大小关系。

(4)结合生活情境了解平面上两条直线的平行和相交(包括垂直)关系。

(5)通过观察、操作，认识平行四边形、梯形和圆，知道扇形，会用圆规画圆。

(6)认识三角形，通过观察、操作，了解三角形两边之和大于第三边、三角形内角和是 180°。

(7)认识等腰三角形、等边三角形、直角三角形、锐角三角形、钝角三角形。

(8)能辨认从不同方向(前面、侧面、上面)看到的物体的形状图。

(9)通过观察、操作，认识长方体、正方体、圆柱和圆锥，认识长方体、正方体和圆柱的展开图。

3)整理成表格形式(表 3-2)

表 3-2 图形的认识

<table>
<tr><td colspan="6">图形的认识</td></tr>
<tr><td colspan="2"></td><td colspan="2">第一学段</td><td colspan="2">第二学段</td></tr>
<tr><td colspan="2">内容</td><td>课标要求</td><td>位置</td><td>课标要求</td><td>位置</td></tr>
<tr><td colspan="2" rowspan="2">立体图形</td><td rowspan="2">能通过实物和模型辨认长方体、正方体、圆柱和球等几何体</td><td rowspan="2">一上</td><td>通过观察、操作，认识长方体、正方体，认识长方体、正方体的展开图</td><td>五下</td></tr>
<tr><td>通过观察、操作，认识圆柱和圆锥，认识圆柱的展开图</td><td>六下</td></tr>
<tr><td rowspan="8">平面图形</td><td rowspan="4">长方形、正方形、三角形、平行四边形、梯形、圆</td><td>辨认长方形、正方形、三角形、平行四边形、圆等简单图形</td><td rowspan="3">一下</td><td>通过观察、操作，认识平行四边形、梯形</td><td>四上</td></tr>
<tr><td>会用长方形、正方形、三角形、平行四边形或圆拼图</td><td>认识三角形，通过观察、操作，了解三角形两边之和大于第三边、三角形内角和是 180°</td><td rowspan="2">四下</td></tr>
<tr><td>能对简单几何体和图形进行分类</td><td>认识等腰三角形、等边三角形、直角三角形、锐角三角形、钝角三角形</td></tr>
<tr><td>通过观察、操作，初步认识长方形、正方形的特征</td><td>三上</td><td>通过观察、操作，认识圆，知道扇形，会用圆规画圆</td><td>六上</td></tr>
<tr><td>角</td><td>了解直角、锐角和钝角</td><td>二上</td><td>知道平角与周角，了解周角、平角、钝角、直角、锐角之间的大小关系</td><td>四上</td></tr>
<tr><td rowspan="3">线</td><td rowspan="3">—</td><td rowspan="3"></td><td>结合实例了解线段、射线和直线</td><td rowspan="3">四上</td></tr>
<tr><td>体会两点间所有的连线中线段最短，知道两点间的距离</td></tr>
<tr><td>结合生活情境了解平面上两条直线的平行和相交(垂直)关系</td></tr>
</table>

（续表）

内容	课标要求	位置	课标要求	位置
观察物体	能根据具体事物、照片或直观图辨认从不同的角度观察到的简单物体	二上	能辨认从不同方向（前面、侧面、上面）看到的物体的形状图	五下

正确理解与把握课程标准对图形认识的要求，掌握这部分内容结构的特点，对于课程的实施和目标的达成具有十分重要的作用。

(1)明确图形认识的对象

在第一学段，课程标准要求“能根据具体实物、照片或直观图辨认从不同角度观察到的简单物体”，“能通过实物和模型辨认长方体、正方体、圆柱和球等几何体”，“能辨认长方形、正方形、三角形、平行四边形等简单图形”，其中既涉及对简单几何体的认识，也涉及对经过抽象后的三维图形和二维图形的认识。

在第二学段中，认识的图形增加了线段、射线和直线等一维图形；对角的认识扩大到了平角、周角，增加了梯形、扇形；对三角形的认识从一般三角形到等腰三角形、等边三角形和直角三角形、锐角三角形、钝角三角形等；三维图形的认识对象增加了圆锥。课程标准关于“图形的认识”内容结构的安排，既体现了从生活到数学、从直观到抽象、从整体到局部的特点，又交替出现三维、二维、一维图形，呈现目标要求逐渐提高。

(2)明确图形认识的要求

图形认识的要求主要包括两方面，一是对图形自身特征的认识，二是对图形各元素之间、图形与图形之间关系的认识。对图形自身的特征认识，是进一步研究图形的基础。

在不同学段中，认识同一个或同一类图形的要求有明显的层次性：从“辨认”到“初步认识”，再从“认识”到“探索并证明”。如对于长方体、正方体、圆柱和球等几何体，第一学段要求“辨认”，第二学段要求“认识”（不包括球）。又如对于平行四边形，第一学段要求“辨认”，第二学段要求“认识”。再如关于“视图”，第一学段要求“能根据具体事物、照片或直观图辨认从不同角度观察到的简单物体”，第二学段要求“能辨认从不同方向（前面、侧面、上面）看到的物体的形状图”。这种要求的层次性，既体现了从整体到局部的认识过程，也符合学生的认知特点，逐渐深入，循序渐进。

对图形的各元素之间、图形与图形之间的关系的认识，主要包括大小、位置、形状之间关系等方面。第一学段的“了解直角、锐角和钝角”，第二学段的“了解周角、平角、钝角、直角、锐角之间的大小关系”“能比较角的大小”“了解三角形两边之和大于第三边”“体会两点间所有连线中线段最短”等，都是对图形大小关系研究的不同要求。

(3)明确认识图形的方法与途径

课程标准中较多地使用“通过观察、操作，认识……”“结合实例（生活情境）了解……""通过实物和具体模型了解……"的表述，这实际上明确了认识图形的过程和方式。图形是从人类对客观物体的长期观察中逐渐抽象出来的，抽象的核心是把物体的外部形象用线条描绘在二维平面上。如点是位置的抽象，即在几何中用"点"来标记一个物体的位置（如地图上用点表示城市）；线是路径的抽象，即把"从一个地方走到另一个地方的路径"抽象为"线段，或折线段、曲线段"。又如观察一张书桌，它占据一定的空间，有长短、宽窄和高矮，这些反映到我们的脑子里就有了形状的概念，即抽象成几何图形。继续观察，发现桌面上有四个相等的角、两两相等的对边，长和宽不相等。黑板、书本、门窗……都具有这些相同的特征，于是就形成了"长方形"的概念。"长方形"已不再是某个具体的物体，而是抽象了的图形。正如前面指出的那样，对图形的认识需要经历抽象的过程，有时这样的过程还是较为漫长的，因为学生往往难以一次性的真正完成这样的抽象。如对于角的概念，虽然小学就有接触，但在初中探讨角的轴对称性时，有的学生会认为"角不是轴对称图形"，因为"角的两边好像不一样长"，这反映了这些学生对"角"的认识没有达到抽象的水平。

3.1.1.2　图形测量中的数学思想方法

《义务教育数学课程标准》在总体目标中明确提出："学生能够获得适应未来社会生活和进一步发展所必需的重要数学知识以及基本的数学思想方法和必要的应用技能。"图形的认识与测量中就蕴含了大量的数学思想与方法，有时同一个知识点蕴含了不同的数学思想方法。所以，在小学图形的认识与测量教学中不仅要重视知识形成过程，还要重视发掘数学知识的发生、形成和发展过程中所蕴含的数学思想。为了使广大小学数学教师在教学中能很好地把握渗透在图形测量中的数学思想，把这些思想比较系统地进行概括和梳理，明晰这些思想的概念，下面整理了它们在小学数学图形与测量各个知识点中的应用。

1. 符号化思想

符号化思想主要是指有意识地、普遍地运用符号（包括字母、数字、图形和各种特定的符号）去表述研究的对象。

在图形认识与测量中渗透数学符号意识就是指用字母或符号表示图形、计量单位；能用符号表示图形各元素之间数量关系和变化规律、计算公式以及在具体问题情境中用数学符号进行思考、运算、推理解决数学问题。

符号化思想在图形认识与测量中的具体应用如表 3-3 中所示。

英国著名数学家罗素说过："什么是数学？数学就是符号加逻辑。"数学离不开符号，数学处处要用到符号。在图形的认识与测量的教学中，我们会采用各种各样的符号来代替几何图形的名称，例如用 S 表示面积，用 C 表示周长……《义务教育数学课程标准》指出："在数学课程中，应当注重发展学生的数感、符号意识、空间观念、几何直观、数据分析观念、运算能力、推理能力和模型思想。"图形的认识与测量的教学正是发展学生符号意识的重要时机。

表 3-3 符号化思想在图形认识与测量中的具体应用

数学思维	知识点	举 例
符号化思想	用字母表示计量单位	长度单位:km、m、dm、cm、mm
		面积单位:km^2、m^2、dm^2、cm^2、mm^2
	用符号表示图形	用字母表示点:三角形 ABC 用符号表示角: $\angle 1,\angle 2,\angle 3,\angle 4$
		两线段平行:$AB /\!/ CD$ 两线段垂直:$AB \perp CD$
	用字母表示公式	长方形周长 $C=(a+b)\times 2$ 正方形周长 $C=4a$ 长方形面积 $S=a\times b$ 正方形面积 $S=a\times a=a^2$
		平行四边形面积:$S=ah$ 三角形面积:$S=\frac{1}{2}ah$ 梯形面积:$S=\frac{1}{2}(a+b)h$
		圆周长:$C=2\pi r$ 圆面积:$S=\pi r^2$
		长方体体积:$V=abc$ 正方体体积:$V=a^3$ 圆柱体积:$V=sh$

1)教学片段一

用字母表示圆心、半径和直径。(师课件出示半径及概念)

师:半径是一条线段,通常用字母 r 来表示。关于直径,老师这里给大家带来了 3 条线段,一起来看(课件出示),在这里面,你认为哪一条才是圆的直径?

师:那为什么这两条不是?

生:……

师:说得好,像这样的线段才是圆的直径(课件出示)。

师:请同学们在刚才的圆上同样画上一条直径,并标上字母。(生画的同时,师也在画)板书:圆心 O、半径 r、直径 d。

2)教学片段二

探究圆的直径与半径之间关系,用字母表示出来。

师:你们觉得,关于圆还有没有值得我们深入去研究的?有吗?(有)单说圆心、半径和直径,其中蕴含着丰富的规律呢!同学们想不想自己动手来研究研究?大家刚刚都画了圆，还带了剪刀、直尺、圆规，这些就是我们的研究工具，待会就请同桌之间将刚刚画好的圆剪一个下来，沿着直径折一折，画一画，量一量，我们看看会有什么新的发现？学生反馈。(慢慢深挖)

生1：把圆沿任何一条直径对折，两边可以重合。(圆是轴对称图形)

生2：一个圆里的半径有无数条，直径有无数条。(强调同圆或等圆)

生3：同一圆内，所有的半径都相等，所有的直径都相等。

生4：直径的长度是半径长度的2倍。板书：$d=2r$。

师：反过来，半径是直径的几分之几呢？用字母如何表示？板书：$r=\frac{1}{2}d$。

分析：在圆的认识过程中，老师引导学生用符号表示圆心、半径、直径，圆的半径和直径的数量关系是$d=2r$，在此基础上，用符号进行思考、推理，得出$r=\frac{1}{2}d$。数学符号除了用来表述研究对象外，也有助于思维的发展。

符号化思想不仅能帮助学生加深对图形的认识，还可以促进学生解题能力的提高。当我们知道了长方形的长和宽时，就可以利用长方形的周长公式计算出它的周长；当我们知道长方形的周长和它的长时，还可以利用公式进行推理，算出它的宽$b=C\div 2-a$或者$b=(C-2a)\div 2$。同样知道长方形的周长和它的宽时，也可以推算出它的长。符号化思想不仅有助于学生一题多解，更提升了学生的思维。

2. 转化思想

人们面对数学问题，如果直接应用已有知识不能或不易解决该问题时，往往将需要解决的问题不断转化形式，把它归结为能够解决或比较容易解决的问题，最终使原问题得到解决。我们把这种思想方法称为转化(化归)思想(表3-4)。

表3-4　转化思想

数学思想	知识点	举　例
转化思想	三角形内角和	通过操作把三个内角转化为平角
	多边形的内角和	转化为三角形求内角和
	面积公式	正方形的面积：转化为长方形求面积
		平行四边形面积：转化为长方形求面积
		三角形的面积：转化为平行四边形求面积
		梯形的面积：转化为平行四边形求面积
		圆的面积：转化为长方形求面积
		组合图形的面积：转化为求基本图形的面积
	体积公式	正方体的体积：转化为长方体求体积
		圆柱的体积：转化为长方体求体积
		圆锥体积：转化为圆柱求体积

图形的认识与测量这部分数学知识中，转化的思想无处不在，它是学习图形知识的法宝。很多图形的学习都是将新知识转化为学生已经熟悉的旧知识，在新旧之间搭建桥梁，不断地让学生感悟到：很多新知识都是建立在旧知识的基础上，是旧知识的延伸和拓展。联系旧知识，学习新知识，或者利用旧知识解决新问题，常常能够柳暗花明，促进问题的解决。

1）转化思想在图形测量中的具体应用

2）转化思想在图形的认识与测量中的具体表现

（1）化新知为旧知

在学习平行四边形面积计算的时候，通过转化的思想，学生能够将平行四边形的面积计算转化成已经学过的长方形的面积计算。之后进行三角形、梯形的面积计算时，再将其转化成刚刚学习的平行四边形面积计算。当学习到圆的面积计算时，学生就很容易地联想到已经学过的图形面积，并想方设法地进行转化。

（2）化不规则图形为规则图形

求图 3－7 中的阴影部分的面积，我们就可以通过割补把它转化成一个长方形来进行计算。

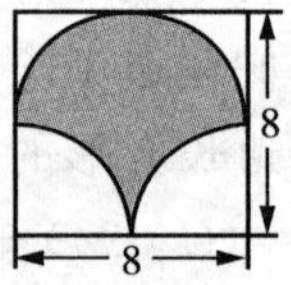

图 3－7

（3）化曲为直

在图形与几何的内容中，将曲线图形转化为直线图形来解决问题的策略叫作化曲为直。

例如，测量树叶、树干的周长，充分体会“化曲为直”思想。（图 3－8）

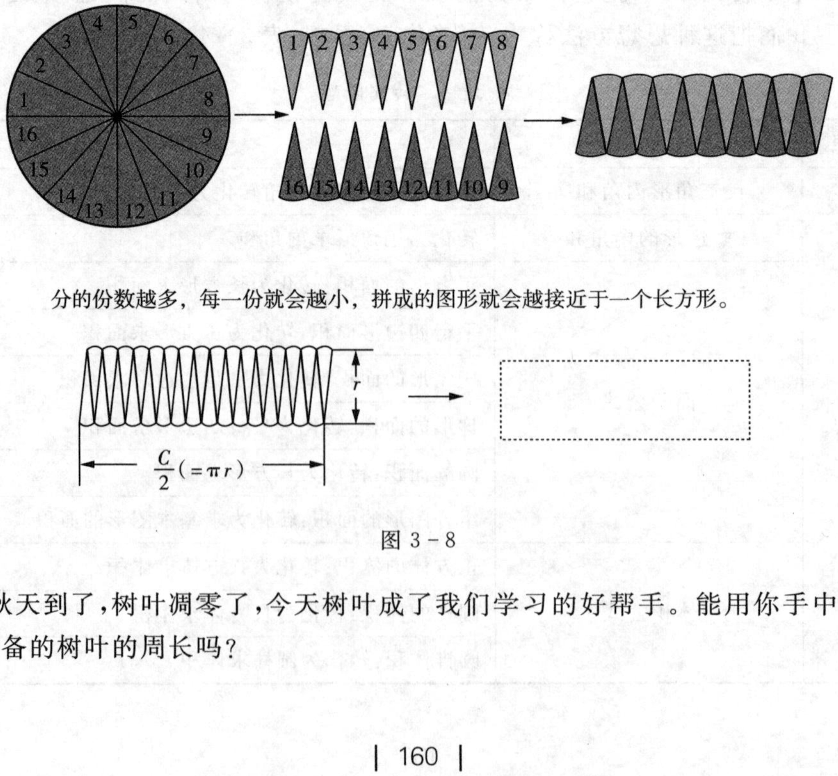

图 3－8

师：秋天到了，树叶凋零了，今天树叶成了我们学习的好帮手。能用你手中的工具测量出你准备的树叶的周长吗？

师:老师想知道这片树叶的周长,你有什么好办法?

生:我可以先用线围一围树叶的周长,再用尺量量线的长度就可以知道树叶的周长了。

师:谁来说说我们在用毛线测量树叶周长的时候需要注意些什么?

生 1:毛线要拉直量。

生 2:围的时候要从起点量到终点。

师:请同学拿出课前备好的物品开始测量并记录结果(学生很快得到了答案)。

师:如果要测量一棵大树的树干有多宽,你想怎么量?能用尽可能多的方法吗?先在 4 人小组里讨论下,再全班交流。

生 1:绳子围。生 2:软尺量。生 3:用拃量。生 4:同学手拉手围。

小结:像这样由曲线围成的图形的周长,我们可以想办法把它们一周的边线化曲为直测量出它的周长。

又如,在学习圆的面积公式时,可以采用不同的方法将圆的面积转化为直边图形的面积,从而得到面积的公式:将分割后的圆拼成近似的平行四边形,然后比较平行四边形与圆之间的关系;将分割后的圆拼成近似的长方形,然后比较长宽与圆半径之间的关系;将分隔后的圆拼成一个近似的三角形;等等。

(4)化实际问题为特殊的数学问题

图 3-9 中的花瓣状门洞的边是由 4 个直径相等的半圆组成的,周长和面积分别是多少?在求这个门洞的面积时,就可以把这个实际问题转化为求正方形的面积及两个圆的面积,转化成特殊的数学问题来解决。

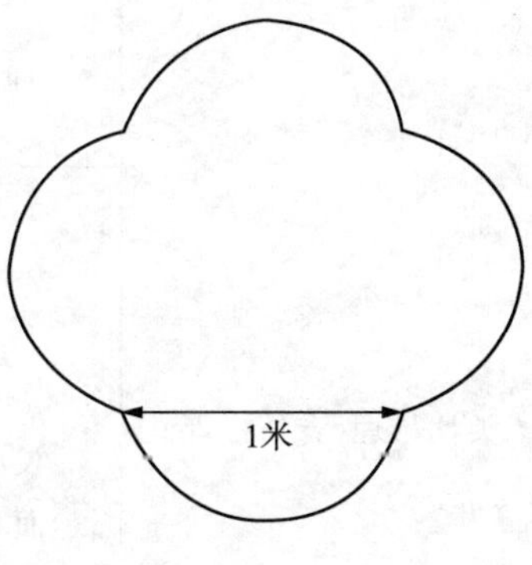

图 3-9

求橡皮泥的体积,我们可以把它捏成长方体或正方体,转化为求长方体或正方体的体积。同样,用类比的思想,求梨的体积也可以把梨放入水中,梨的体积就转化成水面上升的那一部分水的体积。

3. 推理思想

推理是从一个或几个已有的判断得出另一个新判断的思维形式。推理所根据的判断叫前提,根据前提所得到的判断叫结论。推理分为两种形式:演绎推理和合情推理。

演绎推理是根据一般性的真命题(或逻辑规则)推出特殊性命题的推理。演绎推理的特征是:当前提为真时,结论必然为真。

合情推理是从已有的事实出发,凭借经验和直觉,通过归纳和类比等推测某些结果。合情推理的常用形式有:归纳推理和类比推理。当前提为真时,合情推理所得的结论可能为真也可能为假。

1)推理思想在图形测量中的具体应用(表 3-5)

表 3-5 推理思想在图形测量中的具体应用

数学思想		知识点	举例
推理思想	不完全归纳法(合情推理)	面积	长方形面积公式的推导
		体积	长方体体积公式的推导
			圆柱体积公式的推导
			圆锥体积公式的推导
	完全归纳法(合情推理)	三角形	三角形内角和的推导
	三段论(演绎推理)	多边形	多边形内角和的推导
		面积	正方形面积公式的推导
			平行四边形面积公式的推导
			三角形面积公式的推导
			梯形面积公式的推导
			圆面积公式的推导
		体积	正方体体积公式的推导
	类比推理(合情推理)	面积	与平行四边形面积公式的推导方法相类比,三角形、梯形面积公式的推导,也用转化的方法,把它们转化成平行四边形推导面积公式
		长度、面积、体积	1. 线、面、体之间的类比:线段有长短,用长度单位来计量;平面图形有大小,用面积单位来计量;立体图形占的空间有大小,用体积单位来计量。 2. 面积单位之间的类比:边长是 1 厘米的正方形,面积是 1 平方厘米;边长是 1 分米的正方形,面积就是 1 平方分米;边长是 1 米的正方形,面积就是 1 平方米。 3. 体积单位之间的类比:棱长是 1 厘米的正方体,它的体积是 1 立方厘米;棱长是 1 分米的正方体,它的体积就是 1 立方分米;棱长是 1 米的正方体,它的体积是 1 立方米

推理思想作为数学的一个重要的思想方法,无论在小学还是在中学都有着广泛的应用,尤其是合情推理作为数学发现的一种重要方法,在小学数学的探究学习和再创造学习中应用更为广泛。小学数学中虽然没有初中类似于数学证明等严密规范的演绎推理,但是在很多结论的推导过程中间接地应用了演绎推理。如推导出平行四边形的面积公式之后,三角形的面积公式的推导过程是先把两个同样的三角形拼成一个平行四边形,再根据平行四边形的面积公式推出三角形的面积公式。这个过程实际上应用了演绎推

理，例如，平行四边形的面积和等于底乘高，两个同样的三角形的面积和等于平行四边形的面积，所以两个同样的三角形的面积和等于底乘高，因而一个三角形的面积就等于底乘高的积除以2。

又如：正方体是特殊的长方体，也可以说正方体是长、宽、高相等的长方体。因为长方体的体积＝长×宽×高，所以正方体的体积＝棱长×棱长×棱长。这样推导既便于学生形成完善的认知结构，又能使学生认识到，一般意义下的公式和结论，对其中的特殊情况也是成立的，从而体会演绎推理的思想。

学习三角形的内角和时，学生把几种不同类型的三角形(锐角三角形、直角三角形、钝角三角形)三个内角剪下来拼一拼，通过剪拼，发现无论是直角三角形、锐角三角形、钝角三角形，它们的内角和都是180°。在此基础上归纳出三角形的内角和是180°。

下面结合"面积单位"一课讲解如何运用类比推理思想。

师：我们先来学习一个面积单位，它叫作平方厘米。什么是1平方厘米呢？生：(通过看书)边长是1厘米的正方形，面积是1平方厘米。

师：(出示橘红色的1平方厘米的模型)请同学们仔细观察平方厘米这个面积单位，它是什么形状，有多大？(生仔细观察)看清楚了就把眼睛闭起来，在脑子里回想，1平方厘米的面积是多大的正方形？(生闭眼回想)在脑子里留下了1平方厘米的样子吗？现在请把信封里的所有的平面图形拿出来(课前发下，一人一份)，把1平方厘米从里面挑出来。

师：(故意)请大家用1平方厘米测量一下课桌(学生使用的是单人桌)表面的面积。(学生度量，面有难色)这样量，大家觉得怎么样？

生：这样量太慢了。用平方厘米这个面积单位度量课桌表面面积，太小了。

师：那怎么办呢？

生：我想，有没有大一点的面积单位呢？

帅：真会想问题！这个大一点的面积单位，就请大家来创造一下，叫什么呢？

生1：叫平方分米。

生2：叫平方米。

师：你能根据1平方厘米的意义，想一想什么是1平方分米，什么是1平方米吗？

生：我想，边长是1厘米的正方形，面积是1平方厘米；边长是1分米的正方形，面积就是1平方分米，那么边长是1米的正方形，面积就是1平方米。

师：你们能用手比画一下，1平方分米的面积大约有多大吗？1平方米呢？

学生比画，教师出示平方分米和平方米的模型让学生观察、对照，直至形成清晰的表象。

综上可知，教学1平方厘米这一度量单位时，教师没有引导学生进行所谓的"创造"，而是引导学生通过看书、观察、闭眼想象等活动进行学习。在学生掌握了1平方厘米的认识之后，教师基于对学生认知起点的精准把握与理解，再通过创设合适的情境激发冲突，自然而然地通过类比、迁移进行联想与创造：想想什么是1平方分米，什么是1平方米？学生原有的经验积累已具备了再创造的能量，掌握了知识，又发展了思维，锻炼了学生的空间观念及创造能力。

4. 模型思想

数学模型是数学的语言和工具，是经过对现实世界的一些信息进行适当的简化，经过推理和运算，对相应的数据进行分析、预测、决策和控制，并且经过实践的检验而形成的。数学的模型思想是一般化的思想方法。

数学模型在图形测量这部分内容中主要表现形式是数学符号表达公式，因而它与符号化思想有很多相通之处，同样具有普遍的意义。如果说符号化思想更注重数学抽象和符号表达，那么模型思想更注重数学的应用，即通过数学结构化解决问题，尤其是现实中的各种问题。当然，把现实情境数学结构化的过程也是一个抽象的过程。

课程标准在课程内容部分中明确提出了“初步形成模型思想”，并具体解释为“模型思想的建立是帮助学生体会和理解数学与外部世界联系的基本途径。建立图形测量这部分内容的模型过程包括从现实生活或具体情境中抽象出数学问题，用数学符号建立各种周长、面积、体积公式，表示数学问题中的数量关系和变化规律，并讨论结果的意义。这些内容的学习有助于学生初步形成模型思想，提高学习数学的兴趣和应用意识”。

模型思想在图形测量中的具体应用如表 3－6 所列。

表 3－6　模型思想在图形测量中的具体应用

数学思想	举　例	
模型思想	用字母表示公式 长方形的面积：$S=ab$ 三角形面积：$S=\frac{1}{2}ah$ 平行四边形面积：$S=ah$ 梯形面积：$S=\frac{1}{2}(a+b)h$	圆周长：$C=2\pi r$ 圆面积：$S=\pi r^2$ 长方体体积：$V=abc$ 正方体体积：$V=a^3$ 圆柱体积：$V=sh$ 圆锥体积：$v=\frac{1}{3}sh$

课程标准在教材编写建议中提出了“教材应当根据课程内容，设计运用数学知识解决问题的活动。这样的活动应体现‘问题情境—建立模型—求解验证’的过程，这个过程要有利于理解和掌握相关的知识技能，感悟数学思想、积累活动经验；要有利于提高发现和提出问题的能力、分析和解决问题的能力，增强应用意识和创新意识”。可见，数学模型的建立依赖于探索活动。

下面，以“长方形的面积计算”为例，探讨如何在教学中渗透模型的思想。首先，教师为学生提供如下材料：透明方格纸、1 平方厘米正方形纸片、尺子和一张印有六个图形的纸。

(1)教师呈现探索材料

师：请自己选择材料和工具，想办法求出六个图形的面积，并把数据记录下来。2 号

图:长 4 宽 2;1 号图:长 5 宽 3;3 号图:正方形边长为 2;4 号图:正方形边长为 3;5 号图:长 4 宽 1;6 号图:长 6 宽 4。(长度单位:厘米)

(2)学生展开探索活动,然后小组交流。

第 1 组:我们组用透明的方格纸盖在 2 号图形上,发现 2 号图形里面一排正好有 4 格,有这样的 2 排,所以它的面积是 8 平方厘米。接着,我们又把透明方格纸盖在 6 号图形上,用同样的方法发现 6 号图形的面积是 24 平方厘米。

第 2 组:我们用小正方形摆在第 1 个图形上,横着摆一排 5 个,摆了这样的 3 排,一共摆了 15 个小正方形,面积是 15 平方厘米。

第 3 组:我们也是摆小方格的,我们一排摆 5 个,接着又摆了 2 个,也能一下子看出一共要 15 个小方格,它的面积就是 15 平方厘米。

师:瞧,这里只摆了 7 个,也能看出图形的面积。

第 4 组:我们用尺子在图 1 上画格子,长是 5 厘米,每排就画 5 格,宽是 3 厘米,我们就画 3 排,共是 15 个小正方形,面积就是 15 平方厘米。

师:你们刚才用透明小方格去盖,用尺子画格子,用小正方形去摆,知道了这些图形的面积。比较这些方法,它们有什么相同的地方?

生:都是数方格。

生:都需要知道一排有几个,有这样的几排。

师:长是几就是有几个这样的面积单位,宽是几就是有几排这样的面积单位,长方形的面积就是含有面积单位的个数。看来长方形的面积和什么有关?又有什么关系?你能结合操作中的数据,说说它们之间的关系吗?

生:长方形的面积等于长乘宽。

5. 分类思想

分类思想是一种基本的数学思想,也就是以比较为基础,按照事物间性质的异同,将相同性质的对象归入一类,将不同性质的对象归入不同类别的过程。分类也称为划分。小学阶段学生以形象思维为主,认知水平不高,其最大的特点是思维离不开具体事物的支撑。分类必然存在分类对象,满足了学生的认知需要形象支撑的特点。

在图形教学中渗透分类的数学思想,教师不能仅仅满足于让学生得到分类的结果,还应引导学生理解为什么要这样分类,交流是按怎样的标准进行分类的,讨论怎样分类较为合理。教师要引导学生对分类的结果进行解读,充分展现学生的思维过程。如在教学"认识平行"时,从生活情境中选取 6 张图片,从每张图片中抽象出两条直线,让学生根据两条直线的特点来进行分类。(见 3.1.2.3 案例)让学生经历从分类中产生矛盾,在充分的辨析中化解矛盾,使他们逐渐看清平行的本质,这样概念的引入水到渠成。

分类思想的渗透,还有利于帮助学生建构知识网络。在教学"三角形的分类"时,老师给每个小组提供三角形的学具,放手让学生进行分类,活动过程中学生根据不同的标准对三角形进行分类。有的学生按三角形的内角度数的大小,从量到质来分类,在三角形中以最大一个角大于、等于或小于 90°为分类标准,三角形可归类为钝角三角形、直角三角形和锐角三角形。以边的长短为分类标准，三角形又可分为不等边三角形和等腰三角形，等腰三角形又可分为正三角形和等腰三角形。学生通过分类，知道三角形以不同的分类标准有不同的分类结果，这一教学过程有效地渗透了分类思想，帮助学生对各种三角形的概念有更深刻的理解，通过分类，能更加系统地理解它们。

6. 极限思想

在圆的周长教学中，向学生介绍古代数学家刘徽的"割圆术"，他就是利用极限思想来求得圆的周长的。首先作圆内接正多边形，当多边形的边数越多时，多边形的周长就越接近圆的周长。正是用这种极限思想，刘徽求出了 π。让学生经历正多边形到圆的形成过程，引导学生观察体验，随着边数越来越多，正多边形越来越像圆（图 3－10），从中感受极限思想。

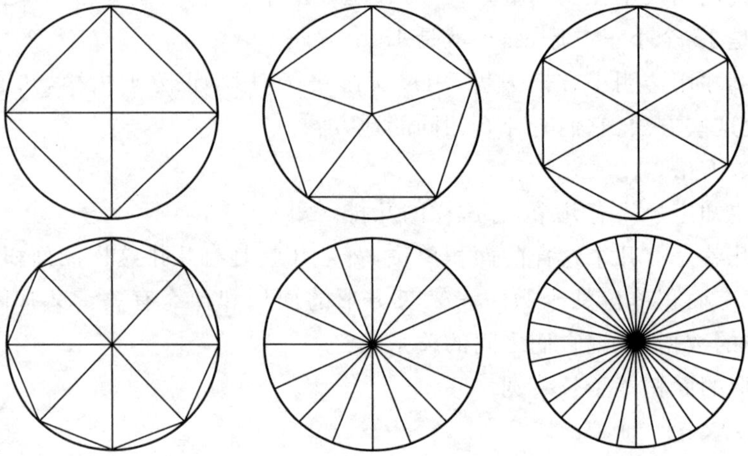

图 3－10

除了圆的周长涉及极限思想，在直线、射线、平行线的教学中，也可让学生体会直线的两端是可以无限延长的。在教学圆的面积时，可以创设学习活动，使学生感受：如果把圆等分的份数越多，拼成的图形越接近于长方形，这时长方形的面积就越接近于圆的面积了。这部分内容应让学生体会到这是一种用"无限逼近"的方法来求得圆面积的，而用这种方法也可以推出三角形的面积。

长方形、正方形、平行四边形、三角形、梯形的面积公式，长方体、正方体、圆柱、圆锥的体积公式，圆的周长和面积公式等都渗透了函数的思想。例如，在教学"圆的周长"时，让学生来做一个实验，找一些圆形的物品，分别量出它们的周长和直径，并算出周长和直径的比值，把结果填入表中看看有什么发现。学生在测量圆的周长和直径及填写数据的过程中，感受直径变大，圆的大小也在变化，周长也随之发生变化，而它们的倍数关系不变，从而体会到函数的思想。（表 3－7）

表 3-7

物品名称	周　长	直　径	周长和直径的比值(保留两位小数)

3.1.1.3　“测量”内容结构与基本要求

图形的测量是在图形认识的基础上进一步的教学，也是图形与几何的重要内容，在小学阶段，图形的测量渗透在各个学段，在数学教材编排中，它与图形的认识相互辉映，相互依赖，使得图形认识更加全面、深入。图形的测量在小学阶段主要包括长度的测量、角的测量、多边形的面积、一些立体图形的体积这四个方面。(图 3-11、3-12)

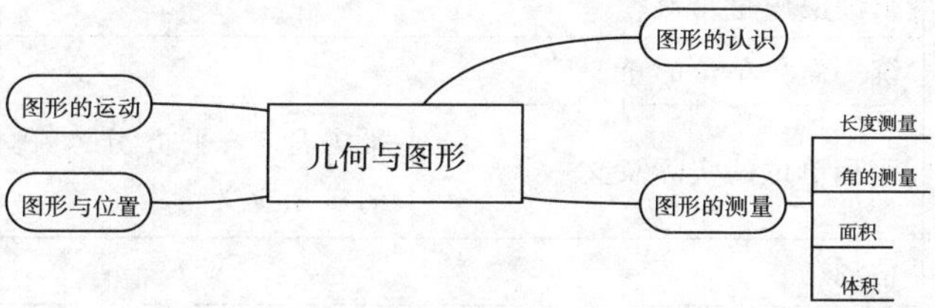

图 3-11

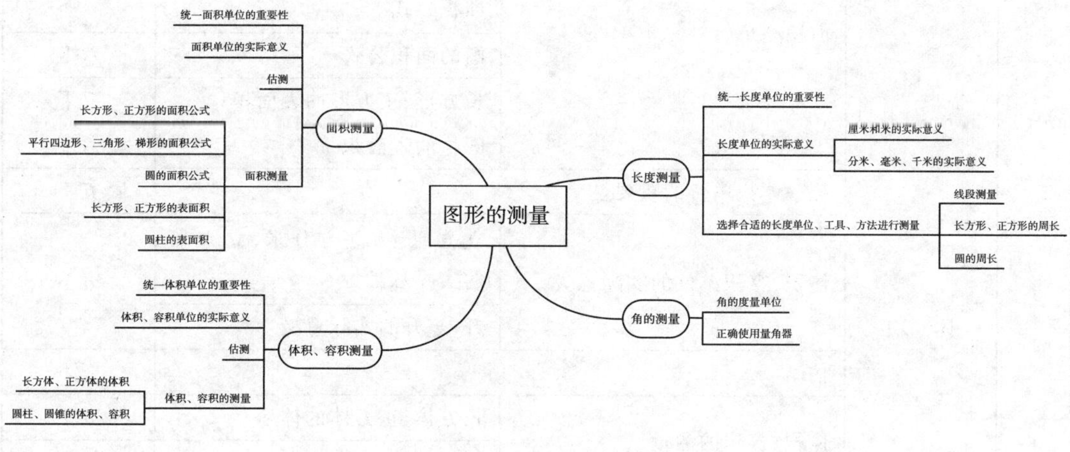

图 3-12

图形测量包含的知识很多，结构复杂，各部分知识又相互联系、相互依存，需要我们细细整理，系统掌握图形测量内容，抓住图形测量内容中相关知识的本质，理解测量内容的内涵及在教材内容编写时的呈现。知道不同内容对培养学生几何直观及空间观念的作用。正确理解学习图形测量对学生认识世界、发展空间观念的重要意义。

1. 图形测量的内容结构(表 3-8)

表 3-8 图形测量的内容结构

内容				位置
测量	长度的测量	统一长度单位的重要性		二上
		长度单位的实际意义	厘米和米的实际意义	二上
			分米、毫米、千米的实际意义	三上
		估测		三上
		选择合适的长度单位、工具、方法进行测量	线段测量	二上、三上
			长方形、正方形的周长	三上
			圆的周长	六上
	角的测量	角的度量单位		四上
		正确使用量角器		
	面积	统一面积单位的重要性		三下
		面积单位的实际意义	平方厘米、平方分米、平方米的实际意义	三下
		估测		五上
		面积测量	长方形、正方形的面积公式	三下
			平行四边形、三角形、梯形的面积公式	五上
			圆的面积公式	六上
			长方形、正方形的表面积	五下
			圆柱的表面积	六下
	体积	统一体积单位的重要性		五下
		体积、容积单位的实际意义	立方厘米、立方分米、立方米的实际意义	五下
			升、毫升的实际意义	
		估测		五下
		体积、容积的测量	长方体、正方体的体积	五下
			圆柱、圆锥的体积和容积	六下

2.“测量”内容的基本要求

课程标准在不同学段对测量内容提出不同要求。

1)第一学段的要求

(1)结合生活实际,经历用不同方式测量物体长度的过程,体会建立统一度量单位的重要性。

(2)在实践活动中，体会并认识长度单位千米、米、厘米，知道分米、毫米，能进行简单的单位换算，能恰当地选择长度单位。

(3)能估测一些物体的长度，并进行测量。

(4)结合实例认识周长，并能测量简单图形的周长，探索并掌握长方形、正方形的周长公式。

(5)结合实例认识面积，体会并认识面积单位平方厘米、平方分米、平方米，能进行简单的单位换算。

(6)探索并掌握长方形、正方形的面积公式，会估计给定简单图形的面积。

2)第二学段的要求

(1)能用量角器量指定角的度数，能画指定度数的角，会用三角尺画 30°、45°、60°、90°角。

(2)探索并掌握三角形、平行四边形和梯形的面积公式，并能解决简单的实际问题。

(3)知道面积单位千米^2、公顷。

(4)通过操作，了解圆的周长与直径的比为定值，掌握圆的周长公式；探索并掌握圆的面积公式，并能解决简单的实际问题。

(5)会用方格纸估计不规则图形的面积。

(6)通过实例了解体积(包括容积)的意义及度量单位(米^3、分米^3、厘米^3、升、毫升)，能进行单位之间的换算，感受 1 米^3、1 厘米^3 以及 1 升、1 毫升的实际意义。

(7)结合具体情境，探索并掌握长方体、正方体、圆柱的体积和表面积以及圆锥体积的计算方法，并能解决简单的实际问题。

(8)体验某些实物(如土豆等)体积的测量方法。

根据课标对图形测量的要求，我们不难看出其中的几个核心理念：要使学生体会建立统一度量单位的必要性；使学生理解与把握度量单位的实际意义，对测量结果有很好的感悟；在具体的问题情境中恰当地选择度量单位、工具和方法进行测量；重视估测及其简单应用。

3. 图形测量内容之间的联系

帮助学生在图形测量活动中感悟数学思想，了解掌握测量的基本方法，积累数学活动经验，培养空间观念。而这些理念渗透在测量的每一部分内容当中，异曲同工，让我们对图形测量内容之间的联系有深刻理解与把握。

1)重视让学生体会建立统一度量单位的必要性

在认识长度单位时，经常有老师有疑惑：为什么要让学生体会统一长度单位的必要性？

我们以二年级上册“长度单位”为例，二年级学生第一次学习长度单位，教材呈现的例 1，并没有一上来就介绍厘米，而是采用真实的事例：古人曾用身体的一部分，如“庹(tuǒ)”“拃(zhǎ)”“脚长”作为“长度单位”；然后创设了一个活动的情境：两个不同的人都用拃作单位量一量课桌的长，然而测量结果却不同，突出统一度量单位的必要性。

一方面，教材编排意图是让学生了解测量的历史，体会测量是人们在生产和生活中产生的实际需求，更尊重知识本源；另一方面，不同的人测量得的结果会不同，由此引起认知冲突，使学生感受到统一长度单位是必要的。教材这样安排，不仅突出统一单位的重要性，也体现了一种数学的文化内涵，揭示了度量单位是怎样发生和发展的，又是怎样推动社会前进的。

同样，角的度量、面积和体积测量的编排，都体现了统一度量单位的必要性。因此，在课程的实施过程中，应该为学生提供必要的机会，鼓励学生选择不同的方法进行测量，并在相互交流的过程中发现不同的度量方法，进一步体会度量单位统一的必要性。只有统一度量单位，才能使度量从个别的、特殊的测量活动成为一般化的活动，可以在更大范围内应用。在这里，度量单位是度量的核心，没有统一的度量单位，就无从谈测量。

2)使学生理解与把握度量单位的实际意义

在教学中经常会遇到学生用手中的厘米尺去测量黑板的长度，或者对橡皮的体积大约是10（　），应当是立方厘米还是立方分米很迷惑。这些都是对度量单位的实际意义的不理解所造成的。生活中哪些物体的长度是1米？哪些物体的体积大约是1立方米？等等。对这些实际意义的理解，有助于学生在测量中选择合适的测量工具，有助于对单位之间的换算的理解与掌握，有助于对测量结果有大致的估算。所以，正确地把握度量单位的实际意义是测量的基础。

例如，五年级下册“升和毫升”一课，为了深化学生对这两个度量单位的体验与认识，创设了各种有价值的数学活动。

(1)建立毫升的观念

① 玩一玩1毫升的水。

a. 猜：刚才两杯饮料相差10毫升，请大家猜一猜1毫升水有多少。

b. 玩：用针筒(先介绍针筒的刻度线)吸1毫升的水，放在手心里玩一玩。

c. 数：1毫升水会有多少滴？

② 玩一玩10毫升的水：用针筒吸10毫升的水挤入杯中，与1毫升比一比，你有什么发现？

③ 玩一玩100毫升的水：先估计100毫升的水大概在水杯的什么位置，然后小组成员盛水，轮流倒入量杯里量一量，看谁最接近100毫升。

(2)建立升的观念

① 玩一玩1升的水。

a. 猜：如果10个小组都把这100毫升的水倒在一起，就是多少毫升呢？讲台上几个空瓶哪个能盛得下？刚好能盛1000毫升，提示：1000毫升正好是1升。

b. 验证：10位组长按顺序倒入一个空瓶中。

玩一玩2升的水(举起2升的空瓶)，学生猜测，教师倒水验证，并显示标签证实。

③ 猜一猜几升的水：出示几只大小不等的空瓶，猜一猜每只瓶各能盛多少升的水。

学生估计后，教师倒水验证。

活动过程中，有观察、有操作、有猜测、有验证，放在手心玩一玩，挤入杯中比一比，倒入量杯量一量……正是这些富有实效、充满情境的活动使学生不断地与新的度量单位亲密接触，尤其是刚刚获得的表象，又在猜测验证的过程中不断予以调整、校正，直至被深刻地构建，并在体验中内化。

再如，教学六年级上册“圆的认识”一课，教师设计以下练习，虽质朴无华，却内涵丰盈。

教师出示下列连线题：

$r=4$ 米	$d=2.4$ 厘米	$r=35$ 厘米	$d=0.8$ 分米
自行车轮胎	茶杯口	手表表面	花坛

连线的过程，正是学生展开想象的过程。他们需不断调整头脑中原有的长度单位的表象，并结合“d”及各个数的实际意义展开想象，并最终准确地将数据与物品连在一起，数形结合的思想、空间观念的发展在这里得到很好的体现。

3)恰当地选择度量单位、工具和方法进行测量

课程标准要求，探索并掌握长方形、正方形的周长公式；探索并掌握长方形、正方形、三角形、平行四边形、梯形、圆的面积公式，并能解决简单的实际问题；探索并掌握长方体、正方体、圆柱的体积和表面积以及圆锥体积的计算方法，并能解决简单的实际问题。

课程标准还要求探索不规则图形的周长、面积、体积。例如，用方格纸估计不规则图形的面积；体验某些实物如土豆、橡皮泥等体积的测量方法。

在学生探究公式的推导过程中，不可忽视测量环节，包括测量工具的选择、测量方法的多样化，而不是仅仅重视公式的推导过程。以长方形的周长为例，它的本质就是长方形四条边长度之和。概念的关键词应该是“长度”，长方形的周长实际就是用适当的长度单位量出长方形四条边的长度。在这里，测量不仅是推导公式的重要教学手段，同时又是教学目标。刚开始，可以引导学生动手操作，运用正确的测量方法测量长方形的长和宽，经历尝试计算、探索验证、比较优化、合作交流等活动，引导学生经历自主构建长方形周长公式的完整过程。在经历不同方法的过程中，充分感知周长是长度单位，是可以测量的，而在测量基础上推导出的长方形周长公式就大大简化了测量过程。

4)各部分测量内容教学都涉及估测

对测量的估计，简称估测。估测属于估算教学中的一种，它是一种测量方式，更是一种测量技能。《义务教育数学课程标准》第一学段内容标准里面指出，“能估测一些物体的长度，并进行测量”，以及“探索并掌握长方形、正方形的面积公式，会估计给定简单图形的面积。第二学段目标里提出“发展测量(包括估测)、识图、作图等技能”，内容标准里指出“能用方格纸估计不规则图形的面积”。从对面积估测的教学内容来看，这里的估测不仅仅有不借助工具的物理测量，也包括借助简单的工具(方格纸)测量不规则图形的面积。所以，估测教学不仅仅包括让学生学会不借助工具进行测量，也包括学会借助于工具获得相关图形面积的近似值。基于此，在估测教学中，教师需要创设适当的问题情境，

让学生体会估测的意义和价值。这种情境,必须是学生日常生活中或学习中遇到过的,学生具有一定的经验,结合这种经验,让学生体会生活中有时需要准确测量,有时只需要估测。这样课程的设计,一方面可以使学生体会到数学与生活的密切联系,另一方面,可以使学生认识到估测的内在价值,体会到学好估测的必要性。

在进行数学三年级上册第三单元例 6 的教学时,让学生从短距离的估测入手,估一估教室的长和宽。学生 1 通过脚步丈量得出教室的长和宽;学生 2 根据黑板的长度 4 米,估算出教室的宽等。学生利用多种方法来展现估算的思维过程。教师接着再引入:估一估从你家到学校大约有多远。

学生 1:100 米我大约要走 200 步,从家到学校我走 600 步,大约 300 米。

学生 2:我走 100 米大约要 2 分钟,从家到学校约要 10 分钟,约 500 米。

学生运用自身的步数作为标准来进行估算,这些丰富的实践,让其深刻体会到数学与生活的密切联系。

估测作为一种数学能力,其体现出的是一种灵活多变、不拘一格的数学思想,对于提高学生的分析、判断能力,培养学生思维的灵活性、独创性和深刻性有着积极的促进作用。当然,估测能力的形成不是一蹴而就的,它是一个长期训练、积累的过程。因此,教师应将估测教学贯穿于整个数学教学活动过程中,体现其发展的适度性、层次性、阶段性。同时,估测作为终身学习的必备技能,要将估测教学融入数学常态课程中,使之常态化。作为数学教师,要领悟估测在工作、生活中的价值,要积极结合教学内容进行估测策略的渗透与感知,有意识地在教学中培养学生估测的意识和能力。

3.1.1.4 空间观念的内涵及培养策略

"空间观念"是《义务教育数学课程标准》提出的十大核心概念之一。《义务教育数学课程标准》中没有具体给出空间观念的内涵,而是从空间观念的四个表征出发对空间观念的内涵进行描述,空间观念主要是指根据物体特征抽象出几何图形,根据几何图形想象出所描述的实际物体;想象出物体的方位和相互之间的位置关系;描述图形的运动和变化;依据语言的描述画出图形等。下面就从这四个方面谈谈空间观念。

第一,空间观念主要是指根据物体特征抽象出几何图形,根据几何图形想象出所描述的实际物体。

《义务教育数学课程标准》在"总目标"中提出"经历图形的抽象、分类、性质探讨、运动、位置确定等过程,掌握图形与几何的基础知识和基本技能"。四年级下册《认识三角形》教学时,主题图由两幅图组成,一幅是具有几千年历史的古埃及金字塔,一幅是具有现代气息的跨河大桥。我们就可以先出示埃及金字塔图片,让学生说一说埃及金字塔的历史,使学生进一步了解古埃及文明史,激发学生的学习兴趣,然后让学生找出金字塔上的三角形,并用笔把三角形描出来。在帮助学生借助金字塔初步抽象出三角形的几何直观图、初步感知三角形的特征的同时,也感受金字塔的构成;然后出示大桥图片,先让学生整体观察大桥,感受大桥的宏伟壮观,再让学生从大桥中找出各种三角形,并用笔把三角形描出来,帮助学生感受并抽象出各种形状三角形的同时,初步意识到三角形在大桥中的作用，意识到三角形就是从现实生活的一些实际物体中抽象出来的。

在认识了三角形之后，可以让学生观察生活中哪些地方用到了三角形。根据三角形的形状想象实际物体，如自行车中的三角形框架、篮球架中的三角形、电线杆中的三角形等，想一想这些三角形有什么作用，使学生理解三角形的稳定性，积累感性经验。这样，不仅可以从形的方面加深学生对周围事物的理解，发展学生的空间观念和几何直观，还可以在动手操作、探索实验和联系生活应用数学方面，拓展学生的认知，发展学生的思维能力和解决实际问题的能力，同时也为后续学习其他平面图形打下基础。

第二，空间观念是指想象出物体的方位和相互之间的位置关系。

教材通过四次编排，分别让学生经历了想象出物体的方位和相互之间的位置关系的从简单到复杂的学习过程。学生通过第一学段的学习，已经能够使用上、下、左、右、前、后和东、南、西、北等方位名词描述物体的相对位置；学生通过第二学段的学习，学会用数和点确定物体的位置，明确在平面内可以通过方向和距离两个条件确定物体的位置。例如，六年级上册教材以电视播报台风警报作为情境，直接给出标着台风中心和 A 市的方位图，让学生利用图示理解台风中心“位于 A 市东偏南 30°方向、距离 A 市600 km”所表示的含义。“位于 A 市东偏南 30°”就是以 A 为顶点，以正东方向为起始边，向南旋转 30°所在射线的方向上，同样，“位于南偏东 60°”方向，就是以 A 为顶点，以正南方向为起始边，向东旋转 60°所在射线的方向上。显然，“东偏南 30°”与“南偏东 60°”表示的是同一条射线。但在实际生活中，我们一般先说与点(或物体)所在方向离得较近(夹角较小)的方位。这部分内容主要是帮助学生了解距离和方向的具体含义，会根据两点的相对位置说出其中一个点在另一个点的什么方向上，以及距离该点有多远。特别需要让学生明确物体是以什么作为参照物，是根据什么来确定这个点的位置的。学生要回答这些数学问题，需要感知方位、想象并把握物体之间的相互位置关系，这些因素都是空间观念的重要表现。

在教学时要充分关注学生已有的知识基础和生活经验，创设丰富的活动情境，提供多种探究途径，让学生进一步从方位的角度认识事物，全面地感知和体验周围的事物，发展空间观念。教学时要不断结合生活实际，促使学生将所学知识融入生活、应用于生活，在现实情境中发展学生的方位感，培养学生的空间观念。例如，教师可以引导学生以所在学校为观测点找一找自己家的方位；在校园内选择若干个建筑物，借助指南针、测绳等工具，通过从观测点测定方位、距离进行记录，再引导学生绘制校园平面示意图。让学生在现实情境中感受方向与日常生活的密切联系，激发学生的学习兴趣。让学生在活动中经历将实际问题抽象成平面示意图，由具体的平面示意图想象出物体的方位和相互之间的位置关系的过程，提升综合应用能力，发展空间观念。

第三，空间观念是指描述图形的运动和变化。

图形的运动和变化在小学 1～6 年级阶段主要涉及平移、旋转、对称及简单的图形放大与缩小这样一些内容。第一学段中，学生借助日常生活中对图形运动现象的观察与直观感受，感受平移、旋转、轴对称现象，能辨认简单图形平移后的图形，通过观察、操作，初步认识轴对称图形。第二学段中，图形的运动和变化的内容包括通过观察、操作等活动，进一步认识轴对称图形及其对称轴，能在方格纸上画出轴对称图形的对称轴；能在方格纸上补全一个简单的轴对称图形。在方格纸上认识图形的平移与旋转，能在方格纸上按水平或垂直方向将简单图形平移，会在方格纸上将简单图形旋转 90°，能利用方格纸按一定比例将简单图形放大或缩小，能从平移、旋转和轴对称的角度欣赏生活中的图案，并运用它们在方格纸上设计简单的图案。

描述图形的运动和变化对学生来说，是比较抽象的，有一定难度。给学生提供大量的丰富的图形运动现象，引导学生充分地观察、想象，运用日常生活中已经积累的有关经验，归纳、发现各种运动的特点，描述图形的运动和变化；有意识地把抽象的空间意识转化为具体的、容易操作的学习的过程，利用方格纸帮助学生更准确地认识和理解图形基本特征。这样能更好地使学生认识和描述空间图形的变换过程，可以有效地促进学生对空间概念的建立。

第四，空间观念是指依据语言的描述画出图形。

依据语言的描述画出的图形可以是具体的图形，也可以是具有某种大小或位置关系的一组图形等，使对方在看不到实物的情况下，通过你的叙述产生符合原形的直观想象。叙述和倾听都需要对图形的关系进行分析与操作，准确、严谨地描述物体或图形的形状，这可能会由于人的能力的差异而有所不同，但这些描述的共性可能会促使一些有规律的内容出现，这就是空间观念。

《义务教育数学课程标准》对空间观念的描述，是学生在义务教育阶段通过图形与几何内容的学习需要达成的目标。它包括观察、想象、比较、综合、抽象、分析的过程，贯穿于图形与几何学习的全过程，无论是图形的认识还是图形的运动等都承载着发展学生空间观念的任务。

空间观念的养成是一个长期的经验积累的过程，因此教学的要求有别于具体的几何知识，但又是在几何知识中体现的，下面结合一个教学案例谈谈如何发展学生的空间观念。

案例

“长方形和正方形的认识”的教学片段

1. 教学内容：三年级上册课本 79～80 页的内容。

2. 教学目标：

(1)直观感知四边形，能区分和认识四边形，进一步认识长方形和正方形的特征。

(2)通过找一找、围一围、折一折、量一量、画一画等活动，培养学生的观察和概括能力。

(3)感受生活中的长方形和正方形无处不在，体会数学与生活的联系，进一步激发学生学习兴趣。

3. 教学重、难点：掌握长方形和正方形的特征。

4. 教具与学具准备：三角尺、直尺、钉子板、长方形和正方形纸。

5. 教学过程：

1)课题导入

精彩两分钟：形状歌。师：今天我们要学的内容也与图形有关。同学们伸出小手书空，齐读课题。

2)探究新知识

(1)初步认识四边形

① 图形分类。

a. 想象。

师：你觉得四边形是什么样的？在脑海中想象一下四边形的样子。学生汇报。

师：(图片出示79页主题图)黑板上有你想的四边形吗？它们在哪儿？

b. 分类。

师：请一个小朋友给这些图形分分类，你觉得谁是四边形就把它取下来贴在左边的黑板上。学生上台汇报，有可能会选长方体，教师引导学生区分。

c. 观察。

师：仔细观察这些四边形都有什么相同点，把你的发现和同桌说一说。生汇报，教师引导学生说出四边形的特征。

师生共同小结：有4条直的边，4个角的封闭图形是四边形。

② 找生活中的四边形。

师：四边形在日常生活中随处可见，你发现哪些物体的表面是四边形？学生汇报，师提醒学生回答问题要完整。

③ 围一围。

师：认识了四边形，你能在钉子板上围一个四边形吗？学生围出四边形并展示作品。

(2)探究长方形和正方形的特征

① 探究长方形的特征

师：老师发现同学们围了两个特殊的四边形：长方形和正方形，仔细观察这两个图形，它们有什么特点呢？学生汇报长方形和正方形边、角的特征。

师PPT出示长方形：我们把长方形较长的一组对边叫长方形的“长”，较短的一组对边叫长方形的“宽”。

师：以上都是同学们观察后的猜想，这些猜想是否正确还需要你们去验证。接下来分组做实验，拿出文具袋中的长方形纸，用你喜欢的方法验证你的猜想。

师：哪个小组来说一说你是怎么验证长方形的对边相等的？

生1：测量。学生汇报测量的数据，引导学生发现长方形不论形状和大小，都有共同特征，即对边相等。

生2：折一折。学生展示折法。

师：怎么验证长方形4个角是直角？

生：用三角尺上的直角量一量。引导学生展示不同的量法：

方法一：分别用三角尺上的直角测量4次；

方法二：先将长方形对折，再用三角尺上的直角测量两次；

方法三：将长方形对折后再对折，用三角尺上的直角测量一次。

② 探究正方形的特征。

师：PPT出示正方形，我们把正方形的4条边叫作“边”。

师：你是怎么验证正方形的4条边都相等，4个角都是直角？

引导学生用量一量、折一折、对角折的方法验证正方形边、角特征的猜想。

(3)认识长方形和正方形的关系

① 观察。

师：认识了长方形和正方形，你发现它们都有什么相同点？

生：4条边，4个直角。

师：那不同点呢？

生：讨论汇报，长方形只有对边相等，正方形4条边都相等。

② 再次围一围。

先在钉子板上围一个四边形，然后将四边形变成长方形，再将长方形变成正方形。

③ 折一折、拼一拼。

利用手中学具折一折、拼一拼，把长方形变成正方形，或者把正方形变成长方形。

④ 小结。

师：回忆刚才的学习过程。我们先观察图形的特点，根据图形的特点把图形进行分类，认识了四边形，再仔细观察特殊的四边形——长方形和正方形，就有了自己的猜想，最后通过动手操作、验证猜想，加深了对四边形的认识。

板书：观察—分类—猜想—验证。

3)巩固与练习

(1)画长方形、正方形

师：认识了长方形和正方形，想不想画一画这两个图形？打开课本80页完成做一做第1题。师组织学生汇报画法。

(2)猜图形

师：书本中藏着一些四边形，你知道它们是什么形状吗？生汇报：长方形、正方形、梯形，并说明理由。

4)课堂总结

师：这节课你有什么收获？师根据学生总结，呈现思维导图。

【学情分析】

五年级下册“长方形和正方形的认识”这一课里面包括两部分内容：一是图形各元素之间的认识，即四边形的四条边、四个角的认识；长方形的长、宽、角的认识，正方形的边长、角的认识。二是图形之间关系的认识，即四边形、长方形、正方形它们三者之间关系的认识。在这一课中，老师使用了很多的教学策略，认识图形、发展学生的空间观念。

第一，动作直观——动手操作。

在这节课中，教师多次让学生进行动手操作。在钉字板上围一个四边形；用直尺量一量长方形和正方形的四条边的长度；用三角尺的直角量一量四个角的大小；折一折、比一比对边的长度，发现长方形及正方形边的特点。动手操作活动丰富了学生的直观经验，符合学生的年龄特征与认知特征，是认识图形与发展学生空间观念的一种行之有效的教学策略。多种形式的操作能使他们的视觉、触觉协调起来，充分发挥其内化功能，以丰富他们的空间观念。

第二，视觉直观——观察。

教师在教学认识四边形时，先让学生观察各种不同的图形，从中找出哪些图形是四边形；学习长方形和正方形的特点时，也是先让学生进行观察，然后再猜测长方形和正方形的特点是什么；借助PPT直观演示在方格纸出示两个完全一样的长方形，然后将其中的一个演变为正方形，观察比较两者的异同。通过一系列的观察活动，无论是静态的观察，还是动态的观察，都丰富了学生的视觉直观经验，为后来的发现做好了铺垫，也为发展学生的空间观念打下了基础。

第三，建立空间观念——想象。

空间观念的培养不是一蹴而就的，它需要不断积累经验、丰富想象力，如果说观察是空间观念发展的基础，那么想象则是更高层次的空间观念的表现。对于学生来讲，可能直接想象有些困难，有的教师会模拟创设一个情景，让学生去直接观察具体物体，然后进行判断。这样做确实能够降低纯粹靠想象作出判断的难度，但同时也失去了培养学生想象力的机会。教师不妨让学生先想一想，尝试着作出判断，然后再实际地看一看，把实际看到的和想象的进行比较，得出正确的结论。如在认识四边形时，先让学生闭着眼睛想象自己心目中的四边形是什么样子；在认识长方形和正方形后，再次让学生闭上眼睛把长方形和正方形的样子在脑中想象一遍，然后再从生活中找一找。这样将有助于学生积累想象的经验，提高对物体之间关系进行把握的能力，发展学生的空间观念。

第四，发展空间观念——分析、推理、辩证。

例如在认识长方形的四个角都是直角时，有的同学用三角尺的直角分别测量了长方形的四个角，发现它们都是直角；而有的同学先将长方形对折，然后用三角尺的直角只需要测量两次，分析另外两个角和这两个角都重合，推理出四个角都是直角；还有的同学先将长方形对折再对折，只需要用三角尺的直角测量一次，再加上分析、推理发现长方形四个角都是直角。正方形的特点也是如此。学生的空间认知从直观认知逐渐向理性分析过渡，有效利用分析、推理、辩证等多种途径，在思考中发展学生的空间观念。

第五，空间观念的应用——创造。

在钉子板上让学生创造出一个四边形，再将四边形转化成长方形、正方形；或者利用手中的学具，将长方形转化成正方形、将正方形转化成长方形等。这些创造性的活动，进一步加深了学生对图形自身特点的认识，以及图形之间关系的认识，培养了学生的创新思维能力，发展了学生的空间观念。

小学阶段是人一生中空间观念发展的重要时期，培养和发展学生的空间观念是我们所有一线数学教师不懈的追求。虽然发展学生的空间观念策略有很多，但选择适当的教学策略，为学生提供足够的时间和空间，才能发展学生的空间观念。

3.1.2 学生关于“图形的认识与测量”的理解特征

3.1.2.1 学生学习“图形认识与测量”的认知特点

1. 立体—平面—立体，螺旋上升式认识图形

在学生的现实生活当中，他们首先接触到的图形应该是立体的，比如说他们每天看到的楼房、汽车、桌椅，他们用的橡皮、水杯等，这些都是立体的。而平面图形是附着在立体图形上的。学生的数学学习自然要遵循自身的认知规律，从立体到平面再到立体逐步认识图形，体现了从整体到局部再到整体的过程。

当然，图形的认识过程应该是螺旋式上升的，应该是遵循直观辨认立体图形—直观辨认平面图形—进一步认识平面图形的特征—进一步认识立体图形的特征的过程，前后的两个平面图形、两个立体图形是有区别的。开始学生们是从直观上来认识立体图形和平面图形的，而后来则要进一步地研究这些平面图形和立体图形的特征。例如平面图形的认识，在教材一年级下册中，就已经安排了从立体图形中抽出长方形、正方形等平面图形，但仅仅是会辨认这些图形，到三年级上册再次认识四边形、长方形和正方形，进一步地认识它们的特征以及图形之间的关系；又如立体图形的认识，在教材一年级上册中，就安排了认识长方体、正方体、圆柱、球等立体图形，但到五年级下册才研究长方体和正方体的特征，六年级下册才进一步地研究圆柱及其特征，这样螺旋上升式地认识图形就是遵循了学生的认知规律。

2. 从生活抽象出图形—应用于生活，回归认识图形的本源

从生活中抽象出图形，然后学习图形及其特征，再应用于生活，这不仅仅是课标的要求，体现了数学来源于生活、应用于生活的思想，更是将认识图形回归它的本源。如六年级上册，学习了圆的特征以后，能不能利用圆的特征在操场上画一个很大的圆呢？为什么下水井盖是圆形，自行车轮是圆形，还有大自然中绝大多数植物的根和茎的横截面是圆形的，草原上蒙古包的底面也是圆形的？让学生通过动手试验、上网查资料，进一步在生活中认识圆，他们就会发现车轮平面轮廓采用圆形，就是利用同一圆的半径都相等的性质，把车轴装在车轮的圆心上，当车轮在地面滚动的时候，车轴离地面的距离总是等于车轮的半径，因此只要道路平坦，车子就会平稳地在地面上行驶，如果车轮是正方形的，车辆就不能平稳行驶；井盖的平面轮廓采用圆形，就是因为圆形的井盖怎么放都不会掉到井里，而且能恰好盖住井口，这里就是利用了同一圆的直径都相等的性质等，这样不仅激发了学生的学习兴趣，更使对圆的认识回归到生活的本源之中。

3. 直观辨认—探索特征—关联其他图形，不断完善对图形的认识

根据荷兰范·希尔夫妇的几何思维水平研究，平面图形的认识水平可以分为：水平一：直观认识；水平二：描述、分析；水平三：抽象、关联；水平四：演绎、形式化推理；水平五：严密、元数学。从这几个水平可以看出，按照范·希尔夫妇的理论，学生通过思维水平的进步，从一个直观化水平不断地提高到描述、分析、抽象和演绎等复杂水平。这实际上也说明了从直观辨认到探索特征的学习过程是符合学生的认知规律的。小学阶段对于平面图形的学习，显然主要是上面的第一、二、三水平，而第四、五水平应该是初中、高中，甚至是大学学习应达到的。

案　例

六年级上册"扇形的认识"教学片段

【片段一】 创设情境，感受扇形。

师：同学们！你们见过蔚蓝的大海吗？海洋里有千姿百态、形状各异的生物，下面我们一起来走进神奇的海底世界，欣赏几幅美丽的海底画面，请注意观察它们有什么共同的地方。（揭示课题）

师：找一找生活中哪些物体的形状是扇形？（渗透思想教育）

【片段二】 进一步认识扇形。

1. 动手操作

师：从准备的圆中画一画，折一折，或者剪一剪，制作一个扇形。

师：制作扇形的过程当中，你有什么发现？

生1：我发现扇形是圆的一部分。

生2：扇形有两条半径。

生3：扇形除了有两条半径，还有一条弯曲的线。

2. 自主学习

师：这条弯曲的线叫什么？它和圆有什么关系？扇形的身上还有什么？学生自学课本75页扇形的各组成部分名称。

生1：这条弯曲的线叫作弧，它是圆上AB两点之间的部分；扇形的身上还有圆心角，顶点在圆心的角叫作圆心角。

生2：我还发现扇形是轴对称图形，但是它的对称轴只有一条。

3. 抽象、概括扇形的概念

师：大家发现了扇形身上这么多的秘密，那谁来说一说什么是扇形呢？

生：扇形其实就是圆的一部分，一条弧和经过这条弧两端的两个半径，所围成的图形叫作扇形。

4. 进一步完善对扇形的认识

师：扇形的定义大家听明白了吗？谁能借助于这个会活动的学具，边演示边解释什

么是扇形？学生上台演示。

(1)当学生转动圆心角等于90°时

师：这是一个扇形吗？它和所在的圆有什么关系呢？你能折出一个这样的扇形吗？

生：把一个圆对折再对折，这个扇形就是所在圆的1/4。

(2)当学生转动圆心角等于180°时

师：这是一个扇形吗？它和所在的圆有什么关系呢？你能折出一个这样的扇形吗？

生：把一个圆对折，就形成了一个半圆，半圆也是扇形，它是所在圆的一半。老师，这是一个扇形吗？

(3)当学生转动圆心角大于180°时

师：现在还是扇形吗？

生：还是扇形，因为它还是有圆心角、两个半径、一条弧。只不过这个扇形比半圆大，比整个圆小。

师：除此之外你还有什么发现？

生：我还发现半圆正好是1/4圆的2倍。

生：我还发现在转动的过程当中，圆心角越大，这个扇形就越大，扇形的大小由圆心角决定。

5. 小组合作探究：圆心角越大，扇形的面积就越大对吗？

(1)利用准备好的学具小组合作进行验证

板书：在同一个圆或等圆中，圆心角越大(小)，扇形就越大(小)。

(2)如果圆心角一样大，是什么决定扇形的大小呢？

通过比较发现：圆心角相等，半径长(短)的扇形大(小)。

(3)决定扇形大小的因素有哪些

学生：半径和圆心角。

【学情分析】 在扇形的认识过程当中，首先通过直观辨认，初步感知什么样的图形是扇形。但这样还不够，接着通过动手操作、自学、交流汇报等环节，让学生进一步地认识扇形的两条半径、弧、圆心角等元素，体会到扇形的特征。紧接着利用学具让学生在不一样地操作中认识一些特殊的扇形，完善对扇形的认知，发现扇形与所在圆之间的关系，体会到决定扇形大小的两个因素，对扇形的认知更加全面。动静结合，从不同的视角、以不同的方式来认识图形。对于图形的认识，不仅仅是从静态的角度去认识它，还可以从动态的角度去丰富对它的认识。比如上一个例子中，在认识扇形的过程中，我们既可以静态地去观察扇形的组成部分，扇形的特点，也可以用动态演示的形式去发现扇形与所在整圆之间的关系，发现在同一个圆中，扇形的圆心角越大，扇形就越大。

3.1.2.2 学生学习“图形的认识与测量”的典型困难

1. 学习材料的表现形式对图形认识的影响

如果教师提供的感性材料不充分、不丰富，学生就难以区分一类对象的本质属性和非本质属性。例如学习梯形的概念时，有的学生只知道水平放置，并且都是上底短、下底长的标准梯形才是梯形。造成学生错误认识的原因就是老师提供的都是一些标准的图形。又如对于扇形的认识，很多学生认为圆心角小于180°的才是扇形，圆心角大于180°的就不是扇形。

2. 生活经验对几何图形认识的影响

心理学的研究认为，学生的经验对几何概念的学习有积极的促进作用，也有消极的阻碍作用。例如几何概念中的垂直与日常生活中的竖直较为接近，学生往往将垂直理解为竖直的状态。

3. 基本概念理解得不深刻对图形测量的影响

在求从一个长方形中剪掉一个正方形的周长时，很多学生用长方形的周长减去正方形的周长，这是由于他们对周长的概念理解得不深刻，所以很容易受面积思维定式的影响，产生错误。

3.1.2.3　如何进行图形的认识与测量的学情分析

在图形的认识与测量教学中，我们除了把握教材，更重要的是要了解学情，对学情进行分析。教参上经常提到的教学建议就是要根据学生的实际来确定教学要求，可见对学情的分析是多么的重要。下面就以《平行与垂直》谈一谈如何进行学情分析。

案　例

"平行与垂直"教学片段

【片段一】　画图感知，研究两条直线的位置关系。

师：我们把这张纸看作一个平面，在上面画两条直线，大家想象一下：这两条直线的位置关系是怎样的？

把你刚才想的画在课前发的白纸上，可能出现图3－13中的内容。

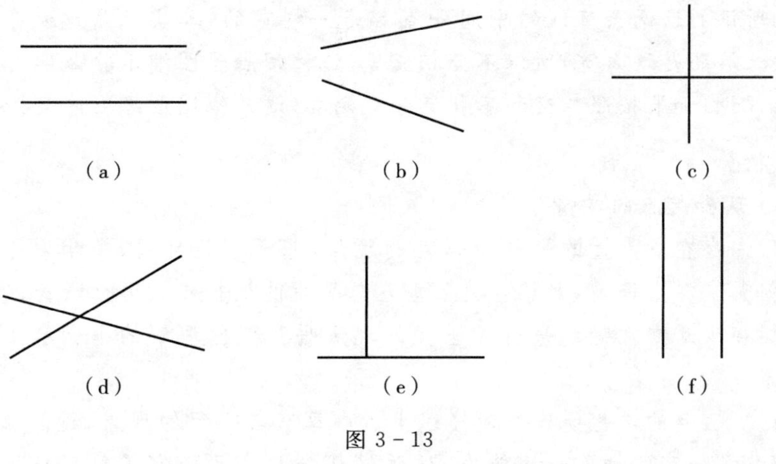

图3－13

【片段二】　观察分类，了解平行与相交的特征。

师：刚才我收集了一些同学的作品。在这些作品中有没有相同的类型呢？你们能把它们按照一定的标准分分类吗？（留出一定的时间让学生独立思考）

师：哪个小组来汇报一下你们是按什么来分的？分的结果是什么？

预设学生可能会出现以下几种情况：

A. 分为两类：相交(3、4、5)、不相交(1、2、6)。

B. 分为两类：相交(2、3、4、5)、不相交(1、6)。

C. 分为三类：相交(3、4、5)、延长后相交(2)、不相交(1、6)。

D. 分为四类：相交(4)、延长后相交(2)、不相交(1、6)、相交成直角(3、5)。

师：看来大家对4、1、6的分法是相同的，对2、3、5归为哪一类有不同的看法，其中在不相交的情况时，对2的争议比较大，那我们现在就把目光锁定在2、3、5这三张图片上，你更赞同把它们怎么分类？为什么？在小组内交流你们的想法。

生：我认为2应该放在相交的一类，因为直线是可以无限延长的，延长后它们就相交了。

师：你是怎么看出来它们延长后会相交呢？

生：因为2的右边宽，左边窄，把左边的线延长后就会相交。

师：我们用点子图验证一下。（课件：一让学生看清这两条直线的间隔从右往左越来越小，逐渐靠拢。二是把2号的直线延长至相交，验证学生的想象。）

师：受图2的启发，我们再来观察一下图1和图6，你们发现什么？想象一下，如果向两边无限延长后会相交吗？

生1：这两条直线都是平的，不是一条平、一条斜的，向两边无限延长后不会相交。

生2：这两条直线是平的，是一样宽的，不是像上面相交这样有宽、有窄的，向两边无限延长后不会相交。

生3：这两条直线也有可能是平的，也有可能都是斜着的，但是无论怎么样两条直线是一样宽的，它们延长后不会相交。

师：你们所说的这两条直线的中间一直都是一样宽的，其实就是这两条直线的距离是一样的，延长后还是这么宽，所以不会相交。（课件用点子图演示验证）

师：谁来说说，如果按照相交和不相交分成两类，这几幅图最终应该怎么分？

【学情分析】

1. 对学生认知起点的学情分析

现实生活中存在着大量的平行与垂直的现象，基于生活经验，学生对平行和垂直的原始认知如何呢？在上课前，对学生关于垂直与平行的认知起点进行调研。

(1)问题：在生活中你见过平行或垂直的现象吗？把你理解的平行和垂直的现象写下来或画下来。

(2)调研发现：有的学生能较好地描述生活中垂直与平行的现象，还能够用图形的形式画出来，具备了一定的抽象表达能力，说明这部分学生已经有了垂直与平行的认知基础。但也有一部分同学对垂直与平行概念的认知停留在直觉层面，凭借生活感知，认为平行就是水平的直线,垂直就是竖直的直线,还有一部分同学无从表达。这反映了学生具有不同的认知基础。所以我在教学中,就从学生的作品中有意挑选了图 3-13 中的(e)来丰富学生对平行线的认识。

2. 对学生认知路径的学情分析

在多次的磨课中,教师发现学生认识平行与垂直的认知路径是:先认识平行与垂直这两种特殊的位置关系,然后再延展到同一平面内存在不相交和相交两种关系,而这恰恰与知识的逻辑顺序是相反的,教材是让学生先认识在同一平面内两条直线的两种位置关系:不相交和相交,不相交也就是平行,如果相交形成的角是直角,则是垂直。所以在挑选学生的作品中,我既挑选了普通的相交,又挑选了特殊的相交,也就是垂直,进行分类。学生有可能把普通的相交和垂直分成一类,也有可能把它们分开,但无论怎么分,通过争辩都可以发现它们的相同点,进一步地认识它们的本质特点。

3. 对学生易错点的学情分析

由于学生的认知路径与知识的逻辑顺序有所不同,所以对图 2 的争议比较大,有的同学认为它属于不相交,有的认为属于相交,还有的同学认为垂直就是相交,相交就是垂直,把垂直和相交的内涵混为一谈。那么这些易错点也是我们在教学时需要突破的生成点,对于图 2 的处理,可以让学生把图 2 放在钉子图中进行直观演示,发现这两条直线越往左口越窄,刚开始是 4 颗钉子的长度,越往左,逐渐变为 3 颗钉子的长度、2 颗钉子的长度,直至在同一个点上相交。

3.1.3 “图形的认识与测量”的教学设计

3.1.3.1 “图形的认识与测量”内容教材分析

在《义务教育数学课程标准》的基础上,我国共编制了六种不同版本的小学数学课本,这些课本在编写理念、内容安排、素材选择及呈现形式、例题和习题等几大方面,都有着各自的特点。

通过对这些不同版本教材的比较分析,可以了解这些教材各自的优、缺点,下面对其中三个版本的内容进行简单的介绍和分析。

1. 教材

教材是以《义务教育数学课程标准》的基本理念和所规定的教学内容为依据,在总结现行九年制义务教育数学教材研究和使用经验的基础上编写的,经历了从实验教材到 2011 年进一步修订的过程。编者重视对好继承与发展的关系,努力体现新的教材观、教学观和学习观,同时努力保持我国数学教育的优良传统。下面就教材的主要特点做简要介绍。

(1)注意以学生的已有经验为基础,提供学生熟悉的活动情境,以帮助学生理解数学概念,构建有关的数学知识。

(2)让学生通过活动,积极思考、相互交流,体会数学知识的含义。

(3)安排了生活中的数学等联系实际的内容,为学生了解现实生活中的数学,初步感受数学与日常生活的密切联系，体验用数学的乐趣提供了素材。

(4)设计了富有学生情趣的学习素材和活动情境，以激发学生学习的浓厚兴趣与动机。

(5)联系学生实际，根据学生特点渗透思想品德教育。

(6)直观认识立体和平面图形，发展学生的空间观念。教材从一开始，就采取数和形的认识齐头并进的原则编排，加强相互联系和相互配合。

(7)安排实践活动，使学生体验数学与日常生活的密切联系，教材中安排有数学问题的实际活动，如"数学乐园""我们的校园"，让学生在解决问题的探索过程中应用数学，以培养学生应用意识和实践能力。

(8)体现教学方法的开放性、创造性，为教师组织教学提供丰富的资源。教材的设计一方面反映了《义务教育数学课程标准》的理念，另一方面为教师创造性地设计教学过程尽可能提供了方便。

2. 北师大版教材

北师大版教材体现出了新理念、新思路，使教师、学生、家长都有新鲜感，这在密切数学与现实世界的联系、确立学生在数学学习中的主体地位、建立探索性学习方法、培养学生的创新意识方面有明显的突破。

(1)教材密切数学与生活的联系，贴近学生的现实生活。教材克服了传统教材过分注重数学知识的严密性、逻辑性的不足，注意从学生的角度去选择内容、设计画面、编写例题、设置练习。

(2)教材注重体现学生的探索过程，培养学生的创新意识。教材充分考虑了学生的这种思维特点，都通过直观的富有意趣的画面来引入新知，并安排一些操作性的实践活动，比如说一说、练一练、数一数、画一画、看一看、写一写等。

(3)教材配套的教师用书主要给教师指明教学目标，对关键地方稍做介绍，其余只做提示，不做硬性规定，这样，教师的教学潜能才能得到发挥，教师的创新精神才能得到体现，才会使课堂教学不拘一格，丰富多彩。不过，有些教师在使用这套教材的过程中，对部分地方感到不适应。

3. 苏教版教材

苏教版教材是依据《义务教育数学课程标准》提出的教育理念、课程目标和认知技能领域的内容结构编写的，力求建立数学学科与其他学科的联系，知识技能、教学与培养情感体验、思维发展、提高解决简单问题能力密切结合，数学知识结构与学生认知规律高度一致的新体系。教材以学生数学学习活动为主线，力求通过教材的使用使学生掌握必要的知识和技能，培养学生初步的数感、符号感、空间观念、数据分析观念，以及应用意识和合理推理能力。在安排四个领域的教学内容时，注意相互联系、有机结合、有序编排、交叉安排。教材具有新、活、实的特点。

(1)教育观念新、教学内容新、结构编排新

教材注意精选教学内容，引起学生有效地学习，使学生经历了解现实题材数学问题、

数学模型、数学知识与方法，应用知识解决问题的学习过程，养成从数学角度考虑日常事物的兴趣与习惯。教材中大量的例题都是学生在校内和校外生活中亲身经历的，同时注意把数学知识与自然学科知识、科技知识等有机地联系在一起。教材从现实生活出发，十分注意引导学生在日常生活中发现并提出简单的数学问题，引导学生寻找解决问题的办法，注重培养学生解决问题的能力。在编排时设置小单元以安排教学内容，使教学内容相对集中，重点突出，有利于教师在把握教学内容和认知目标的同时，去研究有关数学的认识、情感体验、思维能力、解决问题等各个领域的教学任务、教学要求与教学方法，切实体现多元的教育目标。

(2)呈现形式活、学习形式活、练习形式活

教材选择的题材力求形式活泼，能吸引学生，激起学习兴趣；信息鲜明，方便学生发现并提出问题；富有启发性，能激活学生已有知识、经验和方法。

(3)基础知识教学实、发展数学思考实、培养情感与态度实

教材在安排教学内容时，注意符合学生学习的需要，教材鼓励学生积极参与生动、直观的数学活动，在活动中获得成功的喜悦，培养学好数学的信心，体验数学与日常生活的密切联系，发展数学意识，帮助学生形成积极的情感和科学、认真的态度。

※ 以“平行四边形的面积”教学内容为例进行分析

1. 教材

教材分为五个环节来展开教学：①引入。从主题图的两个花坛引入实际问题“哪个花坛的面积大”，在学生已知道利用长方形面积计算的基础上，引出如何用平行四边形面积来解决这一问题。②数方格子的方法来求面积。但是这种计算方法、已满足不了学生现实的需求，于是学生就产生了探究新方法的需求。③小组合作。探究平行四边形面积公式的推导过程，并总结面积公式及字母表达式。④例 1 是利用公式来计算主题图中平行四边形花坛的面积。⑤“做一做”。进一步巩固学生对公式的运用和理解。

整个教学过程符合学生学习数学的规律，体现合理的教学顺序和节奏，有利于学生理解数学知识，形成数学能力；其中渗透了“转化”的数学思想，注重使学生获得数学活动经验；也体现了对“四基”的训练，为培养学生解决问题能力提供清晰的线索和步骤；精心设计和安排的习题，使学生形成了合理的数学知识结构；设置的过程性板块为学生提供了自我反思与思考的机会，使学生获得了学习数学的良好体验，形成了良好的学习习惯。

2. 北师大版教材

教材分为六个步骤来展开教学：①出示情景图，没有过多的引导，直接提出问题：“如何计算这个平行四边形的面积?”②先让学生独立思考如何来求这个平行四边形的面积，然后利用小组合作的方式交流和探究平行四边形面积的求法，教材上的提示同样也体现了解决问题方法的多样性。③小组合作探讨平行四边形的面积推导的过程并验证。④利用总结出的面积公式去推导变式(底＝面积÷高)，教材呈现了解题方法的多样化。⑤再次利用图形去探究“平行四边形的面积和它的底与高的长度有关，和它的形状无关”，

同时也渗透了“等底同高”的概念。⑥通过“练一练”来进一步巩固学生对公式的运用和理解。

整个教学内容的设计体现了:①数学源于生活又应用于生活,教材把所有的知识点都蕴藏在情景图中,而这些情景图都是学生生活中看得见、用得着、听得懂、体会得到的,密切了数学与现实的联系。②让学生能从身边的事例或者感兴趣的问题入手,学习数学、理解数学、应用数学,使学生感受数学与现实生活的联系,感觉数学的趣味和作用,增强对数学的理解,增强学习和应用数学的信心。③在教学中灵活地设计符合学生爱动、爱说的特征的活动情境,调动了学生的参与意识,激发了学习热情和求知欲,同时,也充分体现了学生的主体作用,使学生们在有趣的活动情境中互动互爱,轻松、愉快地体验和学习数学。④教材注重在教学中引导学生大胆思考、猜想、探索、尝试,发展学生的创新意识,培养学生发现问题的能力。

3. 苏教版教材

教材分为四个步骤来展开教学:①教材没有具体的情境图导入,而是直接通过两个动手操作,让学生明白转化的思想、转化的方法,为顺利推导平行四边形的面积做好充分的知识准备;②借助这两个动手操作获得的经验,让学生通过动手操作——填表格,再通过小组合作、探究,理解平行四边形面积公式的推导过程,并总结出平行四边形面积的计算公式和字母表达式;③教材没有出示例题,而是直接让学生通过“试一试”的方式来用平行四边形的面积公式解决问题,从而获得对知识的应用;④通过“练一练”进一步巩固学生对公式的运用和理解。

整个教学内容的设计体现了:①教材在内容的选择方面体现了教学的工具性和人文性特点,体现了小学数学教学的基本特征。教材内容的选择也更贴近学生的生活实际,让学生学会在学习中联想生活实际,这有助于学生发散思维的发展。②教材在编制过程中将单一的教材结构多元化。在苏教版的小学数学中,学生的学习需要建立科学合理的框架结构,建立前后知识的联系。帮助学生温故而知新,有助于学生的理解。③教材在编制过程中为学生创建了更大的选择空间,为教师教学模式的选择和学生的自主式学习都提供了平台,这样更有助于学生的全面发展,体现了新的教学理念。

3.1.3.2 “图形的认识与测量”内容教学目标的确定

1. 整体分析

(1)小学数学教材的安排主要体现在基于学生日常生活中积累的有关图形认识经验,通过对生活中实物或模型辨认常见的立体图形,再通过观察、想象、操作、比较、归纳、推理等方式,认识常见平面图形,然后探索它们的性质。像这样从具体到抽象,从实物到图形,从整体到局部的安排,既揭示了立体图形与平面图形的关系,也符合学生的认知特点,更有助于学生发展抽象能力和空间观念。

(2)教材的设计注重渗透数学思想。在小学阶段的图形认识中,我们首先把生活中三维的实物分为长方体、正方体、圆柱、圆锥等,又把平面图形分成了长方形、正方形、圆等,把角分为锐角、直角、钝角,从而对三角形进行分类。这些实际上就是借助对图形的认识，使学生体会和感悟分类的思想。

(3)在认知图形的相关知识中，教材给出了大量的操作性活动。这些操作性活动一方面提高了学生的学习兴趣，增加了学生动手、动脑的机会；另一方面也有利于学生积累数学活动经验，体会到数学与生活之间的联系，逐步学会用数学的眼光看待丰富的图形世界，体会图形在现实生活中的广泛运用。

2. 各年级教材教学目标

(1)一年级上册"认识图形(一)"的教学目标

认识立体图形是学生学习图形与几何内容的开始，是学生今后学习的重要基础，也是发展学生空间观念，建立几何直观的重要基础。《义务教育数学课程标准》要求"能通过实物和模型辨认长方体、正方体、圆柱和球等立体图形"。这一要求就是通过观察与操作认识图形，直观地、整体地认识立体图形。从对实物的观察与操作过程中来认识图形的特征，既符合学生认识事物的规律，也符合数学课程的目标要求。这样的过程有助于学生发展能力，初步体会数学的思想方法，发展积极的情感与态度。

(2)一年级下册"认识图形(二)"的教学目标

这部分内容需要在上学期"认识立体图形"的基础上展开教学，通过上学期的学习学生已经能够区分常见的立体图形，这里主要是通过一些操作活动，让学生初步体会长方形、正方形、平行四边形、三角形、圆这些平面图形的一些特征，并感知平面图形与立体图形间的一些关系。

(3)二年级上册"长度单位"的教学目标

通过"比长短"的学习，学生已经对长、短的概念有了初步的认识，并会直观比较一些物体的长短。本单元在此基础上，教学一些计量长度的知识，帮助学生认识长度单位，初步建立1厘米和1米的长度观念，并初步认识线段。

(4)二年级上册"角的初步认识"的教学目标

在学生已经初步认识长方形、正方形、三角形的基础上，去认识角，认识直角、锐角和钝角；同时通过一些操作活动，从多角度加深学生对角的认识，进而为角的度量以及其他后续学习活动打下良好的基础。

(5)三年级上册"测量"的教学目标

本单元是在学生已经学习了米和厘米这两个长度单位，了解了一些有关测量的知识与方法后，以学生熟悉的生活环境和场景为依托，来学习毫米、分米和千米。因为学生对于这部分知识的感知是比较丰富的，所以在这部分知识的安排上以发挥学生自主性为主；设计上让学生在熟悉的、有趣的情景中去发现、探究、体验，从而获得知识；并在这个过程中培养学生的量感，以及解决实际问题的能力。

(6)三年级上册"长方形与正方形"的教学目标

本单元是在学生认识了长方形、正方形、平行四边形、三角形和圆等平面图形的基础上进行教学的。长方形和正方形是最基本的平面几何图形，它们的形状比较简单，特征比较明显，应用也很广泛，是认识其他平面图形的基础，这就显得这部分内容十分重要。

通过这部分内容的学习，学生得以进一步认识四边形、长方形和正方形的特征，了解周长的含义，掌握长方形和正方形周长的计算方法，并能够运用在生活中解决问题，为进一步探索其他平面图形的特征打下良好的基础。

(7)三年级下册“面积”的教学目标

本单元的学习是在学生已经掌握了长方形和正方形的特征，并会计算长方形和正方形周长的基础上进行的，从学生思维发展的角度来说，是学生空间形式认识发展的一次质的飞跃。本单元的学习不仅有利于发展学生的空间观念，而且能为以后学习其他平面图形的面积打下非常坚实的基础。因此本单元的学习需要做到以下几个方面：①能够结合实际，认识面积的含义，体会到统一面积单位的必要性，认识常见的 3 个面积单位，建立 1 平方米、1 平方分米、1 平方厘米的表象，熟悉相邻两个面积单位之间的进率，会进行简单的单位换算；②学生在探究过程中掌握长方形和正方形的面积公式，并能够解决实际生活中的有关面积问题；③通过实例使学生感受到数学与现实生活的联系，同时在练习中培养学生分析问题和解决问题的能力。

(8)四年级上册“公顷和平方千米”的教学目标

公顷和平方千米是测量土地面积的常用单位，但对于四年级学生来说，这是两个既熟悉又陌生的面积单位，熟悉是因为学生在生活中可能接触到这两个单位，陌生是因为学生对这两个面积单位没有建立相应的表象。因此在教学中，①我们可以先利用鸟巢或者我们身边的实际建筑，让学生感受到公顷是计量面积的单位，然后告知“边长是 100 米的正方形面积是一公顷”，让学生建立公顷与平方米之间的关系，最后可以带着学生出来走一走，测一测学校操场的大小，让学生亲身体会 1 公顷的实际大小，建立 1 公顷具体的表象。②在教学平方千米时，首先从我国陆地面积入手，告知学生平方千米一般用于计量面积较大的土地面积，然后通过告知“1 平方千米是边长为 1000 米的正方形的面积，1 平方千米等于 100 公顷”，让学生从数理层面理解三者之间的联系，从而建立 1 平方千米大小的表象。

(9)四年级上册“角的度量”的教学目标

本单元内容相对于二年级认识线段和角来说，更加注重从数学概念本质的层面进行学习和理解，同时本单元的内容也是后来学习三角形分类、垂直等相关知识的基础。因此本单元内容应完成以下几个教学目标：①进一步认识线段、射线与直线，了解三者之间的区别；②理解角的含义，进一步认识直角、锐角和钝角，知道平角和周角，并了解这几种角的大小关系；③能够利用量角器量角的度数，能画出指定度数的角，会用三角尺画一些特定度数的角；④在量角和画角等操作过程中，感受操作技能学习的特点，体会程序性知识学习的过程和意义。

(10)四年级上册“平行四边形和梯形”的教学目标

在“图形与几何领域”中，垂直与平行四边形和梯形对后续知识的学习有着很重要的作用，它是学生在五年级学习平行四边形、三角形、梯形等多边形面积的基础，也是后面进一步学习长方体、正方体的基础。因此本单元我们应完成以下几个教学目标：①学生通过观察、操作等活动，理解平行与垂直的概念；②学生通过动手操作和自主探究，掌握平行四边形和梯形的特征；③学生通过分类、比较、归纳等多种方法，理解平行四边形、梯形、正方形、长方形之间的关系。

(11)四年级下册“三角形”的教学目标

因为任何多边形都可以分割为三角形，所以三角形是最基本的图形，有关三角形的知识点非常多。因此本单元的学习应该完成以下几个目标：①通过观察、操作、实验等活动认识三角形的特性，知道三角形任意两边的和大于第三边；②通过分类、操作等活动，使学生能从不同方面对三角形进行分类，并且能够清晰地认识每一类三角形的特征，并给予辨认和识别；③通过画、量、分等操作活动，发现三角形内角和是 $180°$，在边数增加变化中感悟数学研究方法，发现多边形的内角和是 $180°\times(n-2)$（n 表示多边形的边数），渗透合情推理的思想和方法；④通过本单元学习，我们不仅可以从形的方面加深学生对周围事物的理解，也可以发展学生的空间观念和几何直观，为后续学习其他平面图形打下良好基础。

(12)五年级上册“多边形的面积”的教学目标

多边形的面积计算以长方形面积计算为基础，以图形内在联系为线索，以未知转化为已知的基础方法。这些内容的学习，一方面能让学生运用转化的思想方法推导出面积计算公式，积累数学活动经验。另一方面，在自主探究组合图形的面积等活动中，发展空间观念，同时也为进一步学习圆的面积以及立体图形的表面积打下基础。因此，本单元的教学目标如下：①通过动手操作、实践观察等方法，探究并掌握平行四边形、三角形和梯形的面积公式。②让学生用面积公式计算平行四边形、三角形、梯形的面积，并能够解决一些生活中的实际问题。③能认识简单的组合图形，能把组合图形分解成已学过的平面图形，并计算出它们的面积。④让学生利用数方格子的方法估算不规则图形的面积。

(13)五年级下册“长方体和正方体”的教学目标

长方体和正方体是最基本的立体图形，通过学习长方体和正方体，可以使学生对自己周围的空间和空间中的物体形成初步的空间观念，这是进一步学习其他立体几何图形的基础。另外，长方体和正方体体积的计算也是学生形成体积的概念，掌握体积的计量单位和计算各种几何形体体积的基础。因此，本单元的教学目标如下：①通过观察和操作认识长方体与正方体的特征，以及它们的展开图。②通过实例了解体积（容积）的意义及度量单位，会进行单位之间的换算，建立 1 立方米、1 立方分米、1 立方厘米以及 1 升、1 毫升的表象。③结合具体情境探索并掌握长方体和正方体的体积与表面积的计算方法，并能运用所学知识解决一些简单的实际问题。④探究某些不规则物体体积的测量方法。

(14)六年级上册“圆”的教学目标

在学习本单元之前，学生已经认识了长方形、正方形、平行四边形、三角形、梯形等平面图形并会计算它们的周长和面积，初步认识了圆，这是学生研究曲线图形的开始。从学习直线图形到学习曲线图形，无论是内容本身，还是研究方法，都有所变化，因此在教学中要注重从学生已有的生活经验和知识背景出发，结合具体情境和操作活动激活已经存在于学生头脑中的经验,促使学生将其逐步归纳内化,上升到数学的层面来认识圆,体会圆的本质特征,学会计算圆的周长和面积。因此,本单元的教学目标如下:①结合生活实际,通过观察、操作等活动认识圆及圆的对称性,认识半径、直径,理解同一圆中半径和直径的关系,体会圆的特征及圆心和半径的作用,会用圆规画圆。②结合具体情境,通过动手拼摆等活动,探索并掌握圆的周长和面积的计算方法,体会“化曲为直”的思想。③通过观察、操作、想象、图案设计等活动,发展空间观念。④结合具体的情境,体验数学与日常生活的密切联系,能用圆的知识来解释生活中的简单现象,解决一些简单的实际问题。

(15)六年级下册“圆柱与圆锥”的教学目标

圆柱与圆锥需要在学生掌握了长方体、正方体以及圆的有关知识的基础上进行教学的,是小学阶段几何知识的最后一部分内容。这一部分内容的学习,有利于发展学生的空间观念,为进一步运用几何知识解决实际问题打下基础。因此,本单元的教学目标如下:①经历由面旋转成体的过程,认识圆柱和圆锥,了解圆柱和圆锥的基本特征,知道圆柱和圆锥各部分的名称。②通过观察、动手操作等,初步体会“点、线、面、体”之间的关系,发展空间观念。③结合具体情境和操作活动,探索并掌握圆柱表面积的计算方法,并能解决生活中一些简单的问题。④结合具体情境和操作活动,了解圆柱和圆锥体积(包括容积)的含义,探索并掌握圆柱和圆锥体积的计算方法,能解决一些简单的实际问题。⑤经历“类比—猜想—验证说明”的探索圆柱、圆锥体积计算方法的过程,体会类比、转化等思想,初步发展推理能力。

3.1.3.3 “图形的认识与测量”内容学生的操作活动

小学平面图形的教学十分重要,图形的面积计算始终贯穿于整个小学阶段的数学教学,两个学段的教学内容也主要以图形的认识和图形的测量为基础;它为学生以后学习更为复杂的数学图形知识起到至关重要的奠基作用,所以作为教师一定要高度重视。

1. 内容安排

由于图形的面积属于二维图形方面的知识,比较抽象,所以根据学生思维发展的规律,教材把这一部分内容分成了三块,安排在小学中高年级这样既分散了教学难点,也降低了教学难度,有助于学生的理解与掌握。具体为:

三年级下册　第五单元　《面积》

五年级上册　第六单元　《多边形的面积》

六年级上册　第五单元　《圆的面积》

2. 教学目标

(1)通过认识图形的形状,并用数方格的方法来比较图形面积的大小,来感知物体表面的大小,能通过方格的多少来比较出图形面积的大小;以长方形的面积为基础,通过剪、拼、数方格等方法,推导出三角形、平行四边形、梯形等规则图形的面积。

(2)通过让学生观察课本封面、黑板面等认识这些物体都有表面,引出“物体表面或平面图形的大小叫作它的面积”。然后让学生学习面积单位,在介绍几种面积单位时,说明它们的含义，使学生初步形成各种面积单位大小的概念。

(3)面积公式的推导，长方形面积计算公式是导出其他平面几何图形的面积公式的基础。平行四边形面积公式是在长方形的基础上推导的，然后在平行四边形的基础上推导出三角形和梯形的面积计算公式。圆的面积计算公式也是从长方形面积公式中推导而得到的。

3. 教学原则

(1)提供现实情境，激发学习兴趣；

(2)注重学生独立思考、自主探索、合作交流，促进学生学习方式的转变；

(3)注重各部分教学内容的互相渗透，有机结合；

(4)加强直接感知，发展空间观念，培养创新意识；

(5)运用现代科技手段，创设动态情境，优化教学效果。

4. 思想内涵

(1)长方形(正方形)的面积：统一思想(用标准单位测量面积)，数形结合思想(把测量过程转化成计算方法)。

(2)平行四边形的面积推导体现以下思想：转化思想(把平等四边形转化成已学过的长方形)，对应思想(转化后长方形的各部分分别相当于原图形的哪个部分)。

(3)三角形的面积推导体现以下思想：转化思想，对应思想，一般化思想(从个例到一般，突出各种三角形都能转化成平行四边形的规则)。

(4)梯形的面积推导体现以下思想：转化思想，整体化思想(用梯形公式统整所有已学的面积公式)。

(5)圆的面积推导体现以下思想：转化思想(转化的特殊方法)，极限思想(无限切分与无限接近)。

5. 活动设计

《义务教育数学课程标准》提倡以“问题情境—建立模型—解释、应用—拓展、反思”的基本模式展现内容，所有关于平面图形面积的教学一般遵循“看(观察)—思(寻求解决之路)—议(与同学探讨、辩解)—做(动手实践)—说(获、惑)”的学习方法。

※ 以四年级上册“平行四边形的面积”教学设计为例进行介绍

1. 课题导入

1)情景导入

小明和小芳住在同一所学校，学校门口有两个花坛，小明认为长方形花坛面积大，小芳认为平行四边形花坛面积大，聪明的你能帮助他们吗？从学生身边的生活入手，把问题抛给他们解决，利用学生“好胜”心理，提高学生主动学习的兴趣，让学生在这样的情境中主动地学习。

2)故事导入

唐僧师徒取经归来后，得到赏赐(一块长方形土地，一块平行四边形土地)。他要把两块土地分别给孙悟空和猪八戒，猪八戒爱占小便宜，想选取一块较大的土地，因为不会

计算平行四边形的面积，结果惹出笑话。你觉得哪一块土地大一些？（同上，但故事对学生也许更有吸引力）

3）复习导入——出示复习题

（1）长方形有（　　）长，有（　　）宽，长方形面积＝（　　）×（　　）。

（2）平行四边形对边（　　）而且（　　），高有（　　）。从旧知的复习开始，有助于唤醒学生认知基础，找准教学起点，进行有效的学习。这个环节的目的：一是提升学生的学习兴趣，展示数学与生活的紧密关系；二是从导入的内容中引出本节课需要解决的问题。所以设计活动要根据学情进行。

2. 探究新知

这个环节是本节课的核心，一方面需要通过它解决本节课的重、难点；另一方面我们需要通过这个环节培养学生分工合作、自由表达、动手操作等学习习惯，渗透转化、对应、数形结合、几何直观、建模等数学思想。所以，这个环节的设计尤为重要，是本节课是否成功的关键。一般可以这样设计：在学生个人思考有一定的成果的基础上，以小组合作的方式交流、讨论以下问题。

（1）在小组内交流自己想到的方法：特别注意以下几个问题：为什么要转化为长方形？运用学具演示转化的过程，体会方法的多样性。

（2）观察原来的平行四边形和转化成的长方形，你发现它们之间有什么联系？平行四边形的（　　）和长方形的（　　）相等；

平行四边形的（　　）和长方形的（　　）相等；

平行四边形的面积和长方形的面积（　　）。

（3）根据你的发现，你能得出什么结论？（写出来）

3. 汇报交流

（1）小组展示、汇报。（活动设计时值得思考的问题：选择个人汇报还是小组配合汇报？）

（2）生生互动。老师提问题：你们听明白了他们小组的汇报了吗？那你能说说他们是怎么想的吗？你们还有什么问题要与他们交流？

（3）师生互动。老师提出问题：为什么要沿着高剪开？原来的平行四边形和转化成的长方形的面积为什么一定相等？

（4）课件演示整个转化过程，并板书平行四边形的面积公式：平行四边形的面积＝底×高。同时，介绍转化思想和方法。

4. 公式运用

教学例题，一方面再一次验证公式的正确性，另一方面通过演示让学生明白做题的正确步骤。当然，本节课在当下这个教学方法不断更新的大环境下，其操作活动的设计会变得越来越合理！

3.1.3.4 案例分析

随着新课程改革的进一步深化，小学数学教材中已经增添了空间与图形的相关知识，但是学生的抽象思维尚未形成，需要在教师的指导下，结合自己已有的生活经验，对几何形成一定的初步认知，理解一些简单的几何图形。所以，教师的指导作用很关键，必须在教学中帮助学生形成对图形的认知结构。以“圆柱的表面积”为例进行分析。

※ 三年级下册以“圆柱的表面积”教学内容为例进行分析

1. 教材分析

本节内容是在学生学习了长方体与正方体的表面积后，在充分理解了表面积的含义的基础上展开的。圆柱的表面积是它的侧面积与两个底面面积的和，其中侧面积是新知识，底面积(即圆的面积)是学生学过的。教材选用了来自现实生活中的问题，通过想象和操作活动，使学生知道圆柱的侧面沿着高展开后可以是一个长方形(或正方形)，从而探究圆柱侧面积的计算方法。在探究圆柱侧面积算法的过程中，学生把曲面转化成平面，展开了一系列的推理活动，空间观念和思维能力能够得到发展。

本节课我们可以采用操作和演示、讲练相结合的教学方法。通过直观演示和实际操作，引导学生观察、思考和探索圆柱侧面积的计算方法；同时通过多媒体的辅助教学，发挥互联网搜索引擎功能，使新授和练习有机地融为一体，做到讲练结合，较好地突出教学重点、突破教学难点。

可以采取“引导一放手一引导”的方法，鼓励学生积极、主动地探求新知，运用“化曲为平”的方法推理发现侧面积的计算方法。

2. 教学过程

1)情景导入

(1)教师活动

师：拿出准备好的与课本上相似的两个茶叶盒教具，让学生猜一猜，做哪一个茶叶盒用的纸片多?

师：我们可以把圆柱沿高剪开，得到它们的展开图，再通过测量计算比较，就可以知道哪个茶叶盒用的纸片多。

师：我们再想一想工人叔叔做这个茶叶罐是怎样下料的?

师：我们可以将这些面积叫作什么呢?(学生很容易从长方体的表面积猜测出“圆柱的表面积”)

引入：今天这节课，我们就一起来学习圆柱的表面积。

(2)学生活动

学生拿出自己做的模型，仔细观察，想一想。学生可以通过展开图很容易发现圆柱是由两个圆形的底面和一个侧面组成的。

(3)设计意图

我们可以根据学生好动、好奇的心理特点，在小学数学课堂教学中，组织一些学生活动。学生自己动手测量、演示或操作一些实际问题，获得学习成效，既能巩固和灵活运用所学知识，又能提高操作能力，培养创造精神。

学生往往是在操作中进行思考的，学生亲身经历了知识发生发展的过程，认识和掌握了探索知识的方法与途径，在操作活动中尽情展现自己的才能，增强实践探究的欲望，培养了学习数学的兴趣，从而主动探索，变学会为会学。

2)新知探究

(1)圆柱的侧面积

① 推导公式。在前面的学习中，我们已经知道圆柱的展开图(沿着圆柱的一条高剪开，圆柱的侧面是一个长方形，如图 3-14 所示)。

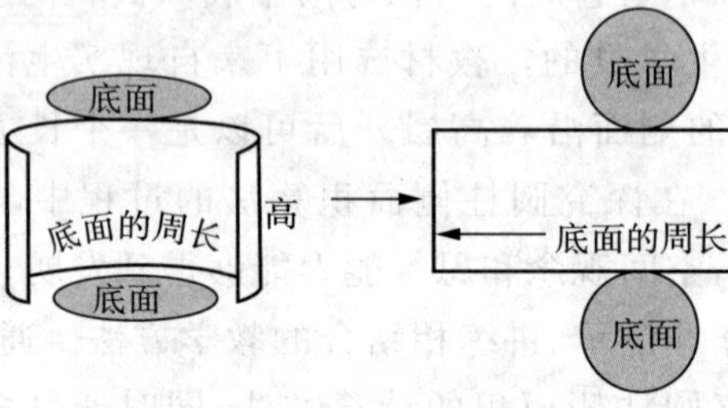

图 3-14

师：圆柱的侧面展开图是一个长方形。

问题：这个长方形和圆柱体有哪些关系？你能推导出圆柱侧面积的计算方法吗？

② 利用公式计算(加深对公式的理解，并能灵活运用公式)。(让学生利用自己手中的学具测量相关数据，然后根据测量的数据进行计算)老师在黑板上板演。(规范格式)

(2)圆柱的表面积

① 推导公式。同学们已经学会求圆柱的侧面积，那么如何求圆柱的表面积呢？根据学生汇报板书：圆柱的表面积＝圆柱的侧面积＋2 个底面面积的和；$S_{表}=S_{侧}+2\times S_{底}$。

② 利用多媒体再一次演示圆柱的表面积公式的推导过程。

③ 利用公式计算。

一顶圆柱形帽子，高 30cm，帽顶直径 20cm，做这样一顶帽子至少需要用多少面料？(得数保留整十数。)

小组讨论：这个长方形和圆柱体有哪些关系？你能推导出圆柱侧面积的计算方法吗？

学生通过小组合作计算如下：

$$3.14\times20\times30+3.14\times(20\div2)^2$$
$$=1884+314$$
$$=2198(\text{cm})^2$$
$$\approx2200(\text{cm})^2$$

(3)设计意图

通过让学生自己动手操作，自己体会圆柱与长方形之间的关系。小组间互助，共同探讨知识的过程，使学生发现圆柱侧面积公式，对知识理解得更透彻，从中感受到学习的快乐。

采用这样的小组合作学习方式，优生的才能得到了发挥，中等生得到了锻炼，后进生得到了帮助和提高，学生不仅学到了新知识，而且口头表达能力、自学能力、思维能力、合作能力都有提高。同时学生在学习过程中积极参与、互相交流、公平竞争，促进了良好心理素质的形成。课堂上师生互动、生生互动的合作交流，能构建平等自由的对话平台，使学生处于积极、活跃、自由的状态，能出现始料未及的体验和思维的火花的碰撞，使不同的学生得到不同的发展。

设计已知底面半径或底面周长求圆柱的侧面积的问题，这样能培养学生认真审题的好习惯，提高学生灵活应用的能力，有利于发展学生的空间概念。教师的任务是引导和帮助学生去进行再创造，而不是把现成的知识灌输给学生。实践证明，若学习者不实行再创造，则他对学习的内容就难以真正理解，更谈不上灵活运用了。所以教学时，教师不是局限于让学生只会死背公式，而是给他们圆柱体模型，让他们自己探究、自己总结，使他们对圆柱的表面积公式的印象深刻，在自我探索中掌握圆柱表面积的知识。

数学除了具有高度的抽象性、严密的逻辑性的特点以外，还有应用广泛的特点，在我们的生活中数学无处不在。因此，在数学教学中，教师就应该尽量使问题更实际，更贴近生活，让学生从自己的身边找出答案。在教学过程中，时刻注意把数学与生活紧密地结合起来，让数学在学生的眼里，变成看得到、摸得着、用得上的学科，从而使学生从枯燥的公式中，从抽象的符号中解脱出来。

例如，在教学三年级下册“圆柱的表面积”一课时，教师就用“厨师帽”这一具体的事物帮助学生感知用料的多少与表面积有关，并注意生活中的实际问题要具体情况具体分析，提高学生的灵活应用能力。这样不仅让学生把学到的知识应用到实际生活中，感受到身边处处有数学，而且又在应用中巩固了所学的知识，取得了相得益彰的效果。

2. 巩固训练：教材22页的做一做第1、2题

3. 课堂小结

今天我们学习了哪些知识？计算时要注意什么？

学习了圆柱的侧面积和表面积的计算方法。要注意具体情况具体分析，求表面积时，观察物体有几个底面；求用料多少时，一般采用进一法。

3.1.3.5 “梯形的面积”一课的实践与反思

1. 教学目标

(1)在自主探索、合作交流中经历梯形面积公式的推导过程，掌握梯形面积的计算方法，并能灵活运用公式解决相关的数学问题。

(2)通过观察、猜想、操作等数学活动，学生可发展空间观念和推理能力，获得解决问题的多种策略，感受数学方法的内在魅力。

(3)体验数学“再创造”的乐趣，获得个性化的发展。

2. 教学重点

探索并掌握梯形面积计算公式。

3. 教学难点

理解梯形面积计算公式的推导过程。

4. 教学准备

梯形学具、电子白板和多媒体课件。

5. 教学过程

1)铺垫孕伏,以旧引新

师:同学们,我们已经学习了平行四边形和三角形面积,今天我们将学习“梯形的面积”。(教师板书:梯形的面积)

师:我们在学习平行四边形和三角形面积的计算时,学到一种非常重要的学习方法,还记得是什么方法吗?谁来说说平行四边形和三角形的面积是怎样推导出来的?(根据学生所述,教师用多媒体课件演示平行四边形和三角形面积公式的推导过程)

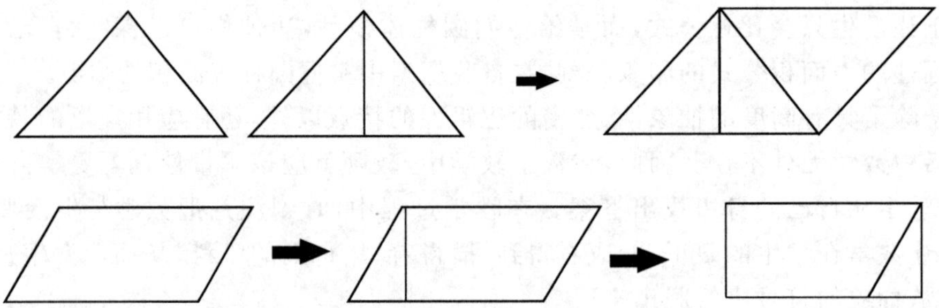

图 3-15

2)创设情境,提出问题

(1)情境创设(多媒体课件展示)

师:某厂家要为幼儿园制作一批桌椅,桌面是梯形的(图 3-16),上底为 80 厘米,下底为 120 厘米,高为 70 厘米,做这样一个桌面要用多大的木板是求什么?(教师同步演示从实物图抽象出梯形图)

图 3-16

(2)提出问题

师:在我们的生活中有很多这样的梯形需要我们计算它们的面积,但是梯形面积的计算方法我们还没有学过，你们猜想梯形的面积可能与什么有关？你们想怎样推导出梯形面积的计算方法呢？

3）提供材料，自主探究

（1）介绍学具

师：老师为每位同学都准备了一个普通梯形、一个直角梯形、一个等腰梯形。想一想，用这些梯形能完成验证任务吗？如果不能，该怎么办？

（2）研究建议

师：在你们动手操作之前，老师要提这样三点建议：①选择你们喜欢的梯形，先独立思考能把它转化成已学过的什么图形，再按照"转化—找联系—推导公式"的思路来研究；②把你的方法与小组成员进行交流，共同验证；③选择合适的方法交流汇报。我们比一比，哪个小组想到的方法多，动作快。

（3）合作学习

学生小组讨论，动手操作，教师巡视参与，了解情况。

（4）汇报展示（教师利用多媒体课件和电子白板帮助学生演示"拼组、割补和添补"图形的变化过程）

师：同学们已经用不同的方法把梯形转化成了多种图形，并推导出梯形面积的计算公式，真是了不起！现在让我们共同来欣赏每个小组的成果。

① 展示"拼组"的方法。

学生一边演示拼组过程，一边介绍方法步骤。

方法一：选择两个形状相同、大小相等（完全一样）的梯形可以拼成一个平行四边形（图 3－17）。

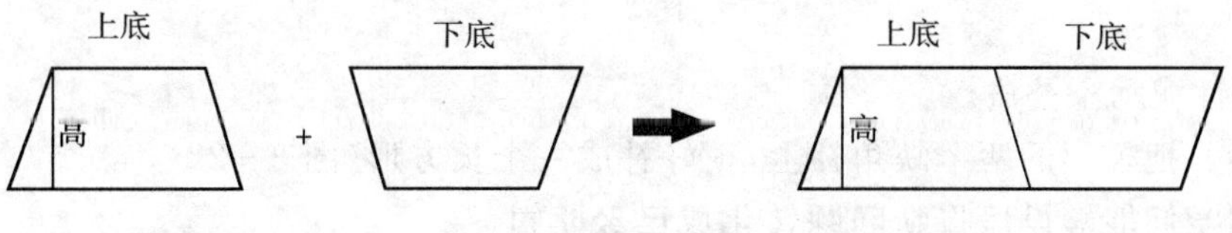

图 3－17

方法二：选择两个形状相同、大小相等的直角梯形可以拼成一个长方形（图 3－18）。

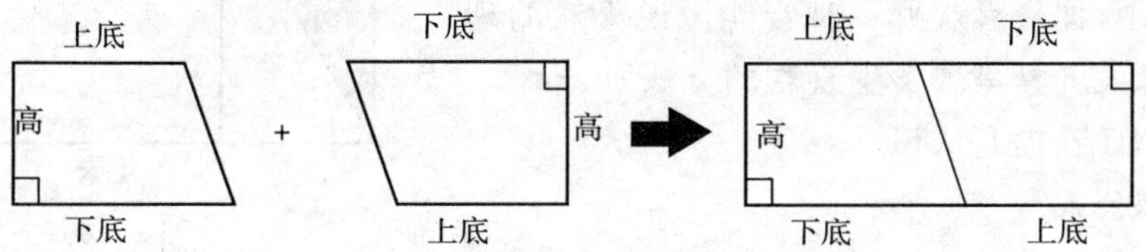

图 3－18

② 展台展示"割补"的方法。

方法三：把梯形切割成两块，一块是平行四边形，一块是三角形（图 3－19）。

方法四：把一个梯形分割成两个三角形（图 3－20）

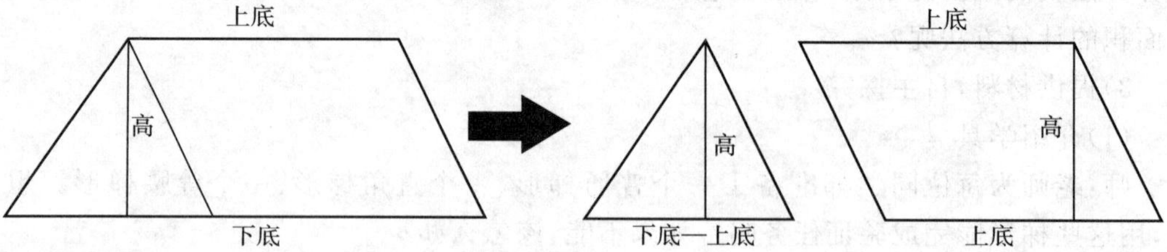

图 3－19

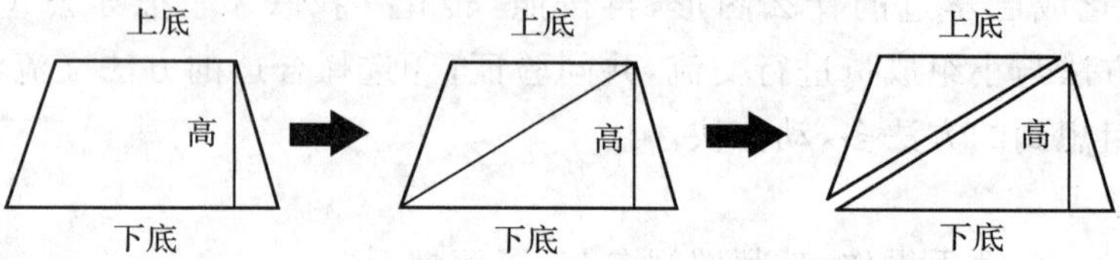

图 3－20

方法五：把一个梯形剪成两个梯形再拼成一个平行四边形(图 3－21)。

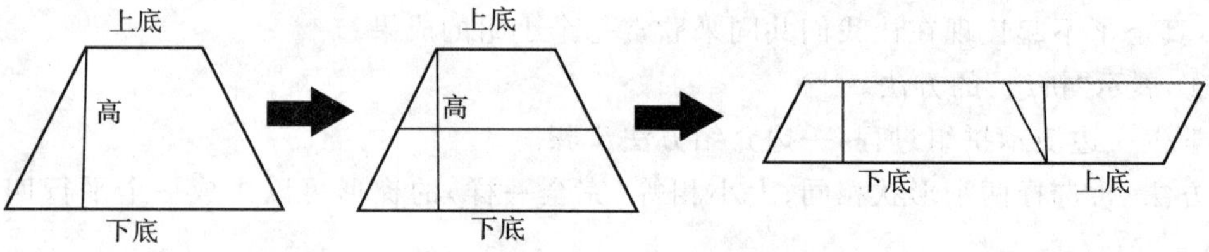

图 3－21

③ 课件演示添补法。

方法六：把梯形的两个缺角补上，正好补成一个长方形(图 3－22)。

师：同学们能够设法将新问题转化成已经学过的问题来解决，这本身就是一种了不起的创造。善于观察，勇于实践，才能给大家带来如此多的发现。在这些方法中，你最喜欢哪一种？能说说喜欢的理由吗？(教师大屏幕呈现学生喜欢的方法)

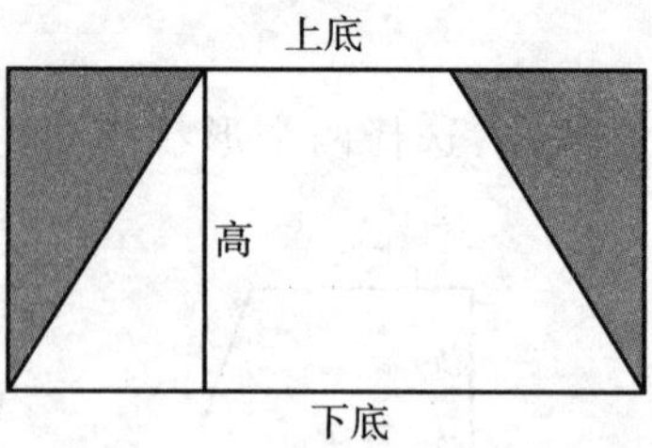

图 3－22

4)归纳总结，提高认识

(1)整理公式

师：同学们真爱动脑筋，想出了这么多的方法，老师非常欣赏你们的创新能力。这些方法虽然操作过程不同，但是同学们一定感觉到它们之间是有共同点的，谁来说一说共同点是什么呢？

知识链接：这个共同点就是用“转化”的方法推导出梯形的面积计算公式——梯形的面积＝(上底＋下底)×高÷2。

(2)自学字母公式

知识链接:用 S 表示梯形的面积,用 a 表示梯形的上底,b 表示梯形的下底,h 表示梯形的高,故 $S=(a+b)\times h\div 2$。

5)实践运用,解决问题

(1)出示例题(课件动态演示横截面的示意图,帮助学生理解横截面的含义,明确直角梯形的高也是它的一个腰长)

(2)巩固练习

① 出示篮球场的罚球区图形,请计算出罚球区的面积(图 3-23)。

② 出示汽车的侧门窗户,要制作这扇车门的窗户需要多少平方厘米的有机玻璃?(图 3-24)

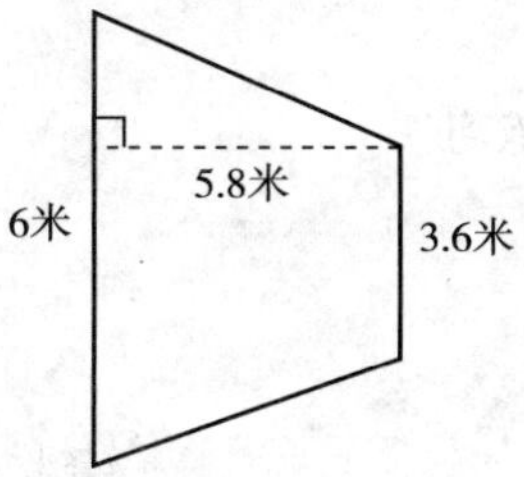

图 3-23

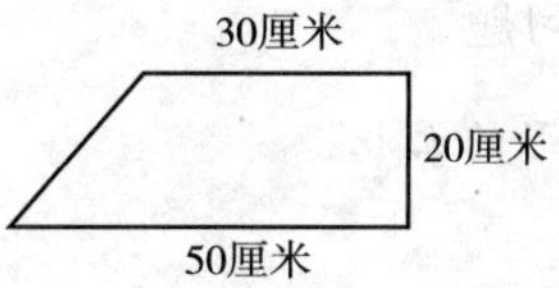

图 3-24

6)反思收获,拓展延伸

师:这节课同学们在探索的过程不仅发挥了自己的聪明才智,创造出了多种推导梯形面积计算公式的方法,而且能够用所学知识解决生活中的问题,老师相信同学们一定有许多的收获。你们还有什么疑问吗?

※ 第一次修改

经过第一次的试讲,发现了下列问题。

(1)内容涵盖的知识点太多,要研究的范围太广,导致在 40 分钟内难以全部完成这些目标。

(2)一系列的教学设计充分体现学生的主体意识,用眼看、用手做、用耳听、用嘴说、用脑想,让每一位学生都在亲自实践中认识、理解新知。但也因为这样,重点没有得到特别的对待,难点也没有得到有效的突破,教学目标没有达到预期效果。

(3)推导方法介绍过多,虽然拓展了学生的思维,但没有考虑到学生的基础,导致很多方法是无效的。

(4)多媒体能够提供悦耳的音乐、和谐的色彩、流畅的动感,给学生以强烈的美感,这种情景交融的气氛大大提高了教学效果。但也因运用了太多多媒体手段,一方面大大减少了学生动手操作次数,另一方面影响了老师与学生在课堂上的主体性。

(5)练习题的设计虽既有层次性又突出数学与生活的关系,但题型单一且难度对于刚接触新知的学生来说过高。

针对上述问题,在教学设计上做以下修改:

修改 1:“1)铺垫孕伏,以旧引新”。(修改 1:去掉多媒体课件演示,突出学生的动手能力)

修改 2:“2)提供材料,自主探究的合作学习”(修改 2:巡视过程中,注意引导学生采用简单有效的转换方法,其目的是便于学生在有限的时间内研究出结果,有利于后面新知的讲授);汇报展示(修改 3:同学们还有没有其他的方法?由于时间有限,我们课下把自己的方法再熟悉一下,然后老师找一节课让大家再各抒己见,好不好)(这样做,一方面节省了课堂时间,另一方面也便于学生熟识、理解“拼凑法”推导的过程这个重点)。

修改 3:“4)归纳总结,提高认识”说一说(修改 4:增加“向你的同桌说一说这个完整的推导过程”的环节,一方面有助于学生突破难点,另一方面可以让老师了解学生对知识点的掌握情况)。

修改 4:“实践运用,解决问题”中的“(2)巩固练习”

修改 5:变换习题。

① 求下面梯形的面积

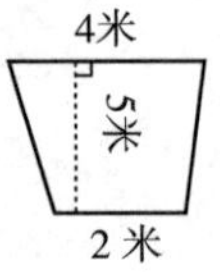

图 3-25

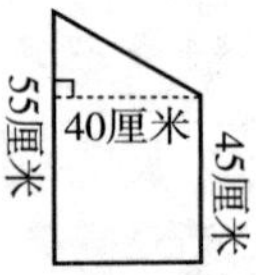

图 3-26

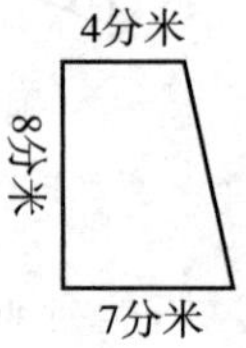

图 3-27

② 判断题

a. 两个梯形都能拼成一个平行四边形。 (　　)

b. 两个形状一样的梯形一定能拼成一个平行四边形。 (　　)

c. 两个完全一样的梯形一定能拼成一个平行四边形。 (　　)

d. 平行四边形的面积是梯形面积的 2 倍。 (　　)

③ 一辆汽车侧面的两块玻璃的形状是梯形(图 3-28),它们的面积分别是多少?

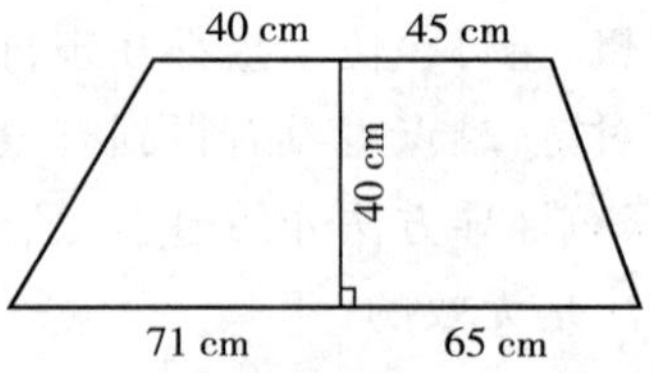

图 3-28

※ 第二次修改

经过几位老师的帮助,根据他们的建议修改教学设计后,本节课的效果有了明显的提升,基本可以完成本节的教学目标,但仍有几个细节方面需要改进。

修改 1:在“铺垫孕伏,以旧引新”的过程中,要在学生动手演示回忆平行四边形、三角形面积的推导过程中,跟学生一起总结“转化”的几个步骤：准备把新图形转化为已知的哪种图形（用什么方法）—观察两种图形各部分之间有怎样的关系—由已知图形的面积公式变换成新图形的面积公式。因为在后面的小组讨论探究时，发现很多学生在研究时无方向，叙述时条理不清、不完整，若在此稍加引导，小组讨论效果会更好。

修改 2：在“提供材料，自主探究的合作学习”中，对于不同方法的探究，在合作之前，应根据课堂的实际情况做好分类安排，所以不能让每个小组都探究不同的方法或将三类梯形都讨论。可以让小组根据小组自身的情况，选择 1～2 种去探究。

修改 3：在“归纳总结，提高认识”之后，应增加一个环节“说一说、试一试”，向同桌说一下自己选择的推导梯形面积的过程，从而加强对推导过程的认识与理解。

当然，每一个教学设计都有独特的设计视角和教学理念，也没有太大的优劣之分。作为一位教师，我们要在自身的成长过程中，在自己的教学实践过程中，去提高自身的教学能力，不断改进自己的教学方式，逐步完善每一节课的教学设计，让学生受益、有收获。

3.2　图形的运动与位置

3.2.1　“图形的运动与位置”的内容理解

3.2.1.1　“图形的运动”内容结构与基本要求（图 3 - 29）

1. 结构梳理（以教材为例）

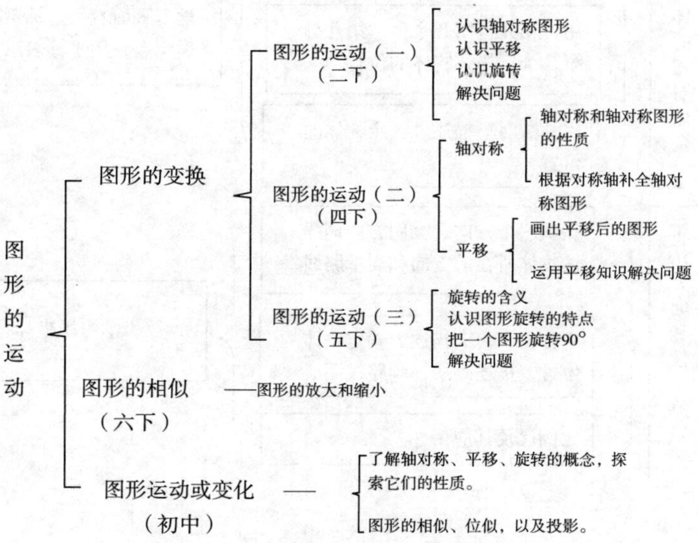

图 3 - 29　“图形的运动”内容结构与基本要求

2. 课标要求(表 3－9)

表 3－9 课标要求

学 段	要 求
第一学段	1. 结合实例,感受平移、旋转、轴对称现象 2. 能辨认简单图形平移后的图形 3. 通过观察、操作,初步认识轴对称图形
第二学段	1. 通过观察、操作等活动,学生进一步认识轴对称图形及其对称轴,能在方格纸上画出轴对称图形的对称轴,能在方格纸上补全一个简单的轴对称图形 2. 通过观察、操作等,学生能在方格纸上认识图形的平移与旋转,能在方格纸上按水平或垂直方向将简单图形平移,会在方格纸上将简单图形旋转 90° 3. 能利用方格纸,按一定比例将简单的图形放大或缩小 4. 能从平移、旋转和轴对称的角度欣赏生活中的图案,并运用它们在方格纸上设计简单的图案
第三学段	图形的变化:除图形的平移、旋转和轴对称外,还包括图形的相似、位似,以及投影

3.2.1.2 “图形与位置”内容结构与基本要求

1. 结构梳理(以教材为例)

第一、二学段图形与位置的内容是按两条线索展开的:一是确定物体的相对位置;二是辨认方向和使用路线图(图 3－30)。

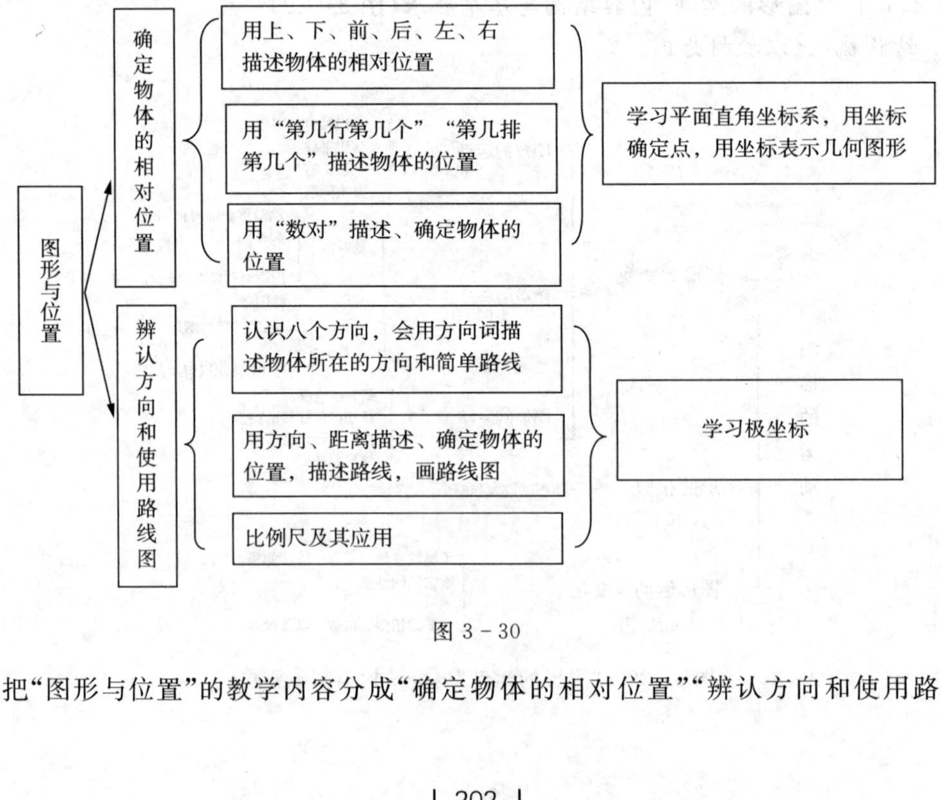

图 3－30

把“图形与位置”的教学内容分成“确定物体的相对位置”“辨认方向和使用路线图”

两部分，可以让我们看出两方面内容是有区别的，但是它们并非截然分开，是有一定联系的。无论是上下、前后、左右，还是东、南、西、北，都既可以用来描述物体的相对位置，又可以用来说明方向。例如，“把数学书放在作业本的上面”“电梯上行”，前者表示相对位置，后者表示方向。

2. 课标要求

1)第一学段

(1)会用上、下、左、右、前、后描述物体的相对位置。

(2)给定东、南、西、北四个方向中的一个方向，能辨认其余三个方向，知道东北、西北、东南、西南四个方向，会用这些词语描绘物体所在的方向。

2)第二学段

(1)了解比例尺；在具体情境中，会按给定的比例进行图上距离与实际距离的换算。

(2)能根据物体相对于参照点的方向和距离确定其位置。

(3)会描述简单的路线图。

(4)在具体情境中，能在方格纸上用数对(限于正整数)表示位置，知道数对与方格纸上点的对应。

3)第三学段

坐标与图形位置：

(1)结合实例进一步体会用有序数对可以表示物体的位置。

(2)理解平面直角坐标系的有关概念，能画出直角坐标系；在给定的直角坐标系中，能根据坐标描出点的位置，由点的位置写出它的坐标。

(3)在实际问题中，能建立适当的直角坐标系，描述物体的位置。

(4)对给定的正方形，会选择合适的直角坐标系，写出它的顶点坐标，体会可以用坐标刻画一个简单图形。

(5)在平面上，能用方位角和距离刻画两个物体的相对位置

3.2.1.3 例谈小学数学“图形的运动与位置”内容本质理解

1. 图形的运动

运动是世间万物的基本特征，是物质存在的基本形式。所谓图形的运动，在数学课程中最基本的形式有两种：一是形状和大小不变，仅仅位置发生变化(合同运动，也称刚体运动)；二是形状不变而大小变化(相似运动)。

小学阶段研究的图形运动主要指图形的平移、旋转和轴对称。这三类运动有一个共同的特点，就是图形运动之后保持任意两点间直线距离不变，这就保证了运动之后形状不变，人们也称这类运动为刚体运动。小学的图形运动涉及少量的图形相似的内容，比如图形的放大与缩小。

以后所学的“确定位置”的内容就要涉及关于运动的知识，同时对以后的“平面直角坐标系内”的知识也有着巨大的影响。一方面，平移、旋转和轴对称都是一种刚体运动，三种运动具有代换关系，而轴对称是最基本的运动，它可以变换成其他两种运动；另一方

面，它们有着区别较大的运动过程：平移是直线运动，旋转是圆周运动，轴对称是一种空间运动。前两者属于平面二维运动，轴对称属于三维空间运动，因此学生对轴对称的经验相对较少。

张奠宙教授在《小学数学如何实现从直观到抽象的飞跃——谈教科书里关于“图形运动”的处理》中提到将平面图形运动列入课标中应是为了达到四个目的：第一，观察和认识现实世界里物体的平移、旋转、轴对称的运动现象；第二，建立平面图形运动的几何框架；第三，了解图形在刚体运动的作用下大小、形状不变的性质；第四，会用平面图形的平移、旋转、轴对称做简单的应用。

史宁中教授在《平面几何》中说到初中阶段直角坐标系给了定义，小学阶段直角坐标系建立在方格纸上，两个坐标都是整数的点和方格纸上的点对应，借助直方图来讲刚体运动。通过多角度观察、折纸、拼图，教师可以借助方向、距离、角度来介绍平移、旋转和轴对称，然后利用直方图给出平移、旋转和反射的定义。他设想初中阶段讲定义在平移、旋转和反射之上的平面几何；高中阶段再用二维矩阵来表示这些变换；到大学阶段讲群、近似代数就方便了。即使学生以后不学数学，把变换的思想讲了，学物理的变换和化学的结构，也是很有益处的。

如果原图形中任意一个点到新图形中相对应点的连线，方向相同，长度相同，这样的全等变换称为平移变换，简称平移。也就是说，平移的基本特征是图形移动前后“每一点与它对应点之间的连线，互相平行（或者重合）并且相等”（图 3－31）。显然确定平移变换需要两个要素：方向、距离。

如果新图形中每个点都是由原图形中的一个点绕着固定的点转动相同角度得到的，这样的全等变换称为旋转变换，简称旋转。也就是说，旋转的基本特征是图形旋转前后“对应点到旋转中心的距离相等，并且各组对应点与旋转中心连线的夹角都等于旋转的角度”（图 3－32）。显然确定旋转变换需要两个要素：旋转中心、旋转角（有方向）。

如果连接新图形与原图形中每一组对应点的线段，都和同一条直线垂直且被该直线平分，这样的全等变换称为轴对称变换。每组对应点互为对称点，垂直平分对称点所连线段的直线叫作对称轴。也就是说，轴对称的基本特征是“连接任意一组对应点的线段都被对称轴垂直平分”（图 3－33）。显然确定轴对称变换的关键在于找到对称轴。教师在理解了图形概念的基础上，才能很好地去教学图形的变换。

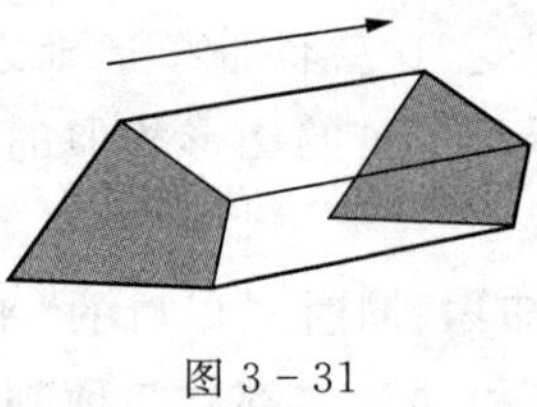

图 3－31

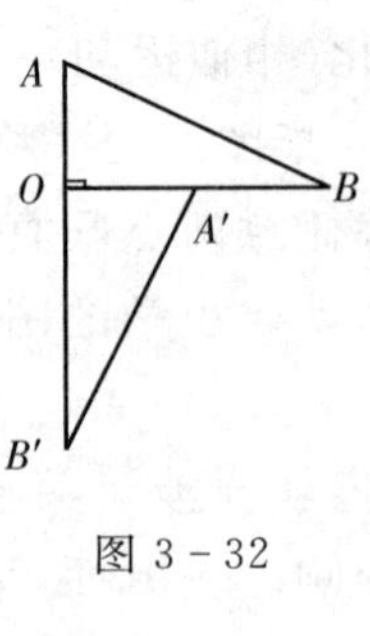

图 3－32

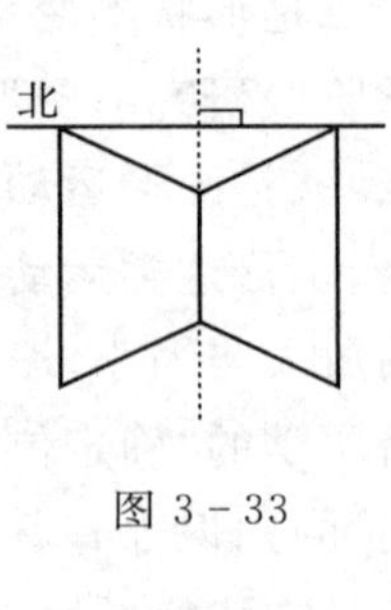

图 3－33

三种变换都能保持图形的形状、大小不发生变化，这是它们最主要的共同点。

这三种全等变换，又有什么联系呢？如果连续进行两次轴对称变换，在一般情况下，当两条对称轴平行时（图 3－34），这两次轴对称变换的最后结果相当于一次平移变换，平移的方向与对称轴垂直，平移的距离为两条对称轴之间距离的两倍。简单地说，两次翻折相当于一次平移。

当两条对称轴相交时，那么这两次轴对称变换的最后结果相当于一次旋转变换，旋转中心为对称轴交点，旋转角度为两条对称轴夹角的 2 倍。简单地说，两次翻折相当于一次旋转。

上面两条结论是针对图形的一般情况来说的。有些特殊的图形，也可能只经过一次轴对称变换就能达到平移或旋转的。图 3－34 中带烟囱的房子，经过两次轴对称变换（对称轴平行，且相距 4 格），相当于一次向右平移 8 格。图 3－35 中没有烟囱的房子，只要经过一次轴对称变换，就相当于平移了。

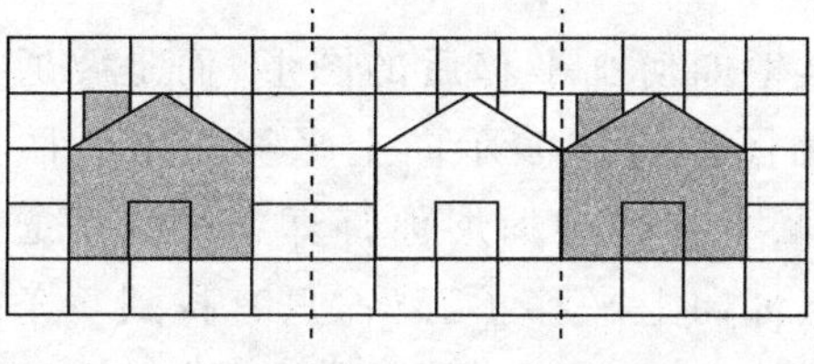

图 3－34

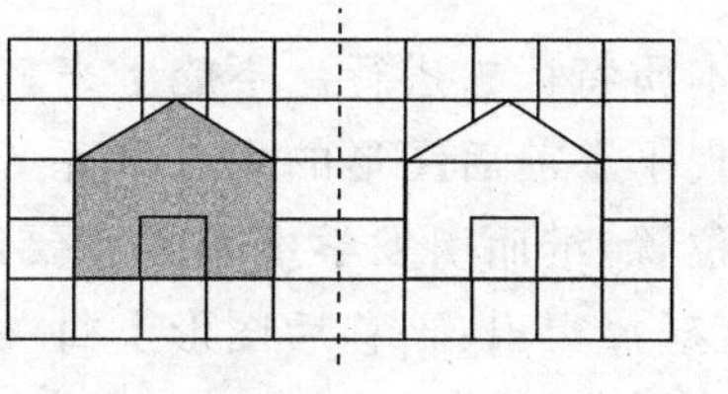

图 3－35

上面两条结论反过来，同样成立，即一次平移变换可以由两次轴对称变换代替；一次旋转变换，也可以由两次轴对称变换替换。它们的运动方式不同，但效果相同。

在小学数学教材中，有些图案可以用不同的变化来生成。例如，图 3－36 的四叶图案，其中的每一片叶都可以由相邻的那片叶经过轴对称变换得到，也可以由相邻的叶片旋转 90°得到。认识三种全等变换之间的联系，也有助于我们理解数学中图形变换的关注点，就是主要在于变换前后图形的相对位置关系及其对应点的关系。

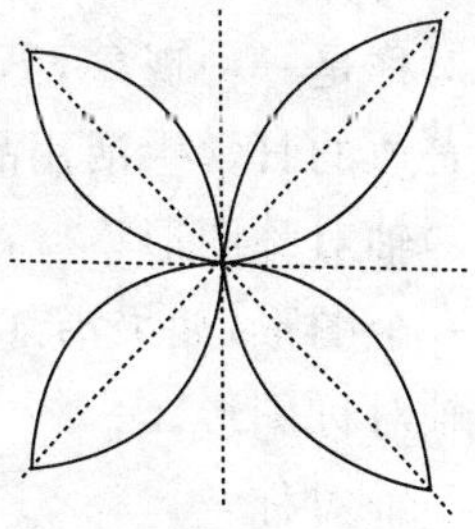

图 3－36

第一学段学习平移，是让学生从整体上感知平移的特点，建构平移的空间观念。例如，图 3－37，让学生通过观察判断哪几座小房子图形能通过平移互相重合（可增加两幅房子图，一幅大于原图，一幅小于原图）。先给学生想象的空间，在头脑中模拟小房子图形曾经发生的移动，也可以操作（用学具图片动手移一移）进行判断。然后引导学生观察平移前和平移后什么变了、什么没变？由此得出平移的特点：平移时图形的方向和大小没有变，但位置变了，可以上下、左右、斜着平移，但要沿着直线方向移动。

第二学段学习平移，一是能按照题目要求（方向、格数）正确画出平移后的图形，二是能够根据平移前后的图形确定图形平移的方向和移动的格数。教学时依然要抓住

图 3－37

平移的本质特征去进行。不能上来就教学生如何画平移后的图形,而是要通过引导让他们发现平移前后图形的内在联系。先用图形操作演示向上平移五格后图形出现在每一个位置,继而引发学生思考:“要让你画平移后的图形你打算怎么画?”通过独立思考、交流碰撞得出:平移后图形上每一个点都向上平移了五格,只有找到每条线段的端点移动后的位置再连线就可以画出来。继续抛出问题:“为什么这样画就能保证图形的大小和方向不变呢?”因为每个点都向上平移五格,连接端点后与原来图形的线段的长度就是一样的。

教学中需注意的几个概念:

1)对称

对称是一种现象,不论在自然界中,还是在建筑中;不论在艺术中,还是在科学中;甚至最普通的日常生活用品中,对称这样的现象或形式到处都可见。

2)轴对称图形

一个图形,如果沿某条直线对折,对折的这两部分是完全重合的,那么就称这样的图形为轴对称图形。

3)轴对称

把一个图形沿着某一条直线翻折过去,如果它能够与另一个图形重合,那么就说这两个图形形成轴对称。这里有必要提醒一下轴对称图形和轴对称是两个不同的概念,前者反映一个平面图形的特征,后者反映两个平面图形之间的关系,当然有时这两个不同的概念没有本质的区别。

4)对称轴

对折时折痕所在的直线叫作对称轴。由上可知,我们可以说某座建筑物或某件生活用品是对称的,不能说某座建筑物或某件生活用品是轴对称图形;可以说某一个图是轴对称图形,不能说这个图形是轴对称。

数学中研究的轴对称图形是平面图形，它是从实物或实物图形中抽象出来的，研究图形的形状、大小、位置关系，不关注它的颜色。至于图形上的有些图案在认识阶段可以看作图形的一部分，判断时可做考虑的条件之一，但不关注颜色。

2. 图形的位置

位置与方向包括四个内容：一年级上册“上、下、前、后、左、右”，三年级下册“东、南、西、北”等八个方位，五年级上册用数对确定位置，六年级上册用方向和距离确定位置。教材的编排涉及“大致位置”和“精确位置”两个维度，前两个内容学习大致位置，后两个内容学习精确位置。描述位置离不开三要素：方向、参照物、距离。位置与方向教学的核心目标是发展学生的空间观念。

“眼观六路，耳听八方”就是对基本方位概念的概括。通过对空间方位的体验和对概念的使用，为学生发展空间观念，积累了丰富的经验。用基本的方向词表述位置，离不开方向和参照物。例如，杯子在桌子上面，上面是方向，桌子即为参照物。在一条直线上，两个物体之间具有相对的位置关系。根据我们汉语的表达习惯，参照物在方位词的前面（“在”字的后面，或“的”字的前面），要引导学生发现这个“秘密”，规范地表述物体的位置。

确定物体的位置，找准观测点很关键。不论是参照物还是观测点，并没有拿出来单独讲解，而是隐含在对位置的描述中。

如何让学生认识到这种相对性？如何让学生感受到确定观测点的重要性，是教师着重要思考的问题。

案例一

学生用方向描述物体的相对位置

游乐场在假山的东北方向。

生 1：游乐场在假山的东北方向。

生 2：游乐场在假山的东南方向。

这是两名学生用方向确定物体的位置的不同做法，显然他们都掌握了东南、东北、西南、西北等方位的知识。但是从这道题的解决方法来看，第一个同学是正确的，第二个同学则是错误的。因为描述游乐场在假山的什么方向，应以假山为观测点，他选错了观测点。

两个物体的位置关系具有相对性，如果不确定观测点描述相对位置的方法是不唯一的。例如，上海在北京南偏东 30°方向上，这是以北京为观测点；如果以上海为观测点，上海与北京这一相互位置关系，也可以换成下面的说法，北京在上海北偏西 30°方向上。教学中，教师应加强对比，让学生体会到选准观测点的重要性。

用“数对”“方向与位置”描述物体的位置具有唯一确定性，我们在教学中，要让学生感受到确定位置时，两个要素缺一不可。

案例二

六年级上册“位置与方向”教学片段

1. 引入:

(1)欣赏实验小学乐行楼、乐学楼、乐知楼、旗台等图片。

(2)以实验小学旗台为观测点,你能在这幅图上标出乐行楼的位置吗?

通过思考让学生体会到:要确定乐行楼在这幅图中的位置,需要知道具体方向和旗台到乐行楼的距离。

2. 探究解决问题

(1)要确定乐行楼的位置,只知道在旗台的西北方向行吗?——只能确定所在区域(图 3-38)。

(2)要确定乐行楼的位置,只知道在旗台北偏西 40°方向上行吗?——只能确定在一条射线上(图 3-39)。

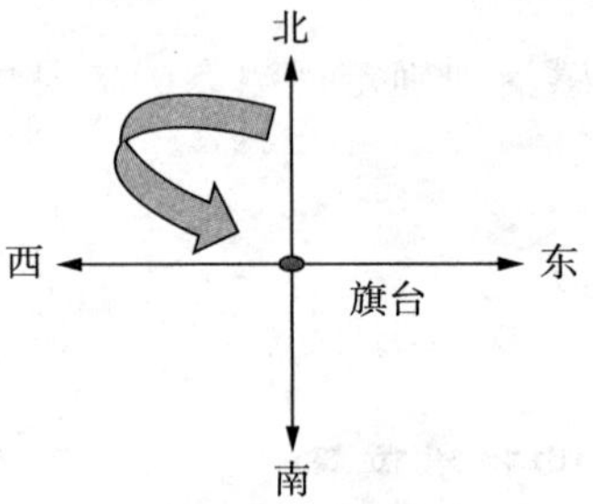

图 3-38

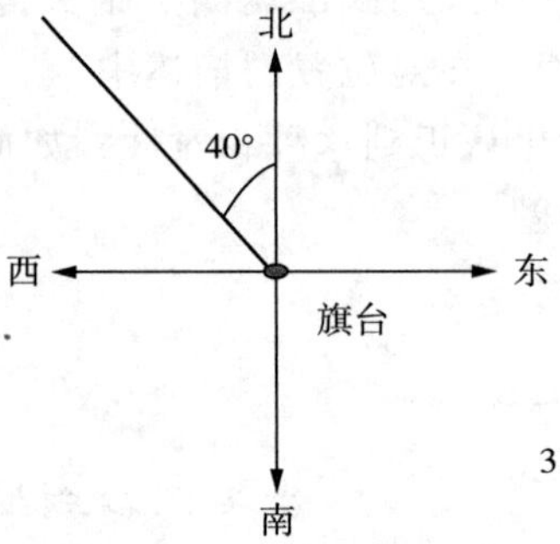

311

图 3-39

(3)要确定乐行楼的位置,只知道距离旗台 80 米行吗?——只能确定在一个半径 80 米的圆周上(图 3-40)。

这样的引入激发了学生的兴趣,利用了学生的生活经验,唤起了学生位置与方向的已有认知经验,学习用方向与距离去确定位置。学生学习的一个主要困惑:既要考虑方向,又要考虑距离,容易顾此失彼。这正是学生的思维特点,他们善于从一个维度去思考问题,但需要从两个维度,甚至多个维度去深入思考时,就会显得力不从心。老师引导学生开展探究,先从单个维度考虑,让学生真正体会到:方向与距离在确定位置中缺一不可,只有二者相结合,找到射线与圆周的交点,才能确定物体的位置(图 3-41)。万变不离其宗,教师只要抓住了概念的本质,就抓住了数学的根,课堂才能有灵魂。

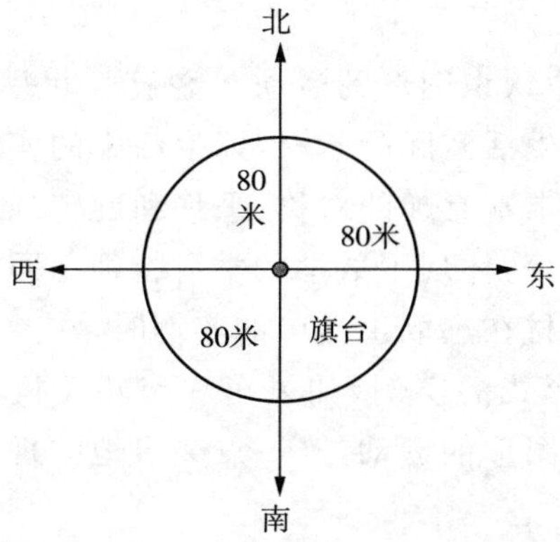

图 3-40

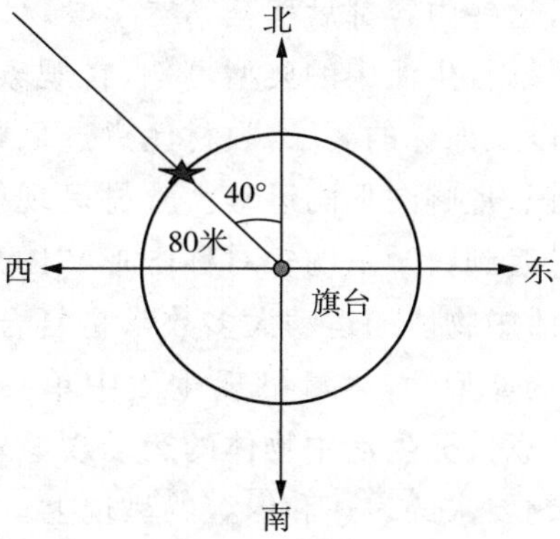

图 3-41

3.2.1.4　教材中"图形的运动与位置"内容的编排

1. 图形的运动

教材关于图形的运动的具体编排分三个层次。

(1)图形运动(一):在二年级下册,初步感知生活中的对称平、移和旋转现象,初步认识轴对称图形。

(2)图形的运动(二):在四年级下册,进一步认识图形的轴对称,探索图形形成轴对称的特征和性质,能够在方格纸上将一个轴对称图形补充完整,会在方格纸上画出一个简单图形沿水平方向、竖直方向平移后的图形。

(3)图形的运动(三):在五年级下册,进一步认识图形的旋转,在方格纸上画出一个简单图形旋转 90°后的图形,能从对称、平移和旋转的角度欣赏生活中的图案,并运用它们在方格纸上设计简单的图案,进一步增强空间观念。

显然无论是第一学段还是第二学段,都不要求对三种变化作出一般化的描述,更不要求给出定义。从整体上看,整个小学阶段都只是初步认识图形的运动,积累感性经验,形成初步表象。其外显的表象表现就是"能识别""会画图",离定性的认识、定量的研究还有一定的距离。因此,学习的主要方式是结合实例,通过观察与动手操作,如折纸、画图等活动来进行,而且还规定了画图的行为条件"在方格纸上",为学生提供了参照系,自然也降低了学习的难度。仔细分析不难看出两个阶段的学习目标呈现螺旋上升的递进状态。第一学段从感知实际生活中的图形变换现象(包括对称平移和旋转)开始,学习特殊方向的平移,以及直观地认识轴对称,认识轴对称图形。第二学段对平移、旋转、轴对称要求略有提高,主要是探索图形形成轴对称的特点和性质,能在方格纸上画出图形的轴对称图形和将图形旋转 90°,并能运用所学知识设计图案和解决简单的问题。

(1)降低了教学的难度。这主要体现为二年级下册不要求画出图形的对称轴,删掉了在方格纸上画出轴对称图形的另一半的作图内容，以及在方格纸上判断图形平移几格的内容，这些内容都后移至第二学段。

(2)结合生活中的典型事例，在观察与比较中认识图形的运动。鉴于学生思维发展的规律以及课标的要求，教材注意选取贴近学生生活实际的素材，以生活中的实例帮助学生认识、理解图形的运动。教材呈现学生身边丰富有趣的对称、平移和旋转现象的实例，再过渡到数学上的轴对称图形和图形的平移等，体现了数学的学科特征。同时由于日常生活中物体的运动大多数都是复合运动，教材在选取生活中的实例时，注意了其运动特点的典型性，尽量呈现生活中单一的运动形式的实例(如风车和旋转飞机的运动等)。注意区分生活中物体的运动现象和数学上图形的运动，这一点突出地体现在例题及练习题要求的表述和内容的呈现上。

教材编排上让学生在具体情境中认识图形的运动。例如，让学生观察钟表指针和三角尺旋转的过程，认识它们是怎样按照顺时针或逆时针方向旋转的，明确旋转的含义，探索图形旋转的特征。再如，运用图形的平移和旋转，将一组打乱的图形还原等，这些都是借助具体情境，帮助学生更好地体会和探索图形的运动。

(3)通过观察与动手操作，学生积累了基本的数学活动经验。低年级学生的思维以形象思维为主，因此在学习抽象的图形知识时，需要直观形象的支撑，而观察与动手操作都是非常重要的手段，教材多次加以利用。例如，通过折一折、画一画、剪一剪，呈现出一个轴对称图形；通过移一移，用学具模型画图等感受图形的平移；通过制作陀螺并转一转，感受旋转等。又如，习题中让学生根据剪下来的图形或剪剩下的纸边，先想象其叠合的样子，或剪出来的样子，再进行判断等。为学生提供丰富的机会，在观察与动手操作中进行思考和发现，直观感受图形运动的特征，逐步加深理解。

到了第二学段，教材仍然涉及大量的操作活动，帮助学生理解图形的平移和旋转，设计了看一看、画一画、摆一摆、拼一拼等操作活动。教材中的设计需要学生进行想象、猜测和推理的探究活动，这有效培养了学生的空间想象力和推理能力。如解决问题的教学，利用七巧板拼出一个小鱼图案，既需要学生利用图形的运动动手操作，不断尝试，同时也需要根据图的特点进行判断和推理。在此过程中，帮助学生积累活动经验，增强学生的空间观念。

(4)借助方格图，培养学生的空间观念。方格图是学生学习轴对称、平移两种图形变换的重要工具，每幅方格图都承载着提升学生空间观念的点滴作用。方格图上一条条水平和竖直的线，为学生建立方位感、感受距离提供有力的参照，同时方格图有大小相同、排列整齐的方格，自然而然地被学生接受和认可。教材这样的设计尊重了学生的认知基础，顺应了学生的认知需求，有效的帮助学生建立方位感和距离感，是发展学生空间观念的重要途径。

(5)重视数学思考，突出应用意识，感悟数学思想。数学知识之间既是独立存在的又是相互联系的。图形的运动设置了解决问题、注重培养学生的应用意识和能力。特别是第二学段，在教材编排上，从调出学生已有的知识基础开始到应用平移知识解决图形面积问题，环环相扣，不断引发学生思考，既是对平移特点和性质的进一步认识，又渗透转化思想，为后续图形面积的研究提供支持，发展学生从数学的角度运用所学知识解决问题的意识。

(6)体现相关知识在生活中的应用，感受数学与生活的联系。例如，教材除了知识的引入利用了生活中的实例之外，还利用生活中的数学板块介绍了民间的剪纸艺术，通过剪纸找到轴对称图形；又如，教师介绍了古今中外许多著名的对称的建筑，使学生感受相关知识在生活艺术中的运用，感受到生活中的数学美，激发学生学习和研究的兴趣。

2. 图形与位置

1)依照学生空间方位的认知顺序进行编排

学生对空间方位的表征，至少有以下三种形式：一是自我中心的表征，即用主体自身与目标物之间的位置关系，明确目标物的具体位置，如学生背靠着物体，说物体在他的后面。二是自然标志的表征，利用环境中的其他物体与目标物之间的关系来标明目标物的具体位置，如茶几在沙发的前面，电视在茶几的前面。三是去自我中心的表征，利用一些抽象的形式来描述目标物的位置，如用地图来描述目标物的位置。一年级学生的判断仍受直觉思维的支配，往往需要借助一定的情境和活动来进行。例如，要确定一个人站在对面人的前后，开始学生需要真正站在对方的位置上才能确定，以后才能逐步想象自己处在那人的位置上，以此确定其前后。学生认识空间方位的顺序是先上下再前后，最后是左右。根据研究，学生在掌握空间方位的过程中，首先把不同的方位与自己身体的一定部位相对应，建立起以下的联系：上面是头，下面是脚，前面是胸，后面是背，右面是右手，左面是左手。学生最早分出的是垂直轴上的方向，这是由学生身体的垂直位置决定的。学生对水平面方向的区分则晚一些。其中对左右的区分则比较困难，所以教材按照学生认识空间方位的难易程度来安排，顺序是上下、前后、左右。学生在认识上下、前后、左右这几个基本空间方位之后，他们才能够学习按水平方向分出的东、南、西、北等方位概念。在此基础上，进一步学习用数对确定物体的位置，并为后面进一步学习根据方向和距离两个参数确定物体的位置打下基础。

2)结合生活情境或活动情境，让学生体验空间方位，建立空间观念

一年级学习方位教材提供了既适合学生又便于操作的情景，使他们一方面亲身体验生活和学习环境中的方位，另一方面体会到空间方位与生活的密切联系，并创设了有趣好玩的游戏活动。学生在游戏活动中辨认上下、前后、左右的位置关系，在游戏中感受三组方位词的作用。

对于三年级的学生来说，东、南、西、北等方位概念还是比较抽象的，学生需要大量的感性材料支撑和丰富的表象积累，才能较好地掌握这些概念。教材编排上无论新知的引入还是掌握新知后解决问题，都注重选择学生熟悉的生活情境，例如校园、教室、自己的房间等。通过学习，学生感受到方向知识与现实生活的密切联系，一方面可以调动学生已有的生活经验，增强学习的兴趣；另一方面以实践活动为主展开学习活动，让学生在熟悉的情境中通过观察、描述和交流体验方位，这样有利于学生形成方位感。

五年级学生在生活中已经能用第几描述物体的位置，经历了类似用第几排第几个的方式找到物体的位置，如教室的座位、电影院的座位等，初步积累了用数表示位置的经验。教材充分利用并及时提升学生的这些已有经验，通过呈现学生的座位情境，借助教师操作台上的学生座位图，迅速将实际的具体情境数学化，抽象成在平面图形上确定位置，并帮助学生理解如何用数对确定位置的方法。要注意这里用数对表示位置先列后行的规定，与直角坐标系的坐标顺序是一致的。教材呈现了丰富的生活情境和实例，加深学生对用数对表示物体位置的理解，并让学生举出生活中确定位置的例子。一方面让学生找出生活中确定位置的例子；另一方面在练习和“生活中的数学”中联系国际象棋、围棋的棋盘，让学生确定棋子的位置。这样学生在熟悉的生活情境中，通过自主探索和合作交流解决实际问题，掌握用数对确定位置的方法，初步体会用数对表示位置便于交流的特点。

六年级上册的教材中用方向和距离确定位置，并且选取了学生熟悉的生活情境呈现确定位置。例题都是以台风中心的位置为载体来编写的，习题也是以家与学校、书店、邮局的相对位置关系等素材来呈现的，这使学生体会数学与日常生活的紧密联系。教材以连续的情境为载体，逐个提出问题，体现教材编写的整体性，把各个知识点有机地融合，在解决实际问题的过程之中，使学生在一个大的情境背景下学习，思路连贯、层层递进，通过自主探索顺利达成目标。

3)初步感知直角坐标系的思想和方法

结合熟悉的生活情境，让学生在具体情境中或方格纸上用抽象的数对表示物体的位置，初步感知直角坐标系的思想，为后面“图形与坐标”的学习做好铺垫。

3.2.2 学生关于“图形的运动与位置”的理解特征

3.2.2.1 学生在学习“图形的运动与位置”中的典型困难

※ 典型困难一：判断平行四边形是不是轴对称图形

1. 产生困难的原因分析

(1)学生视觉错误，说不出理由，只是凭感觉认为平行四边形是轴对称图形，这是一种错误的直觉判断。

(2)学生概念混淆，推理错误。有的学生易用左右相等替代对折重合，误以为左右两边大小一样、形状一样，就是轴对称图形，没有关注到左右两边的对应点要完全重合。

(3)学生易用中心对称的概念替代轴对称的概念，错误地认为将左右两边的图形翻转一下，两边就重合了，但该学生的推理过程还是错误的，这种错误源于对概念的错误理解。

2. 解决策略

1)动手折一折

教师让每位学生，尤其是容易出错的学生，拿出一个平行四边形的图形；然后让他们动手折一折，通过他们亲自动手，亲眼所见，看看两边是不是沿着对称轴完全重合。这个操作过程是非常重要的而且必不可少，这样的操作能让学生打破思维中原有的图示，通过同化和顺应建立起新的知识平衡体系。这个环节是希望学生们通过动手操作，建立轴对称图形的表象。

2)同桌互相找一找、说一说

请每位同学在平行四边形上找出 2～3 个点,并说一说这些点对折后是否能在平行四边形上找到对应点,从而对轴对称的概念进一步的理解和深化。这个环节是希望从定义出发,通过寻找对应点,初步理解轴对称的概念。

3)出示图形辨一辨

这一环节中,教师可以出示多种变式图形,特别是平行四边形的变式,让学生们在各种各样的图形中去想象、去辨识哪些是轴对称图形、哪些不是轴对称图形,并说明理由。这一环节,希望学生们从操作提升到想象,通过辨识判断加深概念理解。

※ 典型困难二:对称轴斜置时补全轴对称图形的另一半

四年级下册的教材在习题中增加了对称轴斜置的情况,补全轴对称图形的另一半,进一步熟悉补全轴对称图形的方法,加深理解轴对称的特点。这是学习的一个典型困难。

1. 产生困难的原因分析

(1)学生凭感觉画图。

(2)学生对轴对称的特点理解不够深入,不能灵活运用,有些对称点找的是对的,而有些对称点找的是错的。

(3)对概念的理解比较片面,误认为距离相等就是长度相等。有的对称点到对称轴的长度相等而忽略了对应点的连线应垂直于对称轴,有的只关注对应点的连线与对称轴垂直而忽略了长度相等。

(4)受水平方向或垂直方向找对称点的负迁移影响。

(5)部分学生缺乏独立思考的能力,无从下手。

2. 解决策略

(1)展示各种错误画法,分析哪里出错,运用轴对称的特点进行判断和分析。

(2)学生示范找对称点,在黑板上用三角尺规范地画图,画出各个关键点到对称轴的垂直线段;测量已知点到对称轴的距离并通过相等距离找出对应的未知点;根据已知图形的样子连接对应点,画出轴对称图形的另一半。

(3)鼓励学生质疑。

(4)每个学生独立思考并作图。

(5)组内交流,重点交流找对应点的方法。

※ 典型困难三:“东偏南 40°方向”是以哪个方向为标准

1. 产生困难的原因分析

(1)缺乏生活经验,在学生的学习生活中像这样数学化的描述极少接触。

(2)学生不明白东偏南是以东这个方向为标准,东偏南与南偏东混为一谈。

1. 解决策略

(1)说一说:出示方位图,针对“东偏南 40°”,让学生根据自己的理解说说这句话是什么意思,有什么地方不明白。通过交流与碰撞,学生明确“东偏南”是以东的方向线为标准作为角的起始边,“东偏南 40°方向上”是以东为标准向南偏 40°角的另一条边上。

(2)换种说法:在方位图上“东偏南 40°”还可以说成“南偏东多少度方向上”呢?

(3)画一画:在正确理解东偏南 40°方向的基础上,找一位学生在黑板上摆放量角器,全体学生在观察比较中鉴别哪条线表示的是南偏东 40°的方向,使学生明确了确定东偏南 40°方向是以东为标准,要把量角器的 0°刻度线与表示东的方向线重合,量角器的中心点与观测点重合,找到 40°的刻度线画出 40°的角。让每个学生独立地画出东偏南 40°方向。

(4)找一找:在方位图上让学生找出如“北偏西 20°方向”“南偏西 30°方向”等,以巩固概念。

※ 典型困难四:摩天轮的座舱里的人是旋转还是平移

1. 出现困难的原因分析

(1)因为摩天轮在旋转,学生错误地认为座舱里的人及座舱都在随之旋转。

(2)没能深入地去分析座舱里面的人是旋转还是平移,不能用平移和旋转的本质特征去判断,忽略对对应点之间关系的探究。

2. 解决策略

(1)让学生按照自己的想象判断,用学具演示人旋转时的状况(图 3-42)。

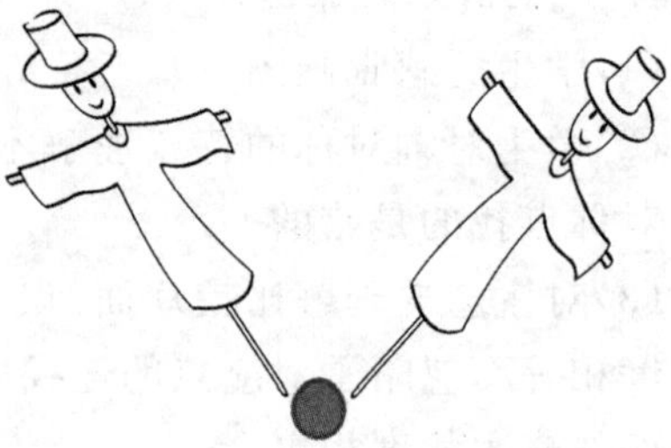

图 3-42

(2)出示摩天轮转动的实际视频,截取其中一个画面让学生观察人的位置与我们想象的是否是一样的,分别让认为是平移的学生说出它为什么是平移,让认为是旋转的学生说出自己判断的方法。

(3)学生用已经习得的平移和旋转的特点来判断谁对谁错:上面座舱里面的人始终头朝上,脚朝下。先依据旋转的基本特征,分别画出运动过程中在任意两个位置上人的下部、中点的对应点连线,它们平行并且相等(图3-43),所以是平移。为什么不是旋转呢?依据旋转的基本特征,画出在任意两个位置上人的下部、中点的对应点与摩天轮旋转中心的连线,它们的长度明显不相等(图 3-44),所以不是旋转。

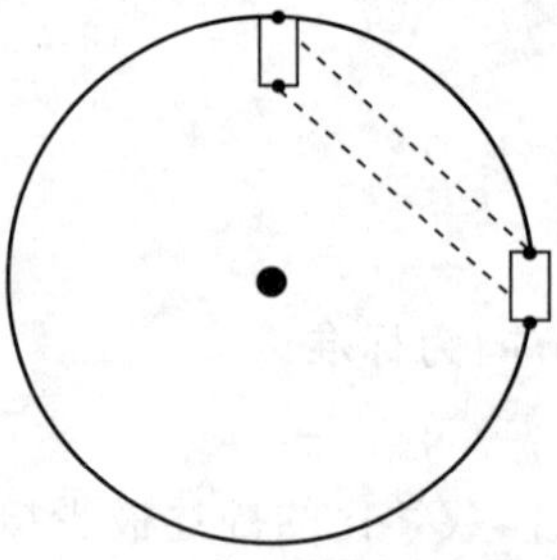

图 3-43

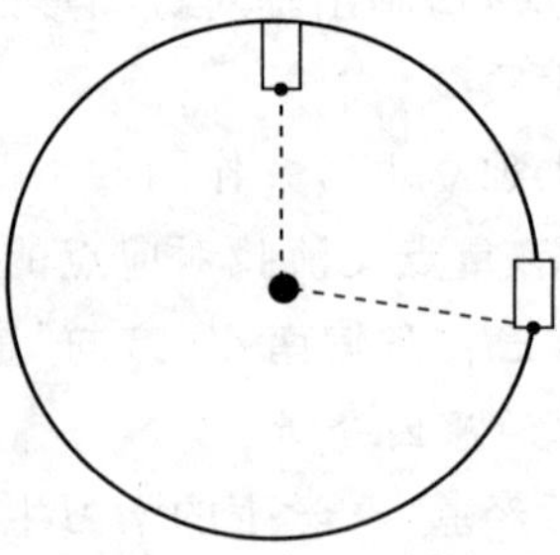

图 3-44

(4)模拟演示并解释说明:明明摩天轮在旋转,而座舱与里面的人却不是在旋转,是在平移,这是怎么回事呢?原来摩天轮在带动座舱顺时针旋转的同时,地球的引力使得挂在吊钩上的座舱也在逆时针细微地转动，从而座舱里面的人始终保持向上的方向，并且座舱与人上的每个点都移动相同的距离。

其实数学中所说的旋转、平移，主要考察运动开始、终止状态下，两个静止图形对应点之间的关系。

※ 典型困难五：让学生剪出指定的图形

1. 困难产生的原因分析

(1)图形较为复杂，学生不知道从何下手。

(2)虽然在解决问题二年级下册"图形的运动(一)"的[例 4]中积累了剪小人的经验，但此题与例 4 的折纸方向不同。剪 4 个小人时是同一方向将纸进行对折，而此题需要按不同方向进行对折。

(3)相当一部分同学(特别是男生)没有剪纸的经验。

2. 解决对策

(1)引导学生先理解题意，分析要剪的图形的特点：轴对称图形，4 个人头在中间。

(2)确定在操作中的 4 个关键点。

① 要用对折的方法折纸。

② 对折几次。例 4 中学生是通过逐步尝试得出结论的：对折一次剪 1 个小人，对折两次剪 2 个小人，对折三次剪 4 个小人。教师可以利用剪小人的操作活动经验，引导学生得出剪 4 个小人需要对折 3 次。

③ 怎样折纸？这时可以引领学生进行向思考(将图形对折→画图→剪图)，如果将图形对折三次，第一次对折后是怎样的？第二次对折后是怎样的？第三次对折后是怎样的？学生充分发挥想象力。

④ 折好纸后如何画图？将正方形纸像图 3－45 的对折方向对折三次(对折方法不唯一)，以第三次对折后的图形画图。小人头所在的位置是唯一的，头在正方形纸的中心位置，所画小人的手是连起来的，不能被剪断。

(3)通过操作逐步尝试、调整以解决问题。

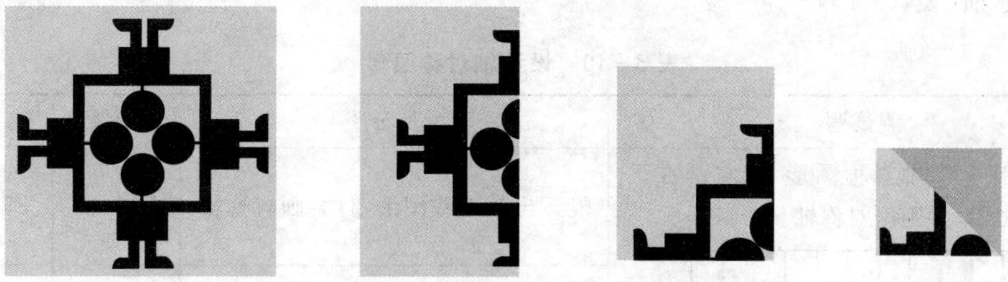

(a) 原图　(b) 第一次对折后　(c) 第二次对折后　(d) 第三次对折后

图 3－45

3.2.2.2 "图形的运动与位置"的学情分析

《义务教育数学数学课程标准》在前言中指出："数学教学活动必须建立在学生的认

知水平和已有的知识经验基础之上。”作为教师，只有在课前摸清学生的原有认知水平和已有的知识经验，并以此为基点，才能有效地组织课堂教学。学情分析可以使用前测的方法，也可以采用访谈的方法。而前测的方法更便于操作和节省时间，是分析学情的重要方法和手段。有效的课堂前测及数据分析是教师摸清学生原有认知水平和已有经验的必要方法，也是教师“以学定教”的必备手段。实践证明有效的课堂前测能“暴露”学生解决问题的思维方向和知识起点，然后以此为依据加以分析，才能更精确地定位课堂，更科学地开展教学。前测要在上课之前完成，如果前测太早了，学生的学习起点改变了之后，就会与上课时实际学情不符，失去前测的意义。

前测的内容也是学习的一部分，在备课的时候要准备好检测内容。前测包括学生已经学过的知识和生活经验，以及对新知识的掌握情况。前测的方式可以形成自主学习卡，先预习或者根据已有知识经验对重难点掌握或对易错点进行了解。前测不是老师给学生铺好这节课要学的路，然后让学生直接去借鉴过来用，而是让学生回顾一下与本节课有关的知识和学这些知识用的方法，学生已经掌握到什么程度了。如果是学生会的，老师可以不讲；如果是学生不会的，老师要具体来讲，要从学生怎么学进行分析。

※ 基于学情分析的“轴对称”教学实践探究

1. 借助前测，把脉学情

前测究竟测什么？以“轴对称”一课为例，学生在二年级时对轴对称图形已有直观认识。通过本课的学习，他们将进一步体会轴对称图形的特征和性质，能在方格纸上补全轴对称图形的另一半。那么在上课之前，学生对轴对称图形究竟了解多少？能否根据题意补全轴对称图形？这就需要借助前测数据帮助我们准确定位，为教师设计教学活动提供科学依据。

2. 前测题的内容与结果反馈

本次前测设计了两个题目，主要对轴对称图形概念的掌握，以及补全轴对称图形另一半的方法进行测试，并结合前测数据展开分析。

1)画轴对称图形

第一题主要考查学生对于轴对称图形的认识情况，能否准确画出轴对称图形，能否标出对称轴（表 3－10）。

表 3－10 设计轴对称图形

测试题	学情分类	样本数	百分比
1. 请设计一个轴对称图形，把它画在下面方格图中，并画出对称轴。	能画出轴对称图形，且会画对称轴	211 个	87.9%
	能画轴对称图形，但不会画对称轴	12 个	5%
	不会画轴对称图形	17 个	7.1%

结果反馈：

根据学生作品反馈，有 87.9％的学生能够准确地画出轴对称图形，且会画轴对称图形的对称轴，观察其作图过程也发现，这部分同学所作图形都较为简单；有 5％的学生能画出轴对称图形但不会画轴对称图形的对称轴，尤其是所作图形为多边形或不规则图形时，无法找到对称轴所在位置；有 7.1％的学生不会画轴对称图形，主要出错在于作图较为随意，所作图形看似形状对称，其实并非轴对称图形。

2）补全轴对称图形的另一半

第二题主要考查学生对轴对称图形特征的掌握，了解学生能否补全给定轴对称图形的另一半，作图方法是否科学合理（表 3－11）。

表 3－11　补全轴对称图形

测试题	学情分类	样本数	百分比
2. 你能补全下面这个轴对称图形吗？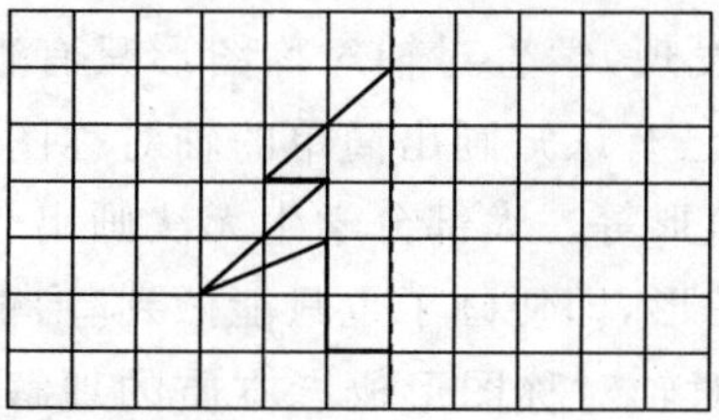	快速准确完成	168 个	70％
	涂改后正确	18 个	7.5％
	有思路但局部出错	30 个	12.5％
	毫无思路，随意补完	24 个	10％

结果反馈：

根据上述情况所得，有 70％的学生能够快速准确地补全轴对称图形，且观察其补全的过程；有部分学生能以画点连线的方法补全轴对称图形；也有部分学生借助直接画线的方法作图。有 7.5％的学生虽能够补全轴对称图形，但作图方法不清楚。有 22.5％的学生无法正确补全轴对称图形，错误原因主要有以下两种：

第一种情况：有 10％的学生凭感觉补全轴对称图形，对于两边到对称轴距离相等没有正确认识，在补全轴对称图形时无章法，随意补全（图 3－46）。

2. 你能补全下面这个轴对称图形吗？　　2. 你能补全下面这个轴对称图形吗？

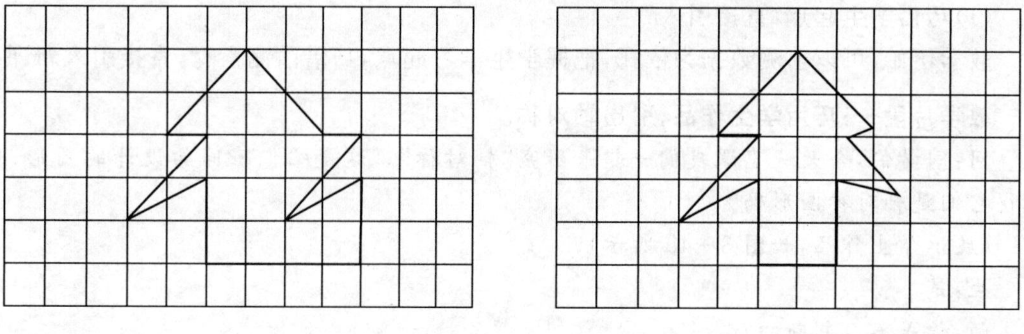

图 3－46

第二种情况：有 12.5％的学生对于轴对称图形两边到对称轴距离相等有一定的认识，但是无法准确找斜边的另一半（图 3－47）。

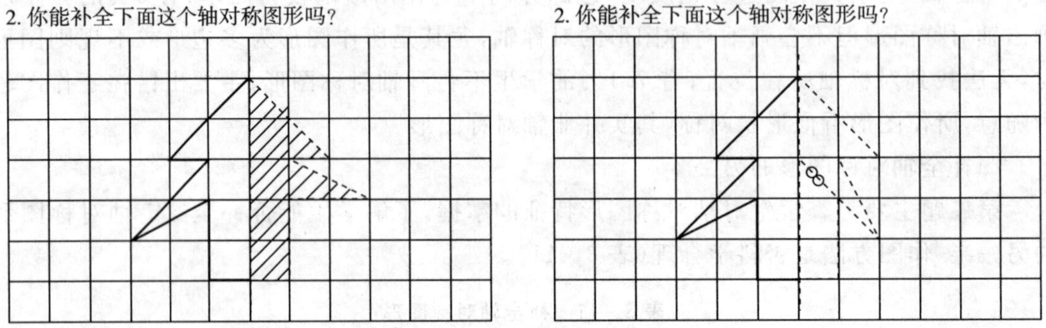

图 3－47

3）基于前测结果数据的分析

（1）学生对轴对称图形概念理解不深。通过前测发现，学生对轴对称图形只有直观感知，并没有真正理解什么是轴对称图形，只能够根据已有认知画出简单的轴对称图形，且准确画出一条或多条对称轴，如长方形、正方形、三角形等。大部分学生无法画出较复杂的轴对称图形，尤其是多边形或含有曲线的不规则图形，即便画了也只能做到“形似”，而非真正的轴对称图形。因此，在教学中要关注学生对轴对称图形概念本质的理解，帮助学生进一步体会轴对称图形的特征和性质。

（2）学生不清晰轴对称图形的特征，作图水平存在差异。通过前测发现，超过半数的学生能快速补全轴对称图形，也有一部分学生无法顺利补全。观察发现，只有一小部分在补全时运用了先画点，再连线的合理画法；另一部分学生在画轴对称图形的另一半时是直接画线段补全，出错较多。因此，教学时要注重学生对轴对称图形特征的理解，教会学生用科学的方法作图：先画点，再连线。

4）立足学情，改进教学

在课堂教学中，如何充分利用前测数据，让前测结果真正服务于教学设计，改进课堂教学，避免测而不用或用不充分？

（1）巧借学生起点，直接引入

教学伊始，可以前测数据为依托，把握学生学习起点，巧借前测素材，直接引入新课。

教学片段一：巧用学生作品，引出轴对称。

问：同学们，今天这节课我们一起来研究“轴对称”。这是咱们班同学设计的图形，你觉得它们是轴对称图形吗？

（展示学生作品，如图 3－48 所示）

生：是。

师：你是怎么判断的？

生：这些图形对折后能完全重合。

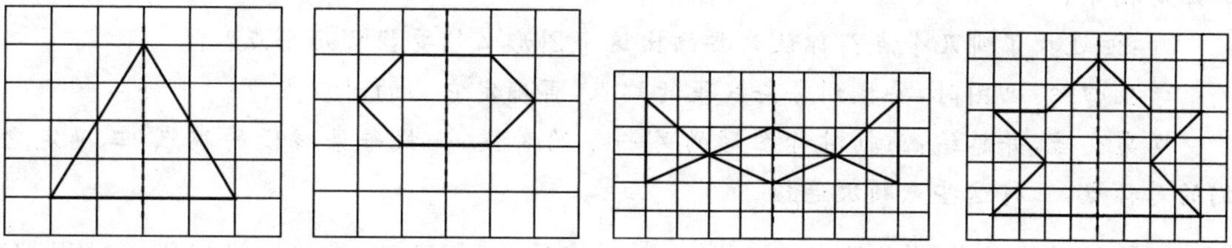

图 3-48

归纳总结:像这样对折后能完全重合的图形,叫作轴对称图形。对折时折痕所在的直线叫对称轴。

上述教学片段中,充分利用了学生课前所创作的轴对称图形,直接请学生判断同学画的图形是否是轴对称图形,以学生作品促课堂生成,使整个环节的落笔更有针对性,并且在学生认知短板处着重讲解,帮助学生建立概念,使课堂教学更高效。

(2)深挖学生思维,梳理方法

在教学时进一步追问"你是怎么想的"等,深挖学生思维,激发学生思考,让学生将自己的思维过程完整贯通,提升思维品质。

教学片段二:补全轴对称图形。

师:这位同学补全的轴对称图形对吗?

师:你的作品也是这样的请举手。并将你补全的过程说给大家听听。汇报:

生1:画斜线,横几格竖几格,一条线下来。(通过找线的方法画)

生2:先画这个点,连上,再画这个点,再连上,画一个连一个。

引:那位同学是通过先找点的方法画出的,他是怎么找点的?

(展示学生作品,如图3-49所示)

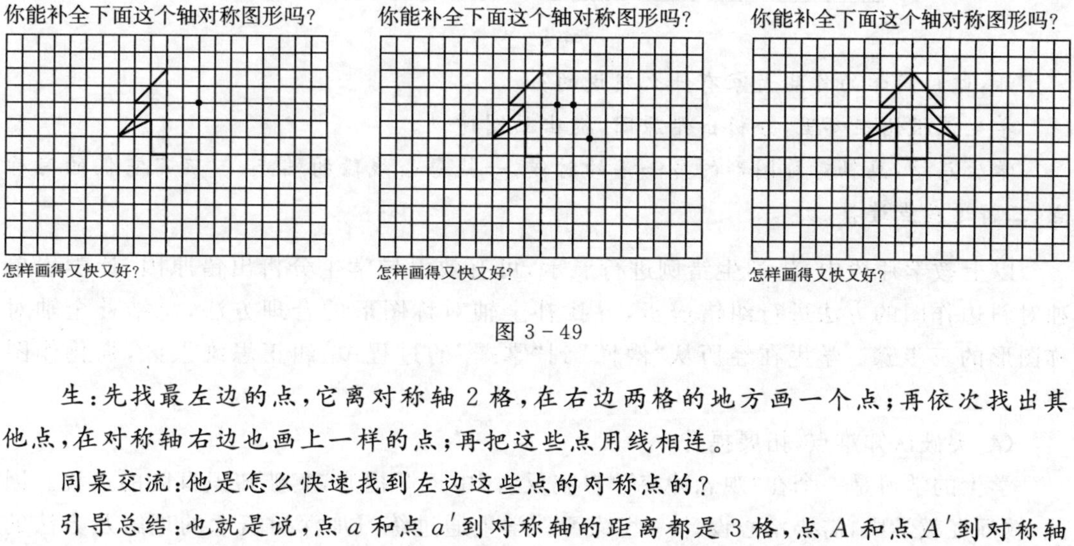

图 3-49

生:先找最左边的点,它离对称轴2格,在右边两格的地方画一个点;再依次找出其他点,在对称轴右边也画上一样的点;再把这些点用线相连。

同桌交流:他是怎么快速找到左边这些点的对称点的?

引导总结:也就是说,点 a 和点 a' 到对称轴的距离都是3格,点 A 和点 A' 到对称轴的距离相等。

师：他还找了哪几个点？你认为要画出这个图形必须要找哪几个点？

学生归纳：画图时，要找到每条线段的端点，再确定它们的对应点。

同桌交流，并总结：画轴对称图形的另一半的时候，一找每条线段的端点，二确定它们的对称点，三将这些点顺次连接。

上述教学片段中，学生重新拿出课前所画作品，互相完整、准确地说出作图过程，对作图方法进行了梳理。在互动反馈过程中，会画的学生通过展示，汇报了梳理“先画点，再连线”的作图方法；其他学生在讨论交流和模仿中练习，纠正原先直接凭感觉画线的错误方法。这样的教学过程，充分深挖学生思维，帮助学生掌握正确的补全轴对称图形另一半的方法，使课堂学习真正发生。

(3)善用学生错例，深入理解

学生的错题直接反映学生的学习情况，是有效教学的宝贵资源。教师应一改看到错误就害怕的态度，善用学生错例，在帮助学生订正的同时，分析错因，总结避免出错的方法。

教学片段三：分析出错原因，强化作图方法。

出示学生错例，如图 3-50 所示。

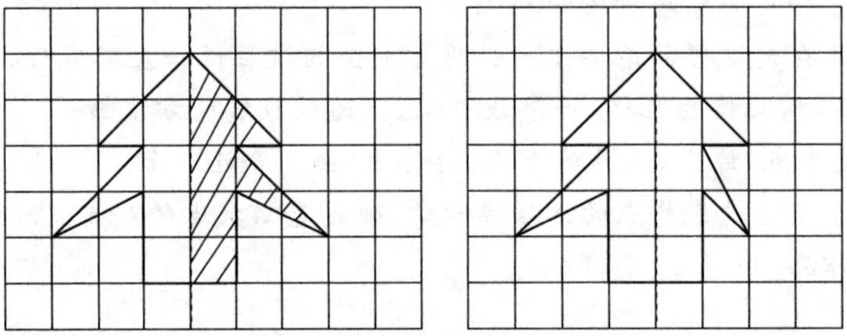

图 3-50

师：这位同学的作品大家有什么想说的？

学生汇报错在哪里，分析出错原因，提出画图建议。

学生总结：画轴对称图形的另一半的时候，一找每条线段的端点，二确定它们的对称点，三将这些点连接。

以上教学片段中，将学生错例进行展示，可有效引导学生分析出错原因，让学生单独对斜边作图的方法进行纠错辨析，寻找补全轴对称图形的合理方法，总结补全轴对称图形的三步骤。学生在经历从“懵懂”到“掌握”的过程中，纠正思维误区，强化作图方法。

(4)突破认知难点，拓展提升

学生的学习是一个在“观念冲突”“自我反省”中逐渐提升，突破知识盲区的过程。因此，教师在教学中，需要精心设计一些练习。学生通过练习加深对概念的理解及方法的应用，真正突破学生认知难点，达到拓展提升的效果。

教学片段四：画一画（图 3－51）。

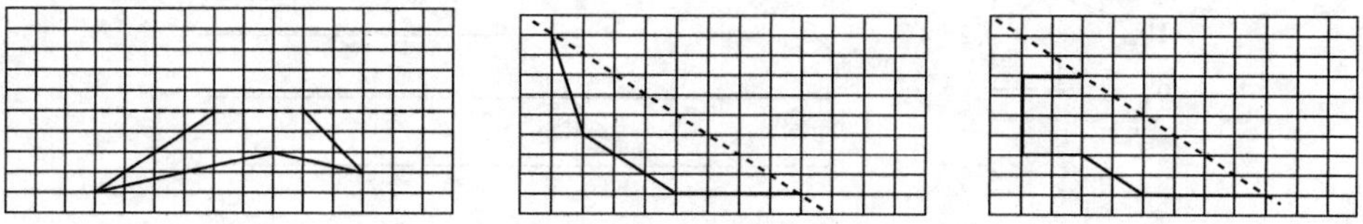

图 3－51

PPT 分步出示：

师：想象一下，画出来的会是什么样的图形？如果你画这幅图要画几个点？

学生完成第一幅作品。

师：对称轴是斜着的时候，你还能画出轴对称图形的另一半吗？请你任选一个图形完成。

学生汇报作图过程。

师：你怎么看出它是对的？

教师总结：再次明确补全轴对称图形的方法，重点突出对称轴是斜着的如何找到对称点。这样的安排，既可以帮助学生再次回顾较难的轴对称图形的补全方法，又能够让学生思考当对称轴是斜着时如何补全轴对称图形，拓宽思维的广度。通过画一画、辨一辨，学生真正内化知识，掌握方法。

※ 基于学情分析的“图形的旋转”教学实践研究

1. 教材内容

“图形的旋转”是五年级数学下册的教学内容。

2. 课前调查

本次前测调查采用问卷形式（1、2 题为 1 份问卷，3、4 题为 1 份问卷），表 3－12～表 3－15是本次调查的前测题目及答题情况数据说明。

表 3－12　问卷一

1. 下面物体的运动是旋转的在（　　）里画“√”，是平移的在（　　）里画“○”。									
						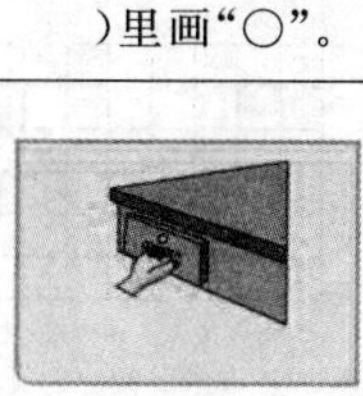			
正确	错误	正确	错误	正确	错误	正确	错误	正确	错误
145	9	28	126	79	75	150	4	152	2
94.2%	5.8%	18.2%	81.8%	51.3%	48.7%	97.4%	2.6%	98.7%	1.3%

表 3－13 问卷二

2. 动手写一写，指针从“12”到“3”的旋转过程。

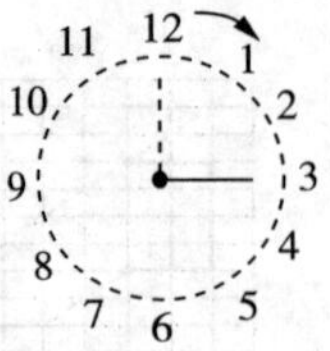

关注原点的	150	仅关注方向的	18	仅关注度数的	27	同时关注方向和度数的	105
	100％		12.0％		18％		70％

表 3－14 问卷三

3. 请你画出线段 OA 绕 O 点按顺时针方向旋转 90°后的图形。

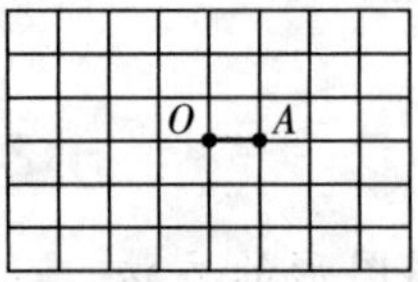

正确的	88	错误的情况	绕 O 点逆时针方向旋转 90°	16	10％
			绕 A 点顺时针方向旋转 90°	32	20％
			绕 A 点逆时针方向旋转 90°	8	5％
正确率	55％		其他情况	16	10％

表 3－15 问卷四

4. 请你选出三角形 AOB 绕 O 点按逆时针方向旋转 90°后的图形。

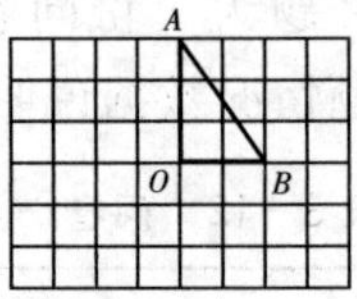

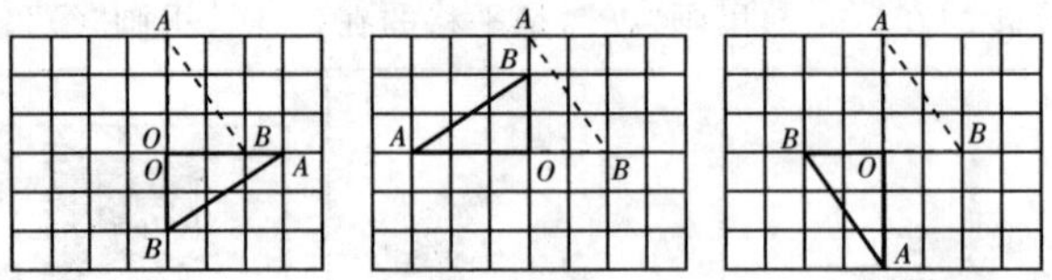

（　）　（　）　（　）

选择第一幅	选择第二幅	选择第三幅
32	86	38
20.5％	55.1％	24.4％

3. 调查简要分析

(1)从表 3-12 统计结果来看,有部分学生对于旋转角度不是 360°的物体的运动(如:道闸挡车杆的运动、荡秋千运动)是有争议的,特别是对于道闸挡车杆运动的选择错误率远高于荡秋千运动的选择。教师通过对学生访谈,发现由于这幅图中除了道闸挡车杆的运动,还有汽车的运动对学生造成了干扰,部分学生不清楚是要判断道闸挡车杆的运动还是判断汽车的运动。

(2)从表 3-13 统计结果来看,部分学生对旋转的方向(顺时针和逆时针)以及旋转的度数是有所感觉的,而对于旋转的要素之一旋转中心,在描述指针从“12”到“3”的旋转过程中没有一个学生提到这一要素。被访谈时,学生一致认为,旋转的中心(指针)已经固定在那儿了,是不需要再加以说明的。

(3)从表 3-14、表 3-15 的统计结果发现,被调查的学生中有将近一半的学生是能根据我们提供的旋转三要素完成对线段 OA 绕 O 点按顺时针方向旋转 90°的正确画法以及对三角形 AOB 绕 O 点按逆时针方向旋转 90°后的图形的正确选择。

4. 调查带来的思考

(1)“学起于思,思源于疑。”部分学生对道闸挡车杆的运动、荡秋千的运动是否为旋转现象产生怀疑,那么,我们的教学如何更好地带领学生“知其然”,更“知其所以然”呢?

(2)在学生受生活中“定式思维”的影响下,教师如何打破这种“定式”,引导学生从数学的角度感知旋转的中心呢?

(3)被调查的学生中有将近一半的学生能正确完成前测卷中的第 3 题和第 4 题,教学中教师该如何平衡这种差异呢?

5. 教学实践

片段一:利用前测材料,认识旋转三要素。

过渡:刚才我们知道钟面上指针的运动都属于旋转现象,那钟面上指针从“12”到“3”的旋转过程同学们是怎么描述的呢?

1)教师出示学生 1 的前测材料

生:是以顺时针方向运动的。

师:你能看懂这位同学的描述吗?

小结:这位同学的描述告诉了我们指针运动的方向。(板书:方向)

师追问:如果按他的描述指针一定会从“12”走到“3”吗?

生预设:不一定。

师:按这样的描述,指针可能从“12”走到几?

小结:看来,只确定方向不能准确描述指针从“12”走到“3”的旋转过程。我们只知道指针可能是从 12 走到 1,从 12 走到 4 等这样沿着顺时针方向旋转到任意一个地方。

2)出示学生 2 的前测材料

(1)对比两位同学的描述,引出角度

师:你能看懂这位同学的描述吗?这位同学的描述和前一位同学的描述有什么相同

和不同的地方吗？

(2)教师结合旋转方向和旋转角度演示指针旋转运动。

师：有了旋转方向和旋转角度，我们再来看一下，现在指针从“12”开始按顺时针方向旋转90°，能从“12”走到“3”吗？（结合课件动态演示）

3)教师动态演示不同中心点的旋转情况，引导学生感知确定旋转中心的重要性

(1)旋转中心移动的不同情况

师：刚才指针绕着点O顺时针旋转90°能从“12”到“3”的位置，那如果点O不在这里跑到上面去了，想象一下，绕此点顺时针旋转90°会到“3”的位置吗？动态演示，并追问：“指针跑哪去了？和你想的一样吗？”

出示另一个点的位置，如果在这呢？想象一下到哪了？（演示）那要是点O跑到下面去了？想象一下，能到3吗？这呢？

师对比：看来如果指针不是绕中心点O旋转，从A，B，C，D……这些点顺时针旋转90°，你有什么发现？

生预设：如果指针不是绕中心点O顺时针旋转90°，不能保证从“12”走到“3”的位置。

如果点O跑到了钟面上的其他地方（指针指向“12”），顺时针旋转90°，能走到“3”吗？

生预设：都不能。

小结：看来点O跑到别的地方了，虽然指针都是从“12”开始顺时针旋转90°，但是都不能保证到达“3”的位置。

(2)用“旋转三要素”描述旋转过程

师：现在你能用“三要素”描述指针从“12”到“3”的旋转过程吗？

(3)组织对比

师：现在的描述和前面两位同学的描述有什么不同的地方

生预设：这样描述更准确，更清楚，不会出现好几种情况。

小结：看来，只有用上“中心、方向和角度”才能准确描述物体的旋转现象。“中心、方向、角度”在描述物体的旋转现象中非常重要，它们称为旋转的三要素。（板书：旋转三要素）

【设计意图】利用学生的前测材料，再通过他们观察、想象，发现：当只有旋转方向时，指针旋转的范围是整个钟面；当有了旋转方向和角度时，指针旋转的范围是整个钟面的某些区域。通过旋转中心点的位置不断变化引起指针指向的变化，学生感悟到描述物体旋转时“三要素”的重要性，突破了自身学习上的难点。

片段二：通过想象和描述建立表象，加深对旋转三要素的认识。

1)现在你能先想象，再用上这三要素描述一下指针其他的旋转过程吗？

(1)从“12”到“1”，指针绕________按________方向旋转________°。

(2)从“6”到“12”，指针绕________按________方向旋转________°。

(3)从“1”到“____”，指针绕点O按顺时针方向旋转了60°。

小结：看来旋转三要素能帮助我们描述更多的旋转情况。

2)解释道闸挡车杆与荡秋千的运动。出示图 3 - 52。

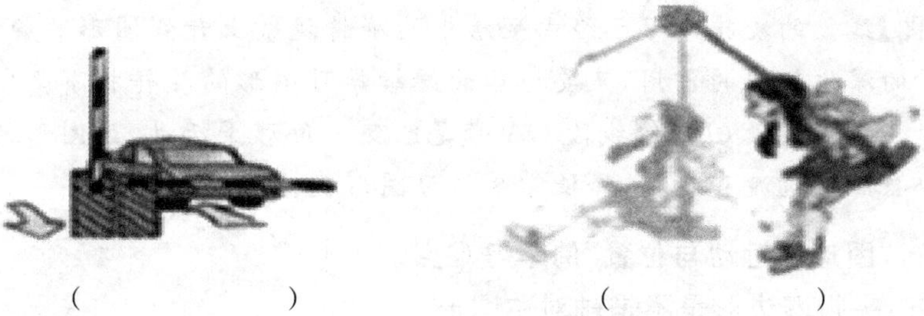

图 3 - 52

师:如果现在让你重新选择,你认为"道闸挡车杆和荡秋千的运动"属于什么现象?并说说理由。

【设计意图】通过想象,教师鼓励学生能够用数学语言描述物体的旋转过程;同时,再次呈现原本学生在判断时有争议的两幅图"道闸挡车杆"和"荡秋千的运动",以"旋转三要素"为依托,帮助学生直观认识"道闸挡车杆和荡秋千运动"都是围绕一个点进行的局部圆周运动,进一步加深对图形旋转三要素的认识。

片段三:通过动手操作,初步感知旋转的特征。

1)隐去钟面,变指针为线段 OA。

师:刚才我们借助钟面模型描述了指针的旋转过程,如果没有钟面你们还能想象一下线段"OA"顺时针旋转 90°的情况吗?

出示三种情况,如图 3 - 53 所示。

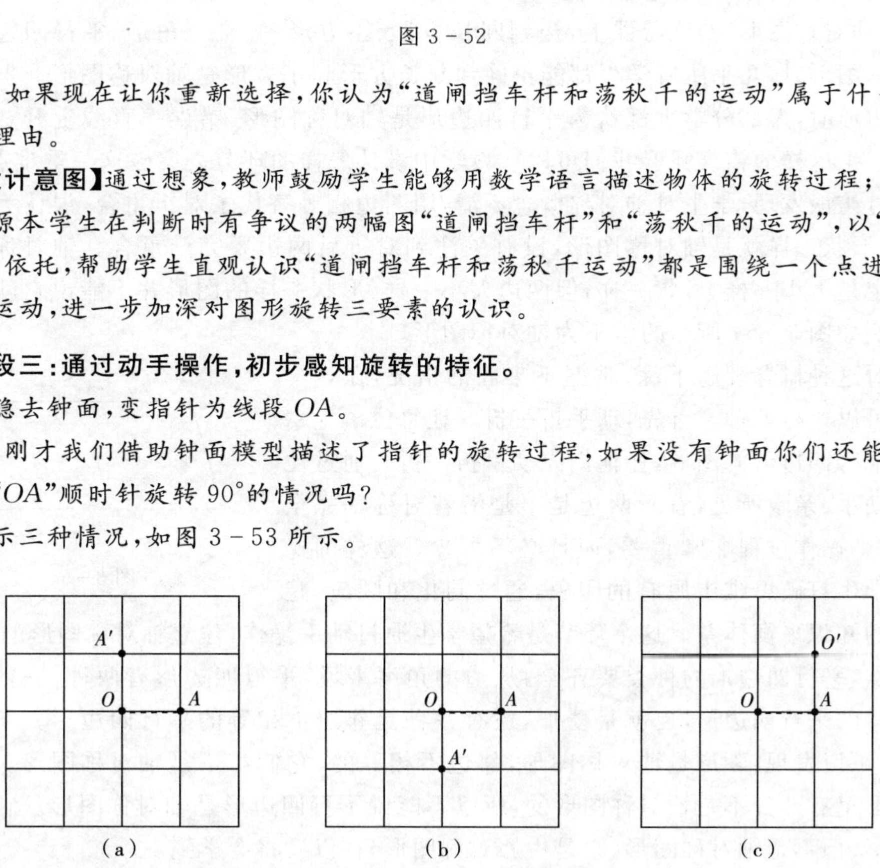

图 3 - 53

师:你们想象的和哪一幅图的情况是一样的?

同桌互相描述剩下两幅图线段 OA 是怎样旋转的。

2)三角尺的旋转

师:请同学们拿出一个三角尺将三角尺中直角的顶点与点"O"重合为旋转中心,每次绕点"O"按顺时针方向旋转 90°。

师:完成后再小组讨论,三角尺在旋转的过程中你有什么发现?

小结：旋转中心的位置不变，过所有旋转中心的所有边旋转的方向相同，旋转的角度也都相同。旋转后的三角形的形状、大小都没有发生变化，只是位置变了。

【设计意图】线段的旋转学习已经由生活中的旋转现象上升到图形的旋转，它既承载了对旋转要素的深化理解的作用，又要为后面继续学习图形的旋转打下坚实的基础。这个环节通过变指针为线段 OA，给线段 OA 带尾巴变三角形等活动，让图形的旋转和生活中的旋转有个自然的过渡和对接，降低学生学习图形旋转特征的难度。

3.2.2.3 “图形的运动与位置”的学习难点

※ 难点一：平行四边形是不是轴对称图形

在“轴对称图形”的练习课上，当判断长方形、正方形、等腰三角形、平行四边形是不是轴对称图形时，几乎所有学生都能正确判断长方形和正方形是轴对称图形。但在判断平行四边形时，大部分学生都认为平行四边形是轴对称图形，错误率直线上升。学生为什么会产生这样的错误呢？我们可以在教学中设计怎样的环节去突破这一重难点呢？

通过访谈发现，学生对轴对称概念不清，用两边相等替代了对折重合，误认为两边大小一样、形状一样就是轴对称图形，没有关注到对折后两边要完全重合。轴对称图形的两边一定是大小一样、形状一样，但两边大小一样、形状一样的图形并不能说它就是轴对称图形例如图 3－54 所示的就不为轴对称图形。

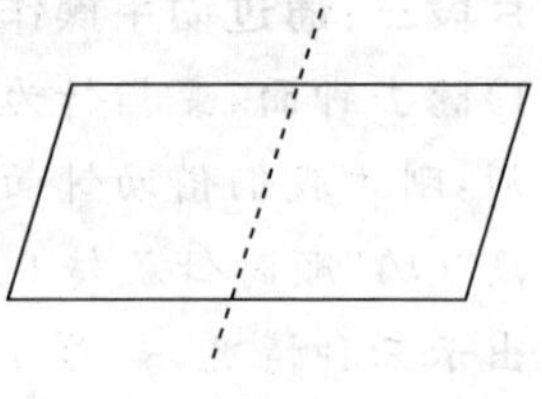

图 3－54

针对这种概念理解不深、掌握不牢固的情况，在教学中我们可以这样处理。首先，动手折一折。让每位学生拿出一个平行四边形的图形，让他们先动手折一折。通过他们亲自动手、亲眼所见，看看两边是不是沿着对称轴完全重合，这个操作过程非常重要，而且必不可少。这样的操作能让学生打破思维中原有的印象，通过同化和顺应，建立起新的知识平衡体系。这个环节是希望学生通过动手操作，建立轴对称图形的表象。

其次，平行四边形的种类要齐全，从边的角度来说，平行四边形有两种，一种是四条边都相等的平行四边形，也就是菱形，还有一种是邻边不相等的平行四边形。通过动手折，学生可以发现：菱形是轴对称图形，邻边不相等的，它们都不是轴对称图形。因为平行四边形里有部分不是轴对称图形的，所以不能说平行四边形是轴对称图形。它是一个对称图形，但不是轴对称图形，它是中心对称图形，在以后将会学到。

再次，想象验证。如果左边是轴对称图形的一半，右边应该是什么样子的。先想象说一说自己的想法，再拿出镜子照一照，验证是否准确，发展空间想象能力。（图 3－55）

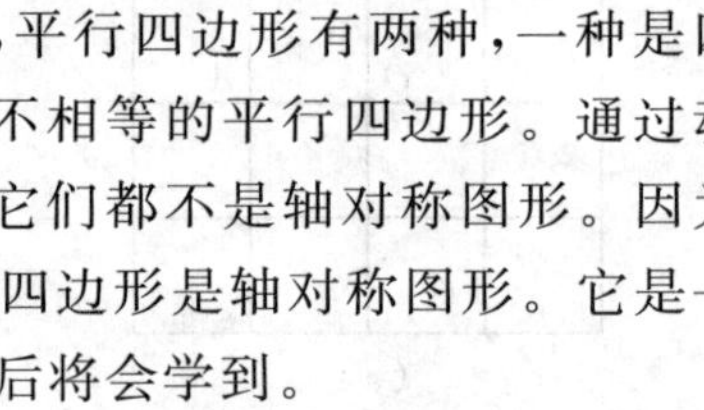

图 3－55

最后，出示图形辨一辨。这一环节中教师可以出示多种变式图形，特别是平行四边形的变式，让学生在各种各样的图形中去想象、去辨认哪些是轴对称图形，哪些不是轴对称图形，并说明理由。这一环节希望学生从操作提升到想象，通过辨识判断，加深概念理解。

※ 难点二：天安门正面是不是轴对称图形？要不要算上面的文字

这一知识点不仅对学生是一个难点，而且老师在讲解时也拿不准，不知该不该看左右两边的文字。针对这一情况，编者查找了资料。首先，要明确"轴对称图形"指的是平面图形，而天安门是立体的。我们可以说作为建筑物的天安门是对称的，而不可以说它是轴对称图形。如果问"天安门正面形状（或给出天安门的图片）是不是轴对称图形"，则是合适的。在《教师教学用书》中也明确指出：对实物而言"有必要把它们简化、抽象成平面图形，再来对折、研究"。

其次，教师们争议的另一个焦点在于：判断一个图形是否是轴对称图形，要不要考虑图形内部的图案（乃至颜色）？例如，在天安门的正面图片中，左右标语不同，能说对称吗？某些国家的三色国旗（并排三个涂着不同颜色的长方形）的对称轴是一条还是两条？对此要分以下两方面进行阐述：

① 从数学的角度，我们只研究图形的形状、大小、位置关系，而不关注颜色等非数学因素。颜色本身不是"图形"，也不是"图形"的组成要素。我们或许可以说某实物中颜色的排列对称（或不对称），但不能据此说这个是（或不是）"对称图形"。

② 一般来说，我们判断某图形是否是轴对称图形时，该图形都是经过一定数学抽象的，而且主要关注的是图形的轮廓。就像《教师教学用书》中指出的：让学生观察生活中的对称现象时，要注意引导他们忽略一些无关紧要的细节，着重从图形运动的角度去观察、去思考。例如，"某树叶是对称的"，其实上面的叶脉纹理不作为考虑要素，是可以忽略的。同理，天安门正面图片可视为轴对称图形，因为其中的标语并非天安门的关键要素（没挂标语还是天安门）。

※ 难点三：认为荡秋千、坐跷跷板是平移现象

荡秋千、坐跷跷板虽然是学生们经常玩的游戏，但在二年级学习平移、旋转时，大部分学生误认为它们是平移现象，究其原因有两点：对平移、旋转的概念不清晰。认为转一周才是旋转，转的轨迹是圆形的一部分就不算。荡秋千、坐跷跷板由于轴较长，再加上转的角度不大，学生坐在上面感觉在进行直线运动，所以判断荡秋千、坐跷跷板是平移现象。

在教学时，我们可以通过模拟做游戏的方式，在桌面上用橡皮做支点，直尺当作跷跷板，再用 2 个小物件作为小人，让学生模拟表演。观察后，找到旋转的中心点，想象如果没有地面挡着，还可以怎么转动，感受跷跷板是绕着一个点在转动。荡秋千的教学方法也是如此。

※ 难点四：当对称轴不是水平和竖直方向时，如何画轴对称图形另一半

四年级下册教材关于对称轴方面的习题增加了对称轴斜置的思考题，并不要求每个学生都必须掌握。画出对称轴斜置的图形的另一半，丰富学生补全轴对称图形的经验，进一步使学生熟悉补全轴对称图形的方法，加深理解轴对称的特征。

学生错误的原因是把对应点到对称轴距离相等，片面地理解为长度相等，忽略了对

称点的连线与对称轴互相垂直。教学时，学生先独立完成，老师摸清学生出错的原因，查找出错的原因；再把对应点连线，看符合不符合轴对称图形的特征：对应点到对称轴的距离相等，即对应点的连线与对称轴互相垂直且被对称轴平分。因势利导，总结方法：画——画出关键点到对称轴的垂直线段；数——数出所画垂直线段的长度；描——根据垂直和长度描出关键点的对应点；连——连对应点，画出轴对称图形的另一半。

※ 难点五：画出图形按 2∶1 放大后的图形，认为图形的周长和面积都扩大了 2 倍

图形按 2∶1 放大，学生认为图形的周长和面积都扩大了 2 倍，有以下两方面原因：①对放大、缩小的概念理解不清，把图形按 2∶1 扩大，不知是把谁扩大 2 倍。②弄不清面积和边长的关系，误认为边长扩大 2 倍，周长和面积也都扩大 2 倍。

在教学时，采取如下教学方法。

① 明晰“长方形图形 2∶1 放大”的含义，知道是各边都扩大 2 倍。

② 计算。先求出各边现在的长度，然后分别算出原来和现在图形的周长与面积，最后比较周长和面积与原来图形的关系。

③ 发现规律、验证规律。发现了什么？对吗？举例验证。

※ 难点六：学生无法用规范的语言描述两个物体的位置关系

教学片段：

（出示主题图 3－56）

图 3－56

师：仔细观察，图上有什么？

生：有汽车、火车，还有轮船。

师：你们能描述它们的位置关系吗？谁在谁的上面？谁在谁的下面？（学生一脸茫然）

师接着说：我们先来看汽车和火车的位置关系，谁在谁的上面？

生：汽车在上面。

师：汽车在谁的上面？

生：火车的上面。

师边比画边描述：汽车是不是在火车的上面？

生：是。（学生好像看明白了）

师：谁能说得完整一些吗？谁在谁的上面呢？

学生说的有些结结巴巴，磕磕绊绊。

哪里出现了偏差？教师课后陷入了思考。通过查找资料教师，了解到一年级学生年龄较小，语言发展不完善，主要表现是说话不完整、不准确，也不够简洁，有时候不能用语言来表达心中的想法。所以除了体会两个物体位置关系的相对性外，用比较规范的语言表达两个物体的位置关系，也是学生的难点。怎么让学生清晰准确描述两个物体的位置关系呢？当他们习惯性地用"汽车在上面，轮船在下面"这样不完整的语句描述两个物体的位置关系时，教师可以尝试用扩句的形式来帮助他们。例如，汽车在上面，汽车在(　)的上面；轮船在下面，轮船在(　)的下面。用连续的两句话来描述两个物体的位置关系。从不完整到完整，从不准确到准确，这样既可以降低语言表达的难度，让学生逐步学会用规范的语言描述两个物体的位置关系，还能在描述的过程中初步感知物体之间的位置关系具有相对性，为学生体会"相对性"减少阻碍。

※ 难点七："用方向描述物体的相对位置"时找错观测点

在学习"用方向描述物体的相对位置"一课时(图 3－57)，学生容易找错观测点，甚至不找观测点。

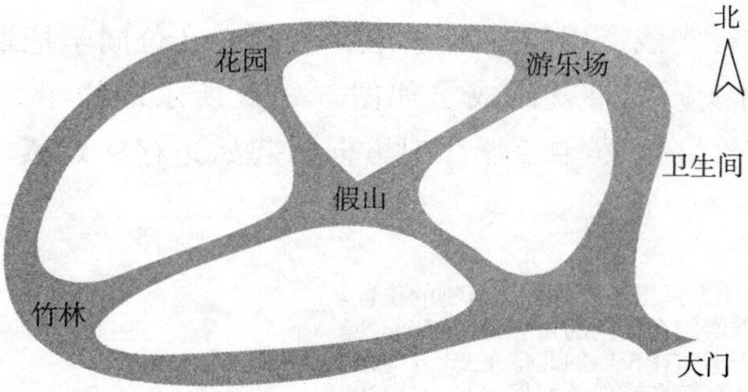

图 3－57

生 1：假山在大门的(西北)方向。

生 2：假山在大门的(东南)方向。

这是两名学生用方向确定位置的不同做法，是在他们不仅掌握了东、南、西、北、东南、东北、西南、西北等方位的知识，而且会正确描述物体的相对位置关系后完成的。从这道题的解决来看，第 1 个同学的答案是正确的，而第 2 个同学是错误的。因为描述假山在大门的什么方向，应以大门为观测点，他选错了观测点。可见，这个学生对观测点的概念不清，找观测点的方法没有掌握。怎样解决这类问题呢？教师可以这样处理：

1)体会观测点的重要性

以上面的习题为例，出示以下两个问题：

假山在花园的(　　)方向，假山在游乐场的(　　)方向。

在解决问题的过程中学生会产生这样的疑问：为什么都是假山的位置，答案却不相同呢？引导学生回忆确定位置的过程，假山在花园的什么方向，我们是站在花园的位置确定假山的方向；而假山在游乐场的什么方向，是站在游乐场的位置找方向。站的位置其实就是观测点,因为观测点变了,相对于同一物体的位置就变了。所以,要想确定物体的位置,首先找准观测点,从而体会找观测点的重要性。

2)如何找到观测点

对比“假山在花园的(　　)方向,假山在游乐场的(　　)方向”这两个问题可以发现,我们习惯把观测点固定于“在”字的后面,“的”字的前面。假山在花园的(　　)方向,“花园”是观测点;假山在游乐场的(　　)方向,“游乐场”是观测点。

3)画“十字方向标”

找到观测点学生就能准确描述物体所在位置吗?答案是否定的。三年级学生空间想象能力较弱,形象思维占主要地位。如果让学生通过想象找方向容易出错,因为他们思维跳跃性大,个别学生可能会省略部分思考过程,所以找到观测点后,在观测点的位置画上“十字方向标”,写出上北、下南、左西、右东,这样更加直观,便于学生确定物体的位置。

※ 难点八:学习“用方向与距离确定位置”时方向混淆

这是六年级上册“位置与方向”中例 2 后的“做一做”,主要考查学生能不能根据方向和距离确定点的位置。

在学习完例题进行实践运用的过程中,教师发现有几位同学把量角器的 0°刻度线对准了表示“东”的方向线。结果就画成了如图 3－58 所示的样子,很明显这是“东偏北 35°”,与“北偏东 35°”恰恰相反,看来学生对方向的起始边存在疑惑。这么好的错误资源怎么能浪费呢?

在平面图上标出校园内各建筑物的位置。
(1)教学楼在校门的正北方向150 m处。
(2)图书馆在校门的北偏东35°方向150 m处。
(3)体育馆在校门的西偏北40°方向200 m处。

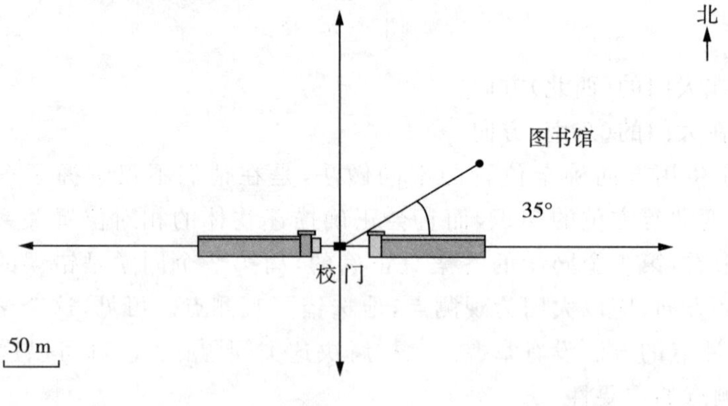

图 3－58

“老师也想一展身手,你们看我做得对吗?”老师可以边说边操作,把错误答案展示在了黑板上。“不对,不对。”下面的同学激动地喊起来。“哪不对呢?”我故作疑惑。“老师,你画的是东偏北 35°,不是北偏东 35°。”下面的同学都举手说道。“你们怎么知道的呢?”“你画角度的时候把量角器的 0°刻度线对准了东(方向线),我看到了。”这个学生一语中的地指出了原因。“老师,应该把0°刻度线对准北(方向线),因为北偏东35°是从北到东,北是开始。”另一位学生迫不及待地说出了正解。学生们你一言我一语,还热心地指导老师如何正确地操作。最后,在对比“东偏北35°”和“北偏东35°”过程中,学生自己归纳总结出了具体方法:确定“北偏东35°方向”,首先要判断以哪个方向为标准,以北为标准,就要把量角器的0°刻度线与表示北的方向线重合,量角器的中心点与观测点重合,然后找到量角器上35°刻度线的位置。抓住教育契机,正确使用错误资源,使学生在找错、悟错、改错的过程中,再次感悟确定方向的基本方法,在印象深刻的同时又获得成就感。一举几得,何乐而不为呢?

3.2.3 “图形的运动与位置”的教学设计

3.2.3.1 “图形的运动”教材分析及教学建议

※ 二年级下册“图形的运动(一)”

1. 教材分析

这一单元学习的主要内容包括:直观认识轴对称图形,理解图形的平移,初步认识旋转,解决问题。本单元的内容分为4个层次。

1)认识轴对称图形

教材借助生活中的对称现象和学生的操作活动,让学生认识轴对称图形。教材没有给出轴对称图形的严格的数学定义,只是让学生通过直观理解轴对称图形的特征,即沿对称轴对折后两边完全重合。而对于“在轴对称图形中,对称轴两侧相对的点到对称轴的距离相等”的性质,教材安排在四年级下册进行教学。

2)认识平移

图形的平移也是借助学生在日常生活中经常看到的平移现象引入的。在直观感知平移现象的基础上,学生通过观察和操作直观理解、辨认图形的平移。也就是说,从数学意义上讲的平移的特征,即“图形平移前每一点与它平移的对应点之间的连线互相平行并且相等”的性质并不要求掌握,只要求学生知道图形本身并没有发生方向上的改变,而只是位置发生了变化,就可以看作是平移现象。

3)认识旋转

教材对于这部分内容的要求很低,只要求学生借助日常生活中的典型实例初步感受旋转运动的特点,并通过“做一做”中玩陀螺的游戏体会点的旋转,但也只是直观感知。

4)解决问题

这部分内容是修订后的教材在“图形与几何”领域解决问题方面所做的突破。教师通过让学生利用轴对称图形的知识解决剪出给定的图案的问题,突破了以往解决问题的例题都安排在“数与计算”领域的局限,使得培养学生“四能”的素材和案例更为丰富。例题选取了中国民间传统的手工艺“剪纸”为素材,让学生探索如何剪出4个手拉手的小人,同样呈现了解决问题的全过程。这样既培养学生解决问题的能力,又培养学生动手实践的能力,同时,鼓励学生在操作的过程中积极思考,发展学生的空间观念。

归纳上述内容可以看出，本单元的教学内容基本上定位在直观认识上，意在达到以下目的：使学生逐步学会用数学的眼光观察现实生活中存在着的大量运动现象，感受数学与生活的联系；为今后学习抽象的图形的运动积累感性体验，发展几何直觉；为今后从图形运动的角度认识图形（如圆柱体、圆锥体）、理解量（平行四边形、三角形面积的推导等）做好铺垫；通过描述图形的运动，逐步培养学生的空间想象能力。

2. 教学建议

针对本单元教材的编排特点及学生思维发展的特点，提出如下教学建议：

1）为学生学习提供丰富而典型的学习资源

小学低年级学生在学习抽象的几何概念时，需要借助直观形象的支持。为此在引入概念时，要注意从学生熟悉的生活实际入手，帮助学生理解。除了利用教材上提供的素材以外，教师还可以让学生在课前搜集所需的学习资料或素材。课上通过观察与操作、生生交流和师生交流的方式进行学习，这样将极大地丰富学生学习的资源，同时又可以使学生感悟数学来源于生活，又服务于生活的理念。

2）注意操作活动与数学思考相结合

为了使学生获得充分的感性经验，教学中，教师应将学习的主动权交给学生，让学生在玩一玩（折一折、画一画、剪一剪）中理解轴对称图形，认识图形的平移及旋转现象；在学一学中感受其特征；在说一说中列举生活中的现象；在做一做中不断深化体验。同时，教师要通过有效的提问做好引导，多问学生“你发现了什么”“这种运动方式有什么特点”等问题，以便在操作活动中落实教学目标，避免低效的活动。

3）注意在学习的困难处加强引导，使教学更有效果

在学习过程中学生会遇到困难，例如，学生面对二年级下册“图形运动（一）”的例 4 时，由于缺少解决问题的思路，往往会随意地剪图，并出现剪一两次不成功就放弃的现象。此时，教师应及时介入，如先让学生谈一谈剪出 4 个手拉手的小人关键是什么，找到关键之后可从简单问题入手尝试解决；要剪不成功的原因，调整方案再剪直至成功。由此将解决问题时的思考方法渗透给学生，增强学生解决问题的自信心。又如，对“正方形的纸对折再对折后，请你剪一刀，想象一下会出现什么样的图案”这样的问题，有的学生想象起来可能会有困难，教师要引导学生说出遇到什么困难，再进行指导。

4）注意把握教学要求

由于修订后的教材与实验教材相比降低了教学内容的难度，教师在教学时需要把握好教学目标。本单元主要要求学生能从诸多的图形中辨别出轴对称图形，能辨认出一个图形平移后的图形，能辨认生活中的对称、平移、旋转现象等。本单元不要求学生画出对称轴以及在方格纸上画出轴对称图形的另一半，也不要求学生从定量的角度认识平移等。

※ 四年级下册“图形的运动（二）”

1. 教材分析

小学阶段图形的运动共安排了三次，第一学段安排了一次，侧重于整体感受现象，帮

助学生直观认识平移、旋转和轴对称图形，在活动中积累图形运动的活动经验。第二学段安排了两次，侧重于通过画图等方式，学生体会平移、旋转和轴对称的特点。本册是第二次学习，主要是对平移和轴对称图形的再认识，要求学生能在方格纸上画出简单的轴对称图形的对称轴及补全简单的轴对称图形，能在方格纸上画出一个沿水平方向、竖直方向平移后的简单图形，会运用平移知识解决简单的实际问题。在观察、操作活动中，帮助学生积累图形运动经验，描述或画出图形的运动和变化，促使学生在探索和理解“运动”的过程中，认识图形之间的关系，发展学生的空间观念。（图 3－59）

- 图形的运动（二）
  - 轴对称
    - 轴对称和轴对称图形的性质　例1
    - 根据对称轴补全轴对称图形　例2
  - 平移
    - 画出平移后的图形　例3
    - 运用平移知识解决问题　例4

图 3－59

本单元在认识轴对称图形的特征时，突出了对称点到对称轴的距离相等，同时巩固了点到直线的距离知识。

在习题中增加了对称轴斜置的情况，使学生加深理解轴对称的特征。

2. 教学建议

1)找准目标，把握核心问题

教材结合学生熟悉的生活、学习情境，在他们已有对称、平移和旋转知识的基础上编排，4 个例题承载着不同的任务，既有数学知识的认识深化，更有数学思想方法的渗透与应用。教学时要全面分析教材，重视教材的修改变化，确定好教学目标，把握核心问题，落实课标核心理念。例如，五年级上册第 87 页的例 4 中，小男孩“这个图形有两条边都是曲线，怎么计算面积呢”引发学生思考，是该例题的核心问题；小精灵“用学过的图形运动的知识试一试”点明了要解决的问题和单元学习的联系，指明了解决问题的思考方向。

2)设计活动，提供充足的时间

教材不仅设计了“看一看”“画一画”“找一找”“数一数”“填一填”等操作活动，而且注意设计，需要学生进行分析、猜测和推理的活动，培养学生的空间观念和思维能力。例如，让学生思考“怎样画得又快又好?”“这个图形有两条边都是曲线，怎样计算面积啊?”等，要求学生根据操作过程或已有的知识经验不断思考，合作研讨，动手尝试探究。因此，教师要切实组织好课堂活动，为学生提供时间和空间。不要让教师的演示或少数学生的活动和回答代替了每一位学生的亲自动手、亲自体验和独立思考，这样所有学生的思维才能得以锻炼，解决问题的意识、策略方法才能得到发展。

本单元的 4 个例题全部使用了方格图。例 1 是利用方格图发现对应点到对称轴的距离都是 3 小格；例 2 是借助方格图，根据对称轴补全轴对称图形；例 3 是在方格图中画出平移后的图形；例 4 是借助方格图求出简单的不规则图形的面积。这里的方格图不仅仅可以提供给学生简单的数据提示，以便成功地发现规律，还能够帮助学生在计算的基础上建立形的表象，帮助学生建立空间观念。方格图发挥了测量标准的重要作用，除了帮助学生发现和总结计算方法，更为学生理解和感受图形之间的联系发挥了重要的作用。同时，方格图为学生提供实践的空间，使学生有了“做”数学、体验数学、经历数学的机会，有助于学生更好地学习数学知识，掌握数学学习方法。学生在这样的活动中，不仅收获了知识，也积累了测量的意识和方法，发展了空间观念。

※ 五年级下册“图形的运动(三)”

1. 教材分析

前面的学习中，学生初步感知了生活中的对称、平移和旋转现象。本单元让学生进一步认识图形的旋转变换，学生在方格纸上画出一个简单图形与其旋转 90°后的图形；能从对称、平移和旋转的角度欣赏生活中的图案，并运用它们在方格纸上设计简单的图案，进一步增强和发展空间观念。

“图形的旋转”属于图形与几何领域关于“图形的运动”的相关的知识，《义务教育数学课程标准》对于该内容在义务教育阶段三个学段分别有不同的要求，如表 3 - 16 所示。

表 3 - 16

第一学段	第二学段	第三学段
结合实例，感受平移、旋转、轴对称现象。	通过观察、操作等，学生在方格纸上认识图形的平移与旋转，能在方格纸上按水平或垂直方向将简单图形平移，会在方格纸上将简单图形旋转 90°	通过具体实例，学生认识平面图形关于旋转中心的旋转。探索它的基本性质：一个图形和它经过旋转所得到的图形中，对应点到旋转中心距离相等，两组对应点分别于旋转中心连线所成的角相等

无论是第一学段还是第二学段，都不要求对三种变换作出一般化的描述，更不要求给出定义。从整体上看，整个小学阶段都只是初步认识图形的运动，这些具体目标可概括为：积累感性认识，形成初步的表象，其外显的表现就是“能识别”“会画图”，离定性的认识、定量的研究还有一定距离。因此，学习的主要方式是结合实例，通过观察与动手操作，如折纸、画图等活动来进行。而且还规定了画图的行为条件“在方格纸上”，为学生提供了参照系，自然也就降低了学习的难度。

仔细分析不难看出，两个阶段的学习目标呈现螺旋上升式的递进。第一阶段从感知实际生活中的图形变换现象(包括对称、平移和旋转)开始，学习特殊方向的平移，以及直观地认识轴对称图形。第二阶段对平移、旋转、轴对称要求略有提高，主要是探索图形成轴对称的特征和性质，能画出图形的轴对称图形和在方格纸上将图形旋转 90°，并能运用所学知识设计图案和解决简单的实际问题。该课的学习内容起着承上启下的重要作用，既要关注新旧知识的联结点，用原有知识推动新知识的学习，又要为中学的学习打下坚实的基础，教学时要切实把握好“图形旋转”的具体目标及其要求的“度”。

2. 教学建议

1)注意让学生真正地、充分地进行活动和探究

加强学生的操作活动，是提高图形运动教学成效的一条重要策略。首先，这一教学策略迎合了学生好动的年龄特征，把“好动”引导到数学学习上来，体现了“做中学”的课改理念。其次，它又切合了教学内容的特点，因为小学主要是从运动角度去认识图形的旋转。

2)指导学生探究在方格纸上画旋转图形的方法

在方格纸上画图，是一种特殊的操作活动，它在图形变换初步认识的教学过程中，具有不可或缺的作用。因为学会画图是学生必须达成的学习目标，同时它又是反映学生是否理解有关概念、掌握有关特征的表现形式与检测手段。

教学在方格纸上画旋转 90°的图形时，可以先让学生用学具，比如三角形，放在方格纸上，按要求转一转再画下来，然后讨论三角形上的两条边转到了哪里，由此逐步引出画图步骤。之所以先“转”再“画”，是由于动手旋转学具比画图容易。学生通过操作，看清楚了旋转后图形的位置，再来讨论怎么画，就比较容易找到画图的方法。

3)恰当把握旋转性质的教学目标

图形的变换，从概念到性质，再到应用内容本身有很大的发展空间。因此教师必须注意把握教学目标的适切性，前面我们把这部分内容的学习目标从可操作、可测量的角度概括为两个外显的学习行为“能识别”与“会画图”。这里“能识别”的范围，是指简单的轴对称图形和典型的、常见的平移、旋转现象。“会画图”的限制条件，一是利用方格纸，二是简单的图形，三是两个特殊方向上的平移和 90°的旋转。控制在这样的范围内，一般学生经过努力都能达到要求。更具体地，教师在确定各课的教学目标时，除了依据课程标准，从整体上把握教学目标的“度”以外，还应参照本单元的教学目标，准确把握教学重点，并从本班学生实际情况出发，把教学目标定在学生的最近发展区内，否则，容易加重学生的学习负担，欲速则不达。

4)注意知识的科学性

这部分知识虽然不要求用精确的语言描述图形旋转的特征，但也要注意知识的科学性。在小学阶段只要求学生能概括出“绕一个点旋转”“向什么方向旋转”“旋转多少度”这几点就可以了。同时，也避免学生在操作和画图时出现不规范的情况。

※ 六年级下册“图形的放大与缩小”

1. 教材分析

图形的放大与缩小属于比例的实际应用。教材将“比例”放在这一单元学完比例的意义和基本性质、正反比例、比例尺之后是有其目的性的。通过这部分内容的学习，学生可以从数学的角度认识放大与缩小现象，知道图形按一定的比例放大或缩小后，只是大

小发生了变化，但形状没变，从而体会图形按比例变换的特点，而形状不变的数学实质就是相对应的边的比值相等。

2. 教学建议

1)精心准备学习材料

学习本课时，学生需要经历自己画图的过程。因此，应给每位学生准备好方格纸，方格纸上可印好例4中原始的三个图。方格纸的大小还要考虑到图形先放大再缩小所需的位置，也有利于学生的操作及后续的观察、比较。

2)给学生提供自主操作的空间

在学生理解题意后，教师可让学生自己尝试去画一画。学生只有在自己画的过程中才会切身体会到放大的步骤及产生的效果——每条边扩大了相同的倍数，图形变大了，形状却没改变。同样，图形的缩小也需要经历这样的过程。

3)要引导学生深入观察和思考

两次操作之后，都需要引导学生深入地观察、对比和思考，找出前后图形之间的变与不变。变的有哪些？怎么变了？不变的是什么？怎么说明？可让学生先独立想一想，必要的话还可量一量、写一写、议一议。只有这样，学生才会形成更理性、更深刻的体验。

注意一些细节的教学。对于放大，学生很容易想到原图小、现图大，会错误地表述成按1∶2放大。教师可让学生使用比例尺，把原图放大后的图分别与实际的距离、图上距离建立对应，就好理解了。

3.2.3.2 "图形与位置"教材分析及教学建议

※ 一年级上册"位置"

1. 教材分析

本单元结合日常生活实例，让学生初步感知在一条直线上的两个物体之间具有相对的位置关系，常用三组相对的方位词"上、下""前、后""左、右"表示。这三组方位词具有相对性，即与"上"相对的是"下"，与"前"相对的是"后"，与"左"相对的是"右"，它们分别表示了在三条直线上两个物体之间的位置关系。

教材中"两个物体"一方面指现实生活中的两个物体，另一方面也指"平面图"上的两个物体。认识现实生活中的两个物体的位置关系必须全体学生都能看到、感知到，在平面图上判断位置关系时，"平面图"必须是固定的，即图的摆放位置、方向都不能改变。

一般来说，物体之间的"位置关系"具有相对性。例如：物体A在物体B的前面；也可以说物体B在物体A的后面；要么说"小汽车在大卡车的前面"，或者说"大卡车在小汽车的后面"。但在学习"左、右"时，为了降低教学的难度，不涉及"相对性"，即只有一个"参照点"，或者说只以一个"物体"作为判断位置关系的"标准"，这个参照点就是"观察者"或者是参与活动的"活动者"。

2. 教学建议

1)注意根据学生认识空间方位的特点安排教学

一般学生在6岁时就能完全正确地辨别"上、下""前、后"，但以自身为中心的"左、右”辨别尚未发展完善。因此，对于“上、下”“前、后”，可以尽量放手让学生独立辨别，而对“左、右”的辨别，则要进行适当的引导。

2)在游戏活动中引导学生辨认位置关系

教师应该在教材所提供内容的基础上，多创设有趣、好玩的游戏活动，在游戏活动中感受上下、前后、左右的位置关系，在游戏中感受这三组方位词的作用。

3)创设认知冲突，激发学生主动探索、交流并运用所学习的知识

在认识“上、下”“前、后”时，可以创设物体相同但位置关系不同的情境，让学生分组辨认位置关系。交流时“答案”不同，引发“冲突”，进而对比分析，深化理解所学习的内容。但“左、右”的教学不适宜创设类似的“冲突”。

4)重视用比较规范的语言表达“上、下”“前、后”“左、右”这三组位置关系

用比较规范的语言清晰地表达出两个物体的位置关系，是学生理解位置关系的重要表现。学生不仅会按照“指令”摆放“物体”，同时也能够用比较规范、流利的语言表达物体的位置关系。

5)按照课程标准要求设计教学目标

在教学中教师应该慎重对待位置关系的“相对性”问题(尤其是“左右”内容的学习)，不能任意提高教学内容的难度。

※ 三年级下册第一单元“位置与方向”(一)

1. 教材分析

本单元教学描述物体所在位置的一些方法，这是“图形与几何”领域中有关“位置”的内容。《义务教育数学课程标准》要求在第一学段让学生学会用两种方法确定物体的位置，一种是用“上、下、左、右、前、后”描述物体的相对位置；一种是用“东、南、西、北”等描述物体的绝对位置。前者与观察者和参照物有关，后者不受观察者的影响，只与参照物有关。

本单元内容包括三个部分：第一部分，在现实情境中认识东、南、西、北、东北、西北、东南和西南八个方向，并能用这些词语描述物体所在的方向；第二部分，了解在平面图上如何表示方向，并能描述平面图上物体的相对位置；第三部分，让学生利用所学习的方向的知识解决生活中的实际问题，培养学生的空间观念，为第二学段继续学习确定位置打下基础。具体编排结构如表 3-17 所示。

表 3-17 具体编排结构

教学内容	教学要求
例 1	认识东、南、西、北四个方向，学习用给定的一个方向辨认其余的三个方向
例 2	学习看懂简单的平面图，了解平面图是根据上北、下南、左西、右东的方位绘制的
例 3	认识东北、东南、西北、西南四个方向
例 4	综合应用方位知识解决问题

2. 教学建议

1)注意让学生在活动中体验方位,积累活动经验,发展空间观念

对三年级的学生来说,东、南、西、北等方位概念还是比较抽象的,学生需要大量的感性材料支撑和丰富的表象积累,才能较好地掌握这些概念。因此,教学时,教师要以学生已有的知识和生活经验为基础,创设大量的体验方位的活动,让所有的学生都参与到活动中来,鼓励学生积极思考,敢于发表自己的意见,并能与同伴交流自己的想法并使学生在多样的活动中进行观察、操作、想象、描述、表示和交流,丰富对方位知识的体验,进一步发展良好的空间观念。

2)创造性地使用教材

本单元内容的学习应建立在学生已有的生活经验基础上,教材中创设了许多实际生活的情境,目的是提示教师选择学生熟悉的情境进行教学。但教材提供的情境或素材并不能与每位学生生活的环境相符。教师应根据实际情况,更换为本班学生熟悉的场景,例如,三年级下册“位置与方向(三)”将例 1～例 3 的校园场景图更换为本学校的示意图;将例 4 的“动物园导游图”更换为本地动物园或公园的示意图;也可带领学生实地考察并绘制公园示意图,真正以学生的生活实际为背景展开本单元内容的学习。这样不仅能激发学生学习的兴趣,提高学习的效率,而且让学生了解周围事物所处的位置,也利于他们学会用空间方位知识解决问题。

※ 五年级上册第二单元“位置”

1. 教材分析

本单元学习的是在具体的情境中根据行与列这两个因素来确定物体的位置,继而学习用数对表示具体情境中物体的位置;同时,学生学会在方格纸上根据数对确定物体的位置。具体编排情况如图 3-60 所示。

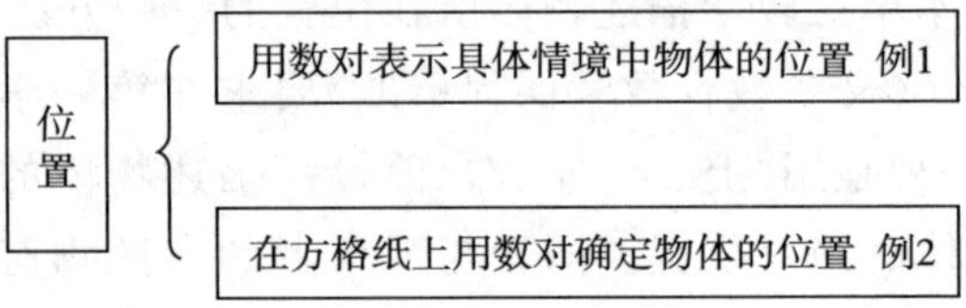

图 3-60

这一内容的学习是基于生活实际与现实的需要,以学生的学习经验为抓手,培养学生的空间观念,同时为沟通位置与方向的联系(六年级上册学习根据方向和距离两个参数确定物体的位置)以及第三学段“图形与坐标”的学习打下良好的基础。

2. 教学建议

1)充分利用学生已有的生活经验和知识基础,经历用数对表示位置的学习过程

“用数对确定位置”的教学首先要建立在学生日常生活的感性经验积累的基础上,并依据生活经验习得。学生在生活中已经具有大量用数对确定物体位置的经验,通过前面的学习也获得了确定物体位置方面的许多知识。因此,在教学时,教师应充分利用这些经验和知识为学生提供探究的空间,让学生通过观察、分析、独立思考、合作交流等方式,将用生活经验描述位置上升为用数学方法确定位置,发展数学思考,培养空间观念。

同时,在“用数对确定位置”的教学过程中应注重学生的自主探究学习,让学生经历

表示物体位置的过程，在对比中体会用数对表示位置的简洁与有效。

2)适时渗透数形结合的思想和方法，感悟数对与位置的一一对应思想

在本单元中，教材除了从数的角度刻画平面上点的位置，还特意安排了一些素材，渗透数形结合的思想。例如，例 2 中表示大象馆和海洋馆的位置的数对分别是(1,4)和(6,4)，让学生发现这两个数对中数的特点与这两个场馆在方格纸上的位置关系之间的密切联系。练习五中的第 7 题，让学生发现图形平移后，位置变了，表示顶点位置的数对也相应地变了，发现其中的规律。教师在教学中应充分利用这些素材，通过形来研究数的特点，通过数来呈现物体的位置，在方格纸和用数对表示点的位置的方法之间架起了数与形的桥梁，使学生初步体会数形结合的思想，这种数形结合的思想也是今后研究和学习数学的重要手段。同时，结合在方格纸上根据数对确定物体的位置的教学，让学生了解数对与方格纸上的点存在一一对应关系。

※ 六年级上册第二单元“位置与方向(二)”

1. 教材分析

本单元的内容包括用方向和距离描述平面上两个点的相对位置关系，并在此基础上描述简单的路线图。这部分内容在实验教材中安排在四年级下册，从实验反馈的情况看，教师认为其教学难度大于用数对来表示平面上某个点的位置，因此，修订时将这部分内容调整到本册。具体编排结构如表 3 - 61 所示。

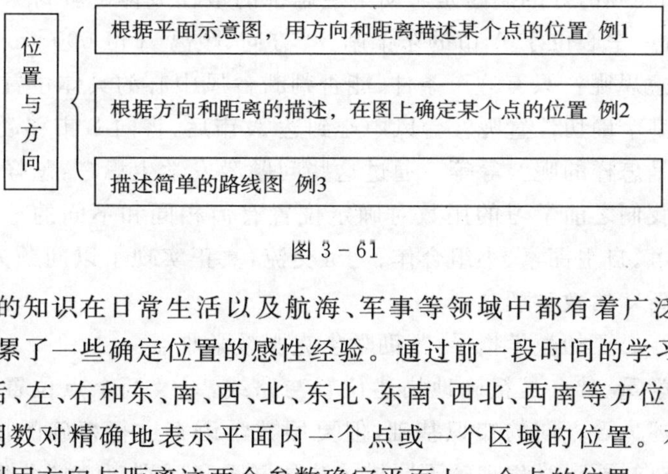

图 3 - 61

位置与方向的知识在日常生活以及航海、军事等领域中都有着广泛的运用，学生在生活中也已经积累了一些确定位置的感性经验。通过前一段时间的学习，学生已经能够使用上、下、前、后、左、右和东、南、西、北、东北、东南、西北、西南等方位词描述物体的大致位置，能够利用数对精确地表示平面内一个点或一个区域的位置。本单元在此基础上，让学生学会利用方向与距离这两个参数确定平面上一个点的位置。

学生通过本单元的学习，可以初步感受到关于坐标法的思想和方法。在平面直角坐标系中，用两个坐标参数可以确定二维平面上的一个点。例如，在平面直角坐标系中，点(a,b)是由直线$x=a$和$y=b$相交得到的；在极坐标系中，点$(p,0)$是由极径为p的圆和极角为 0 的射线相交得到的。同样，用三个坐标参数可以确定三维空间中的一个点。通过坐标系，把点与坐标(有序实数对)建立一一对应的关系，把曲线与方程联系起来，就可以用代数的方法研究几何问题，实现数与形的结合。学生之前所学的用表示列、行的数对确定平面上的位置是平面直角坐标系的雏形，而用方向和距离来确定平面上的位置则

是极坐标系的雏形。这些内容的学习，有助于发展学生的空间观念，为学生将来进一步学习平面直角坐标系、极坐标系、空间坐标系打下良好的基础。

本单元的位置与方向主要包括三个方面的学习内容：

(1)根据平面上两个点的相对位置关系，以其中一个点为参照点，描述另一点在参照点的什么方向上，距离参照点多远。其中，方向包括两个方面，第一方面是大致方向的确定，如在参照点的正东、正南、正西、正北还是东南、东北、西南、西北。第二方面是精确方向的确定，就需要用角度来刻画。

(2)根据一个点相对于参照点的方向和距离的描述，在平面图上找到这个点。

(3)用数学语言描述出物体运动的路线图。

2. 教学建议

1)要注意联系学生生活经验和已有知识，引导学生自主探索新知

根据方向和距离确定位置是与现实生活紧密联系的一个内容，学生在生活中已经积累了一定的生活经验，再加上之前所学的八个方向的知识、用数对确定位置的方法以及量角、画角的能力，也具备了自主探索的基础经验。因此，在教学本单元时，要充分关注学生已有的知识基础和生活经验，通过创设问题情境，教师为学生提供探究的空间，让学生通过观察、分析、独立思考、合作交流，学会用方向与距离来确定位置的方法。

2)以问题为载体，鼓励学生自主探究、合作交流

问题是数学的心脏，好的问题是驱动学生思维的最佳载体。教材为我们提供了很好的问题情境，如台风中心位于A市的东偏南30°方向、距离A市600 km的洋面上，那“东偏南30°”是什么意思呢？只有这个条件，能否判断台风中心的具体位置？如何才能知道台风中心到底在哪个确切位置呢？台风中心到达A市后，将向B市移动，B市在哪儿呢？此次台风的路径是怎样的呢？等等。通过这些问题激发学生思考：怎样利用给出的信息确定位置呢？和我们之前学习的用数对确定位置有何相同和不同的地方？学生带着这些问题去独立思考、自主探索、小组合作、全班交流，真正实现了以问题为导向、在问题解决的过程中学习新知的教学理念。

3)对学生进行必要的教学指导，帮助学生克服教学难点

本单元的教学重、难点是精确地描述位置与路线，以及两个点位置的相对性。学生虽然已经具备描述大致方向的知识基础，但要用数学语言进行精确的描述，还是有一定困难的，尤其是方向，要让学生理解不同描述法的联系和区别，如对“北偏东30°”“东偏北60°”“北偏东60°”“东偏北30°”进行对比、辨析；又如学生在描述一个点的位置时，经常只说方向而忘了说相对于参照点的距离，教学时要引导学生完整地描述。此外，对量角、用图上1 cm表示多少实际距离等操作方面的关键点，都需要教师进行必要的指导。

※ 六年级下册第四单元“比例”中比例尺的应用

1. 教材分析

《义务教育数学课程标准》要求在“图形与位置”的第二学段让学生了解比例尺；在具体情境中，会按给定的比例进行图上距离与实际距离的换算。比例尺的应用共有3个例

题，如表 3－18 所示。

表 3－18 比例尺的应用

教学内容	教学要求
例 1	认识比例尺
例 2	根据比例尺和图上距离求实际距离。
例 3	根据比例尺和实际距离求图上距离，并绘制简单的路线图。

其中，例 3 创设了绘制简易位置平面图的情境，综合了方位的知识与比例尺的知识。学生在六年级上册“位置与方向（二）”中对于这样的示意图有了感性的认识。教材把数值比例尺转化成线段比例尺的知识点自然地融合在平面示意图之中。

2. 教学建议

1）理解题意，明确问题

例 3 让学生根据实际距离和比例尺求图上距离，同时还要完成相应平面图的绘制，并把数值比例尺转化成线段比例尺，内容比较多，技能要求比较高。教学时，教师要让学生自己审题，理解题意，然后交流：题目要我们解决什么问题？你觉得要画出平面图，首先需要知道什么？通过交流，使学生明确：首先要求出小明家、小亮家和小红家分别到学校的图上距离，还要按照相应的方向标出各自位置，并把数值比例尺化成以“m”为单位的线段比例尺。

2）探索解决问题方法的多样性

可以让学生自主解决问题，并通过交流感受解决问题方法的多样性。例如，有的学生把比例尺看成一个比值，直接用实际距离×比例尺来求图上距离，有的学生把三个图上距离分别设成未知数，利用图上距离∶实际距离＝1∶10000，通过解比例来求；有的学生先转化单位再计算；有的学生先计算再转化单位。无论哪一种方法，根本在于对比例尺意义的本质理解。1∶10000 这一比例尺可以理解成 1 cm 的图上距离表示 10000 cm 的实际距离，也可以理解成 1 m 的图上距离表示 10000 m 的实际距离。

3.2.3.3 课例教学设计研讨分析

※ 四年级下册“轴对称图形”案例的对比分析

1. 案例一

1）导入新课

师：今天老师给你们带来些图形（课件出示图 3－62），它们漂亮吗？

师：仔细观察，这些图形有什么特点？（生答略）

师：在生活中，你还见过哪些轴对称图形？能画出它们的对称轴吗？

师：其实在我们的生活中轴对称图形无处不在，二年级时我们已经初步认识了轴对称图形，今天我们继续来探索轴对称图形的知识。（板书：轴对称）

2）课件出示例 1 的方格图（图 3－63）

师：我们把松树图搬到格子图中。

图 3-62

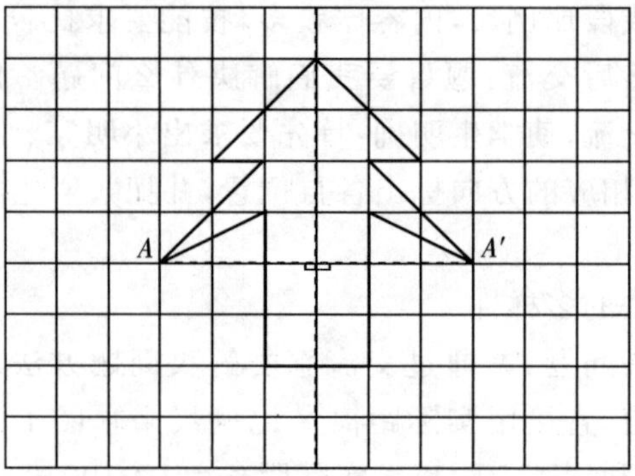

图 3-63

观察方格中的图案，你看到了什么？有什么发现？（小组合作讨论）

小组汇报：

生 1：我们发现它是一个轴对称图形。

生 2：对折后两侧的图形可以完全重合，我们发现它的对称轴是中间的虚线。

生 3：A 点到对称轴的距离是 3 小格；A'点到对称轴的距离也是 3 小格。

如果沿着对称轴对折，A 点会和 A' 点重合。

生 4：对称轴左右两边的图形是一样的。

师：你们观察得真仔细，沿着对称轴对折，A 点会和 A' 点重合，我们把像这样对折后能重合的一组点叫对称点。

（板书：对称点到对称轴的距离相等）

3）找找

师：你们还能找出图形中其他的对称点吗？（学生结合课件指一指，说一说）

生：我们发现点 A 与点 A' 的连线与对称轴垂直。

(板书:对应点的连线与对称轴互相垂直)

4)说一说

师:通过刚才的学习,你们能说说轴对称图形有什么特征吗?

小结:在轴对称图形中,对称轴两侧的对称点到对称轴的距离相等,对称点的连线垂直于对称轴。

5)教学四年级下册"图形和运动(二)"的例2

① 出示例2方格图。

师:将图形右边补全了是个什么图形?

生:星星……

师:怎样画得又快又好?

小组交流。

生:找对称点……

师:首先我们要定关键点,然后……最后……

② 组织学生用铅笔画一画。(巡视指导)

③ 展示作业,总结方法,自我评价。(课件演示)

一"定"关键点;二"找"对称点;三"连"点成形。(板书)

6)知识应用

师:刚才我们是怎样又快又好地画出轴对称图形的另一半?你们记住了吗?请你们用这个方法完成第83页做一做第2题。完成后同桌互查互评,分组展示。

欣赏:生活中的轴对称图形,发现对称的美。

2. 案例二

1)欣赏图片,引入轴对称

师:同学们,大千世界有很多美丽的建筑物,但是它们都用到了一个数学知识,是什么数学知识?

让学生欣赏生活中的轴对称图形,感受轴对称图形的美,引出课题"轴对称图形"。

2)方格图引路,探究对称点特征

师:同学们,请看,图3-64是一个轴对称图形吗?

师:它的对称轴在哪里呢?

师:如果现在老师只给你们这棵树的一半,你们能不能在方格纸中把它画完整?(图3-65)

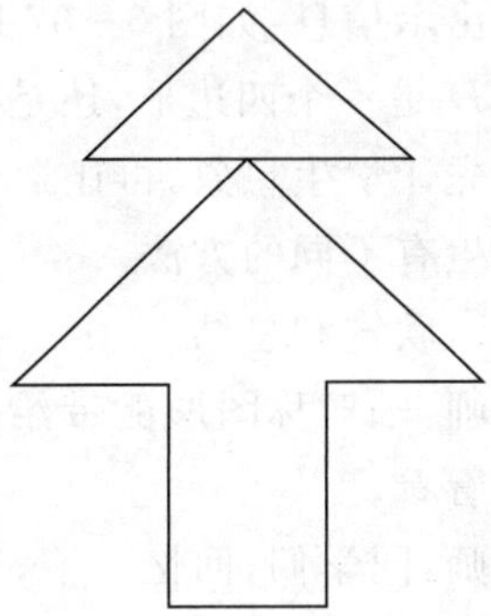

图3-64

(1)感知对称点

请学生介绍画法,学生在不断说的过程中感知对称点到对称轴之间的距离相等。

(2)再找对称点

师:像这样的对称点在这里还有吗?你们还能找到其他的对称点吗?(请学生上来画一画)

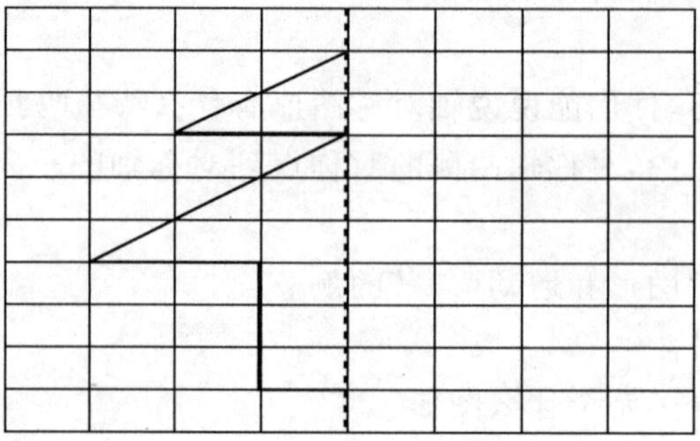

图 3－65

师：如果让你们继续找，能找到这样子的几组点？

3)运用特征，探索图形画法

师：请又好又快地画出这些图形的另一半(图 3－66)。

师：咦，同学们，老师有个问题，我们在画这 3 幅图的时候，有些同学很快就画好了，有些同学比较慢？为什么你们能画得这么快？有什么好方法吗？

师：那在这幅图里，你画了几个对称点呀？哪两个？接着该怎么办呢？(明确先找点，再连线)

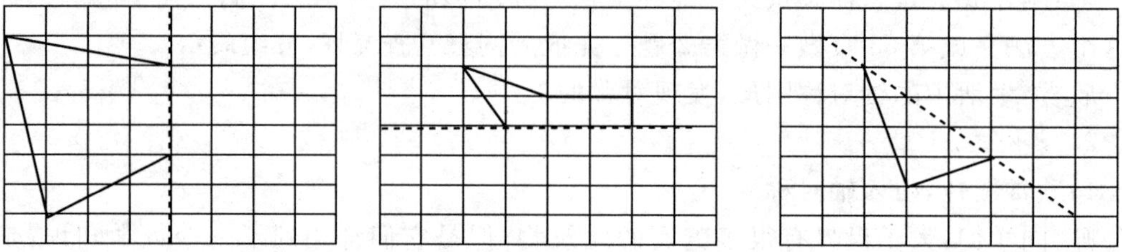

图 3－66

4)拓展运用，发展空间观念

出示信息：如图 3－67 所示，还有一个 D 点没有画，$ABCD$ 是一个四边形，还是一个轴对称图形。

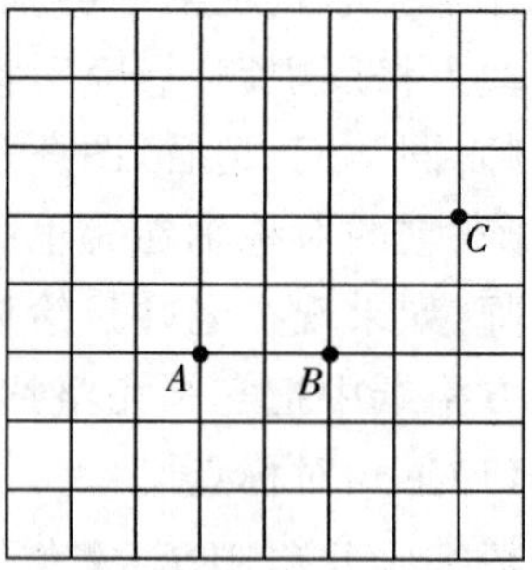

图 3－67

先让学生想象，再让学生在作业纸上动手操作，并提示学生有不同的方法。

5)欣赏和总结

师：轴对称图形能带给我们怎样的视觉享受呢？一起来看看。

师：同学们，回忆一下，我们二年级学的轴对称，对比今天学的轴对称你有什么新的收获呢？

6)评析

这两节课所选内容是四年级下册的课程，本节课的教学目标是：

(1)学生进一步认识轴对称图形的特征,知道对称点到对称轴的距离相等,会画轴对称图形的另一半。

(2)学生在观察、操作、想象等活动中,发展空间观念,提升动手能力。

(3)学生在进一步完善轴对称图形概念的过程中,增加自身积极参与数学活动的兴趣和对数学有好奇心和求知欲。

教学重难点是:体会轴对称图形的特征,能在方格纸上画出轴对称图形的另一半。

两节课在教学设计上大同小异,都是从学生已有的知识基础和生活经验入手,复习有关轴对称图形的知识,然后借助方格图,明晰"对称点"以及"对称点到对称轴距离相等"的概念,并根据这一特征在方格纸上画出轴对称图形的另一半。最后练习并欣赏轴对称图案,让学生感受到轴对称在生活中的运用,体现轴对称的价值。

在重难点的突破上,两个案例各有千秋。案例一中老师按着教材扎扎实实地让学生去体验、去发现。一"看",明白松树是轴对称图形;二"数",数一数对称点到对称轴的距离,发现对称点到对称轴的距离都相等;三"找",找到对称点并连线,发现对称点的连线与对称轴垂直。经过几次这样的操作活动,学生加深了对轴对称图形特征的认识。画轴对称图形的另一半,通过交流总结出一"定"关键点,二"找"对称点,三"连"点成形。最后完成书中的"做一做"。整节课思路清晰、朴实,方法总结及时,实效性强。

相比于案例一,案例二的设计更有挑战性,老师创造性地使用教材,直接省去例1,大胆让学生去画松树的另一半,学生在动手操作的探索活动中明晰"对称点"以及"对称点到对称轴距离相等"的概念。接下来应用特征画出轴对称图形的另一半时,3道题形式各不相同,对称轴有横的、竖的,还有斜的。在反馈的过程中,借助学生作品展示,意在打开所有学生的思路,突破学生的思维定式,使对称轴不再仅局限于横平竖直的情况。这样的过程,能使学生从本质上把握轴对称图形的特征,加深对轴对称图形的认识。在接下来的练习题中,题目开放,答案不唯一,所有学生都能够选用符合自己水平的方式解决问题。

能力强的学生有更多发挥的空间,并通过他们的展现,引领带动其他学生思维的发展,这更实现了"让不同的人得到不同的发展"这样的目标。

3.2.3.4 "平移与旋转"同课异构

※"平移和旋转"教学设计(一)

1. 教学内容

二年级下册"平移和旋转"教学内容。

2. 教学目标

(1)学生通过观察现实生活中物体的运动,认识物体的平移和旋转,感受平移和旋转运动的特点,能区分并判断这两种不同的运动方式,能辨认简单图形平移后的图形。

(2)学生经历观察、模拟、判断等活动过程,进一步增强自身的空间观念,发展初步的形象思维。

(3)学生进一步感受数学与生活的联系,可增强对图形及其运动变化的兴趣,激发对数学学习的积极情感。

3. 教学重点

认识物体的平移和旋转,能正确识别生活中的平移和旋转现象。

4. 教学难点

感受平移和旋转运动的特点。

5. 教学过程

1)谈话导入,感知运动

(出示课件)

师:咱们的学校漂亮吗?每天早上国旗冉冉升起,大时钟“嘀嗒”走个不停……

师:物体的运动构成了我们丰富多彩的生活。今天这节课,我们就来研究物体的运动现象。

2)观察表示,认识平移

(1)观察运动

师:观察这些物体的运动,你觉得它们的运动方式相同吗?你能将它们分分类吗?像这样对吗?大家分的都很有道理,接下来我们先来研究第一类运动现象。

(2)初步感受平移

师:课件分别演示国旗、电梯和火车车厢运动(出示课件),国旗、电梯和火车车厢分别是怎样运动的?你们能用手势表示这些运动吗?(同桌之间互动)

师:它们的运动有什么共同的特点?

(3)表示运动,感知平移特点

揭示:像这样直直地沿着一条直线运动的现象叫作平移。(板书:沿着直线运动平移)

(4)生活举例,丰富平移认识

师:生活中,你们还见过哪些平移现象?老师也给大家带来了一些平移现象,我们一起来看看吧。(课件展示生活中的平移现象)

① 自动平移门:(边做手势边说)他是(左右)平移方便人们进出。

② 缆车的平移(做手势)。

(5)动手操作,深化平移认识

师:同学们学会了平移,还找到了生活中的平移现象,你们表现真棒,老师想送你们一样东西(贴大拇指),请一位同学上台按口令移动“向上平移”。下面谁发指令?(请一位同学发号指令)

师:学生们,在刚才的平移过程中,大拇指的什么发生了变化?那什么没变呢?想不想再来玩一玩,下面让我们来玩一玩数学书。请听要求:

① 把数学书放在课桌面的左上角,接着把它平移到课桌面的右上角。谁来说说平移时要注意些什么呢?(学生回答:直直的,贴着桌面)像这样对吗?(展示课件)我们把书放回左上角再来感受下,沿着直直的边从左上角平移到右上角。

② 依次平移到右下角和左下角。学生活动。

师:刚刚同学们自己感受了平移,请看屏幕观察数学书在平移的过程中什么发生了变化？什么没变呢？明确:数学书在平移的过程中位置发生了变化。

③ 如果将数学书从桌面的左下角移到右上角,可以怎样平移呢？先自己移一移再和同桌交流你的想法。(指名说一说)

师:像这样斜着移动是不是平移呢？为什么？(指名说)

小结:通过刚才的活动,对平移你又有什么新的认识？所以我们平移的时候可以(做手势)横着移动,可以竖着移动,还可以斜着移动。只要沿着直线运动它就是平移。

3)初步感知平移的二要素

师:看老师这有两艘小船,它们都做了什么运动？那它们的平移有什么不同？(距离不同)

师:这两条小鱼呢？也是在？这条是向(右),这条是向(下),它们的不同是？(方向不同)

小结:原来平移还有不同的方向和距离。

4)迁移同化,认识旋转

(1)观察运动,感受旋转

(课件演示风车、飞机螺旋桨和钟面上指针的运动)

师:再来看,风车叶片、飞机螺旋桨和钟面上指针的运动是平移吗？能用一个词来表示吗？(旋转)

(2)动手操作,认识旋转

师:你能让尺子在桌面上像它们一样转动起来吗？学生动手操作,1～2 展示并说一说。(引导学生发现旋转中心)手指:起固定的作用,并让尺子绕着它转动。大家再来转一转吧。

师:谁来指一指这些运动(课件中的风车、飞机螺旋桨和时钟指针)的固定点。(请人上台)

小结:像这样的绕固定点转动的运动现象就是旋转。(板书:绕固定点转动——旋转)

(3)生活举例,丰富认识

师:生活中你们还见过哪些旋转现象？

(课件出示:门、电风扇和大风车的旋转运动)

(4)借助转盘,深化认识

师:生活中的旋转现象随处可见,为了更好地了解旋转,老师带来一样东西,一起玩一玩吧！

师:请一位同学上台,把指针从 A 点转到 C 点。还有别的转法吗？(再请 1 人)

师:他们转得对吗？掌声送给他们。

师:指针在转动过程中都在做什么运动？那它们的旋转又有什么不同？

师:哪种是跟我们钟面上指针旋转方式是一样的?第几种?

生:跟钟面上时针旋转的方向相同,是顺时针旋转;跟钟面时针旋转方向相反的是逆时针旋转。(板书:顺时针、逆时针)

师:好,我们一起来比画下,顺时针旋转(做手势),停!逆时针旋转(做手势)。旋转里的学问真多呀!

师:现在老师这还有个转盘,如果要把指针从 A 点旋转到 C 点。谁来?它是怎么旋转的?还可以怎么旋转?(顺、逆时针)

指出:旋转的角度不一样。

5)初步感知平移、旋转的共同点

师:看老师这有两面小旗,一面在平移,一面在旋转,它们的运动方式不同,它们有什么共同点吗?

6)巩固练习,夯实基础

(1)辨析平移和旋转

师:现在老师给你一些运动现象,你能快速判断出它们是平移还是旋转吗?

课件逐个出示,并提问:下面物体的运动是平移还是旋转?

(2)辨认简单图形平移和旋转后的图形

师:第几片树叶通过平移可以和绿色树叶重合?说说你的理由。

(3)欣赏应用

设计师们用平移和旋转设计出了美丽的图案,一起来欣赏。

6. 教学思考:加强比较,突出本质

在"平移与旋转"第一课时的教学中,经常存在以下一些问题:

(1)表征不规范。如平移,学生用手表示平移,移动得很随意,不是沿着一直线移动,旋转时不能固定一个点等。

(2)不能抓住平移和旋转的特征,教学只是让学生观察比较表面的现象。如教学中一些老师就平移而平移,就旋转而旋转,不能通过比较发现它们的特征。

(3)不能很好地渗透平移和旋转的要素,虽然是第一课时,不要求学生总结平移和旋转的基本要素,如平移的方向和距离,旋转的方向和角度等,但适度渗透是必要的。

(4)不能突出平移和旋转的本质特征,即运动后物体(图形)的大小和形状不变。

比较是观察事物、认识事物和研究事物的重要手段。通过课前访谈和实践研究,教师决定在这节课加强对比,突出平移和旋转的本质。下面具体谈课中的 4 次比较。

课始,教师设计了第一次比较,将物体的平移和旋转运动整体呈现,进行比较,让学生初步感知物体的运动方式可以是不同的,并能进行分类。

在认识平移后,教师设计了第二次比较。通过比较两只小船的平移,学生观察同样是平移,但有方向和距离的不同,因此感知方向和距离两个平移要素。

认识旋转后,教师设计了圆盘指针,进行了第三次对比。通过比较,学生观察同样是旋转,但有方向和角度的不同,因此感知方向和角度两个旋转要素。

在认识平移和旋转后，教师设计了两面小旗分别做平移和旋转运动，进行了第四次比较。通过比较，学生发现了它们的共同点，即物体位置发生变化，但物体本身大小和形状不变。

※“平移与旋转”教学设计(二)

1．多样表征、比较分类，建构意义

师：同学们，在你们的学习单上呈现了6幅图，大家先根据生活经验回忆一下这些物体是怎么运动的？

(展示课件)

师：下面杨老师让这些物体活起来，大家在观察时要做到一看、二想、三模仿。(教师运用课件一幅一幅地出示动态图片，学生模仿)

师：看清楚这些物体是怎样运动的？你能分别画幅图表示这些运动吗？先在学习单上完成，完成后再和你的同伴交流，将这些物体的运动方式分分类。(学生思考、交流，教师将6幅图贴在黑板上，之后参与讨论，提供帮助)

师：哪个小组派代表来分享一下，你们是怎样分类的？分类的依据又是什么？

生1：我们小组认为可以分成3类，第①幅图中国旗是上下运动的，第③幅、第⑤幅都是左右运动的，第②幅、第④幅、第⑥幅都是转动的。

生2：我们小组不是这样想的，我们都认为第①幅、第③幅、第⑤幅分为一类，第②幅、第④幅、第⑥幅分为一类。

师：说说你们分类的依据。

生1：因为国旗升起的运动、缆车的运动、推窗户的运动要么是上下运动、要么是左右运动，但都是直线的运动。风扇叶片的运动，还有螺旋桨、指针的运动都是转的，就是这样转(学生用手势表示如何旋转)。

生2：我们也觉得国旗升起的运动、缆车的运动、推窗户的运动应该分为一类，它们都是向一个方向的运动，都是直直的运动。

师：大家赞成哪一种分类？

生1：我赞成分成两类，其实一种是平移，另一种就是旋转。

生2：我也赞成分成两类，其实我分的前面两类可以合并在一起，是一类。

(教师将黑板上的6幅图分成两类。)

师：那大家说说，怎样的运动是平移，怎样的运动是旋转呢？

生1：朝着一个方向运动，直直的运动就是平移。

生2：旋转是圆的、能转圈，转一周就是旋转。

生3：旋转是循环着转的。

师：物体旋转时，比如风扇的叶片，会转着转着飞出去吗？

生：不会，叶片都是绕着固定的地方转动的。

师：上来指一指叶片是绕哪里转的。

(学生在图中指出叶片、螺旋桨、指针是绕着什么转动的，教师用红笔标出来。)

师：现在你再说说什么样的运动是旋转呢？

生：围绕着一个固定点转动的运动是旋转。

师：平移与旋转就是我们今天研究的物体运动的两种方式。

2. 即学即评，丰富内涵，加深理解

师：你能用你学到的知识判断一下图 3－68 中的运动哪些是平移，哪些是旋转吗？

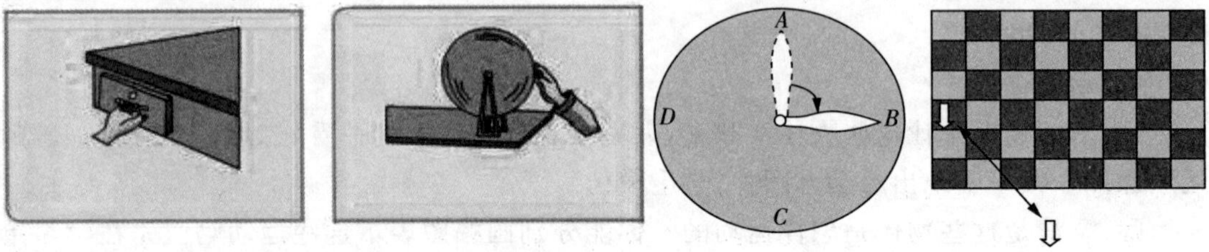

图 3－68

（课件播放动画，学生在学习单上完成）

生 1：抽屉拉来拉去的运动是平移。

师：说说你判断的理由。

生 1：抽屉是沿直线拉出来的，不是转来转去的，所以是平移。

生 2：转盘的运动是旋转，因为它是绕着中间的那个轴在转动的。

师：看来旋转除了可以绕一个固定点转动，还可以绕着轴转动。

生：这个指针的运动不是平移也不是旋转。因为它没有转一圈。

师：大家有什么想说的？

生 1：我认为虽然没有绕一圈，但是指针是绕着轴点转动的，所以是旋转运动。

生 2：旋转只说绕着点或轴转动就行，没说要绕一圈。所以指针的运动是旋转。

师：大家同意吗？（学生表示赞成）

生 1：国际象棋中王后的运动是平移，因为它是沿直线运动的。

生 2：我补充，虽然是斜的运动，但是都是朝左上角运动，而且是直直的运动，所以是平移。

师：通过刚才的判断，你们对平移与旋转又有什么新的体会？

生 1：朝上运动、斜的运动，只要沿直线运动都是平移。

生 2：旋转是绕着固定点转动的，可以是一圈，也可以转一半；可以是顺时针转，也可以是逆时针转动。

（让学生上来展示什么是顺时针旋转，什么是逆时针旋转）

师：其实在生活中平移、旋转的现象无处不在。举一两个例子给你的同桌听听，再互相判断一下举的例子是否正确。

3. 深度思考，判断明理，提炼特征

师：学习了平移与旋转的知识，你能解决一些实际问题吗？（图 3－69）

（1）哪些树叶通过平移可以和方框里的树叶重合？把它们圈出来。

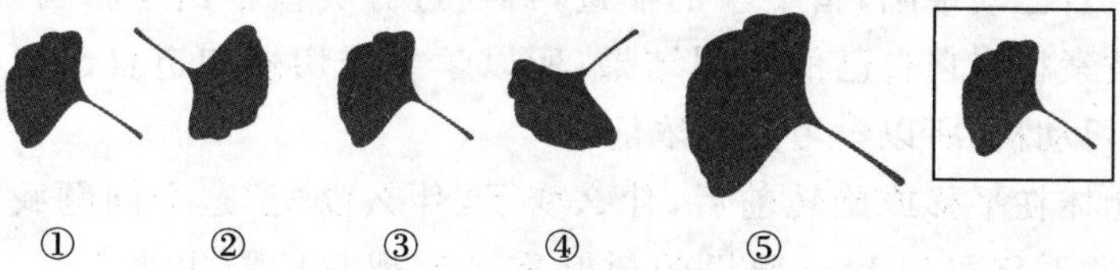

（2）下面的图形中，（ ）不能由 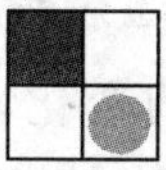 通过旋转得到？

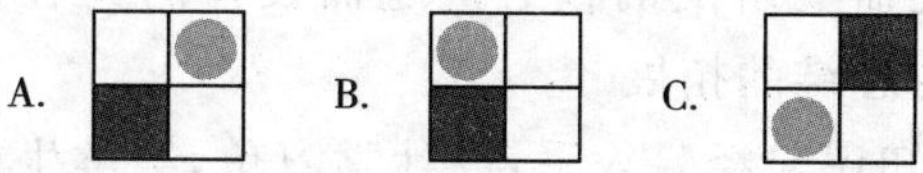

图 3-69

（学生独立在研究单上完成，教师在黑板上贴好两题的图形，便于学生讲解与演示）

生 1：第①片、第③片树叶可以和方框里的树叶重合，因为它们方向一样、大小一样。但是第②片、第④片平移后不能和框里的树叶重合，需要旋转一下才行（学生操作、演示，证明给大家看）。第⑤片树叶虽然方向一样，但是太大了，不可能和框里的小树叶重合。

生 2：我得出的结论是只有方向一致、大小一样才能和方框里的树叶重合。

师：那也就是说在平移的过程中，变的是什么？什么又没变呢？

生 3：大小、形状、方向都不变，只有移动的时候位置变化了。

师：关于第 2 题，你又有什么见解呢？

生 4：（转动图形进行演示）A、C 都能通过旋转得到，但是 B 的圆形和正方形都转到一起了，这是不可能的，所以 B 不对。我发现旋转和平移差不多，形状、大小都不会变，只是位置变了。

师：看来同学们已经掌握了平移与旋转的特征，在此基础上老师再考考大家。（接下来，学生完成书上“想想做做”的第 3 题。）

根据学生学习的逻辑起点与现实起点，确定“平移与旋转”一课学生的真实起点。

（1）大多数学生知道平移与旋转，也能识别生活中的平移与旋转现象，但是表述不清楚平移与旋转的概念。

（2）大部分学生能将物体从一处平移到另一处，也能将物体进行旋转，但对平移与旋转前后图形的变化感受不够深刻。

基于学生的实际情况，明确本节课的核心问题：①怎样的运动是平移，怎样的运动是旋转？②物体在平移或旋转前后，什么变了，什么没变？一旦明确了一节课的核心问题，教师就要将问题转化为学习任务，让学生明白“我要做什么，要我怎么做”。

设计时，主要围绕两个核心问题确定学习任务。

（1）围绕“怎样的运动是平移，怎样的运动是旋转”这个问题我设计的任务是：①下面每个物体是怎样运动的？你能画图表示这些运动吗？②和同伴交流，将这些物体的运动方式分类。学生自己动手画，留下学的痕迹，再通过分类概括出平移与旋转的概念。在这里学生的分类素材来自自己的画图结果，所以学生迫切想知道自己想的、画的是否正确，因为有了学习动机，所以学习兴趣浓郁。

(2)围绕“物体在平移或旋转前后，什么变了，什么没变”这个问题我设计了任务是：① 哪些树叶通过平移可以和方框里的树叶重合？把它们圈出来。② 下面的图形中，(　　)不能由通过旋转得到？学生通过猜想、操作、判断、验证、说理解决问题，在此过程中深刻体会平移与旋转前后图形的变化，达到能识别平移与旋转前后图形的目的。像这样基于学生认知基础，立足需要解决的核心问题而设计的具有挑战性的任务，能引领学生进入深度学习，从而获得思维的拓展。

设计这节课时从学生已有知识与经验入手，设计学习单，给学生提供学的脚手架，留下学的痕迹。课堂教学时，先引导学生动作模拟，再在学习单上画图表示这 6 种运动方式，通过与同伴互相表达，即让学生有了多元表征的机会，又保证了“整体感知、细化研究”的教学起始。而分类，则意味着对分类标准的感知，解释分类标准，又意味着对感知事物的表述。

学生在多元表征、分类明理之中自主架构起对平移与旋转的认识。此外，老师要关注评价，边学边评，了解学生学的程度，评价时通过 4 道小题目，由基本到拓展，逐渐深入，一方面继续提升学生的语言表征能力，另一方面引领学生深入理解平移与旋转的特点，加强对概念的认识。

3.2.3.5　实践与反思

※ 六年级上册“位置与方向(二)”第一次教学实录

1. 教学内容

小学数学六年级上册第二单元“位置与方向(二)”。

2. 教学目标

(1)让学生在具体情境中初步理解北偏东(西)、南偏东(西)的含义，会用方向和距离描述物体的位置，初步感受用方向和距离确定物体位置的科学性。

(2)让学生进一步体验数学与生活的密切联系，增强用数学眼光观察日常生活现象和解决日常生活问题的意识。

3. 教学重点

初步掌握用方向和距离确定物体位置的方法。

4. 教学难点

测量角度，用角度描述方向。

5. 教学过程

1)谈话导入

师：请同学们回忆一下，我们已经学习了哪些确定位置的知识？(东南西北，第几排第几个，数对等)

师：如果一个物体处在没有竖列、没有横行的环境中又用什么方式确定位置呢？今天这节课，我们就继续来研究确定位置的方法。

2)互动新授

(1)出示主题图

师：从图中，你们可以获得哪些关于台风中心位置的信息？

生：台风中心在A市的东偏南30°方向。

师：其他还有补充吗？

生2：距离A市600千米。

生3：和东面的夹角是30°。

师引导(强调)：是的，图上给我们提供很多有用的信息。如果让你们用一句话描述台风中心所在的位置，怎么介绍最精准？

(2)学生同桌两人讨论反馈

生：台风中心在A市东偏南30°的方向，距离600千米处。

师惊讶：同学们的回答和第一位同学的回答有区别吗？

生：多了“距离600千米”。

师：大家觉得这样描述台风的位置精准吗？说给你的同桌听，想一想，要想精准描述台风中心的位置需要哪些条件？

生：需要知道距离和方向。

师：还有什么？

生补充：还要知道角度，比如这里的东偏南30°。

师疑惑：东偏南30°是什么意思？它是怎么确定的？

生：就是以A市为中心，从东到南形成一个30°的角。

(学生基本能明白它的含义，但表述不准确)

师结合课件动态演示：这里的“A市东偏南30°”是以A市为顶点，以正东方向为起始边，向南旋转30度。

小结：看来要想准确描述物体的位置，要说清距离和方向(角度)。

3)巩固练习

师：看来大家已经知道了描述物体位置的基本方法，下面咱们一起来做个小练习，检验一下自己的掌握情况。

师：根据图3-70中的信息，谁能完整地介绍一下学校在小明家的什么位置？

生1：学校在小明家的北偏东25°方向。

师：说完整了吗？谁继续说？

生2：学校在小明家的北偏东方向，距离400米处。

师：准确吗？谁还有补充？

生1：我认为都不完整，第一位同学的回答没有说距离；第二位同学的回答没有说角度。

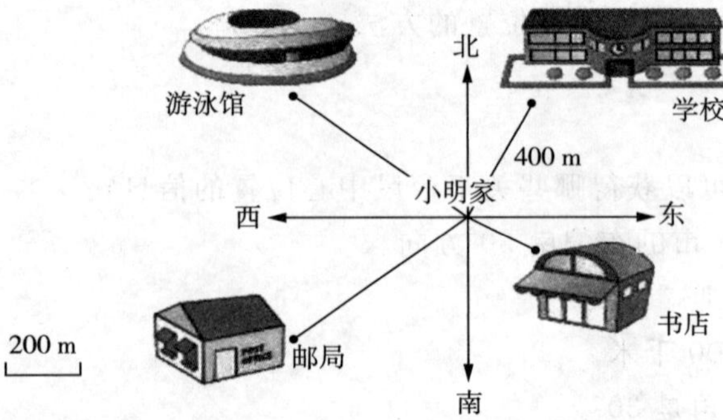

图 3-70

生 2:对！应该说:学校在小明家的北偏东 25°方向,距离 400 米处。

师再次强调:描述物体位置时必须说清方向、角度和距离。

4)课外扩展

根据方向、角度和距离确定位置的方法在生活中的运用还很广泛,它不但可以帮助我们看地图、寻宝,还可以应用于救援、雷达扫描、方向导航及生产勘探等方面。老师搜集了一些相关的图片,下面让我们一起来欣赏。

5)全课小结

今天你学会了什么?

※ 第一次课后反思

通过上述教学活动,学生初步感悟到方向、角度、距离对于精确描述物体位置的必要性,与教材所编排的内容基本一致。但在练习时却发现学生描述物体具体位置时“丢三落四”,不能同时用方向、角度和距离精确地描述位置。细细想来造成这样的原因有两点:

一是既要考虑方向、角度,又要考虑距离,容易顾此失彼,这正是学生的思维特点,他们善于从一个维度去思考问题,但需要从两个维度甚至多个维度去深入思考时,就会显得力不从心。

二是教学环节的处理相对缺乏层次推进,进而造成了学生对于精确描述物体位置的要求和方法内化并不深刻。

基于以上两点原因,教师决定改变教学思路。先从单个维度考虑,通过“假设只知道一个条件能不能确定物体位置”这个探究活动,学生真正体会到方向、角度与距离在确定位置中缺一不可。只有三者相结合,才能确定物体的位置。

※ 六年级上册“位置与方向(二)”第二次教学实录

1. 教学内容

小学数学六年级上册第二单元“位置与方向(二)”。

2. 教学目标

(1)让学生在具体情境中初步理解北偏东(西)、南偏东(西)的含义,会用方向和距离描述物体的位置，初步感受用方向和距离确定物体位置的科学性。

(2)让学生经历用方向和距离描述物体位置的方法的探索过程，进一步培养观察能力、识图能力和有条理地进行表达的能力，发展空间观念。

(3)让学生进一步体验数学与生活的密切联系，增强用数学眼光观察日常生活现象和解决日常生活问题的意识。

3. 教学重点

初步掌握用方向和距离确定物体位置的方法。

4. 教学难点

测量角度，用角度描述方向。

5. 教学过程

1)情景引入

今天老师给大家带来一段视频：台风登陆时的场景。

师：台风是十大自然灾害之一，它的破坏力极强，给人类的生命和财产带来了巨大的危害。为了减少台风造成的损失，科学家们根据台风形成的过程精确地预测出台风的移动方向、登陆地点以及时间，并以新闻广播、天气预报等形式告知群众，提醒台风经过区域的群众提前做好防护工作，避免人员伤亡，力争将受灾程度降到最低。

师：你们有没有关注过和台风有关的报道，新闻里是怎样描述台风的精准位置的？老师这有一则关于台风的新闻，一起来看一看。

(台风一般出现在沿海城市，对内地的影响较小，有的学生没有亲身经历过，通过小视频可以让他们感受台风的破坏力，了解台风的危害性，从而体会“描述台风精准位置”的必要性)

2)互动新授

(1)初步体会描述物体精准位置需要的条件

出示主题图(同上)

师：从图中你们可以获得哪些和台风中心位置有关的信息？

生1：台风中心在A市的东偏南30°方向。

生2：距离A市600千米。

生3：以A市为中心，和东面的夹角是30°。

师引导(强调)：如果让你用一句话描述台风中心所在的位置，怎么介绍最精准？

学生同桌两人参与讨论，随后反馈。

生：台风中心在A市东偏南30°的方向，距离600千米处。

师：大家认为这样子表述台风中心的位置更精确是吗？

学生异口同声说：是。

师追问：你觉得要想精准描述台风的位置需要哪些条件呢？

生：知道台风离A市的距离，在A市的什么方向。

师：还有什么？

生补充:还要知道角度,比如这里的东偏南30°。

师疑惑:东偏南30°是什么意思?它是怎么确定的?

生:就是以A市为中心,从东到南形成一个30度的角。

师结合课件演示说明:以A市为顶点,以正东方向为起始边,向南旋转30度。

小结:看来要想准确描述物体的位置,要说清距离和方向,还有角度。

(2)体会用"方向和距离"确定位置的必要性

师提出疑问:如果只知道一个条件能不能确定台风的准确位置呢?

生众:能。不能。(学生开始争论,各不相让)

师:别着急,我们用事实说话。

师:台风在A市的东南方向,台风在什么位置?请你用手指一指。(图3-71)

(学生发现东和南之间的区域都有可能,无法确定台风的准确位置)

师:台风在A市的东偏南30°方向,你能确定台风的准确位置吗?

生:观察后发现还是不能。(图3-72)

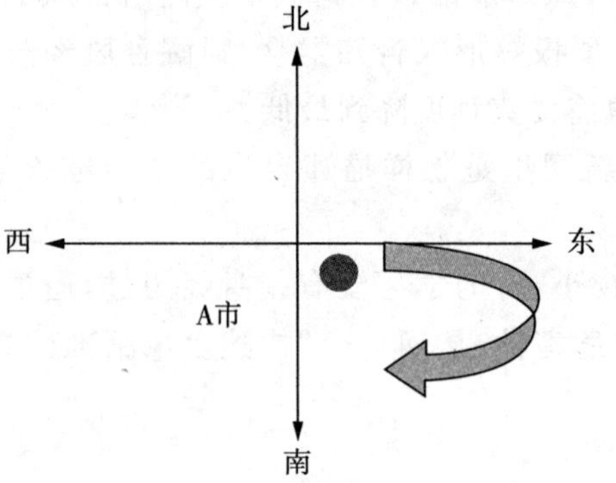

图3-71

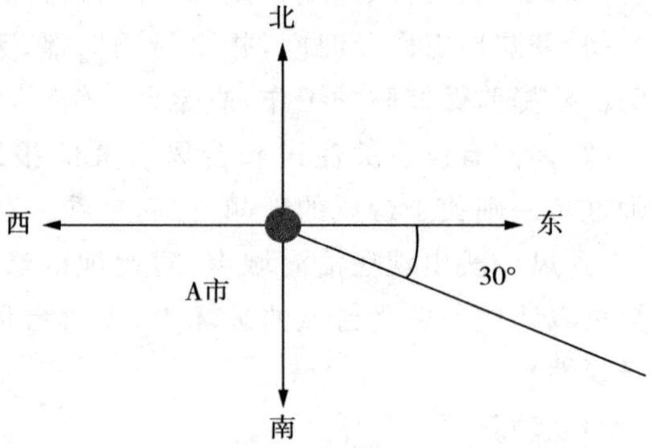

图3-72

师:为什么不能?台风有可能在哪里?

生:除了交点外,在这条直的线上的点都有可能。

师:台风在距离A市600千米的洋面上。(图3-73)

师:如果只知道距离呢?

生:还是不能确定台风的方向,只能确定在半径600千米的圆周上。

师:台风在A市的东偏南30°方向,距离A市600千米的洋面上。(图3-75)

师:如果把这些条件合在一起呢?(学生毫不犹豫地找到了台风的准确位置)

师:现在我们再来说刚才的那个问题,如果只知道其中一个条件,能确定台风的位置吗?

生众:不能。

师:通过刚才的学习,你知道怎样描述物体的准确位置吗?

生:描述物体的准确位置,方向、角度和距离三者缺一不可。

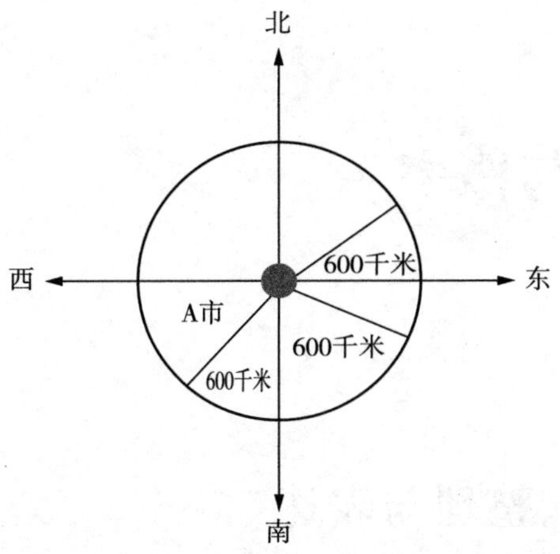

图 3-73

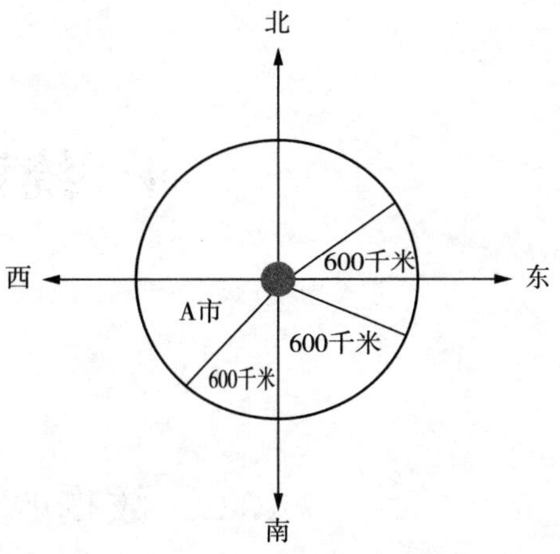

图 3-74

3)巩固练习

完成课后做一做。

4)课外扩展

师:根据方向、角度和距离确定位置的方法在生活中的运用还很广泛,它不但可以帮助我们看地图、寻宝,还可以应用于救援、雷达扫描、方向导航及生产勘探等方面。老师搜集了一些相关的图片,下面让我们一起来欣赏。

5)全课小结

师:今天你们学会了什么?

※ 第二次课后反思

通过"只知道一个条件能否确定物体的准确位置"的探究活动,学生逐步清晰"方向(角度)、距离"之间的相互依存关系,深入了解每个要素在精确定位过程中起了什么作用。已知方向,位置缩小到一个面;已知方向和角度,聚焦到一条射线;加入距离,精确定位到一个点。如果只知道距离,台风的可能位置会汇集到半径是 600 千米的圆的周长上。在辨析的过程中,借助图像,思维有了支撑,学生理解极角、极径也就形象、生动许多。学生不知不觉经历从一维空间认识深入二维空间认识。其实,这也是极坐标系的雏形,有助于学生今后进一步学习平面直角坐标系、极坐标系、空间坐标系。在辨析的过程中,学生也进一步感知学习的意义。从学生"三者缺一不可"的学习感受中教师发现,学生对于知识的理解已经不是仅仅停留在对于教材的浅表认识上,它已经内化为学生进行位置描述的一种需要。从实际的检验效果来看,之前描述物体位置时"丢三落四"的现象已经得到了明显好转。

4 统计与概率

4.1 数据收集、整理与表达

4.1.1 “数据收集、整理与表达”内容的理解

4.1.1.1 统计学的产生和发展

1. 统计学简史

人类的统计实践是随着计数活动而产生的，统计学是统计实践的经验总结，又是指统计实践活动的科学。因此，对统计实践发展的历史可追溯到远古的人类社会初期的打绳结、画道道计数，这算是最初的统计。但是，使人类的统计实践上升到理论予以总结和概括成一门系统的科学——统计学，却是近代的事情，距今只有300多年的历史。按统计方法及特征的历史演变顺序，一般可将统计学的发展史分为三个阶段，分别是古典统计学的萌芽时期(17世纪70年代至19世纪初期)、近代统计学的形成时期(19世纪初至20世纪初)、现代统计学的发展时期(20世纪初到现在)。

1)第一个阶段:古典统计学的萌芽时期

17世纪中叶、欧洲各国相继进入资本主义工场手工业的经济迅速发展阶段，但是某些国家的封建制度尚未解体，这时的欧洲处于思想活跃的社会变革时期。为了适应各国经济发展的不同需要，欧洲各国不约而同地开始了统计学的奠基工作，并相继形成了统计学的两大来源，即国势学派、政治算术学派。这两大来源到19世纪初基本上形成了各自的理论体系，并为近代统计学奠定了理论基础，所以称17世纪中叶至19世纪初为古典统计学的萌芽时期。

(1)国势学派

国势学派产生于18世纪的德国，其创始人是海尔曼·康令(Hermann Conring，1606—1681)博士。他于1660年把国势学从法学、史学和地理学等学科中独立出来，在大学中讲授“实际政治家所必需的知识”。后由马丁·休姆采尔(Martin Schneitzel，1679—1747)将其更名为《政治学统计学·讲义》。其中统计学一词的语意来源于拉丁语

系的“状态”而后转化为“国家”，可见统计学在国势学派看来是指对国家政治状况的研究。

国势学派最重要的继承人是休姆采尔的学生高特弗瑞德·阿痕瓦尔(Gottfried Achenwall,1719—1772)，他被当时德国誉为“统计学之父”，而他自己则推崇康令为统计学之父，并在1749年确定了统计学(statistics)这一学科的名称及有关统计学的一些术语。

国势学派只是对国情的记述，未能进一步揭示社会经济现象的规律，也不研究事物的计量分析方法，只是用比较级和最高级的词汇对事物的状态进行描述。所以，人们也把它叫作记述学派(旧学派或德国学派)，并认为国势学派有统计学之名，而无统计学之实。严格地讲，这一学派的研究对象和研究方法都不符合统计学的要求，但国势学派对统计学的创立和发展做了不少贡献。

① 为这门新兴的学科起了一个至今仍为世界公认的名词——统计学。

② 提出了至今仍为统计学者所采用的一些术语，比如：“显著事项”“统计数字资料”“数字对比”等。

(2)政治算术学派

政治算术学派产生于17世纪中叶的英国，主要代表人物是威廉·配第(William Petty,1623—1687)和约翰·格朗特(Johan Graunt,1620—1674)。英国古典政治经济学的创始人，威廉·配第博士在1690年出版的《政治算术》一书，是经济学和统计学史上的重要著作。在该书中为了给英国资产阶级鼓气，配第采用“数字、重量和尺度”等定量的分析工具，对英国和当时的主要发达国家的经济实力进行了比较分析。其所采用的方法是前所未有的，为此，他也被推举为统计学的创始人，其所代表的学派被命名为政治算术学派。

约翰·格朗特在1662年发表了《关于死亡表的自然观察与政治观察》一书。书中通过大量观察发现了人口各年龄组的死亡率、性别比例等重要的数量规律，并对人口总数进行了较为科学的估计，做了前人从没有做过、从数量方面来研究社会经济现象的工作。因此，他被认为是人口统计学的创始人。德国的约翰·彼德·劳斯密尔希(Johan Peter Sussmilch,1707—1767)深受政治算术学派的影响，并成为该学派的主要代表人物和继承者。其代表作《由人类之出生、死亡及繁殖证明在人类变动中所存在的神的秩序》(1741)一书，对大量不确定现象的比例规律进行研究。这部书虽把事物的规律性看作是“神”的安排，但它在某种程度上为概率论应用于人类生活奠定了基础。政治算术学派对统计学的主要贡献如下：

① 不仅满足于社会经济现象的数量登记、列表、汇总、记述等过程，还要求把这些统计经验加以全面系统的总结，并从中提炼出某些理论原则。

② 在搜集资料方面，提出了“大量观察法”“典型调查”“定期调查”等思想。

③ 在处理资料方面，广泛运用了分类、制表以及各种指标来浓缩与显现数量资料的内涵信息。

2)第二阶段:近代统计学的形成时期

主要学派:数理统计学派(代表人物为法国的 P. S. Laplace 和比利时的 A. Quetelet);社会统计学派(代表人物为德国的 K. G. A. Knies 和 C. L. E. Engel)。

Laplace 是第一个把概率论引进统计学领域的,他是一位天文学家、数学家、统计学家,他阐明了统计学的大数法则,进行了大样本推断的尝试。

比利时的统计学家、数学家、天文学家 A. Quetelet 完成了统计学和概率论的结合,使统计学开始进入更为丰富发展的新时期。国际统计学界有人称 Quetelet 为"统计学之父",就在于他发现了大量现象的统计规律性和开创性地应用了许多统计方法,他把统计学发展中的三个主要源泉国势学派、政治算术学派、古典概率学派加以统一,改造并融合成具有近代意义的统计学。

可以说,Quetelet 是古典统计学的完成者,是近代统计的先驱,又是数理统计学派的奠基人,在统计学发展史上具有承上启下、继往开来的地位。

19 世纪后半叶,由德国大学教授 Knies 首创,并以 Engel 等为代表,兴起了社会统计学派。这个学派认为,统计学的研究对象是社会现象,目的在于明确社会现象内部的联系和相互关系;统计应包括资料的搜集、整理以及对其分析研究。

3)第三阶段:现代统计学的发展时期

19 世纪末和 20 世纪初的统计学主要是描述统计学;20 世纪 30 年代,由 R. A. Fisher 创立的推断统计学促使数理统计进入现代范畴。近几年统计教育发生了一些变化。

第一个变化是,世界上越来越多的人已经认识到统计的重要性,并对统计产生了更大的兴趣。现在世界上几乎所有的国家都非常关注统计课程、统计资源以及统计教学,中国更是如此。同时,数学教师需要认识到,统计已经不仅仅是数学课里需要教的一个主题了,在很多国家已经成为一个主要的内容领域。我们知道,在数学中,数与代数是处理量的,几何是处理图形的,那么同样还需要处理数据与可能性,这就是统计与概率的内容。

第二个变化是,统计教育内部也作出了改进。统计课程自身也有了很大的发展,与 20 年前相比,从理念、内容、评价都发生了很大的变化。例如,现在人们更强调非正式的推断,学生在小学刚开始接触统计的时候,是很难有正式的假设跟推断的。所以,我们需要有另外的问题,例如多确定、多肯定、你有多少信心等,这些也是有关推断的,是对不确定性的推断。对统计教育来说,这是一个新的动向。这可以看成是学生对数据、分布、推断的初步经验的建立。

第三个变化是,统计建模,这是最近值得关注的内容。建模总对现实世界的模拟,运用某种关系来理解世界中的复杂系统。统计建模与数学建模有所不同,充满了很强的不确定性,需要我们去尽力降低这种不确定性,尽量对这种不确定性进行量化。有研究表明,统计建模非常有利于发展学生的统计素养。

4.1.1.2 数据统计的基本原理及方法

随着科学的发展,数学在生活中的应用越来越广,而"统计与概率"作为数学的一个重要部分，同样也在发挥着越来越广泛的用处。生活中统计知识无处不在，如了解气温变化情况，以便增减衣服；统计一年来家中收入增长情况，以便安排生活开支；出去旅游事先调查有哪些值得去的景点；安排公司下一阶段的生产和销售策略……现实生活中有许多问题，应当先做调查研究，收集数据，再通过分析作出判断。

那么，统计调查的一般过程是什么？统计调查对我们有什么帮助呢？

统计调查一般包括收集数据、整理数据、描述数据和分析数据等过程，可以帮助我们更好地了解周围世界，对未知的事物作出合理的推断和预测。

数据处理的一般程序如图 4－1 所示。

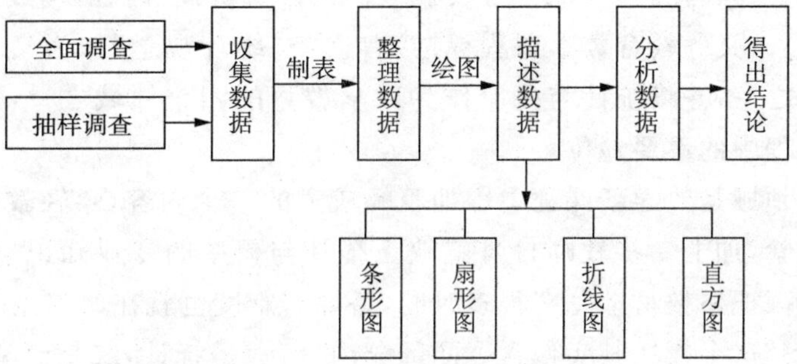

图 4－1

统计主要内容是数据处理，包括数据的收集与整理、描述与分析。

1. 统计学中的几个基本概念

(1)总体(population)：根据研究目的确定的同质观察单位某项变量值的集合或全体。总体是相对的，总体的大小是根据研究目的而确定的。

(2)样本(sample)：是从总体中随机抽取的部分观察单位变量值的集合。样本的例数称为样本含量(sample size)。样本应有代表性，即应该随机抽样并有足够的样本含量。

(3)统计量(statistic)：由样本计算的指标称为统计量，如平均数、中位数、众数、标准差 s 等。

(4)误差(error)：测量值与真实值之差异称为误差。一个量的观测值或计算值与其真实值之差，特指统计误差，即一个量在测量、计算或观察过程中由于某些错误或由于某些不可控制的因素的影响而出现的偏离标准值或规定值的数量，误差是不可避免的。需要注意的是：误差与错误不同，错误是应该而且可以避免的，而误差是不可能绝对避免的。

(5)概率(probability)：是描述随机事件发生可能性大小的量值。用英文大写字母 P 来表示。概率的取值范围在 0～1 之间。当 $P=0$ 时，称为不可能事件；当 $P=1$ 时，称为必然事件。

(6)小概率事件：统计学上一般把 $P\leqslant 0.05$ 或 $P\leqslant 0.01$ 的事件称为小概率事件。

(7)小概率原理:小概率事件在一次试验中几乎不可能发生。利用该原理可对科研资料进行假设检验。

小概率事件实例:人群恶性肿瘤发生数及死亡数;双胞胎、三胞胎出生数;火车、汽车、摩托车、自行车等发生的交通事故;工人从高层落下、建筑物坍塌等建筑工地意外事故;正常考试交白卷者;一般人群中博士生的人数。

(8)变量:变量是指可变的数量标志和指标。

(9)变量值:变量值是指变量表现的具体数值。

4.1.1.3 《义务教育数学课程标准》与教材统计内容解读

"数与代数""空间与图形""统计与数学"以"综合与实践"内容,构成了数学新课程中的四个学习领域。《义务教育数学课程标准》首次将"统计观念"作为义务教育阶段数学课程的重要目标之一,并将统计与概率作为数学教育的四个领域之一,这足以说明统计与概率在数学课程中的重要地位。

统计与概率领域是数学新课程中增加篇幅较大的一个内容,年轻教师几乎没有教这个内容的整体经验,加上一些教师自身就缺乏统计与概率的专业知识,而教材培训力度不够,致使在理解、把握教材上花费很多时间,备课有难度也就在所难免。

"统计与概率"这个板块其实包含了两部分内容,一是统计,二是概率,二者既有联系又有区别。

区别体现在:统计主要内容是数据处理,包括收集("正"字统计法、分类统计、象形统计图等知识)—整理(归类计数、简化数据表征形式等)—呈现(列表法、借助统计图表呈现等)—分析(借助平均数等统计量或统计图表的变化规律分析数据)—应用(作出选择、分析发展趋势等)的过程。而概率主要内容是认识可能事件,包括体验不确定现象(抛硬币等游戏),体会可能性有大有小(摸球、转转盘、抛图钉),认识等可能性(列出简单实验所有可能发生的结果,判断游戏的公平性)。

联系体现在:统计与概率的研究对象、方法,甚至结果都具有一定的随机性;统计的部分结果可以用概率来表达。

小学阶段的"统计与概率"编排具体如表 4-1、图 4-2 所示。

表 4-1 小学阶段的"统计与概率"编排况

册 别	统 计	概 率
一下()	分类与整理	—
二下()	数据收集与整理	—
三下()	复式统计表	—
四上()	单式条形统计图	—
四下()	平均数与复式条形统计图	—

（续表）

册 别	统 计	概 率
五上()	—	可能性
五下()	折线统计图	—
六上()	扇形统计图	—

"统计"板块梳理

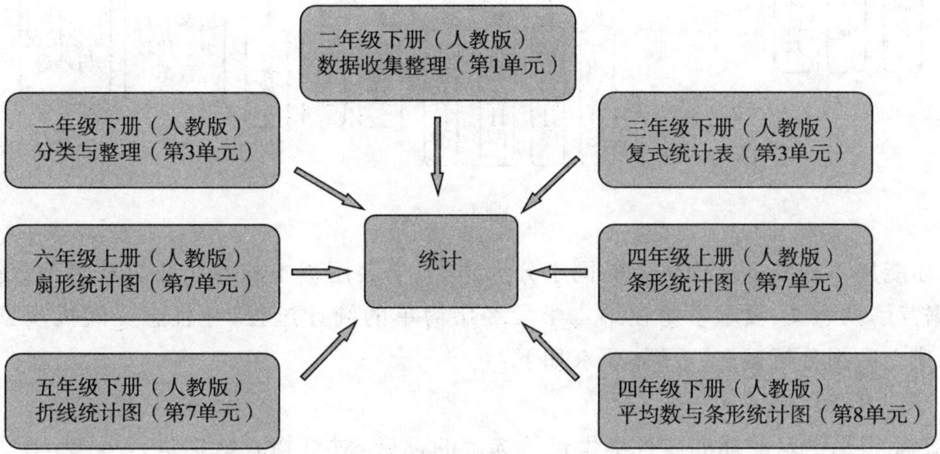

图 4－2

统计的内容安排得较多，而概率的内容则相对较少，只在五年级上册编排了可能性的教学，小学以统计为主，概率为辅，这是因为统计的主要内容是数据处理。数据处理有两类，描述统计和数理统计。小学阶段主要是描述统计，很少用概率手段处理数据，因为用概率推断和预测需要随机变量分布知识，小学阶段的学生还不具备用概率方法进行推测和预测的能力，只能是一些猜想。这样一来，小学里把统计和概率放在一个学习领域，只是提供一般的素养，小学的概率还不能和统计发生有机联系。此外，由于小学数学的教学内容还不能进行概率计算，所以老是停留在可能性的认识上，各个年级的差别很小。因此，修改中的课程标准有意将小学阶段的概率内容有所消减，不过，统计与概率也是有联系的，教学时可以适当进行渗透，要让学生有随机的意识。

1. 内容联系及特色

1)教学内容关系梳理(图 4－3)

2)教学内容编排特色

起点低、分布广、循序渐进、螺旋上升，以统计为主，概率为辅。

2. 教学内容安排情况

《义务教育数学课程标准》要求学生在第一学段能够按照一定的标准对事物进行分

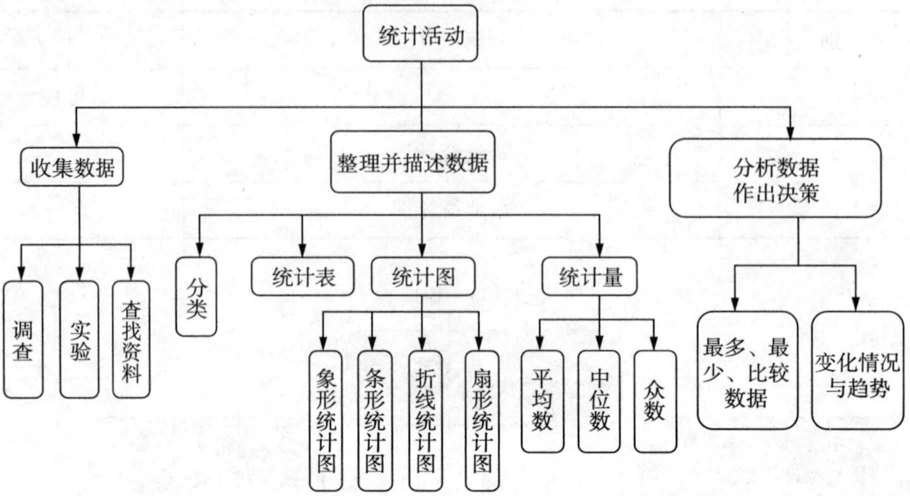

图 4-3

类，比如能用不同的标准把班上的同学分为两类；学会用基本的方法收集和整理数据，感受数据背后的意义；要求学生在第二学段经历简单的统计过程，并且感受随机现象的可能性，建立数据分析观念。具体要求如下：

1)第一学段目标

① 能根据给定的标准或者学生自己选定的标准，对事物或数据进行分类，感受分类与分类标准的关系。

② 学生经历简单的数据收集和整理过程，了解调查、测量等收集数据的简单方法，并能用自己的方式(文字、图画、表格等)呈现整理数据的结果。

③ 通过对数据的简单分析，学生理解数据的随机性，体会运用数据进行表达与交流的作用，感受数据蕴含信息。

第一学段目标侧重于数据收集和整理的方法，重在统计直观的培养。

2)第二学段目标

① 经历简单的收集、整理、描述和分析数据的过程。

② 会根据实际问题设计简单的调查表，能选择恰当的方法收集数据。

③ 认识条形统计图、扇形统计图、折线统计图；能用条形统计图、折线统计图直观且有效地表示数据。

④ 体会平均数的作用，能计算平均数，能用自己的语言解释其实际意义。

⑤ 能从报纸、杂志、电视等媒体中，有意识地获得一些数据信息，并能读懂简单的统计图表。

⑥ 能解释统计结果，根据结果作出简单的判断和预测，并能进行交流。

第二学段目标侧重于描述和分析数据，重点培养学生的数据分析观念，是一种理性思考的培养。

由此可见，教材在第一学段要求仅是学生简单地感受、认识和了解，而且安排得比较均衡。而到了第二学段，尤其是三、四年级比较集中学习，这充分体现了皮亚杰的认知发展阶段理论。

3. 教学内容安排

1)有关统计单元具体内容及教学目标要求如表 4－2 所列。

表 4－2 有关统计单元具体内容及教学目标

统计				
年级	册数	单元	内容	单元说明
一	下	3	分类与整理	内容： 例 1,按给定标准分类计数 例 2,自选标准分类计数，会用简单统计表呈现结果 单元教学目标： 1. 能够根据给定的标准或自己选定的标准进行分类，体验分类结果在单一标准下的一致性和不同标准下的多样性 2. 使学生经历简单的数据整理过程，能够用自己的方式(文字、图画、表格等)呈现分类的结果 3. 使学生能够对数据进行简单的分析，并能够根据数据提出简单的问题
二	下	1	数据收集整理	内容： 例 1,学习用调查法收集数据，初步了解统计表 例 2,学习用写“正”字的方法记录数据 单元教学目标： 1. 在贴近生活的情境中经历简单的数据收集和整理的过程，使学生学会用调查法来收集数据。学会在分类的基础上用写“正”字的方法记录数据，认识简单的统计表，会用给定的统计表呈现和整理数据 2. 学生通过对数据进行简单的分析，初步体会运用数据进行表达与交流的作用，感受数据中蕴含信息 3. 学生通过对周围现实生活中有关事例的调查，初步体会调查所得的数据的作用，培养自己初步的数据分析观念
三	下	3	复式统计表	内容： 例 1:把单式统计表合成复式统计表 单元教学目标： 1. 让学生在具体的统计活动中认识复式统计表，能够根据收集、整理的数据填写统计表，并能根据统计表的数据进行简单的分析 2. 让学生在认识、填写、分析复式统计表的过程中，进一步理解统计方法，培养数据分析观念 3. 让学生进一步体会统计与现实生活的密切联系，感受学习数学的乐趣，树立学好数学的信心

（续表）

年级	册数	单元	内容	单元说明
四	上	7	条形统计图	内容： 例1,认识条形统计图(1格代表1个单位) 例2,认识条形统计图(1格代表5个及多个单位) 例3,认识条形统计图(1格代表5个及多个单位) 单元教学目标： 1. 使学生经历简单的数据收集、整理、描述和分析的过程,体会统计在现实生活中的作用,理解数学与生活的密切联系 2. 让学生初步认识条形统计图,能根据统计图中的数据回答并提出简单的问题,初步体会数据中蕴含着信息
	下	8	平均数与条形统计图	内容： 求平均数： 例1,平均数的含义和求法 例2,用平均数来比较两组数据的总体情况 例3,完成复式条形统计图,了解其特点,根据统计图解决问题,根据数据的变化进行合理的推测 单元教学目标： 1. 体会平均数的作用,能计算平均数且用自己的语言解释其实际意义 2. 认识复式条形统计图,了解复式条形统计图的特点,能根据收集的数据在提供的样图中完成相应的复式条形统计图 3. 能根据复式条形统计图提出并回答简单的问题,并进行简单的类推分析
	五下	7	折线统计图	内容： 例1,认识折线统计图,了解折线统计图的特点,根据折线统计图回答简单的问题,根据数据的变化,体会统计的作用 例2,认识复式折线统计图,了解复式折线统计图的特点,根据复式折线统计图回答简单的问题,根据数据的变化进行数据分析和合理的推测 单元教学目标： 1. 认识单式折线统计图,了解其特点,能根据需要用折线统计图直观地表示数据 2. 认识复式折线统计图及其特征,能根据需要选择折线统计图,直观、有效地表示数据,能对数据进行简单的分析和预测 3. 结合统计知识的学习,进一步体会统计在生活中的意义和作用,提高数学学习的兴趣

（续表）

<table>
<tr><th>年级</th><th>册数</th><th>单元</th><th>内容</th><th>单元说明</th></tr>
<tr><td rowspan="2">六</td><td>上</td><td>7</td><td>扇形统计图</td><td>内容：
例1:扇形统计图,结合百分数的应用,只要求会看、会解决一些简单的问题,不要求绘制
例2:选择合适的统计图,唯一性问题、适合性问题
单元教学目标：
1. 了解扇形统计图的特点与作用,知道扇形统计图可以直观地反映部分数量占总数的百分比
2. 使学生能读懂扇形统计图,从中获取必要的信息,进一步体会统计在现实生活中的作用
3. 使学生知道,对于同样的数据可以有多种分析的方法,能根据需要选择合适的统计图,直观有效地描述数据,进一步发展数据分析观念</td></tr>
<tr><td>下</td><td>6</td><td>统计复习</td><td>内容：
通过扇形统计图、折线统计图,对统计数据进行认真、客观、全面的分析,以保证所得结论的真实性和判断的正确性。
单元教学目标：
1. 会综合应用学过的统计知识,能从统计图中准确提取统计信息,能够正确解释统计结果
2. 能根据统计图提供的信息,作出正确的判断或简单预测</td></tr>
</table>

2)教材中有关统计的概念

现实生活中有许多问题应当先做调查研究、收集数据,再通过分析作出判断,对于同样的数据可以有多种分析的方法,需要根据问题的背景选择合适的方法。小学数学教材对于各类数据并没有给出明确的概念。这里大致总结如下：

(1)平均数(四年级下册)

教材并没有给出“平均数”明确定义,而是给出描述性概念,“13 就是这 4 个数的平均数”。“平均数”作为一个统计变量,不一定是实际存在的数,它是对实际数据的统计处理,表现了一组数据的平均水平。

优点:直观、简洁,能充分利用所有数据的信息刻画一组数据的集中趋势,能清楚地反映一组数据的总体水平。

缺点:容易受极端数据影响。针对平均数容易受极端数据影响这一特点,教材则在练习二十三第 6 题以选做题的形式,让学生在解决问题的过程中有所体会,进一步丰富学生对平均数特点的认识。

(2)统计表(二年级下册、三年级下册)

“统计表”定义:把统计调查得来的数据按某种顺序填写在一定格式的表格内,用来反映情况、说明问题，这种表格就叫作统计表。简单地说，统计表就是集中而有序地表现统计资料的表格。

统计表一般分为表格外和表格内两部分。表格外部分一般包括总标题、单位说明、制表日期以及注释等内容。其中，总标题简单明了地反映出表的主要内容，当某个项目的单位一致时，单位说明一般就写在表格外；当某个项目的单位不同时，也可在表格内分别注明表内资料需要说明的内容，如注释、资料来源等写在表的下方。表格内部分一般包括横标目、纵标目和数据。横标目是横行的标题，说明每一横行内数据的意义；纵标目是纵栏的标题，说明每一纵栏内数据的意义。

统计表的形式繁简不一，通常按项目的多少分为单式统计表和复式统计表。只对某一个项目的数据进行统计的表格叫作单式统计表，也叫作简单统计表。统计项目在两个或两个以上的统计表格叫作复式统计表。

优点：统计表中的数据比较准确、翔实，可以清楚地反映各个量之间的真实情况。

缺点：统计表得到的信息需要进行分析，表达不够直观。

(3)统计图

用点、线、面等来表示相关联的数量、数量关系或变动情况的图形叫作统计图。统计图能直观形象地反映出数量的多少、发展变化或总体与部分的关系。统计图的种类很多，常用的有条形统计图、折线统计图、扇形统计图等。

① 条形统计图(四年级上册、四年级下册)。

定义：条形统计图简称条形图，也叫长条图或直条图，它用一个单位长度表示一定的数量，根据数量的多少画成长短不一的直条，然后把这些直条按一定的顺序排列起来。(图 4－4)

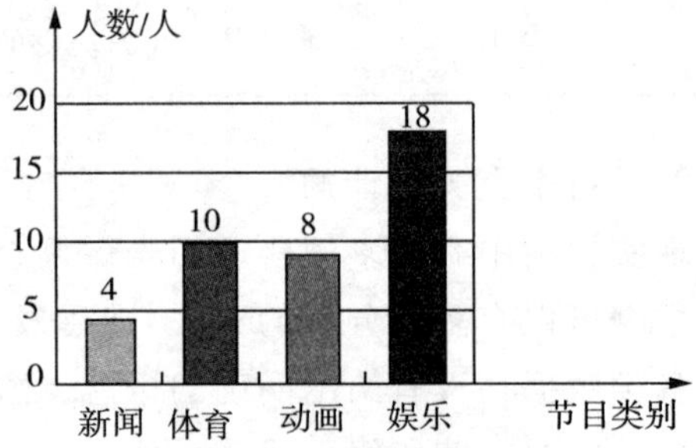

图 4－4

特点：条形图能够显示出各钟数量的多少，易于比较组间数据之间的差别。

优点：能够清楚地表示出数量的多少。

缺点：不能准确地描述各部分量之间的关系。

条形统计图也有单式和复式之分，可以画成竖条，也可以画成横条，绘制条形统计图的大致步骤是：

a. 根据图纸的大小，画出纵轴和横轴；

b. 在一条轴上适当分配条形的位置，确定条形的宽度和间隔(条形的宽度与所表示的数量无关，但同一统计图应条形宽度相同，间距相等)；

c. 在另一条轴上确定单位长度，并标出刻度和计量单位；

d. 依次根据数据画出直条，写上统计图的标题，如果是复式图，则标明图例。

② 折线统计图(五年级下册)。

定义：折线统计图以折线各线段端点位置的高低表示数量的多少，通过折线的升降表示统计数量的增减或变化情况。（图 4－5）

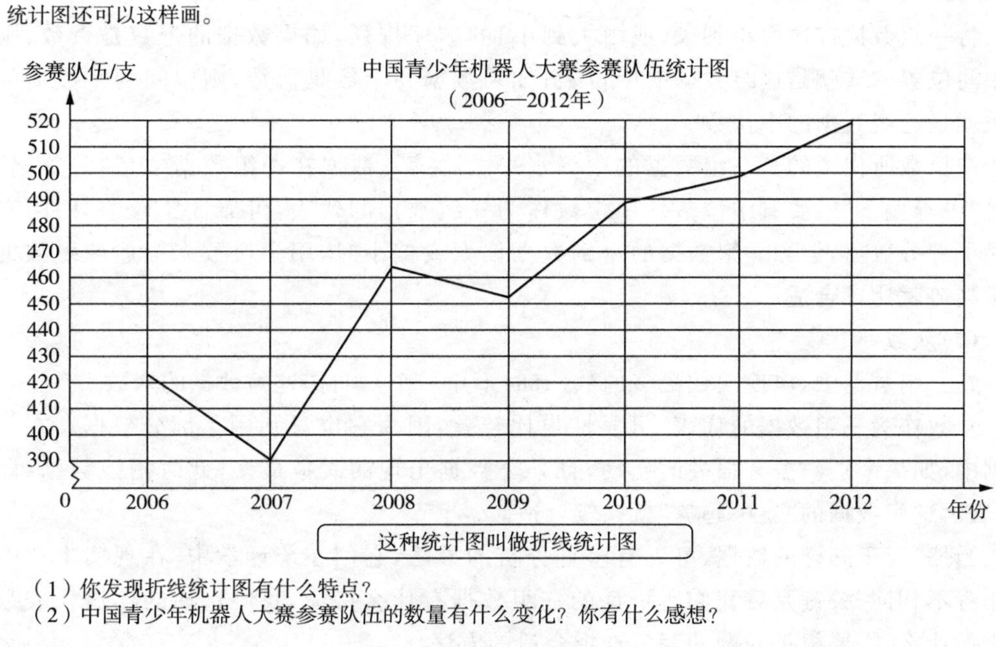

图 4－5

特点：折线图更易于显示数据的变化趋势。

优点：能够清楚地反映事物的变化情况。

缺点：不能表示各部分在总体中所占的比值。

折线统计图也有单式和复式之分。

绘制折线统计图的步骤与条形统计图大致相同，画出纵轴和横轴后，通常先根据数据依次描点再连线……

③ 扇形统计图（六年级上册）。

定义：扇形统计图也叫圆形统计图或百分比统计图。它用一个圆表示总数（看作单位"1"），用圆内各扇形的面积表示各部分数量占总体数量的百分之几（图 4－6）。

优点：扇形统计图可以很清楚地表示出各部分数量与总体数量之间的关系，说明事物的结构比例。扇形统计图还可以画成圆柱形。

缺点：不能从统计图中看出每个项目的具体数量。

绘制扇形统计图的大致步骤：计算百分数，

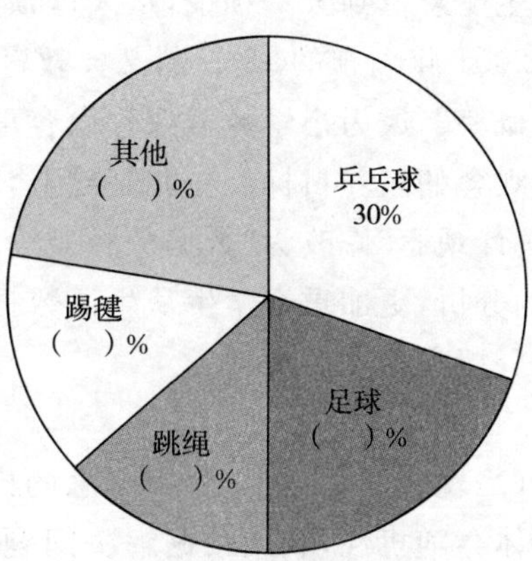

图 4－6 六(1)班最喜欢的运动项目统计图

计算圆心角，画出圆和扇形并标明百分数。(用整个圆表示总体，每个扇形代表总体的一部分，用各个扇形的大小表示各部分数据，圆心角$=360°\times$百分比)

(4)中位数

将一组数据按照由小到大(或由大到小)的顺序排列，如果数据的个数是奇数，则处于中间位置的数就是这组数据的中位数；如果数据的个数是偶数，则中间两个数据的平均数就是这组数据的中位数。

中位数所代表的是一组数据的中等水平。看某一数据在一组数据中是“中等偏上”还是“中等偏下”就要看中位数。中位数作为一组数据的代表，可靠性比较差，因为它只利用了部分数据，但当一组数据的个别数据偏大或偏小时，用中位数来描述该组数据的集中趋势就比较合适。

(5)众数

在一组数据中，出现次数最多的数(有时不止一个)，叫作这组数据的众数。

众数作为一组数据的代表，可靠性也比较差，因为它也只利用了部分数据。在一组数据中，如果个别数据有很大的变动，且某个数据出现的次数最多，此时用该数据(即众数)表示这组数据的“集中趋势”就比较合适。

当然，对于同样的数据，可以有多种分析的方法，它们在统计学中，在现实生活中的作用各不相同，关键是看我们所统计的一组数据有什么特征，我们选择的数据代表数要用来做什么，需要根据问题的背景选择合适的方法。

由此可见，以数据作为主要研究对象的统计内容与我们的现实生活息息相关，统计学对结果的判断标准是“好坏”而不是“对错”，统计不只是一种方法和技术，还含有人们对周围世界的看法，建立数据分析观念是每一位公民不可缺少的素养。

4.1.1.4 数据分析观念的内涵以及基本要求

1. 数据分析观念的理解

信息社会，数据日益成为一种重要信息，那么统计教学的核心就是数据分析观念，从国民生产总值到天气预报，从人口预测到股票投资，统计存在于经济和生活的各个方面。

2001年颁布的《全日制义务教育课程(实验稿)》将原来的“统计初步知识”拓展为“统计与概率”，成为小学数学课程内容重新归并后的四个学习领域之一，并提出了发展学生统计观念的培养目标。在此基础上，《全日制义务教育数学课程标准(2011年版)》进一步将“统计观念”修改为“数据分析观念”。这也意味着，人们对统计知识的要求更聚焦“数据”的分析，更加重视学生从生活数据中获取信息的意识与能力。那么，我们该怎么理解数据分析观念呢？

1)概念描述

(1)现代数学：数据分析观念的内涵，主要包括通过数据收集和分析提取信息，通过数据体会随机性，利用数据解决问题。前两者更加指向统计过程和统计方法自身，后者则更加指向运用统计解决问题。

(2)《义务教育数学课程标准》指出，了解在现实生活中有许多问题应当先做调查研究，收集数据，通过分析作出判断，体会数据中蕴含着信息；了解对于同样的数据可以有多种分析的方法，需要根据问题的背景选择合适的方法；通过数据分析体验随机性，一方面对于同样的事情每次收集到的数据可能不同，另一方面只要有足够的数据就可能从中发现规律。数据分析是统计的核心。

2）概念解读

《义务教育数学课程标准》对数据分析观念的表述点明了两层意思，一是点明了统计的核心是数据分析。"数据是信息的载体，这个载体包括数，也包括言语、信号、图像，凡是能够承载事物信息的东西都构成数据，而统计学就是通过这些载体来提取信息进行分析的科学和艺术。"二是点明了数据分析观念的三个重要方面的要求：体会数据中蕴含着信息，根据问题的背景选择合适的方法，通过数据分析体验随机性。

3）数据分析观念的内容

（1）数据意识。当遇到一个问题的时候，人能想到用数据帮自己解决。例如，班里要组织开展联欢会，这就需要买些水果，买什么样的水果呢？有的学生会说买苹果，有的学生会说买梨，他们没有统计的数据意识；但随着年龄的增长，大家在一起讨论后发现，要使买的水果得到很多人的喜欢，那我们必须去收集数据。这实际上就是培养学生的数据意识，是小学阶段统计学的最核心的问题，也就是我们不期望学生掌握多少种方法，但是他们要有这样的想法，遇到这样的问题能想到去调查、能想到用数据说话，这一点非常重要。这也就是数据分析观念的第一点——数据意识。

（2）体会到数据中是蕴含着信息的，能从中提取更多的信息，而这些信息能为我们解决问题提供决策依据，也就是说最终信息是为人民服务的。所以，我们要让学生体会收集数据、分析数据的作用。

① 设计问题情境使学生体会需要收集数据。要使学生接受统计特有的观念，最有效的方法是让他们真正投入产生和发展统计观念的全过程。因此，教学中应注重设计贴近学生生活的情境，使他们经历收集数据、整理数据和分析数据的过程，逐步形成统计意识。

例如，教师在教学一年级"统计"时，引领学生经历了统计喜欢吃哪种蔬菜的学生最多的数据的过程。具体做法：有西红柿、茄子、菠菜、花菜四种蔬菜，让学生先每人选择一种最喜欢吃的；再利用现场站队的方法分类；最后数各队的人数，填入统计表。先让学生站队，再把排队的过程在多媒体上演示，然后抽象出数学条形统计图——让学生经历统计图的形成过程，最后回顾这一学习过程，总结出统计方法：分类—统计—填表—检验—提出数学问题。这就让学生经历了统计的全过程。而人类发现统计知识的过程是什么样的，我们就应该引导学生重走一遍。

② 分析数据能帮助人们解决问题。如果没有好的问题情境，或者说设置的情境是个很平常的情境，在数据收集完了以后可以讨论收集的这些数据能帮助我们做什么，让学生体会分析数据的作用。

下面我们来看一个案例：组织学生调查班级同学的身高情况，这是个很平常的情境。

教师便可在学生把数据调查出来进行分析以后问：看到这些身高的数据，想一想它们能帮助我们解决什么问题？有三个很有代表性的回答——生1：我可以了解到我们班同学的身高情况，从而知道我自己的身高在班内处于什么水平；生2：我们班同学有8岁的、有9岁的，我今年8岁，看到9岁同学的身高我可以预测一下我到9岁时大概多高；生3：学校可以根据我们班的身高情况确定我们的课桌椅的高度。

这个案例跟前面的案例不同，它也有情境，但它的这个情境非常重视数据分析以后让学生讨论的环节——我们收集的数据到底能帮我们解决什么问题？这也是如何培养学生的数据分析观念的策略之一。

(3)数据的随机性。数据随机性中所说的数据主要是指通过抽样所得到的那些数据，也就是指进行推断统计所要使用的那些数据。既然是从总体中抽取的一部分样本，那么样本数据就必然存在不确定性，即多次抽取样本，每次得到的样本数据会有所不同。但是，这里所说的随机性与不确定性是有所区别的，为了数据分析的需要，数据的随机性要求数据的获取尽可能减少人为干扰的影响，尽可能减少系统误差的影响。例如，《义务教育数学课程标准》中"综合与实践"的例22内容：让学生记录自己在一个星期内每天上学途中所需要的时间，并从这些数据中发现有用的信息。针对随机性，这个例子的"说明"中特别强调：事先调整家里钟表的时间，使其与学校钟表的时间保持一致；在调查期间需要保证每天上学途中的行为尽量一致。可以看到，前一个要求是为了避免系统误差，后一个要求是为了排除人为干扰。

为了在课堂上容易实施，《义务教育数学课程标准》中还给出了一个简单易行的例子来解释如何引导学生理解数据的随机性，这就是例40：袋中装有4个红球和1个白球。只告诉学生袋中球的颜色为红色和白色，不告诉他们红球数目与白球数目，让学生通过多次放回和摸球，统计摸出红球和白球的数量及各自所占比例，由此估计袋中红球和白球数目。

针对学生理解能力的不同，可以确定估计内容不同。例如，对于低年级的学生，可以估计是红球多还是白球多；对于高年级的学生可以估计红球(或者白球)所占比例，或者进一步分析所占比例之和为什么等于1。在教学过程中，最好让学生参与其中亲身体验，例如，分小组摸球，每一个小组都有放回地摸20次。在大多数情况下，每个小组摸球的结果是不同的，这就是数据的随机性；但通过摸球的结果可以对袋子中球的数目进行估计，这就是统计推断。估计是统计推断的重要手段。

通常的估计方法是这样的，如果一个小组摸球 n 次，其中摸到红球 m 次，那么这个小组就可以估计红球所占比例为 m/n，这种估计称为最大似然估计。当然，我们还可以构建其他的估计方法。

摸球本身具有随机性，不一定每个小组都恰好估计出红球所占比例为4/5。因为4/5=8/10，直觉告诉我们：估计红球所占比例在7/10和9/10之间的可能性比较大(由此可以知道，估计值本身也是随机的)。这个可能性的大小与摸球的次数有关，一般来说，摸球的次数越多则可能性越大：为了使可能性达到80%左右，摸球应当在20次以上；为了使可能性达到90%左右，摸球应当在60次以上。这就是通过抽样推断总体的过程，或者说，是通过样本频率估计概率的过程。除了概率之外，平均数的估计也是非常重要的。

数据的随机性主要有两层含义：一方面对于同样的事情每次收集到的数据可能是不同的；另一方面只要有足够的数据就能从中发现规律，比如对掷硬币的问题，在统计上就会这样设计实验：先让学生多次掷硬币，计算出现正面的比例(频率)，然后用频率来估计出现正面的可能性是多大。如果这个可能性接近二分之一的话，就推断掷硬币出现正反面的概率大概是一样的，这是统计的思想。

2. 数据分析观念的教育价值

为什么我们要在统计与概率教学中，把数据分析观念作为一个核心概念呢？

(1)数据分析观念是统计与概率教学内容的主核心。统计学的一个研究对象是数据，它是通过收集数据，以及对数据的分析来帮我们解决问题的。“统计与概率”领域的教学重点是发展学生的数据分析意识，培养学生的随机观念；难点在于，如何创设恰当的活动，体现随机性以及数据获得、分析、处理进而作出决策的全过程。可见，统计学的一个核心就是数据分析，不论是统计还是概率，都要基于数据，基于对数据的分析；在进行预测时，为了使预测更合理，也需要收集更多的数据。

(2)数据分析观念是学生在义务教育阶段数学课程中最应培养的数学素养之一，是促进学生发展的重要方面。在以往的统计教学中，我们很多教师仅仅把统计看成计算和画图，忽视数据分析在统计和概率教学中的重要地位。事实上，数据分析对于促进学生的发展具有重要的作用。首先，通过统计教学，学生的数据意识得到了发展；其次，通过数据分析，学生从中提取相关信息，根据不同的背景，选择不同的方法，从而培养学生思维的灵活性；最后，在数据分析中，学生体会到既有偶然性，又有规律性，体验随机观念。

(3)数据分析观念本质上体现的是数学的基本思想。数据分析观念是统计思想的一个重要组成部分。在整理、描述和分析数据的过程中，首先必须对数据进行分类，分类是描述和整理数据的开始；其次进行排序，进行必要的归纳和整理；最后把整理后的数据运用统计图表等直观地表示出来，并加以适当的分析，为人们作出决策和推断提供依据。在这一系列的分析过程中，往往需要渗透分类思想、归纳思想、类比思想和统计思想等数学思想方法，其中，最重要的就是统计思想。

(4)数据分析观念是数学课程的目标之一，也是数学课堂教学的目标之一。我们可以通过数据分析的教学，使学生体会到统计时需要收集数据，应用数据分析能解决日常生活中很多实际问题，从而感受统计的实际价值，发展学生的应用意识。因此，我们要重视数据分析，把发展学生的数据分析观念作为重要的教学目标。

综上所述，数据分析观念无论是概念的本身，还是它对于学生发展都具有很高的价值，是数学教学中必不可少的一个内容。所以说，应该把数据分析观念作为一个核心概念。

4.1.1.5 数据及简单数据统计过程

小学阶段通过相关统计知识的学习，教师应让学生达到以下目标：

(1)让学生经历收集数据、整理数据、分析数据的活动,体会统计在实际生活中的应用。

(2)学生能根据实际问题设计简单的统计表,使用适当的方法(如计数、测量、实验等)从众多信息中提炼出有效数据并记录在表中,会对统计表进行初步分析,能较敏锐地感悟到统计表中的一些隐性信息,并根据需要处理信息,灵活选择合适的方法解决问题。

(3)使学生在解决问题的过程中,整理所学习的统计图和统计量,能用自己的语言描述条形统计图、折线统计图、扇形统计图的特点。引导学生区别单式统计图和复式统计图的特点与作用,进一步巩固用统计图表解决问题的能力,培养学生整理知识的能力。

(4)利用丰富的统计图表,帮助学生巩固从统计图表中获取信息的能力,进一步掌握看图填表和看表制图的方法以及制作规范的统计图表的方法。在读懂统计图的过程中,培养学生根据统计信息的来源和读出的数据得出结论,根据结论作出简单的判断和预测,以及进行交流的能力。

(5)通过丰富的生活实例,学生进一步理解平均数的意义,掌握求平均数的方法,并能解释结果的实际意义,体会平均数的价值。

(6)使学生在实例中进一步体会不确定事件的特点,能列出简单事件所有可能发生的结果,知道事件发生的可能性有大有小。能对一些简单事件发生的可能性作出描述和预测,并能相互交流:以随机的观点来理解世界。

(7)使学生进一步体会数学与生活的紧密联系,发展数据分析观念,形成尊重事实、用数据说话的态度,形成科学的世界观与方法论。

总之,学生亲身经历收集数据、整理数据的过程,理解"一方面对于同样的事情每次收集到的数据有可能不同,另一方面只要有足够的数据就可能从中发现规律",掌握基本的统计知识,知道对于同样的数据可以有多种收集和整理的方法,需要根据问题的背景选择合适的方法,保持对数据有很好的敏感度,便于后续对数据进行分析。

4.1.1.6 小学阶段常用的数据分析方法

简单的数据统计一般要经历四个步骤:数据收集、数据整理、数据描述和数据分析。本节将结合相关例题,主要谈谈对四个步骤的理解。

1. 数据收集

1)收集数据的方法(如调查、实验、测量、查阅资料等)

(1)问卷调查法:为了获得某个总体的信息,找出与该信息有关的因素,而编制一些带有问题的问卷调查。

(2)媒体调查法:如利用报纸、电话、电视、网络等媒体进行调查。

(3)民意调查法:如举手、投票选举等。

(4)实地调查法:如现场进行观察、收集和统计数据。

例1 调查下列问题,选择哪种方法比较恰当。

① 班里谁最适合当班长( );② 正在播出的某电视节目收视率( );③ 本班同学早上的起床时间( );④ 黄河某段水域的水污染情况( )。

2)收集数据的一般步骤(这里以二年级下册"数据收集整理"为例)

(1)明确调查的问题——选谁参加歌唱比赛最合适?

(2)确定调查对象——全班同学。

(3)选择调查方法——采用民主投票的调查方法。

(4)展开调查——每位同学将自己心目中认为最合适的人名在纸上,投入投票箱。

(5)统计、整理调查结果——由一位同学唱票,另一位同学计票(可画正字、画√、填表格等),可派第三位同学在旁边监督。

(6)分析数据的记录结果,作出合理的判断和决策——谁的票数多就选谁,需要注意的是这里当数据相差较大时,少量数据的缺失并不会引起统计结果的变化。

3)收集数据的调查方式

(1)全面调查

定义:考察全体对象的调查叫作全面调查。

全面调查的常见方法:问卷调查法,访问调查法,电话调查法。

特点:收集到的数据全面、准确,但花费多、耗时长,而且某些具有破坏性的调查不宜用全面调查。

(2)抽样调查

定义:只抽取一部分对象进行调查,然后根据调查数据来推断全体对象的情况,这种方法是抽样调查。

总体:要考察的全体对象叫作总体。

个体:组成总体的每一个考察对象叫作个体。

样本:从总体中抽取的那一部分个体叫作样本。

样本容量:样本中个体的数目叫作样本容量(样本容量没有单位)。

特点:省时省钱,调查对象涉及面广,容易受客观条件的限制,结果往往不如全面调查准确,且样本选取不当会增大估计总体的误差。

性质:具有代表性与广泛性,即样本的选取要恰当,样本容量越大,越能较好地反映总体的情况。(代表性:总体由有明显差异的几个部分组成时,每一个部分都应该按照一定的比例抽取到)

一般来说,在进行调查统计时,要调查的所有对象称为总体,在总体数目很大的情况下,我们很难调查所有对象,这就需要进行抽样,即通过抽样抽取总体中的部分个体收集这些个体的信息,用来对作为整体的总体进行推断。在实验教材中,对于抽样的概念是没有体现的,但在中学教学中进行了较好的教学修订,教材中对此做了很好的突破,这突出地体现在例1和例2的编排中。在例1中,学生通过“全校学生那么多,怎样调查呢”“哦,可以先在班里调查”等,渗透了抽样的思想。这道例题中第(3)小问,由于调查对象只是全班学生,而一个班级的学生仅占全校师生的一小部分,数据有限,样本较少,所以他们的喜好并不能代表全校学生的喜好。

(3)抽样调查的要求

实际调查中常常采用抽样调查的方法获取数据,抽样调查的要求是什么?① 总体中每个个体都有相等的机会被抽到;②样本容量要适当。

例2 (1)判断下面的调查属于哪一种方式的调查。

① 为了了解五年级11班学生的视力情况( );

② 我国第七次人口普查( );

③ 为了了解全国农民的收支情况( );

④ 灯泡厂为了掌握一批灯泡的使用寿命情况( )。

(2)下面哪些调查适合用全面调查的方式?

① 调查五年级十班学生的视力情况;②调查全国农民的年收入状况;

③ 调查一批刚出厂的灯泡的寿命。

(3)为了了解某校五年级1000名学生的身高,从中抽取200名学生进行测量,对这个问题,下面的说法正确的是( )。

A. 1000名学生是总体　　B. 每个学生是个体

C. 抽取的200名学生是样本　　D. 样本容量是200

(4)请指出下列哪些抽查的样本缺少代表性。

① 在大学生中调查我国青年的上网情况;

② 从具有不同文化水平的市民中,调查市民的法治意识;

③ 抽查电信部门的家属,了解市民对电信服务的满意程度。

2. 数据的整理和描述

1)分类排序

定义:根据问题的背景选择合适的方法,按照一定的标准将收集到的数据进行分类统计。分类是学生接触整理数据、描述数据的开始,也是统计的基础。

例如,一年级下册第三单元"分类与整理",教材以学生熟悉的买气球为情境依托,指定分类标准"按不同的形状分一分",要解决"每种气球有几个"的问题,课本为学生们提供了先分再数、画象形图、按数量多少排序计数等方法,从而看出"谁最多,谁最少",让学生经历分类计数过程,感知统计的意义。

2)制表

统计表包括简单统计表和复式统计表。

定义:将要统计的数据填入相应的表格内,利用表格统计法可以很好地整理数据。

优点:统计表中的数据比较准确、翔实,可以清楚地反映各个量之间的真实情况。

缺点:统计表得到的信息需要进行分析,表达不够直观。

3)绘图

统计图是根据统计数字,用几何图形、事物形象和地图等绘制的各种图形。它具有直观、形象、生动、具体等特点。统计图可以使复杂的统计数字简单化、通俗化、形象化,使人一目了然,便于理解和比较。因此,统计图在统计资料整理与分析中占有重要地位,并得到广泛应用。

常见的统计图有条形统计图、折线统计图、扇形统计图、直方图。

4)统计量

根据收集到的数据、问题背景,计算出平均数、众数、中位数等。

3. 数据分析

下面以四上条形统计图为例,本节课重点解读怎样分析数据。

本节课先是以日历的形式出示了北京市 2012 年 8 月的天气情况,学生在观察收集数据的同时也认识了常见的气象图标,之后再让学生把给出的 8 月天气情况清楚地表示出来,先呈现学生已知的表现形式:统计表、画圆圈的象形图。在此基础上,给出条形统计图,通过对比,既感受到了条形统计图的特点,又体会了各自的不同。在学生对数据收集整理完毕的基础上,接下来开始对数据进行分析,这里的“你能得到哪些信息”,问题就比较开放。我们可以从以下几个方面入手。

1)数据本身读取——有明显答案

通过对一组数据自身的观察分析,我们能直观地看出每个数据的多少,并直观找出最多、最少。

从收集的数据中,不难看出:晴天有 9 天、阴天有 6 天、多云有 9 天、阵雨有 5 天、雷阵雨有 2 天,还能直观地看出雷阵雨天气最少等。

2)数据之间读取——比较、操作

用两组或两组以上的数据进行比较,是最通用的方法。通过比较,学生可以对相关数据进行运算,比如谁比谁多(或少)多少,谁是谁的几倍,谁和谁一样多等。

通过对数据进行比较,我们可以清楚地看出:8 月份晴天和多云的天数一样多;通过对相关数据进行运算,我们可以得知:晴天比阴天多 $9-6=3$(天),雨天一共有 $5+2=7$(天),阴天是雷阵雨天气的 $6\div2=3$ 倍等相关信息。

3)超越数据本身——推断、预测

通过对数据的趋势分析,我们可以预测和推断将来的发展趋势,甚至可以挖掘背后的原因。例如,从数据分析来看,今年 8 月份的雨水天气比较少,由此可以预测和推断明年的 8 月份北京地区的雨水依然比较少。甚至如果把这个例题加一个情境,如有个农场主想知道北京适不适合种植某种农作物,引导学生思考影响农作物生长的因素有气温、阳光、雨水等,从而让学生知道要解决这个问题必须关注天气,这样更有利于激发学生的学习兴趣。

总之,数据分析是统计的核心。要让学生对数据有很好的敏感度,并掌握数据分析的方法,在分析的过程中明白数据所蕴含的道理,以及挖掘这些数据背后的含义。

4.1.2 “数据收集、整理与表达”的教学设计

4.1.2.1 小学数学统计内容的教学策略的选择与实施

随着信息技术的发展,大数据时代的到来,人们每天面对着大量的数据,从国民生产总值到天气预报,从人口预测到股票投资,可以说,统计在生活中各个领域的应用是广泛而有意义的,当然它也是日常生产生活中最为常用和实用的工具之一。《义务教育数学

课程标准》在总体目标中提出要发展学生的统计观念，使学生“能从统计的角度思考与数据信息有关的问题；能通过收集数据、描述数据、分析数据的过程作出合理的决策，认识到统计对决策的作用；能对数据的来源、处理数据的方法，以及由此得到的结果进行合理的质疑”。基于学生的年龄及其他种种原因，小学阶段的统计较为简单，加之统计的教学较为枯燥无味，教师往往易轻视统计的教学，忽略学生这一方面的能力的培养。

1. 创设切合生活实际的教学情境，体验学习价值

当今社会离不开统计，也随处可见统计结果。《义务教育数学课程标准》指出，统计教学“应注重借助日常生活中的例子”，“注重所学内容与现实生活的密切联系”。因此，在统计教学中，必要时，我们要从教科书中走出来，投入现实生活中去，让学生在自己所熟悉的生活氛围中进行知识的理解与获取。

小学第一学段统计教学要与学生的日常生活相联系，选材要为学生喜闻乐见的，才能激发学生的兴趣。例如，在教学一年级上册“分类”时，很多同学的家里都有许多好玩的、好吃的、好看的东西，请同学们拿出老师让大家准备好的自己最喜欢的东西，与大家共同分享。于是学生们纷纷拿出自己带来的东西，接着抛出问题：怎样分类摆放？学生交流。这样做的目的是将知识与生活实际密切联系起来。玩是学生们的天性，老师通过把学生平时好玩、好吃、好看的东西当作学具进行教学，巧妙地创设了问题情境，激发了学生的学习兴趣和求知欲望，放飞了学生的思维，使学生积极地投入学习活动之中，为学好这节课起到了很好的铺垫作用。

再如：快到元旦了，我们班需要开一个元旦联欢会，要买些什么水果好呢？为了回答这个问题，学生们就需要调查大家喜欢吃什么水果，这就体现了统计的必要性。然后再考虑统计方法，可以问一问每个人的喜好，具体数一数喜欢各种水果的人数，也可以把大家喜欢吃的水果用图片贴在黑板上，这就构成了一幅象形统计图。通过象形统计图，教师可以启发学生提出并且回答一些问题。

小学第二学段统计教学应注重所学内容与现实生活的密切联系，可适当开展一些专题性的数据收集活动。专题性数据收集活动，可以帮助学生掌握数据信息收集的方法，增强他们数据信息收集的意识。教师可以把专题性选材与“数学小课题”有机整合，例如，让学生调查统计“白色污染”问题、统计“学校门口人员、车辆的流量”等。当然这种专题性数据收集整理活动，应当融入更为广阔的社会背景生活，把数学化与生活化相结合，体现数学的价值。

反复的实践使我们深深地意识到：教学情境对教学效果的影响之大，只有创设贴近学生生活实际的教学情境，才能把学生真正地带入具体的情境中去，使学生对数学产生一种亲近感，使学生感受到数学是活生生的，感受到数学源于生活，生活中处处有数学。

2. 经历统计过程，强调内心体验

统计包括对数据进行收集、整理、描述和分析等几个环节。“重视经历，强调体验”，是小学各册统计教学的一个重要教学目标。“纸上得来终觉浅，绝知此事要躬

行。"教师千遍万遍地教,抵不上学生自己亲自实践。培养学生的统计观念和能力最有效的方法是让他们真正投入统计活动的全过程中:提出问题、收集数据、整理数据,分析数据、作出决策、进行交流、评价与改进等。教学中要把统计知识作为一个过程,而不只是使学生了解统计的结果。在统计内容的设计和教学过程中强调数据的收集、整理、描述和分析。这些内容可以从学生的生活实际出发,组织学生将自己周围的事物作为统计的对象开展活动。《义务教育数学课程标准》在第一学段中列举了这样一个活动:"调查一下你跑步后脉搏跳动会比静止时快多少,并将测得的数据记录下来,与同伴进行交流。"学生在从事这一活动时将体会到数据能使自己了解脉搏在运动前后的变化情况;将考虑如何收集数据、用什么图表来展示数据;数据表示出什么趋势,能从这些数据中得到怎样的结论等。在一个个学生亲身经历的活动过程中,学生的统计观念会被逐步地发展。

例如,学校要开春季运动会,准备为彩旗方阵的45名同学订购尺寸合适的服装。这一问题可以先让学生对45名同学的身高进行调查或实际测量,获得原始数据。然后引导学生对原始身高数据按照不同范围(5厘米一个型号)进行分类整理,学生自主地选择制成统计表或统计图。最后让学生分析自己统计整理出的数据,作出合理的决策。

像上述两个统计活动,学生亲身经历着统计的全过程,学生为解决问题而对不断变换形式的数据进行着思考和分析,从而深刻地认识到统计的价值,也在一定程度上培养了数据分析观念。

3. 重视知识之间的联系,提高解决问题的能力

相对于代数与几何,统计教学在日常的数学课堂上,很容易受到老师和学生的忽视。经过调查发现,很多小学数学老师在进行统计的训练时,往往采取走过场的形式,这样导致了一些学生对待统计教学没有抱有认真的态度,所以,这方面一定要引起高度的重视,帮助学生打好稳固的基础,让其能够牢固地掌握统计教学的知识点,明白统计的含义。只有这样,学生才能将所学到的知识点运用进生活。例如,小学数学统计中,有一类比较关键的知识点就是统计图的选择,这部分内容如果老师只是一味地让学生记忆这三种统计图的特点,当面临实际情况时,学生恐怕还是不能进行很好的利用。教师不妨在教学中用问题来进行推演,让学生主动发现这三类图的特点。例如,在对学校里每个班级的具体人数进行统计时,为了直观地表现统计结果,就要用到条形统计图,让具体数字一目了然;如果是对天气变化进行统计,由于考虑到对比,条形统计图就不能胜任了,所以教师这时可以介绍折线统计图的妙用,不仅会有具体数字,还能看出数字间的变化;如果调查每名学生的课外爱好情况,老师可以用扇形统计图让学生明白个体在总数间所占的比例关系。教师通过这样的互动,来帮助学生认识不同的统计手段,从而完成教学任务。

4. 重视应用,培养决策能力

获得数据不是统计的最终目的,制作图表也不是统计教学的唯一任务。分析研究数

据，掌握事物的主要情况，把握现象的发展态势，根据数据作出判断与预测，才能体现出统计的价值。所以，我们在强调统计过程的同时，更应该重视对统计结果的分析和解释，并对统计结果作出判断和决策。

小学第一学段的每次例题教学后，教材都要问这样一个类似的问题：你从表里知道了什么？旧教材中将问题问得非常具体，比如，谁最多？谁最少？同学们最感兴趣的活动是什么？最爱吃的水果是什么？到了第二学段要求学生根据数据作出简单的判断与预测，进行交流，并能针对统计的结果给出合理化的建议。例如，对“白色污染”问题的统计让学生感受到白色污染的危害性，感受到解决白色污染的迫切性。让学生统计“交通路口人员、车辆的流量”，形成结果，提出该交通路口红绿灯时间的设计方案等。强调与生活的联系，用统计所得出的结论，解决一些简单实际问题，是统计教学的一个目标所在。

5. 重视合作交流，促进共同发展

有意义的数学活动要从学生的生活经验和已有的知识背景出发，为学生提供充分的数学活动和合作交流的机会。教学中，教师要鼓励学生积极地投入统计活动过程中，并留给学生足够的独立思考和自主探索的时间与空间，在此基础上加强与同伴的合作与交流。

统计的过程很多时候都要与同学分工合作，目的是让学生在参与统计活动的过程中，体会与同伴合作交流的价值。当然，教师要随时关注小组合作的有效性，不能让其流于形式。教师要合理地分配小组，对组内各位同学进行大概的分工，确立好组长、记录员等，确保合作的有效性。

同时，教师可以提出一些问题先让学生进行讨论。例如，准备如何收集数据？用什么图表来展示数据？哪些数据经常出现？数据表现出什么趋势？能从这些数据中得到什么结论？从这些结论中能作出什么预测？能否证实或反驳由这些数据得来的结论？在自主探索的过程中，学生可能会提出多种方法来解决问题，教师要鼓励学生有个性的行为，然后通过合作交流，达到互相促进、共同发展的目的。

总之，在统计教学中，教师要用好教参、用活教材，创设可操作、可探索的教学情境，指导学生选择现实生活中的数据，解决实际生活中的问题，引导他们真正投入统计的全过程，体会数学是为生活服务的，从而实现“人人都能获得良好的数学教育，不同的人在数学上得到不同的发展”！

4.1.2.2 小学统计内容学生活动的设计——以“预测身高”为例

在数学教学中，教师们已经越来越重视鼓励学生尝试以信息来进行预测。但是，在实际教学中还存在一些误区。例如，我们曾经遇到过这样的案例：如图 4－7 所示，有位教师在“预测身高”时，鼓励学生根据小丽（某女生）出生到 12 岁的身高，去预测小丽 15 岁的身高。

有的学生（虽然是很少数）脱离了数据去进行“预测”。

生 1：我觉得她应该能长到 190 厘米，因为我希望她去打篮球。

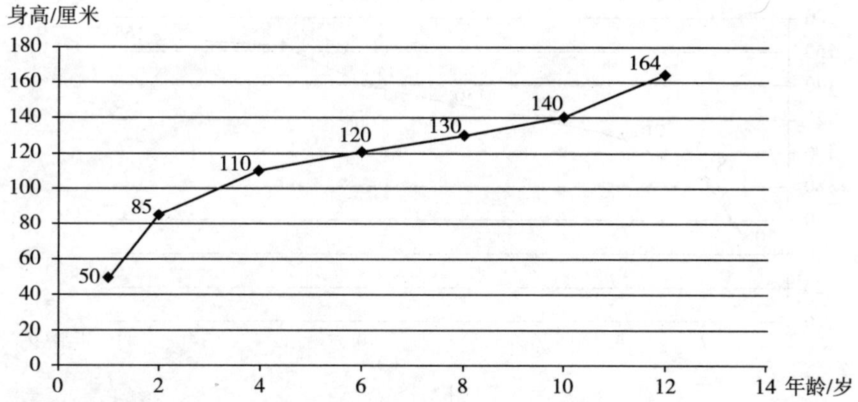

图 4－7

生 2：就是基于数据进行预测，也有五花八门的答案。

生 3：8 岁到 10 岁长了 10 厘米，10 岁到 12 岁长了 24 厘米，照这个趋势 12 岁到 14 岁要长 30 多厘米，我估计她到 15 岁要长到 2 米。

生 4：8 岁到 10 岁长了 10 厘米，10 岁到 12 岁长了 24 厘米，12 岁到 14 岁又回到长 10 厘米，我估计她到 15 岁会长到 180 厘米。

生 5：到 12 岁就不怎么长了，我估计她到 15 岁差不多 170 厘米。

1. 教学建议：基于数据合理预测

面对五花八门的答案，教师也觉得都有道理，不知如何引导，这里有两点建议。

第一，预测要基于数据。对于脱离数据进行“预测”的学生，要引导他们用数据说话，虽然这个预测也有可能，但可能性不是很大。

第二，有时候为了更合理地预测，我们需要收集更多的数据。

教师可以引导学生思考：几个学生的想法都有道理，但是要比较合理地预测，还需要我们掌握更多的信息。例如，可以收集曾经和她差不多情况的人 15 岁的身高来帮助预测，或者把她与当地女生平均身高进行对比，看看 12 岁的身高与平均身高的对比情况，由此预测 15 岁的身高与平均身高的对比情况。

当然，无论哪种预测都不能肯定是正确的，但会比单纯依靠这个学生以前的情况进行预测要合理。进一步，如果条件允许的话，还可以鼓励学生实际去做。在这样的思考下，教师可以做如下的设计。

2. 三次预测身高的案例分析

1)第一次预测

教师呈现小丽(女生)出生到 12 岁的身高数据(图 4－8 所示)，鼓励学生预测她 15 岁时的身高。和前面的一样，学生基于这个数据给出了不同答案。

教师没有就此结束，而是给出了小丽 15 岁的身高，引起学生的反思，“实际上，小丽今年已经 15 岁了，她的身高是 168 厘米”，并得到图 4－8。

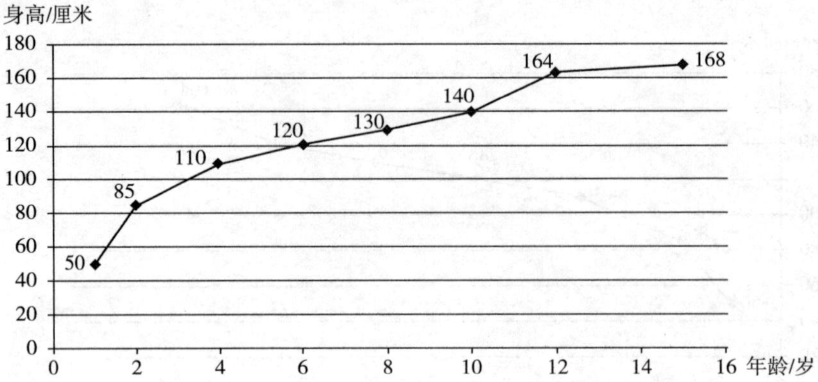

图 4 - 8

2)第二次预测

在此基础上再鼓励学生预测小丽 18 岁时的身高。学生发现小丽 12～15 岁增长的幅度不大,由此推测 15～18 岁增长的幅度也会不大,那么是这样吗?

有的学生提出可以找一些和小丽情况差不多的女孩,看看她们 18 岁时的身高,图 4 - 9～图 4 - 11,鼓励学生进行第二次预测。

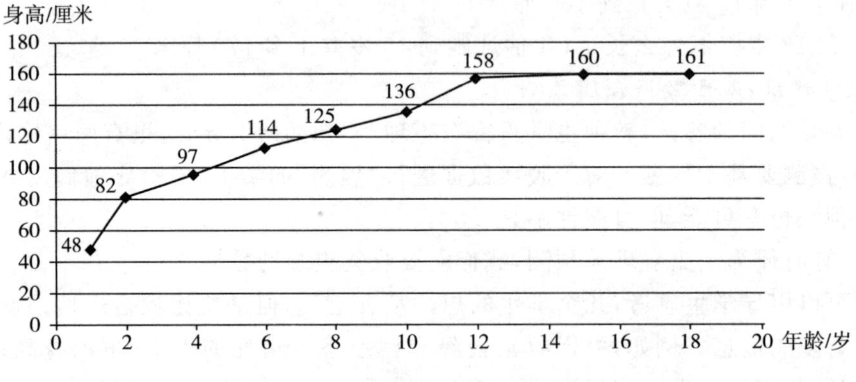

图 4 - 9

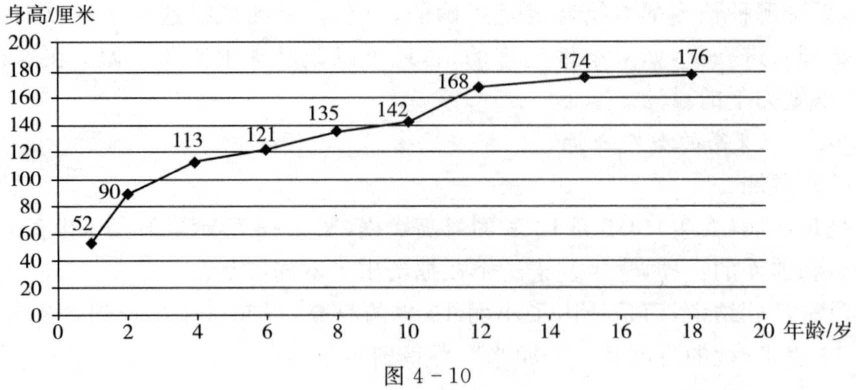

图 4 - 10

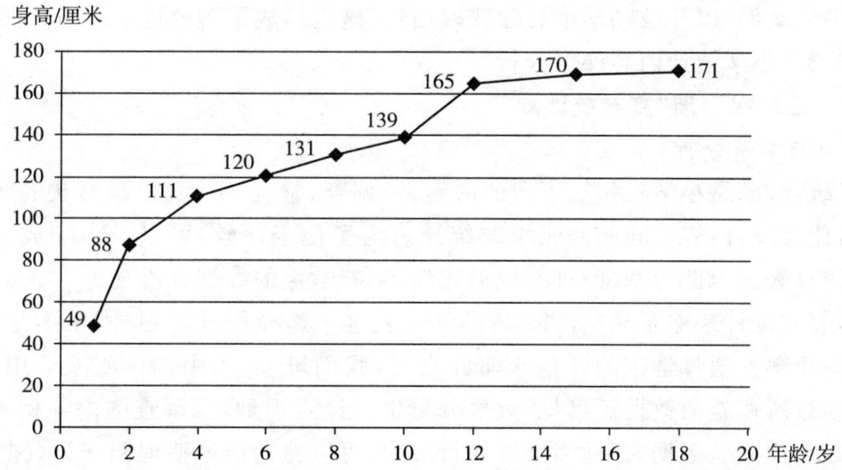

图 4－11

学生发现：虽然她们的身高具体数值不同，但 15～18 岁变化趋势却比较一致，即增长的幅度都不大，由此可以预测小丽到 18 岁时很可能只比 15 岁时增长 2 厘米左右，即她 18 岁时的身高在 170 厘米左右。

还有的学生发现小丽的身高值与图 4－11 所表示的女生比较接近，并且比这个女生略矮一些，由此根据这个女生 18 岁时身高 171 厘米预测小丽 18 岁时身高 170 厘米。

3)第三次预测

有的学生提出只有这三个女生的数据是否太少了，不能说明一般情况，还可以收集更多的数据。于是，教师给出了本市女生平均身高统计图(图 4－12)，鼓励学生进行第三次预测。

学生发现这组数据也有这个趋势：15～18 岁身高增长不多，由此预测小丽的身高是 170 厘米左右。

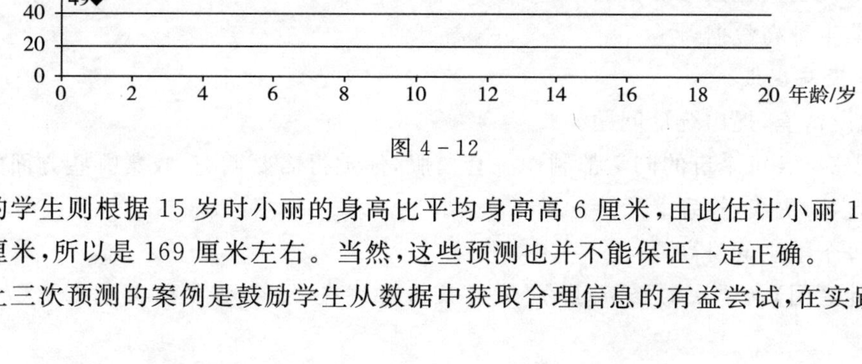

图 4－12

有的学生则根据 15 岁时小丽的身高比平均身高高 6 厘米，由此估计小丽 18 岁时也要高 6 厘米，所以是 169 厘米左右。当然，这些预测也并不能保证一定正确。

以上三次预测的案例是鼓励学生从数据中获取合理信息的有益尝试，在实践中我们还需要更多的案例，以及鼓励学生有效获取信息，这也构成了需要进一步研究的问题。

4.1.2.3 小学统计内容课例分析

※ 小学三年级下册“复式统计表”

1. 教材与学情分析

“复式统计表”是小学三年级下册的内容，以调查、整理“男、女生最喜欢的活动”为素材，通过对比发现：内容相同的两张单式统计表为了便于比较，可以“合并”成一张，从而认识复式统计表。以此为基础，进行数据比较，培养学生的数据分析观念。

然而，复式统计表除了从“合并”几张单式表这一途径展开学习外，是不是可以从生活的需要引出呢？通过学生的课前小研究来看，我们班 63 人中，有 34 人会用复式统计表的结构整理所调查的数据。可见，大部分学生已经意识到，当调查的内容相同，单式统计表不足以全面反映数据时，适当地增加行或列，可以更简洁地整理调查的数据。

基于以上学情，本课在展示、比较、优化、完善统计表的过程中，认识复式统计表的结构和特点，进而培养学生的数据分析观念。

2. 教学目标

(1)让学生在具体的统计活动中认识复式统计表，能根据收集、整理的数据填写统计表，并能根据统计表的数据进行简单的分析。

(2)让学生在认识、填写、分析复式统计表的过程中，进一步理解统计方法，培养数据分析观念。

(3)让学生进一步体会统计与现实生活的密切联系，感受学习数学的乐趣，树立学好数学的信心。

3. 教学重点、难点

1)教学重点

在经历认识、填写、分析复式统计表的过程中，认识复式统计表的结构和特点，初步形成数据分析观念。

2)教学难点

在比较的过程中，优化、完善复式统计表的结构，感受复式统计表的特点。

4. 教学准备

(1)课前小研究：调查学校三年级各班男、女生人数，用统计表整理所调查的数据。(选择学生典型整理数据的作品)

(2)学生身高数据。

5. 预设与生成

1)创设情境，提出统计问题

如果三年级每个班的同学都制作一套校服，你觉得需要调查、收集哪些方面的数据？

(1)人数、班级、性别。

(2)每个学生的身高。

【设计意图】以学生们经历过的“做校服需要调查、收集哪些方面的数据”的现实问题，引发学生们对统计需求思考。

2）比较优化，完善复式统计表

活动一：展示、比较、优化复式统计表。

(1)用3张单式表整理与用1张复式表（不完善）整理的比较

① 提示学生用3张单式表整理的方式。

师：他是怎样整理的？加上表格就变成了什么？（表4－3～表4－5）

表4–3　三（1）班个数情况

性别	男	女
人数	20	26

表4–4　三（2）班个数情况

性别	男	女
人数	30	18

表4–5　三（3）班个数情况

性别	男	女
人数	23	19

师：这样整理有什么好处呢？（生答）② 出示1张统计表（复式统计表雏形）整理的方式，如表4－6所示。

表4–6　统计表

三（1）	男：20	女：26
三（2）	男：30	女：18
三（3）	男：23	女：19

师：他是怎样整理的？与第一种整理方式（表4－3～表4－5）比较，有什么相同点和不同点？

【设计意图】从“单式统计表”到“复式统计表”的比较，初步感受用“复式统计表”整理的数据比较集中且便于比较。

(2)不完善的复式统计表与较完善的复式统计表比较（表4－7、表-8）。

表4–7　不完善的复式统计表

三（1）	男：20	女：26
三（2）	男：30	女：18
三（3）	男：23	女：19

表4–8　较完善的复式统计表

班级	男生	女生
三（1）	20人	26人
三（2）	30人	18人
三（3）	23人	19人

师：观察这两个表有什么不一样？你更喜欢哪一种？

师：把这种不完善的变成较完善的，可以怎么变？

【设计意图】经历“不完善的复式统计表”到“较为完善的复式统计表”的对比过程，再次感受数学的简洁美。

(3)较完善复式统计表与3张单式统计表比较

师：你喜欢哪种整理方式，为什么？

师：把它（表4－3～表4－5）变成这种整理方式（表4－8右图），可以怎么变？

学生操作：在练习纸上尝试用“加一加、分一分、画一画”等方法将3张单式统计表变换成1张复式统计表。

(4)展示、汇报

① 加一加：在1张单式统计表下面加表格的方法。

② 分一分：将1张单式统计表分成3行的复式统计表的方法。

③ 画一画：重新画一张复式统计表的方法。

【设计意图】在“变一变”的操作活动中，感受复式统计表的形成过程——在统计的项目增多的情况下，“一行”不够，用“单式统计表”整理数据有局限，需要“变一变”，可以用“加一行……”、“分出一行……”、重新“画一张表”等方法，感受“复式统计表”整理数据的优势。

活动二：系统认识复式统计表的结构特点。

① 认识表头：这个表可以分成哪几项内容？（性别、人数、班级）

② 揭题：像这样的统计表，在数学上称为复式统计表。

③ 再认识单式统计表。

出示前面的表 4－3～表 4－5，指着其中的一张表，引导学生认识：像这样的统计表，在数学上我们称为—单式统计表。

④ 逐个出示以下统计问题，引导学生选择合适的统计表（单式还是复式）。

a. 统计三(4)班、三(5)班的男、女生人数。

b. 统计三(6)班的男、女生人数。

c. 统计三年级 7 个班的学生人数。

【设计意图】在选择的过程中，比较单式统计表和复式统计表的不同结构特点，学会合理使用统计表整理数据。

(5)丰富复式统计表的结构认识

① 生活中的复式统计表——展示班级的课程表、学校值日表等。

② 横、纵向复式统计表——出示横、纵向复式统计表。

这两张复式统计表统计有什么相同点和不同点？

【设计意图】欣赏生活中的各种复式统计表的样式，丰富对统计表结构的认识。

3)分层练习，提升数学分析观念

(1)读表练习

逐个出示下面 4 个问题，进行抢答（表 4－9）。

① 第 30 届俄罗斯获得多少枚金牌？

② 中国哪一届获得金牌数最多？

③ 美国的金牌数一届比一届多，对吗？

④ 从这三届的数据来看，下一届美国的金牌数一定会增加，对吗？

表 4－9 中国、美国、俄罗斯金牌数

届数 金牌数/枚 国家	第 28 届	第 29 届	第 30 届
中国	32	51	38
美国	35	36	46
俄罗斯	27	23	24

【设计意图】这里设计了一个以游戏的方式进行读表的练习，既有基础的读表技能的学习，又有用小样本预测变化趋势的数据分析观念的培养。

(2)填表练习

出示课前调查的本班学生身高数据点子图，如图 4－13 所示。

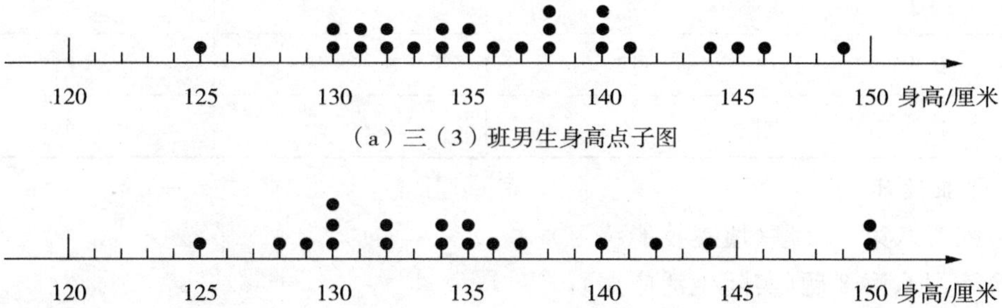

(a) 三(3)班男生身高点子图

(b) 三(3)班女生身高点子图

图 4－13

① 根据学生的身高点子图，填表(表 4－10)。

② 从统计表中，你能获取哪些信息？

③ 数据分析：根据这个统计表，你能推测出我们学校三年级学生身高在哪个范围的人数最多吗？全市学生呢？全国呢？

表 4－10 三(3)班男、女生身高情况表

身高范围/厘米 人数/人 性别	120～129	130～139	140～149	150～159	总计
男生					
女生					
合计					

【设计意图】根据课前学生真实的身高数据，进行填表的技能训练，同时渗透了统计图、表之间的联系，为后续学习统计图埋下伏笔。在填表之后，又设计了一个可以从小样本推测大数据的环节，旨在培养学生的数据分析观念。

4)回顾反思，复式统计表的另类应用

(1)回顾反思

这节课我们学习了复式统计表，看着黑板我们回顾一下这节课的知识。

(2)另类应用

你能根据复式统计表数据之间的关系，得到三(4)班女生身高高于 135 厘米的人数吗？经调查，三年级学生的平均身高在 135 厘米。(表 4－11)

表 4-11　三(4)班学生达到平均身高的人数统计表

平均身高/厘米 人数/人 性别	高于	低于	合计
男生		10	
女生	?		25
总计	26		46

6. 作业设计

(1)练习八第 1、2 题(填表技能练习)。

(2)练习八第 3 题(实际生活应用)。

7. 板书设计(图 4-14)

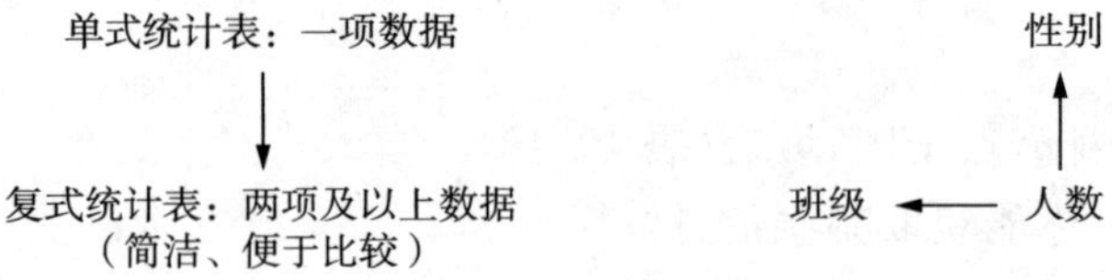

图 4-14　复式统计表

8. 教学反思

本节课本着“基于学情，回归学本”的理念，以“基于学、交流学、深化学”为主线，引导学生经历比较、交流、优化等数学基本活动的过程，认识复式统计表的结构和特点，培养数据分析观念。

1)基于学

关注学生已有知识起点，基于“学情”展开教学。

对于三年级的学生来说，在一、二年级已经学习了简单的单式统计表，具备了简单读表和填表的基本技能，同时，在生活中，也有如班级功课表、学校评星表等丰富的统计表的样式的表象。在此基础上，通过前测，教师可发现 70%左右的学生会用复式统计表的样式(不完善)去整理调查的数据，因此以学生调查整理的作品为素材，基于学情展开学习。

2)交流学

展示、比较、优化、完善复式统计表的过程。

在课堂上，展示学生前测典型的数据整理方式，引导他们在多级比较、优化的过程中，完善对复式统计表的认识，感受复式统计表的特点。从“多张单式统计表”到合并成“一张不完整的复式统计表”，再到“完整的复式统计表”，最后到“变式的复式统计表”，学生在不断比较、不断交流、不断优化的过程中完善对复式统计表的结构和特点的认识。

3)深化学

关注复式统计表的认识,更关注数据分析观念的培养。

统计的核心是数据分析观念,在优化、完善复式统计表的结构和特点的同时,精选练习,进行数据的分析和预测,经历统计的全过程,进一步培养数据分析观念。

※ "平均数"课例分析——摘录《吴正宪课堂教学实录》

1. 教学目标

(1)经历平均数产生的过程,理解平均数的概念,了解平均数的特点和作用,掌握求简单平均数的方法。

(2)在解决问题的过程中培养学生的分析、综合、估算和说理能力。

(3)渗透统计初步思想。平均数在我们的生活中应用很广泛,求平均数的方法并不难,理解平均数的意义应是本课的重点。因此,应该让学生首先产生对平均数的需求,经历平均数的产生过程,加深对平均数意义的理解,同时求平均数的方法也就在学生理解意义的过程中发现并学会。另外,平均数是为了解决问题而产生的,那么当学生理解了平均数的意义之后,就应该让学生应用所学的知识去解决身边的、生活中的实际问题,体会数学与生活的密切联系,产生学习数学的兴趣,感受成功的喜悦。因此我没有按照原有教材编排,让学生动手摆圆片,通过移多补少使每一行的圆片个数同样多,得到3,7,6,4的平均数是5。通过创设情境、产生需求—解决问题、理解平均数—联系实际、拓展应用这样一个教学结构来创造性地使用教材,安排此课,给学生创设一种自主探究的学习氛围,让学生在探究中发现问题—提出问题—解决问题。

2. 教学过程

1)创设情境,提出问题

首先,教师从学生喜欢的球类运动入手。

师:小朋友们,你们都喜欢什么球类运动?

生:足球!篮球!乒乓球!……

师:呦,这么多小朋友都喜欢足球,我也和你们一样是个球迷!不过,今天由于场地的限制,我们想组织一次拍球比赛,有兴趣吗?

生:有!

师:咱们全班男女生分为两大组,每组商量一下,先为本组起一个名字。

很快,男生组起名叫"必胜队",女生组起名叫"快乐队"。

师:如果一个人一个人地来拍球,时间肯定不够,咱们想个办法,应该怎样进行比赛呢?

课伊始,趣已生。从学生喜欢的游戏入手,激发了学习兴趣;让学生自己想出比赛的办法,把自主权留给了学生。

2)解决问题,探求新知

(1)感受平均数产生的需要

问题提出,同学们马上有办法,各队推选一名最有实力的代表进行比赛。比赛开始,男生10秒钟拍球19个，女生10秒钟拍球20个，吴老师宣布“快乐队”胜。男生马上不服气，“不行！不行！一个人代表不了大家的水平！再多派几个人”！于是，两队又各派四人上台。比赛结果：男生队拍球数量为17个、19个、21个、23个。女生队拍球数量为20个、18个、15个、23个。同学们用计算器算出：“必胜队”拍球总数为80个，“快乐队”拍球总数为76个。我高高地举起男生代表的小手宣布：“必胜队胜利！”男学生们高兴地跳了起来，女生们则沮丧地低下了头。

这时我来到了弱者的一边，安慰女生：“快乐队的小朋友们，不要气馁，我来加入你们队好不好？”“太好了！”于是，我现场拍球29个。“快算算，这回咱们快乐队拍球的总数是多少？”女生很快算出：105个。“这一次我宣布：快乐队胜利！”女同学的脸上现出了微笑，男生们却马上反驳：“不公平！不公平！我们是4个人，快乐队是5个人，这样比赛不公平！”

“哎呀，看来人数不相等，就没法用比较总数的办法来比较哪组的拍球水平高，这可怎么办呢？”

一个胖胖的小男孩站起来伸开双臂，结结巴巴地说：“把这几个数匀乎匀乎，看看得几，就能比较出来了。”

“求平均数！”几个学生脱口喊了出来。

在一次又一次的矛盾激化中，在现实生活的需要中，学生请出了“平均数”。可爱的学生一句“匀乎匀乎”，表明学生们已经从实际问题的困惑中产生了求平均数的迫切需求。

(2)探索求平均数的方法

“我们怎样求出平均数呢？你能想办法试一试吗？”很快，有同学把大数多的部分匀给了小数，使数字平均；有的学生用计算的方法：(17＋19＋21＋23)÷4＝20(个)，(20＋18＋15＋23＋29)÷5＝21(个)。通过求平均数，我们可比较得出“快乐队”为胜方。

(3)理解平均数的意义

平均数已经求出来了，但探讨并没有就此停止，我继续引导大家：“快乐队拍球的平均数是21，21代表什么？你怎么认识理解21这个数？”

学生此时也发现了问题：“怎么没有一个人拍球的数量是21呀？”

“是呀，21是谁拍的数量呀？”学生们陷入了思考。此时的课堂很安静，我在耐心地等待着。

终于，一个清秀的小女孩站起来说：“21是这几个数的平均数。”

我马上追问：什么是平均数呀？

生1：就是把大数多的部分往小数上匀乎匀乎。

生2：平均数是一个虚的数，比最小的数大一些，比最大的数小一些，在它们中间。

生3：平均数不是某一个人具体的拍球数量，它代表的是几个人拍球的平均水平。

此刻，我再也抑制不住激动的心情：学生们，你们真是太棒了！平均数正如你们所说，它不是一个实实在在的数，而是代表一组数的平均值。你们的学习精神和理解能力真让我佩服!

在我精心创设的情境中,在学生们的亲身感受中,他们用自己稚嫩的语言道出了他们对平均数意义的理解,虽然这只是初步的,但却是非常有价值的。

(4)沟通平均数与生活的联系

“在平时的生活中,你们见过平均数吗?”同学们很快举出例子:在体育达标中要用到平均数;在考试算平均分时要用到平均数……紧接着,我又很自然地把自己捕捉到的两则平均数的信息提供给学生们:①地坛庙会日平均游人量10万人。②北京新闻:2002年北京人均工资超过2万元。

通过举例,学生进一步感受到平均数与社会生活的密切联系。

3)联系实际,拓展应用

(1)统计并回答题目

“五一”期间某自然博物馆游览的统计图如图4-15所示。

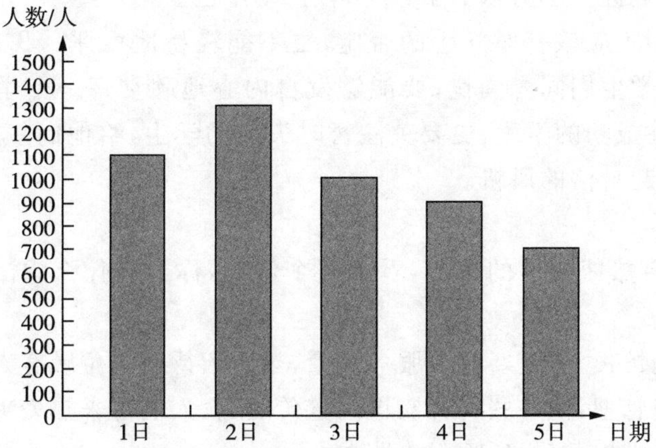

图4-15

从这幅图中,你能看出什么?

教师这里有三个问题请大家讨论。

① 问题一

师:请你估计一下,这五天中平均每天人流量为多少人?

生:1000人、1100人、900人、1500人……

② 问题二

师:大家估计得准不准呢?请你用自己喜欢的方法验证一下。

很快,结果出来了,平均每天人流量为1000人。

师:说一说,你是怎样验证的?

生1:我把1300人中的300人移到700人上去,把1100人中的100人移到900人上去,这样每天的人流量都是1000人。

生2:我用计算的方法:(1100+1300+1000+900+700)÷5=1000(人)

这时,教师拿着话筒来到估计 1500 人的那个小男孩面前。

师:请你下去采访一下,看看其他同学是怎样估计得这么准确的,好吗?

被采访的是一个扎牛角辫的小女孩:五一期间人流量最多的是 1300 人,最低的是 700 人,所以平均数肯定在 700~1300。我又看到图中的数据大多和 1000 比较接近,所以我就估计是 1000 人。

我转过身来,摸着小男孩的头说:“听了刚才小朋友的发言,你有什么感受?”

憨厚的小男孩摇摇头,不好意思地说:人家估计的都在里边,我估计到外边去了。

一个“外边”正表现出了学生对平均数的认识和理解,体现了学生对自己学习的反思。我心中的感动再次溢于言表,说了下面一段话:“我非常羡慕一开始就估计对的同学,你们很了不起,但我更佩服身边的这位小男孩,虽然第一次他估计到‘外边’去了(有意识地用了学生的语言),但是他能在和同学们的交流中接受大家的意见,调整自己的思路,能够进行自我反思,这是一种很好的学习习惯,是一种可贵的学习方法,我们都应该向你学习。”我紧紧地握住小男孩的手,小男孩感动不已。

在我们的课上,不应该有对学生的否定,更不能轻易地批评。我们应该以热情的鼓励和巧妙的疏导与学生们同喜同忧;要能够发自内心地欣赏每一个学生,看到每一个学生的优点;不但关注成功的学生,更要关注暂时失败的学生,给他们一些等待,一些期待,让所有的学生都扬起自信的风帆。

③ 问题三

师:如果你是自然博物馆的馆长,看到这个信息,你会有什么想法?问题一出,高潮再起。

生 1:如果我是馆长,一定要提高服务质量,热情招待每一位顾客。

生 2:我会严格管理,做一些科普知识的宣传,教育人们都来热爱大自然。

生 3:可以开设学生游乐场,吸引小朋友。

生 4:要提高质量,把世界上最好的东西引进来。

生 5:把恐龙蛋放进博物馆,小朋友们都会来看的。

生 6:要扩大宣传力度,让所有的人都了解博物馆。

生 7:可以请边远山区的小朋友来参观。

……

在学生们幼稚而不无道理的发言中,我们欣喜地看到,社会的责任感正在学生们身上出现。

(2)计算 1 号歌手的平均分

根据下表信息,你知道 1 号歌手的实际得分是多少吗?

评委 歌手	李某	吴某	王某	张某	刘某	赵某	孙某	实际得分
1 号	93	98	95	83	92	96	94	94

同学们经过计算得出：(93＋98＋95＋83＋92＋96＋94)÷7＝93(分)

此时电脑上出现1号歌手的实际得分是94分。

师：咦，这是怎么回事？，为什么小朋友们计算1号歌手的得分是93分，而电脑给出的却是94分呢？是我们错了，还是电脑错了？

教室里一片寂静。

突然，一个小朋友大声说：是我们错了！我们看歌手比赛的时候，还要去掉一个最高分和一个最低分呢。

师：噢！想起来了，是这样的。

学生们用自己的生活经验找到了症结所在。同学们马上自觉地又伏案计算，去掉一个最高分98分，去掉一个最低分83分，(93＋95＋92＋96＋94)÷5＝94(分)。电脑给出的答案是正确的。

一个生活实例的巧妙运用，使学生们深深地体会到在生活中不能死套公式，知识的运用要结合具体情况具体分析。那一段时间的沉默，留给学生的是一片思考的空间。等待是一种艺术，空白也是一种艺术，我们在课堂上应该善于等待，恰到好处地运用等待艺术。

(3)小刚家月平均用水量

老师的语调转为沉重：在严重缺水地区平均每人每天用水量约为3千克，你们知道3千克的水有多少吗？(拿出3千克的一袋水，台上台下一片嘘嘘声)

生：怎么会这么少呢？洗脸、喝水、做饭、洗衣服，一共就这么一点水，怎么够用呢？

学生们在小声地叽叽喳喳地议论着。

师：在这里，我还要提供一则信息，如图4－16所示。

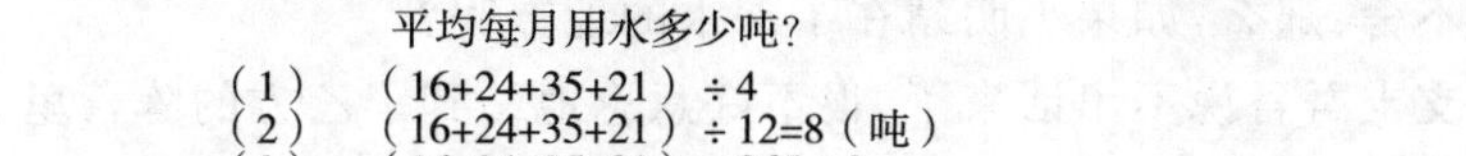

平均每月用水多少吨？

(1)　(16+24+35+21)÷4

(2)　(16+24+35+21)÷12=8(吨)

(3)　(16+24+35+21)÷365÷3

图4－16

请选择正确答案：(2)。

师：第(1)式和第(3)式分别求的是什么呢？

在这里，对应的数学思想已经渗透在学习之中。

师：小刚家平均每人每天用水88千克，严重缺水地区平均每人每天用水3千克，比较这两个数据,你有什么感受?

在鲜明的对比之下,学生们明白了要珍惜水源,节约用水,甚至有人提出:"把我们多的水运到严重缺水的地区去。"

师:你的想法真好!我们国家正在做这项工作,进行南水北调。节约用水要从我做起,从一点一滴做起。(没有过多的说教,但是思想品德教育却润物无声地寓于教学的各个环节)

(4)小明会不会遇到危险(图 4-17)

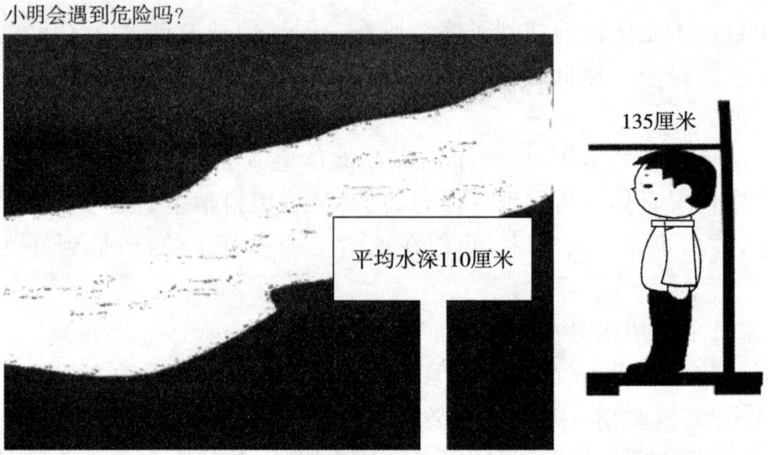

图 4-17

此题一出,高潮再起。全班同学迅速地分成两大阵营,一组认为没有危险,一组认为有危险。我没有急于肯定,更没有否定,而是请各组派出代表,阐述理由。一场精彩的辩论开始了。

甲方:我们认为小明不会有危险,因为小明身高 135 厘米,而平均水深只有 110 厘米,小明站在游泳池里水不会没过他的头。

乙方:请问甲方,什么叫平均水深?

甲方同学挠挠头:平均水深嘛,就是深水和浅水匀乎匀乎,中间的那个数。

乙方紧追不舍:那么,如果小明站在了深水的地方呢?

甲方同学支支吾吾说不出话来了,很不好意思地站到了乙方的阵营里。

精心设计的这样一个生活情境,给学生的思维碰撞搭了台。在争论中,学生们深切地体会到在现实生活中,数学知识应用要灵活,在解决实际问题时,不仅要考虑数学因素,还要考虑其他的相关因素。

(5)打靶游戏

小红和小亮进行打靶比赛(图 4-18):前三次小红和小亮分别平均每次打几环?

学生很快算出:小红平均每次打 7 环,小亮平均每次打 6 环。

师:小红第 4 枪打了 7 环,现在小红平均每次打几环?打了第 4 枪后,会不会影响前

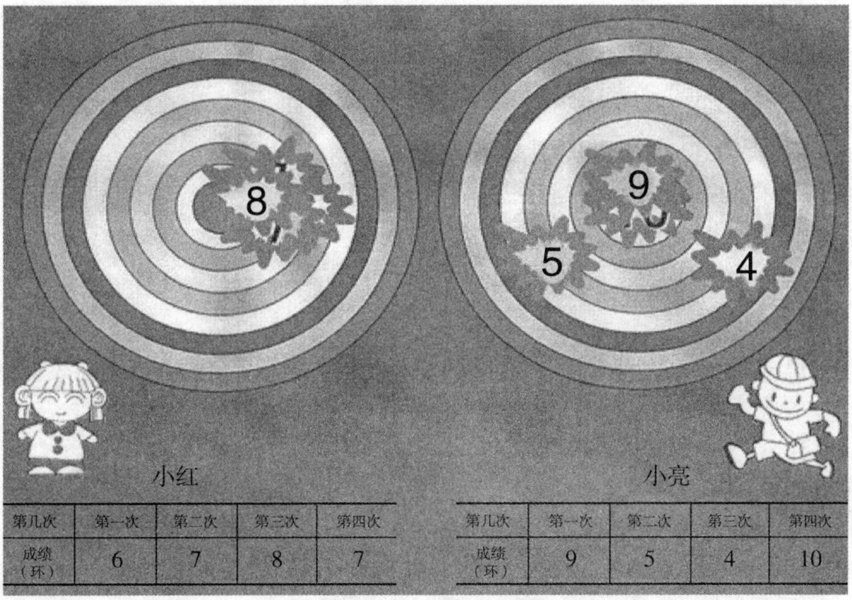

图 4－18

三次的平均数？

生：答案还是 7 环，不影响。

师：小亮继续发出第 4 枪，小亮有没有可能超过小红的成绩？

学生回答有可能，也有人说不一定。

师：你想让小亮第 4 枪打几环？噢，10 环，快算一算，小亮第 4 枪打出 10 环后，现在平均每次打几环？

学生计算得出：7 环。

师：小亮打到第 4 枪，前三个数的平均数变化了吗？

经过一系列的思考，学生感受到加入一个数据以后，会对原平均数产生影响，所以我们在分析问题时要考虑全面。

问题并没有就此结束，师：如果选一位选手去参加比赛，你会选择谁？又一个问题抛给学生，争论第二次出现。

选择小红的同学认为：小亮的成绩不稳定，相比较，小红的成绩比较稳定，没有出现太多的失误。

选择小亮的同学认为：小亮虽然在第 3 枪打出了 4 环，但是他没有慌张泄气，调整之后，打出了 10 环的好成绩，这说明小亮的心理素质非常好。在比赛场上，良好的心理素质是非常重要的。

双方代表各抒己见。争论的结果并不重要，关键是在争论的过程中使学生体验到了在生活中，当平均数相同时，还要考虑其他的因素，进行全面分析，作出选择和判断。

4)总结评价,布置作业

师:通过这节课的学习,你有什么收获?还有什么遗憾?你认为应该给自己布置什么样的作业?

学生们争先恐后地发言:

生1:这节课我上得非常高兴,真有意思!

生2:今天的学习很有趣,但是很遗憾,这么快就下课。

生3:老师,我还想再听,咱们不要下课。

生4:是啊,老师,别下课了,咱们继续上课吧!

……

铃声响,思未尽,师留恋,生不走。下课后我被学生们团团围住,久久地不愿散开……

【教学反思】

以前,自己也曾经上过这节课,那是一种什么样的教学模式呢?出示例题—分析条件问题—引导列式计算—总结规律:总数÷份数=平均数。规律出来以后,马上把它作为"救命稻草",开始反复地、机械地在一个平台上进行训练。训练题目是书上有什么就做什么,给什么就训练什么,从没有想过要联系学生的生活实际解决问题。这样的一节课下来,学生们对数量关系式总数÷份数=平均数掌握得非常熟练,解题正确率也很高。但是,一次课后测试却给了我当头一棒:"××公司招工,月平均工资800元。结果一位员工在开工资时只拿到了600元,他状告公司老板不遵守承诺。请问,这位员工能赢吗?"结果学生们的测试正确率只有26%。26%!惊人的数字!我的内心再也不能平静,陷入了深深的反思之中。为什么我紧紧抓住求平均数的数量关系式进行教学,学生们会解答书上的习题,却不会解决生活中的实际问题呢?为什么被老师们一致认为的好课,测试结果正确率只有26%?经过痛苦的反思,我终于明白:问题就在于我头脑中的观念。我们重视的是学生学会求平均数的方法,急于把规律抛给学生,因此我们教学的"桩"打在了数量关系式上,天真地以为学生只要掌握了这个数量关系式,就能解决求平均数的所有问题了。可是我们忽视了,忽视了学生对平均数的理解,忽视了八九岁的学生对平均数的认识和理解。为什么要学习平均数?它是怎么产生的?它有什么特点和作用?生活中什么地方要用平均数?这才是学生们关心的、感兴趣的问题。因此,以前我们以成人的心理认知设计的所谓的精彩教学其实对学生来说是枯燥的、无意义的。讲了半天,练了半天,学生会做题,会考试,能拿高分,但是学生并没有从本质上理解什么是平均数,只是充当了做题的工具。这样一次痛苦的经历至今想起来都会令我心痛。但是,也正是这次痛苦的失败使我开始反思我的教学、我的观念。因此,在重新设计这节课时,我的观念发生了质的变化,真正从学生的发展出发,以学生的发展为本,为学生提供了适合他们发展的空间。

这节课与以往的传统教学相比,主要有以下几个方面的不同。

1. 课程目标着眼点不同

以前的课程关注是知识点、是结果，是让学生会做题、会解题、会考试。而现在的课着眼于经历、体验、感受平均数的产生，理解平均数的本质意义，关注的是学习过程，让学生学会思考，学会解题的策略，更加关注学生的情感态度和价值观。

例如，当我让学生估计自然博物馆5天的平均人流量时，一个小男孩估计了1500人。我没有马上否定他的答案，也没有置之不理，而是在大家用自己喜欢的方法验证之后，请他去采访别的同学是怎样估计得很准确的，使他在学习别人之后反思自己，同时对他的反思给予表扬，使同学们学会了在反思中学习。

“如果你是自然博物馆馆长，看到这个信息，你会有什么想法?”以及严重缺水地区和小刚家日平均用水量的比较，这些情节的设置都使学生不但理解了平均数的意义，更是从小感受到了社会的责任感。

2. 呈现方式不同

以往的课是出示例题—分析解答—总结规律—机械练习，而现在的课是让学生在数学活动中学习，让学生在拍球活动中产生对平均数的强烈需求，体验平均数产生的过程。在经历平均数产生的过程之中，自然而然地理解了平均数的本质意义，学会了求平均数的方法，然后再去用之解决生活中的实际问题，进一步感受平均数在生活中的作用，体验学习数学解决实际问题的乐趣。

3. 教学方式、学习方式不同

过去的课是一人讲，大家听，师演示，生观察，学生们是在被动地听数学、看数学。而现在的课是让学生在活动中“做数学”，给学生提供大量的讨论合作、独立探索、实践操作的时间和空间，充分发挥学生的主体作用，让学生们在“做中学”。

4. 师生交往方式不同

过去的课只有老师和学生之间的纵向交流，总是教师提问，学生回答，教师处于绝对的权威地位，没有学生之间的横向交流。而现在的课堂不只是师生互动，更有生生互动，老师以一个朋友的身份参与到学生的学习活动中去，成为学生学习活动的指导者、组织者和合作者。学生通过师生、生生之间的互动交流，思维自由发展，不仅学会了知识，形成了能力，同时学会了与人合作，与人交流。

5. 应用形式不同

过去的课在规律出来以后就开始反复地练习，练习书本上的习题，大量的、重复的练习停留在同一个层面上。而今天的教学注重结合生活实际，让学生解决身边的、有趣的、有意义的、富有挑战性的问题，学生学得有味道，不枯燥。例如，节水问题、少儿歌手比赛、小明会不会有危险、打靶游戏等，无一不是学生们熟悉的而感兴趣的问题，学生们用平均数的知识成功地解决了这些实际问题，体验到了成功的快乐，这才是我们的教学目的之所在。

总之，新的课程改革要求我们老师要以学生的发展为本，要给学生提供自主探索的时间和空间。要变听数学、看数学为做数学，关注学生在数学活动中学习，关注学生将独立思考与合作交流相结合，关注学生对学习过程的经历和体验。教师要关注学生对知识技能的学习，更要关注情感态度和价值观，要给学生以富有个性的评价，激励学生学习数学的信心。这样我们的数学将不再枯燥，让我们的数字会跳跃，图形会唱歌，我们的数学从此富有生机，充满乐趣。

4.1.2.4 “简单数据统计”内容检测试题编制

※ 四年级上册“条形统计图”检测试题

本单元的学习内容主要是让学生初步认识条形统计图，能根据数据的特点确定条形图中1格代表几个单位，能根据条形图中的数据提出问题，并解决简单的实际问题；能发现信息并进行简单的数据分析，因此本单元的检测试题应围绕这些教学目标进行设计。

四年级上册期末试卷曾经出过这样的一个题，目的是考查学生是否知道1格代表几，也注重了学生分析数学问题的能力。

图4－19是四年级(1)班同学最喜欢的学科统计图。(5分)

① 图中每格代表(　　)人。

② 最喜欢(　　)的人数最多。

③ 四年级一班共有学生多少人?

④ 数学课本练习十九的第5题考查学生是否了解“以一当五”和“以一当十”的条形统计图的联系与区别；制作条形统计图时，每1格所代表的数量应具体问题具体分析，从而选择能准确、直观表现出数据的条形图。

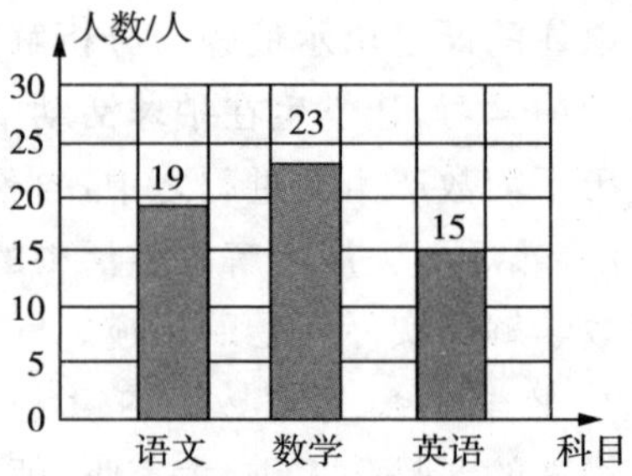

图4－19

※ 一年级下册“分类与整理”检测试题

本单元的知识与技能的评价应围绕能根据给定的标准或自己选定的标准进行分类，并能够根据要求正确计数、较为清晰地呈现整理的结果。并且，在此基础上分析数据，提出问题来进行练习，比如以下三道题在这方面体现得很好。

1)应用题(摘自期末试卷，如图4－20所示)

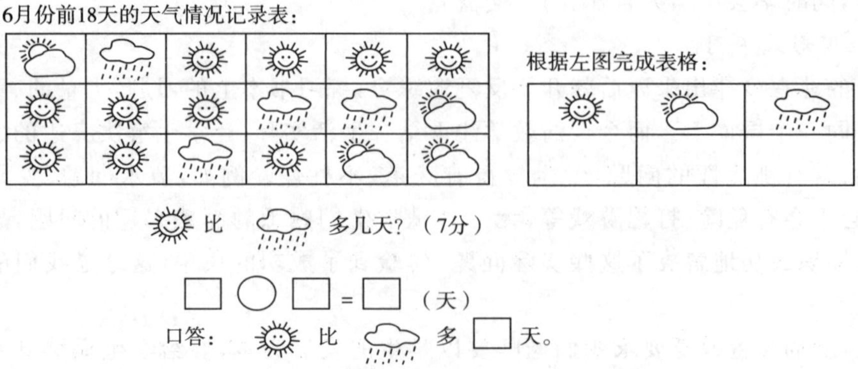

图4－20

2）填空题（摘自期末试卷，如图 4－21 所示）

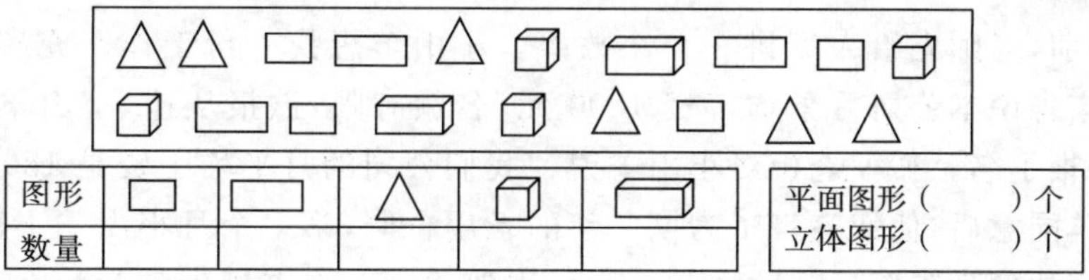

图 4－21

3）看图回答问题

下面是阳光小学一（5）班上午的课程表，并完成以下内容。

	一	二	三	四	五
1	语文	数学	语文	语文	数学
2	数学	数学	语文	数学	语文
3	体育	音乐	劳动	美术	写字
4	写字	美术	体育	音乐	劳动

语文	数学	音乐	美术	劳动
（　　）节	（　　）节	（　　）节	（　　）节	（　　）节

（1）语文和数学共多少节？

□○□＝□（　　）

（2）体育比数学少多少节？

□○□＝□（　　）

（3）语文比美术多多少节？

□○□＝□（　　）

（4）自己再提一个问题，并解答。

____

□○□＝□（　　）

4.1.2.5　“常见统计图与数据表示”的教学设计

※ 四年级下册“平均数”教学设计

1. 教学内容

数学书第 90、91 页例 1、例 2 及相关内容。

2. 教学目标

（1）学生理解平均数的含义，知道平均数的求法。

（2）学生了解平均数在统计学上的意义。

（3）学生学习解决生活中有关平均数的问题，增强应用数学知识解决问题的能力。

3. 教学重点

理解平均数意义，掌握求平均数的方法。

4. 教学难点

理解平均数的意义。

5. 教学过程

1)导入新课

师:上课前,老师先给大家讲一个小故事。小山羊想找一份工作来充实自己。他看到一则招聘广告说本公司月平均工资1800元,名额有限,欲报从速,小山羊一看觉得满意,就到公司报了名。狐狸老板对小山羊说:"我们公司的月平均工资是1800元,你愿意来吗?"小山羊同意后,他们签订了为期一年的录用合同,第一个月小山羊干得非常卖力,可是到了月底他领到工资后一数才800元!当他找到狐狸老板责问为什么不是1800元而只有800元时,狐狸老板转了转眼珠说:当初招聘时我们公司说的是员工月平均工资1800元,既然是平均数,自然就有高有低了。小山羊一听,气得要去森林法院告狐狸老板。同学们,你们觉得小山羊能赢吗?(学生进行争论)

师:看来同学们意见不统一,不要着急,现在我们先来研究故事中出现的平均数,相信这节课结束了我们就会有正确的答案。

2)新知探究

(1)质疑课题

师:看到这个题目,你会提出哪些相关的数学问题?出示大屏幕同时板书课题:平均数。

生1:什么是平均数?

生2:平均数是怎么得来的(怎么计算的)?

生3:平均数有什么用?(板书:平均数?怎么计算?作用?)

师:同学们,你们的问题都非常有价值,那本节课我们就带着这3个问题先到实验小学文明环保小组去看一看吧。

师:这是同学们利用课间收集了很多矿泉水瓶,请看大屏幕!

师:从图中你知道了什么?(课件出示)

生汇报:小明收集了5个,小兰收集了2个,小红收集了4个,小亮收集了1个。

师:根据这些信息,你能提出什么数学问题?

生:这个小组平均每人收集了多少个矿泉水瓶?

师:真是一个很棒的数学问题!老师要把它记录下来。要想解决这个问题请同学们独立思考,可以画一画,算一算,解决完后和同桌交流一下。

(2)学生展示汇报环节

下面是环保组4位同学收集废弃矿泉水瓶的情况:

姓名	小红	小兰	小亮	小明
个数/个	4	2	1	5

环保组平均每人收集了多少个矿泉水瓶?

生:移多补少法。(用磁扣代替学生上去展示)

师:谁和他交流?

师：大家看明白了？浩然同学是把多的移给少的，多2个就移1个给小兰，多4个就移2个给小亮，这样他们都同样多了，都是3个，这种方法叫移多补少。通过移多补少，我们可以看出3就是4，2，1，5这4个数的平均数。

师：这个3是他们真实收集到的矿泉水瓶数吗？

生：不是。

师：哦！原来3并不是每个人真实收集到的瓶数，而是代表4个人的总体水平。

师：还有不同的方法吗？

生1：我的计算是(4+2+1+5)÷4=3(个)，谁愿意和我交流？

师：谁看明白了这个方法？和他交流。

生2：说每一部分表示什么，(4+2+1+5)是总数，4是份数，3表示平均数。

师再问：为什么不除以3呢？

小结：把每人收集的瓶数合起来，再除以4。平均分成4份，算出每一份是多少，也能求出这组数据的平均数。这个小队平均每人收集到多少个矿泉水瓶，就是把4个学生收集的总数平均分成4份，每份都是同样的3个。

师：这两种方法有什么联系？

生：方法不同，结果都是使几个不同的数变得同样多，这样得到的数就是这组数的平均数。

师：现在观察平均数3和原来这一组数你发现了什么？

师：3为什么比最大的数小，比最小的数大？用手指着图，说一说。

生：因为多被移走了，少的得到了。

师：3能表示小红收集的吗？

生：不能。

师：3能表示小亮收集的吗？

生：也不能。

师：它到底表示什么？

生：它表示这组数的平均数。

小结：你们说得太棒了，平均数不是一个真实的数，它表示这组数据的总体水平，并不一定这组数都等于平均数。有的数可能比平均数大，有的数可能比平均数小，也就是说平均数在这组数据的最大数和最小数之间。平均数不是一个真实的数，它是一个虚拟的数。

(3)例题分析(课本例题)

师：接下来跟老师一起到踢毽小组看看吧，看男生队和女生队正踢得热火朝天呢！关于比赛，你最想知道什么？

生：获胜方是谁？

师：那我们今天来当小裁判，公正公平地裁决哪队获胜(表格出示信息和问题，生独立思考)。

师:你认为怎么办?

生:人数相同时,可以比总数,也可以求平均数。(学生口答)

(接下来请两位学生去列式计算)

师:你认为哪种方法更简单?老师总结,求几个数的平均数,就是把这些数据总和平均分成这么多,每份同样多。平均数可以代表这些数据的整体水平,所以可以用平均数来比较。

师:看女生队暂时领先!那现在男生队又加入一人,哪队获胜?男生队获胜吗?

生:不一定,因为男生队现在人数比女生多!

师:遇到了这种问题,我们应该请谁来解决呢?

生:平均数。

师:对!这时候平均数可以更公平地比较。那现在我们分组来计算。(老师在学生计算的过程中可以提示如下:女生队可以用移多补少的方法更简便。)请两位同学上去解决,解答完以后老师总结提问,在这种人数不相同的情况下,是谁帮我们解决了问题?

生:平均数!

师:对!老师说,平均数能反映出整体的水平,这样更合理、更公平。那回到课前故事中想一想,我们研究到现在,小山羊能打赢官司吗?请学生说说理由。

生:不能!

师:为什么?

生:因为月平均工资是1800元,平均数在一组数据的最大数和最小数之间。所以就有可能有的工资低于1800元,而有的工资高于1800元。

师:对呀,小山羊数学知识缺乏,导致自己损失很大。你们可要认真学呀。我们学到现在,你敢于挑战自己吗?

生:敢!

3)课后练习

第一题:算一算。

学生独立做题,做完了,请一位同学和大家交流。交流完以后,老师问:表格中的9和我们计算得来的9分别表示什么意思?

老师再问:老师在别的班试讲的时候有个班的学生算的这道题的平均数是5本,可能吗?为什么?预设学生答不可能,因为平均数在一组数据的最大数和最小数之间。这组数的最大数是18,最小数是7,所以不可能是5本。

师:看来呀,知道什么是平均数,还可以帮我们检查呢!其实平均数的作用远远不止这些呢!我们生活中的平均数吧,请看大屏幕:

据媒体报道,中国人年均读书0.7本,与韩国的人均7本,日本的40本,俄罗斯的55本相比,中国人的阅读量少得可怜。

春节期间,丽江游人日平均量为3万人。

丽江旅游收入平均每天为500万元。

丽江今年 3 月份日平均气温是 15℃。

第二题：辨一辩（出示辨析题）。

① 上学期期末考试李明班的数学平均成绩是 95.4 分，张红班的是 93 分，张红一定比李明考得差吗？

② 东东身高 140 厘米，他要去平均水深 110 厘米的河道里有没有危险？

4)回顾总结

老师：回头看看这节课学会了哪些知识，还有哪些不明白的地方？学生自由发言，老师总结。

4.1.2.6 同课异构

※ 四年级下册“复式统计表”同课异构

1. 教学目标

(1)让学生在具体的统计活动中认识复式统计表，能根据收集、整理的数据填写统计表，并能根据统计表的数据进行简单的分析。

(2)让学生在认识、填写、分析复式统计表的过程中，进一步理解统计方法，培养数据分析观念。

(3)让学生进一步体会统计与现实生活的密切联系，感受学习数学的乐趣，树立学好数学的信心。

2. 情境导入

师：认识他们吗？

[出示动画片(天天、小力)]

师：今天，天天、小力要进行摘水果比赛，请同学们来给他们当裁判。20 分钟内摘的水果多的就获胜。大家愿意吗？

生：愿意。

师：看(水果图片)，这是他们摘的水果，现在你能判断谁赢了吗？

生：不能。

师：你打算怎么解决？

生：我要数出天天和小力分别摘了多少水果，才能判断他们的输赢。

【设计意图】教学片段中设计了学生非常喜爱的动画人物比赛的情境。情境的趣味性较浓，能够一下吸引三年级学生的注意力。此时学生的角色是裁判，需要判定胜负。这一任务就从内在激发学生统计天天和小力摘水果数量的需求，初步感悟收集数据的必要性。

3. 问题驱动，经历统计全过程

“问题”是人类好奇心的表现，是一切思维的导火索，也是激发学生学习数学的原动力。问题式驱动教学就要求教师根据学生的认知特点、已有的知识经验、教学内容等设计并形成一系列环环相扣的问题串，引导学生逐步深入地探究，在亲身参与统计的全过程中培养他们的数据分析观念。

在探究复式统计表的过程中，我们就应该思考以下几个问题：

（1）学生已有的知识经验有哪些？（前言知识或是上位知识）

（2）如何让学生产生制作复式统计表的内在需求？

（3）如何让学生根据已有的知识经验自主构建复式统计表制作过程？

在本节课中，学生填写单式统计表的活动就是他们制作复式统计表的直接经验。学生通过解决问题体验到单式统计表的局限性后，可围绕着“为什么要创造新的表格”“怎么样合并表格”“你有什么修改建议”“怎样写才方便分析数据”等一系列逻辑思维问题来亲身经历将两张单式统计表合并成复式统计表的过程。学生通过自主操作、体验、思考、调整、改进等活动不断发现问题并提出改进的方法，从而逐步完善解决问题的方法，积极主动建构复式统计表。

1）突出重点

师：想要知道天天比小力多摘几个苹果，你需要知道什么？

生：天天和小力分别摘了几个苹果。

师：小力比天天多摘了几个桃子？

（所需要的数据都不在同一页，需要一直翻页找数据才能回答问题）

生：一直这样翻页看数据不方便。

师：你有什么好的办法？

生 1：把数据填写到一张纸上。

生 2：可以填在统计表上。

学生自主把数据整理成单式统计表。

【设计意图】学生通过多次的比较数据就可以发现：零散、杂乱的数据比较起来是非常麻烦的，真切感知到整理数据的必要性。通过回忆制作单式统计表的过程复习制作统计表的注意事项，学生不但感知统计表产生的必要性，而且为今后创造复式统计表起了一个很好的铺垫作用。

2）突破难点

师：现在你知道天天比小力少摘了几个桃子吗？

生 1：26－22＝4（个）。

生 2：30－22＝8（个）。

学生验证：天天摘了 22 个桃子，小力摘了 30 个桃子。

师：有什么好方法能避免这种情况的发生？

生：我觉得要把两张表格中水果种类的顺序变成相同的。

师：你还能提出哪些数学问题？

学生自由提问，其他学生回答问题。

师：为什么你们回答越来越慢了呢？你能想出更好的方法，方便我们比较数据吗？

生 1：把两张表格放在一起。

生 2：要是把两张表格变成一张表格就方便了。

师:这是一个好主意,怎么合并表格呢?

学生独立思考后,小组交流……

师:同桌合作,可以用折一折、拼一拼、改一改等方式改写统计表。

展示学生作品后追问:你还有什么好的建议吗?

全班交流。

统一数据:相同水果的数据写在同一行或者同一列。

删除重复部分:两张统计表合并成一张后,只要写一次具体的统计项目。

增加统计对象:数量栏改写成小力和天天。

标题更改:天天和小力摘水果数量统计表。

表头更改:水果种类改写成姓名、数量、水果种类。

【设计意图】让学生根据两张单式统计表来提出问题,其他同学解决这些问题。在解决问题的过程中,学生亲身体验两张单式统计表比较数据时出现的局限性,从而产生创造新的统计表的内在需要。“你能想出更好的方法,方便我们比较数据吗”“怎么合并表格呢”两个问题指引学生有目的、有层次地进行交流讨论。通过思维的碰撞,创造出新的、方便比较数据的表格。

由于教材把两张单式统计表变成一张复式统计表是一个静态的过程,是结论性的。在课堂上,教师给出同桌合作用自己喜欢的方式改写统计表的任务,让学生在合作交流中自主探索制作复式统计表的方法,并提出“你还有什么好的建议吗”的问题让学生在思辨中主动发现设计的表格出现的问题,能够提出改良的方案。最终,通过全班同学的讨论、不断地修改,把两张单式统计表转化成复式统计表的方法。

4. 对比发现,展现复式统计表优势

仅仅通过这一次的创造,所有的学生都能了解复式统计表的结构吗?如何引导才能让学生更加深刻地认识复式统计表呢?就下文对比感知复式统计表的意义。

师:这张统计表与之前的统计表有什么不同之处?

生 1:复式统计表可以表示多组数据。

生 2:复式统计表方便查看数据、对比数据、分析数据。

师:如果灰灰也来参加比赛,它的采摘成果应该记录在哪里呢?

学生自主填写。

讨论交流得出:可以在小力下面再加一行。

师:如果还要统计西瓜的数量,又应该加在哪里呢?

学生讨论得出:可以加在橘子的后面一列:

师:请根据表格解决以下问题。

① 谁摘的苹果多?谁摘的橘子少?

② 天天和小力一共摘了多少水果?你能把结果填写在统计表上吗?

③ 你还能提出哪些数学问题?

【设计意图】通过“现在的统计表和之前的统计表有什么不同之处”“新增统计内容应

该加在哪里”这两个核心问题，学生可在后续的对比中切实理解复式统计表各部分的含义，自主完成复式统计表的意义建构。在解决问题中，再一次感知复式统计表的优势，有学习的必要性。

5. 实际运用应用拓展，培养数据分析观念

新课程标准指出：学生不仅要掌握数学基础知识、训练基本技能，还要领悟数学基本思想和积累数学基本活动经验。数据分析观念需要深刻体验到在实际生活中有很多问题都需要先做调查研究、收集数据，通过分析作出判断与决策。学生不断地经历统计的全过程，反复运用复式统计表描述数据的方法，积累丰富的活动经验，发展数据分析观念。

师：学校进行一分钟跳绳比赛，同学们的跳绳成绩怎么样呢？

生 1：我跳 116 个，我的成绩是优秀。

生 2：我跳 117 个，我的成绩是良好。

师：《国家学生体质健康标准》中给出男生、女生的标准是不同的。（出示三年级体质健康标准）

师：学校需要了解你们的跳绳成绩，需要计算出优秀率和及格率，我们必须要知道班里优秀、良好、合格、不合格的分别有几人，才能计算优秀率和及格率。你们能用学过的知识帮我做好这项统计工作吗？请同桌讨论一下我们应该怎么样开展这个统计活动。

全班交流：

生 1：男女的标准不同，应该分开统计。

生 2：可以制作一张复式统计表。

生 3：可以用举手的方式进行统计。

学生同桌合作绘制统计表：

成绩 / 人数/人 / 性别	优秀	良好	合格	不合格
男生	15	4	2	1
女生	12	10	1	0

（1）跳绳成绩优秀的男生和女生一共有（　　）人。

（2）跳绳成绩良好的女生比男生多（　　）人。

（3）根据同学们的跳绳成绩，你有什么建议？

【设计意图】统计在生活中的运用非常广泛，而且人们也逐渐意识到统计的重要性。学生通过本次统计活动，能体会到数据分析的价值，体验学习统计的必要性和重要性，从而增强运用统计活动来解决问题的意识和能力，更能感受数学来源于生活，又运用于生活的理念。

总之，数据分析意识不是一天就能培养的，学生通过解决现实问题，不断地感知统计对现实生活的重大意义，意识到学习统计的必要性，经历多次统计全过程，逐步发展统计意识，建立数据分析观念。

4.2 随机事件与可能性

4.2.1 “随机事件与可能性”内容的理解

《义务教育数学课程标准》中较大幅度地增加了“统计与概率”的内容。如今，我们处在一个资讯高度发达、大数据充斥各行各业的时代；收集、整理、描述、展示和解释数据，根据情报作出决定和预测，已成为公民日益重要的技能。因此，小学数学关于“随机事件与可能性”也应时代而生，“掷一掷”“可能性”作为“统计观念”的重要表现形式也呈现在小学数学的课堂中。

4.2.1.1 概率的产生和发展

1. 概率的起源和历史

1)概率的起源

三四百年前在欧洲许多国家，贵族之间盛行赌博之风，掷骰子是他们常用的一种赌博方式。因骰子的形状为小正方体，当它被掷到桌面上时，每个面向上的可能性是相等的，即出现 1 点至 6 点中任何一个点数的可能性是相等的。有的人想：如果同时掷两颗骰子，则点数之和为 9 与点数之和为 10，哪种情况出现的可能性较大？

17 世纪中叶，法国有一位热衷于掷骰子游戏的贵族德·梅耳，发现了这样的事实：将一枚骰子连掷 4 次至少出现一个 6 点的机会比较多，而同时将两枚骰子掷 24 次，至少出现一次双 6 的机会却很少。

这是什么原因呢？后人称此为著名的德·梅耳问题。

2)概率论的初步形成

惠更斯经过多年的潜心研究，解决了掷骰子中的一些数学问题。1657 年，他将自己的研究成果写成了专著《论掷骰子游戏中的计算》。这本书迄今为止被认为是概率论最早的论著。因此可以说早期概率论的真正创立者是帕斯卡、费马和惠更斯。这一时期被称为组合概率时期，计算各种古典概率。

在他们之后，对概率论这一学科作出贡献的是瑞士数学家族——贝努利家族的几位成员。雅可布·贝努利在前人研究的基础上，继续分析赌博中的其他问题，给出了“赌徒输光问题”的详尽解法，并证明了被称为“大数定律”的一个定理，这是研究等可能性事件的古典概率论中的极其重要的结果。大数定律证明的过程是极其困难的，他做了大量的实验计算，首先猜想到这一事实，然后为了完善这一猜想的证明，雅可布花了 20 年的时光。雅可布将他的全部心血倾注到这一数学研究之中，从中他发展了不少新方法，取得了许多新成果，终于将此定理证实。

3)概率的发展

随着18、19世纪科学的发展，人们注意到某些生物、物理和社会现象与机会游戏相似，从而由机会游戏起源的概率论被应用到这些领域中，同时也大大推动了概率论本身的发展。

法国数学家拉普拉斯将古典概率论向近代概率论进行推进，他首先明确给出了概率的古典定义，并在概率论中引入了更有力的数学分析工具，将概率论推向一个新的发展阶段。他还证明了“棣莫弗-拉普拉斯定理”，把棣莫弗的结论推广到一般场合，还建立了观测误差理论和最小二乘法。拉普拉斯于1812年出版了他的著作《分析的概率理论》，这是一部继往开来的作品。这时候人们最想知道的就是概率论是否会有更大的应用价值，是否能有更大的发展成为严谨的学科。

概率论在20世纪再度迅速地发展起来，则是由于科学技术发展的迫切需要而产生的。1906年，俄国数学家马尔科夫提出了所谓“马尔科夫链”的数学模型。1934年，苏联数学家辛钦又提出一种在时间中均匀进行着的平稳过程理论。

如何把概率论建立在严格的逻辑基础上，这是从概率诞生时起人们就关注的问题。这些年来，好多数学家进行过尝试，终因条件不成熟，一直拖了三百年才得以解决。

4)概率论的正式建立与应用

20世纪初完成的勒贝格测度与积分理论及随后发展的抽象测度和积分理论，为概率公理体系的建立奠定了基础。在这种背景下柯尔莫哥洛夫1933年在他的《概率论基础》一书中首次给出了概率的测度论式定义和一套严密的公理体系。他的公理化方法成为现代概率论的基础，使概率论成为严谨的数学分支。

现在，概率论与以它作为基础的数理统计学科一起，在自然科学、社会科学、工程技术、军事科学及工农业生产等诸多领域中都起着不可或缺的作用。直观地说，卫星上天、导弹巡航、飞机制造、宇宙飞船遨游太空等都有概率论的一份功劳；及时准确的天气预报、海洋探险、考古研究等更离不开概率论与数理统计；电子技术的发展，影视文化的进步，人口普查及教育等同概率论与数理统计也是密不可分的。

根据概率论中用投针试验估计π值的思想产生的蒙特卡罗方法，是一种建立在概率论与数理统计基础上的计算方法。借助于电子计算机这一工具，这种方法在核物理、表面物理、电子学、生物学、高分子化学等学科的研究中起着重要的作用。

概率论作为理论严谨、应用广泛的数学分支正日益受到人们的重视，并将随着科学技术的发展而得到发展。

2. 概率内容的教育价值

1)概率内容的学习，有利于提高处理信息的能力

在报纸、电视等媒体中，经常会出现“某台风使沿海地区受灾面积达60%”“本月房产价格环比上涨4%”“这场足球赛，巴西队赢的可能性比较大”“到这家商场买家电更划算”等语言，这些都运用了大量的统计数据和概率统计术语。生活已经先于数学课程将概率

统计知识展现在学生面前，学生也了解基本的、简单的概率统计知识，但学生真正理解这些数学知识吗？比如例子中的两个百分数60%、4%，它们各自有什么意义，有区别和联系吗？解答这些问题就需要进行系统的学习，这也是概率统计的教育价值和目的所在。现实生活中还存在大量的数据或者需要通过数据处理才能解决的问题。面对这些数据，为了更好地认识世界，人们就要学会处理各种信息并分析和判断。

2)概率内容的学习，可以培养数学思维

概率统计是认识和理解随机现象的钥匙，掌握概率统计方法，学生通过数据的收集、整理和分析，可以对事物正确的判断与选择，可以在生活和工作中少犯错误，赢得主动。因此，“概率统计是一门可以使人变聪明的技术”，是使人能够更好地了解和把握社会现象的一门学科。数学是研究空间形式和数量关系的科学，除概率论与数理统计外，数学的其余分支研究的都是确定性现象。正因为概率统计不同于研究必然现象的其他数学分支，并且在理论和思想方法上具有独特性，它的教育价值也越来越被人们认可。

3)概率内容的学习，有利于培养辩证思维和创新思维

概率统计是在解决各种实际问题中发展起来的，其解决问题的方法和结果的呈现方式也较为特别，对于学生科学品质的培养和辩证唯物主义思想的形成有巨大的帮助。从概率统计的角度去观察、探索和解释现实生活或科学领域中的随机事件，能够对现实世界中的很多事情形成自己的看法，有助于培养学生的探索精神。因此概率统计的学习不能沿用传统的记忆和机械的解题训练方法，同时，概率统计的随机性使得解决问题的模式具有多样性和不重复性，需要不断创建新模式来解决新问题，有益于学生创新精神的培养和创造能力的提高。科学应用信息作出正确决策是概率统计的主要任务，概率统计能教会学生合理运用规律作出正确的决策，培养自身的决策能力和决策意识。概率统计告诉我们，事物的偶然中蕴含必然，必然中又带有偶然，这一辩证关系是事物的固有属性，也是我们思考和研究问题时应当持有的思想观念。

4.2.1.2　概率内容的基本概念

1. 概率的定义

概率，又称或然率、机会率或可能性，是概率论的基本概念。概率是对随机事件发生的可能性的度量，一般以一个在0到1之间的实数表示一个事件发生的可能性大小。越接近1，该事件更可能发生；越接近0，则该事件更不可能发生。人们常说某人有百分之多少的把握能通过这次考试，某件事发生的可能性是多少，这都是概率的实例。

2. 频率的定义

频率，是指单位时间内完成周期性变化的次数，是描述周期运动频繁程度的量，常用符号 f 或 ν 表示，单位为秒分之一，符号为 s。为了纪念德国物理学家赫兹的贡献，人们把频率的单位命名为赫兹，简称“赫”，符号为 Hz。每个物体都有由它本身性质决定的与振幅无关的频率，叫作固有频率。频率概念不仅在力学、声学中应用，在电磁学、光学与无线电技术中也常使用。

统计频率，又称相对次数，即某一事件发生的次数被总的事件数目除，亦即某一数据

出现的次数被这一组数据总个数去除。频率通常用比例或百分数表示。

3. 样本空间

随机事件(random event)E 的所有基本结果组成的集合为 E 的样本空间。样本空间的元素称为样本点。我们将随机实验 E 的一切可能基本结果(或实验过程如取法或分配法)组成的集合称为 E 的样本空间,记为 S。样本空间的元素,即 E 的每一个可能的结果,称为样本点。例如:设随机试验 E 为“抛一颗骰子,观察出现的点数”。那么 E 的样本空间 S:$\{1,2,3,4,5,6\}$。

有些实验有两个或多个可能的样本空间。例如,从 52 张扑克牌中随机抽出一张,一个可能的样本空间是数字(A 到 K),另外一个可能的样本空间是花色(黑桃,红桃,梅花,方块)。如果要完整地描述一张牌,就需要同时给出数字和花色,这时的样本空间可以通过构建上述两个样本空间的笛卡儿乘积来得到。

4. 随机事件

随机事件是在一定条件下,可能发生,也可能不发生的事件。随机事件与确定性事件相比,是不确定的,即对事件的结果无法确定。

例如,抛掷一枚硬币,其结果可能是正面朝上,也可能是反面朝上。在一次抛掷中,人们无法预知究竟会出现哪一种结果。像这种在一定条件下,每次观测结果具有不确定性的现象称为随机现象。一个随机现象也就是一个随机试验,而试验的可能结果都叫随机事件。就抛硬币来说,正面朝上是一个事件,反面朝上也是一个事件。

对于随机事件而言,不管对它了解得如何“精确”,要想事先就确定预言是不可能的。概率和数理统计就是研究随机事件之间关系的,它用数学来描述这些可能发生或不可能发生的事件。

1)基本事件

在试验中可直接观察到的、最基本的不能再分解的结果称为基本事件。在概率计算中,每一种可能出现的情况称为一个“基本事件”。所有基本事件共同组成“基本空间”。

基本事件必须具有以下特点:

① 任何两个基本事件是互斥的。

② 任何事件(除不可能事件外)都可以表示为若干个基本事件的和。

例如:一不透明袋子中有黑白两种球各两个,除颜色外完全相同,随机抽出两个小球。那么即有以下几种基本事件:①一个黑球,一个白球;②两个黑球,两个白球。

2)复杂事件

事件更适合包含用于监控的内容,复杂事件处理的功能更适合做企业应用系统的监测和决策控制。从字面上理解事件,可以认为是发生的一件事情,包括事物状态和事物之间的某些动作。在信息系统中,事件可以是一些事物对象的状态属性,也可以是事物之间动作的记录。对于动作的完整描述可以用状态机模型描述,即对初始状态的事物做某些动作,事物由初始状态迁移到动作后的新状态。在事物动作过程中,可以构造三个事件信息:事物初始状态事件、作用于事物的动作的事件及事物结果状态事件。

3)必然事件

在一定的条件下重复进行试验时，有的事件在每次试验中必然会发生，这样的事件叫必然发生的事件，简称必然事件。有些事情我们事先肯定它一定会发生，这些事情称为必然事件。必然事件是随机事件的一种极端情形。例如，从混有四件次品的产品中任意抽取五件，那么“其中必有一件是正品”就是一个必然事件。

4)不可能事件

概率论中把在一定条件下不可能发生的事件叫不可能事件。人们通常用 0 来表示不可能事件发生的可能性，即不可能事件的概率为 0。但概率为 0 的事件不一定为不可能事件。

4.2.1.3 概率与频率

频率和概率是研究随机事件发生的可能性大小常用的特征量，它们既有区别，也有联系。随机事件 A 发生的频率，是指在相同条件下重复 n 次试验，事件 A 发生的次数 m 与试验总次数 n 的比值。在大量重复试验时，也就是说试验次数很大时，频率会逐步趋于稳定，总在某个常数附近摆动，且摆动幅度很小，那么这个常数叫作这个事件发生的概率。由此可见，随着试验次数的增多，频率会越来越接近于概率，可以看作是概率的近似值。但频率又不同于概率，频率本身是随机的，在试验前不能确定，无法从根本上来刻画事件发生的可能性的大小。而概率是一个确定的常数，是客观存在的，与试验次数无关，概率可看作频率在理论上的期望值，并从数量上反映随机事件发生的可能性。对于两者之间的联系和区别，可以通过做类似下面的实验进行理解：

准备两组相同的牌，每组两张，两张牌的牌面数字分别是 1 和 2，从每组牌中各摸出一张，称为一次实验。

1. 问题

一次实验中两张牌的牌面数字和可能有哪些值？

2. 分组和分工

两个同学为一组，一个摸牌，另一个洗牌并做记录。

3. 实验

每个组做 30 次实验，依次记录每次摸得的牌面数字，并根据试验结果填写表 4-12。

表 4-12 试验结果

牌面数字和	2	3	4
频数			
频率			

4. 观察与思考

根据表 4-12，制作相应的频数分布直方图，并从上述的试验结果中，思考问题：①你认为哪种情况的频率最大？②两张牌的牌面数字和等于 3 的频率是多少？

一般而言，学生通过试验以及表 4-12 容易猜想两张牌的牌面数字和为 3 的频率最大。当然，30 次不是太多，有可能出现 3 的频率不是最高的情况，这也是正常现象。当然两张牌的牌面数字之和等于 3 的频率因各组试验结果而异，正是有了学生的差异性，才顺理成章地展开问题。

5. 汇总

将全班各组的数据集中起来，相应得到试验 60 次、90 次、120 次、150 次、180 次、240 次、300 次、360 次、420 次时两张牌的牌面数字和等于 3 的频率，并绘制相应的折线统计图。

6. 探索研究

(1)在上面的试验中，学生发现了什么？如果继续增加试验次数呢？

(2)当试验次数很大时，学生估计两张牌的牌面数字和等于 3 的频率大约是多少？学生是怎样估计的？

(3)两张牌的牌面数字和等于 3 的频率与两张牌的牌面数字和等于 3 的概率有什么关系？学生可能会发现随着试验次数的增加，频率的“波动”较小，学生会体会到试验次数较大时试验频率比较稳定。当实验次数很大时，两张牌的牌面数字之和等于 3 的频率稳定在相应的概率附近。因此可以通过多次实验，用一个事件发生的频率来估计这一事件发生的概率。

若掷一枚硬币，出现的结果只有两种，即正面和反面，而且出现这两种结果的机会是均等的。所以从理论上它们出现的概率相等，都是 0.5，这是一个经验型结果。而在一次抛掷硬币实验中，某同学只掷 20 次，正面出现的频率为 0.6，反面出现的频率仅为 0.4。另一位同学掷 100 次，正面出现的频率为 0.56，反面出现的频率为 0.44。由此看来，实验次数不同，可能频率就不同。但是如果实验次数相当大，那么频率就会稳定在 0.5 左右。

通过上面的实验，学生就能够更好地理解两者的联系与区别。

联系：当试验次数很大时，事件发生的频率稳定在相应概率的附近，即试验频率稳定于理论概率，因此可以通过多次试验，用一个事件发生的频率来估计这一事件发生的概率。

区别：某随机事件发生的概率是一个常数，是客观存在的，与试验次数无关。而频率是随机的，试验前无法确定。概率的统计定义是用频率表示的，但它又不同于频率的定义，只是用频率来估算概率。频率是试验值，有不确定性，而概率是稳定值。

4.2.1.4 随机思想的内涵与培养

1. 如何理解随机现象

1)随机现象的定义

在一定条件下，在个别试验或观察中呈现不确定性，但在大量重复试验或观察中其结果又具有一定规律性的现象，称为随机现象。

在一定条件下，出现的可能结果不止一个，事前无法确切知道哪一个结果一定会出现,但大量重复试验中其结果又具有统计规律的现象称为随机现象。

2)从数学的角度来研究社会和自然现象

随机现象:事前不可预言的现象,即在相同条件下重复进行试验,每次结果未必相同,或知道事物过去的状况,但未来的发展却不能完全肯定。例如,以同样的方式抛掷硬币可能正面向上也可能反面向上;走到某十字路口时,可能正好是红灯,也可能正好是绿灯。研究这类现象的数学工具是概率论和统计。

模糊现象:事物本身的含义不确定的现象。例如,"情绪稳定"与"情绪不稳定","健康"与"不健康","年轻"与"年老"。研究这类现象的数学工具是模糊数学。

确定现象:事前可预言的现象,即在准确地重复某些条件下,它的结果总是肯定的。例如,在一个标准大气压下给水加热到100℃便会沸腾。质量守恒定律、牛顿运动定律等反映的就是这类现象。研究这类现象的数学工具有数学分析、几何、代数、微分方程等。

确定现象与随机现象的共同特点是事物本身的含义确定;随机现象与模糊现象的共同特点是不确定性,随机现象是指事件的结果不确定,而模糊现象是指事物本身的定义不确定。概率论与统计学将数学的应用从必然现象扩大到随机现象的领域,模糊数学则将数学的应用范围从清晰确定扩大到模糊现象的领域。

3)随机现象的产生原因

随机现象的产生原因是次要因素,也叫随机因素。

客观世界是运动的,运动是有规律的。物质运动的规律可以分为必然规律和统计规律。必然规律是指事物本质的规律,它毫无例外地适用于事物所有个体;统计规律是指通过对随机现象的大量观察,所呈现出来的事物的集体性规律。统计规律与事物的单一个体的性质时而偶合,时而近似,时而简直没有什么联系。

客观世界作用于事物各个个体的因素分为基本因素和次要因素两类,基本因素决定事物的必然规律,次要因素使事物呈现统计规律。人们所能认识而且能够控制的因素是基本因素,而大量的次要因素未能为人们所认识或未能被人们所控制,但只要存在次要因素的影响,就必然会有所表现。例如,发射炮弹,其基本因素是人们所能控制的初始条件——初速、发射角等,可以通过弹道方程(必然规律)计算出炮弹的落地点,但炮弹在飞行过程中会受到空气的阻力、风速、风向、空气的湿度、温度等的影响,它们使得炮弹不能落在它的准确的目的地。

科学研究的目的,就是要发现反映事物本质的客观规律,即排除偶然性的掩盖与干扰,为此必须首先认识偶然性。于是统计学应运而生,统计学不是直接研究事物本质的必然规律,而是通过随机现象来发现事物的统计规律,并把它应用于对客观规律的认识和把握。

4)随机现象的特点

(1)随机现象的结果至少有2个。

(2)至于哪1个出现,事先并不知道。

2. 如何理解随机思想

数学思想是数学的灵魂所在,“随机思想”作为概率论的主要思想之一,已经渗透在小学的数学课堂。在义务教育阶段的数学教学中,随机思想主要应用于统计与概率领域。《义务教育数学课程标准》将相应内容安排在第二学段,要求学生能够做到以下两点。

(1)具体情境中,学生通过实例感受简单的随机现象,能列出简单的随机现象中所有可能发生的结果。

(2)学生通过试验、游戏等活动,感受到随机现象结果发生的可能性是有大有小的,能对一些简单的随机现象发生的可能性大小作出定性描述,并能进行交流。

随机思想:它是概率论的核心思想,是从个别偶然的现象发展到偶然现象所表现出的一种内在的必然规律。随机思想通过对偶然性的研究去发现其背后的必然性,并通过必然性去理解、认识和把握随机现象。

3. 如何培养学生的随机思想

1)在教学过程中培养学生的随机性数学意识

随机性数学意识的培养是一个系统工程。在新课标中对学生各个学段进行概率教学的目标是:第一学段,学生初步体验有些事件发生是确定的,有些则是不确定的。能够列出简单试验所有可能发生的结果,知道事件发生的可能性是有大小的,对一些简单事件发生的可能性作出描述。第二学段,学生体验事件发生的等可能性以及游戏规则的公平性,会求一些简单事件发生的可能性,对简单事件发生的可能性作出预测并阐述自己的观点。第三学段:在具体的情境中,学生了解概率意义,运用列举法(包括列表、画树状图)计算简单事件发生的概率;通过实验获得事件发生的频率,知道大量重复实验时频率可作为事件发生概率的估计值。

概率论教学要有思想观念、思维方式和研究方法引导学生思维的发展。教材中常用“确定性数学”知识来解决随机的问题,学生习惯于把随机数据认作是确定的数据进行处理,没有产生随机的意识。故而,在教学过程中培养学生的随机性数学意识尤为重要。

2)建立随机思想,转变思维方式

建立随机思想要学生亲自体验问题中的随机性,用原始随机问题作为教学的载体。如通过掷骰子、投硬币等,让学生处在随机的环境中来研究随机问题,会产生新奇和与随机有关的学习需求,会根据经验和直觉正确理解随机性与规律性,使随机思想观念在头脑中从无到有再到清晰。用随机思想指导解决问题实例。

一个口袋装有 N 个球,其中 m 个白球,剩下的都是黑球,从袋中取球两次,每次都是随机地取一个。如果采用的是不放回抽样和放回抽样方式,试分别就这两种方式求取到的两只球颜色相同的概率。

解:剖析题意,袋中只有白球和黑球,对于每次随机抽取的结果是不能确定的,可能是白球也可能是黑球,这说明它具有偶然性,但可以知道它要么是白球,要么是黑球,也说明它具有必然性。这问题体现了概率论课程中的核心思想——随机思想。

3)在“可能性”教学中渗透随机思想

可能性是“统计与概率”中“概率”内容的直接体现。原来我国小学数学教材中只有统计而没有概率,并且只占很小篇幅。随着新一轮基础教育改革的施行,“统计与概率”这一模块被重新组织,增加了“概率”部分,与“数与代数”“图形与几何”“综合与实践”一起作为小学数学课程的主要内容。

著名数理统计学家陈希孺曾说:“统计规律的教育意义是看问题不可绝对化。习惯于从统计规律看问题的人在思想上不会偏执一端。”“统计与概率”的教学不是一个知识点的传授,也不是一种技能的训练,重点应是一种意识、一种思想的滋润。它提供的是一种不确定的思维方式,即随机思想。“统计与概率”是义务教育阶段唯一培养学生从不确定的角度观察世界的意识的教学内容,而这种随机思想应当为每一个未来公民所必备。

此外,“可能性”教学所研究的问题本质上是随机现象,是非确定性的,需要通过较多的数据进行推断,也就是通过个别来推断一般,因而有助于培养学生的归纳能力和创新意识。“可能性”是个教师难教、学生难学的内容,因为它固有的思维方式——不确定思维,即随机思想。它有别于讲究因果关系的逻辑思维和确定思维,它给予学生的是从不确定的角度来观察世界的能力。不仅仅是“可能性”教学,整个“统计与概率”的教学都体现了这种不确定的思维方式。

4.2.2 “随机事件与可能性”的教学设计

通过解读教材和相关教学参考,引出必然事件、不可能事件、随机事件的概念,学生可了解到随机事件发生的可能性有大小,培养学生动脑的习惯,体验生活与新知识的紧密联系,提高学生的数学学习兴趣。

4.2.2.1 可能性内容解读

1. 课标要求

《义务教育数学课程标准》在“学段目标”的“第二学段”中提出“体验随机事件和事件发生的等可能性”。

《义务教育数学课程标准》在“课程内容”的“第二学段”的“统计与概率”部分中的“(二)随机现象发生的可能性”中提出:

(1)在具体情境中,学生通过实例感受简单的随机现象,能列出简单的随机现象中所有可能发生的结果。

(2)学生通过试验、游戏等活动,感受随机现象结果发生的可能性是有大小的,能对一些简单的随机现象发生的可能性大小作出定性描述,并能进行交流。

2. 课标解读

《义务教育数学课程标准》将“概率”作为义务教育阶段数学课程内容的四个学习领域之一的“统计与概率”中的一部分,从第二学段起就安排了有关的学习内容。

在现实世界中,严格确定性的现象十分有限,不确定现象却是大量存在的,而概率论正是研究不确定现象的规律性的数学分支。

可能性是第二学段的教学内容，本单元主要包括事件发生的不确定性和可能性两方面的教学内容，在具体情境中，学生通过现实生活中的有关实例，感受简单的随机现象，并体验有些事件的发生是确定的，有些是不确定的；学生通过实际活动（如摸球等）能列出简单的随机现象中所有可能发生的结果；学生通过试验、游戏等活动，感受随机现象结果发生的可能性是有大小的，能对一些简单的随机现象发生的可能性大小作出定性描述，并能和同伴进行交流。

1）通过现实生活中的有关实例使学生感受简单的随机现象，并体验有些事件的发生是确定的，有些是不确定的

（1）结合生活中的有关实例感受简单的随机现象，体验事件发生的确定性和不确定性，体会数学与日常生活的密切联系。

① 主题图从学生已有的生活经验出发，呈现了他们熟悉的“联欢会上抽签表演节目”的场景，使他们体验现实生活中存在着不确定现象，充分感受数学与生活的联系。

② 教师还可以利用买体育彩票、抽奖等现实题材来引入可能性的内容。

（2）体验事件发生的确定性和不确定性。

① 由主题图的情境自然引出问题：三张卡片分别写着唱歌、跳舞、朗诵，小明可能会抽到什么节目？在解决这个问题的过程中，通过一次一次的抽签活动，学生亲身感受、体验事件发生的确定性和不确定性。第一次，小明可能会抽到什么节目？这里让学生体会有三种可能，每个结果发生的可能性是相同的。小明抽到跳舞后，剩下的两张卡片，小丽可能会抽到什么？体会有两种可能，并且不可能是跳舞。最后只剩唱歌，小雪一定会抽到它。学生在活动过程中，通过观察、实践、描述和交流，结合具体问题情境用“一定”“不可能”“可能”等词语来描述事件发生的确定性和不确定性。

② 通过“做一做”地摸棋子以及掷骰子、连一连、涂色、生活中的数学等生活现象和游戏活动等，丰富对确定事件和不确定事件的认识，根据已有的知识和生活经验判断事件发生的确定性和不确定性。

2）借助多种形式的活动，能够列出简单试验所有可能发生的结果，知道事件发生的可能性是有大小的，定性描述事件发生的可能性及可能性的大小

（1）借助摸棋子、涂色等活动，学生列出简单的随机现象中所有可能发生的结果，正向体会随机现象结果发生的可能性的大小并能定性描述事件发生的可能性及可能性的大小。

① 通过摸棋子活动，学生正向体会随机现象结果发生的可能性的大小：一是列出可能发生的结果。通过摸棋子活动，学生通过动手试验列出所有可能发生的结果，也可以让学生先猜测后验证。二是通过统计规律，感受可能性的大小；接下来，让学生在收集、分析数据以及讨论交流统计结果的活动中，初步感受随机事件发生的统计规律性，并知道事件发生的可能性是有大小的。三是引导学生根据试验的统计结果对下一次试验的情况进行推测，学生进一步感受可能性的大小。

要注意让学生明白:单次试验的结果是不确定的,但大量重复试验就呈现一种规律。例如教师提问:再摸一次一定能摸到红色的棋子吗?让学生体会再摸一次,摸出两种颜色的棋子都有可能,但是摸出红色棋子的可能性大。

② 学生借助涂色、摸球、抽签等多种形式的练习活动,感受不确定现象的特点及事件发生的可能性的大小,积累判断事件发生的可能性大小的活动经验。

(2)学生借助摸球等试验的统计结果,逆向推理,体会随机现象结果发生的可能性的大小,能对一些简单的随机现象发生的可能性大小作出定性描述,并能和同伴进行交流。

① 学生通过统计规律,感受可能性的大小;借助摸球等试验的统计结果逆向推理,来推测原来盒子里哪种颜色的球多;通过实际验证,进一步体会随机事件发生的统计规律性,感受可能性的大小。

② 学生借助猜一猜、涂色、方案设计等活动感受不确定现象的特点及事件发生的可能性的大小;借助"抛硬币"的游戏初步感受事件发生的等可能性。

4.2.2.2 可能性内容教学建议(以五年级上册为例)

1. 选取学生熟悉的生活情境作为教学素材

导入新课时要设计学生感兴趣的活动,投其所好,使学生初步了解现实世界中存在着的不确定现象。再让学生判断生活中的自然现象及用"一定""不可能""可能"说一句话,进一步巩固对确定事件、不确定事件的理解。接着设计一个一目了然的可能性游戏,如转盘游戏,学生通过亲身体验,很容易知道事件发生的可能性有大有小,并且感受到指针停留在哪种颜色的可能性大小和不同颜色占整个圆面的区域大小有关系。

2. 引导学生借助观察、猜测、实验等来体验事件的确定性与不确定性,感受可能性的大小

在完成课后"做一做"时,观察两个盒子里的棋子,创设具有启发性的问题情境,使学生在大量观察、猜测、试验与交流的数学活动过程中,逐步丰富对不确定现象和可能性大小的体验,经历形成新的观念、理解新的知识的过程。学生经历知识的形成过程,不仅可以加深学生对所学数学知识的理解,而且在这个充满探索和自主体验的过程中,逐步学会数学的思想方法和如何用数学去解决问题,并且获得自我成功的体验,增进学好数学的信心。

4.2.2.3 课例分析:可能性及可能性大小

1."可能性"课例分析

1)教材分析

"抛硬币"是二年级上册(北师大版)第九单元"统计与猜测"中的内容。本课时是学生第一次接触到不确定现象,要求学生能够用一些诸如"可能""一定""不可能"等词语来描述事件发生的可能性。教材的设计以活动为主,呈现了更大的开放性和灵活性,为学生提供更大的思考与探索的机会。本课是在学生已经学习了简单的统计知识的基础上进行教学的,也是今后进一步感受事件发生的可能性有大有小的基础,在整个小学数学教学体系中占有重要地位。在备课时教师需要反复斟酌一个问题:由于低

段学生自我控制能力不是很好，如果使用“抛硬币”这个游戏，会不会效果达不到自己的要求，学生也没有收获？这时，教师可以改变教学策略，把“抛硬币”游戏改成“石头、剪刀、布”游戏。

2)学情分析

学生已经经历统计活动的全过程，感受了统计的必要性，且会填写简单统计表。在生活中，学生对于随机现象有所接触，只是理性的认识不足，需要亲身体会。学生在学习过程中，可能会出现的困难是：能正确感受随机现象，但不能很好地用语言表达完整。教师通过小组合作学习，培养学生实事求是的态度和合作交流的能力。

3)教学方法及手段

(1)教学方式

教师应激发学生的积极性，给学生提供充分的数学活动的机会。这节课的教学对象是二年级的学生，他们年龄小、爱玩、好动、好奇心强。为了激发他们的兴趣，我们可以采用多媒体辅助教学，引出问题，从而解决问题，让学生在课件所创设的情境中学习。为了吸引学生，教师还可以设计摸球等数学活动，引导学生主动观察、猜测、验证、推理与交流。

(2)学习方式

新课程理念的显著特征就是转变原有的单一、被动的学习方式，建立和形成能充分调动、发挥学生主体性的多样化的学习方式，因此本节课我们可以采用小组合作学习的方式，让学生在有序的活动中亲自实践体验，获得对确定性和不确定性的直观感受，初步理解事情发生的可能性。

4)教学设计

以新课程理念为指导，在教学时充分考虑到低年级学生的特点，以活动为主线组织教学，让学生在活动中学习，在活动中发展，使他们在活动中体验到学习数学的成功与快乐。

(1)学习生活中的数学是《义务教育数学课程标准》的重要理念精髓。因此在教学活动中，创设与现实生活紧密联系的活动情境，教师可以通过综合练习闯关题目，让学生在活动情境中学习数学、感受数学，体验数学与生活的密切联系。

(2)在教学活动中，适时、恰当地使用激励手段，注意学生情感的激励与交流，利用多媒体创设丰富多彩的活动情景，引导学生主动获取数学知识，体验人文关怀、思想教育蕴涵其中。

5)可能性教学设计

(1)教学目标

① 知识目标：使学生初步体验有些事情发生是确定的，有些事情发生是不确定的，并能用“一定”“不可能”“可能”来描述事件发生的可能性，初步体会概率的思想。

② 能力目标：初步培养判断和推理的能力。

③ 情感目标：培养学生学习数学的兴趣，形成良好的合作学习的态度。

(2)教学重点

让学生初步体验事件发生的可能性。

(3)教学难点

用“一定”“可能”“不可能”来描述生活里的事情。

(4)教学过程

① 游戏导入。

师:同学们,你们玩过“石头、剪刀、布”的游戏吗?谁愿意和老师来玩一玩?玩之前,其他人猜一猜我和他谁会赢?

师:你想赢老师吗?(第二次游戏)如果我们再玩一次,猜一猜结果会怎样。

生:可能老师赢,可能他赢,也可能平手。

师:现在我告诉大家,如果这次老师出剪刀,结果会怎样?

生:我出石头一定赢老师,出布一定输老师,出剪刀一定平了老师。

师:在我们日常生活中,有些事情发生的结果是可以确定的,有些事情发生的结果是不确定的,这样的例子很多,今天我们就一起来研究可能性的问题。(板书:可能性)

② 游戏二:摸球。

先拿出一个空袋子,让学生猜一猜里面是什么。

a. 放了3个白球,猜一猜摸到什么颜色的球?(先猜再摸)为什么每次都有白球呢?

b. 继续摸会摸到什么球?

c. 为什么摸到的一定是白球呢?谁能完整地说一说。

另一个袋子里放黄球,学生摸球,老师猜(都是黄球,所以老师说一定是黄球)。

师:从这个袋子里可能摸到红球吗?

生:不可能。

师:为什么不可能?可能从这个袋中摸到黑球吗?

生:不可能。

师:可能从这个袋中摸到红球吗?

生:不可能。

师:可能从这个袋中摸到除白球以外其他颜色的球吗?

生:不可能。

师:现在老师把黄球和白球都放到这个袋子里去,你们猜现在会摸到什么颜色的球?学生:黄球(白球)。

师:前面你们都猜对了,为什么这次没全猜对呢?(因为里面有两种颜色的球,可能摸到白球,也可能摸到黄球。)

③ 综合运用。

师:摸球游戏同学们玩得很开心,接下来我们要进行闯关大考验,怕不怕?很自信,很有信心。

a. 连一连。

b. 用“可能”“一定”或“不可能”。

下个星期三(　　)会下雨。太阳(　　)从东边升起。

人(　　)活到1000岁。汽车的轮子(　　)是圆形的。

我的年龄(　　)比妈妈的年龄大。从出生到现在人(　　)没吃过东西。

c. 我是小医生!

公鸡一定会下蛋。(　　)我们不可能会长大。(　　)

今天是星期五,明天一定是星期六。(　　)青蛙不可能会冬眠。(　　)

地球一定有地心引力。(　　)人不可能住在太阳上。(　　)

2. 可能性的大小课例

1)教学目标

(1)知识与技能:理解随机事件发生的可能性大小。

(2)过程与方法:通过举出生活中常见的例子,学生体会确定性事件和随机事件的概念,认识随机事件发生的可能性大小。

2)教学重难点

(1)教学重点

不同的随机事件发生的可能性的大小有可能不同。

(2)教学难点

理解随机事件发生的可能性的大小。

3)教学过程

(1)动脑筋

① 掷一枚均匀的硬币,是正面朝上的可能性大,还是反面朝上的可能性大?

② 一个袋中有8个球,5红3白,球的大小和质地完全相同,搅均匀后从袋中任意取出一个球,是取出红球的可能性大,还是取出白球的可能性大?

教师引导学生讨论,分小组回答完成。

归纳:一般地,随机事件发生的可能性是有大小的,不同的随机事件发生的可能性大小有可能不同,可能性的大小也就是概率的大小。

(2)例题教学

例1　如教学课件照片,是一个可以转动的转盘,盘面上有8个全等的扇形区域,其中1个是红色,2个是绿色,2个是白色,3个是黄色,用力转动转盘,当转盘停止后,指针对准哪种颜色区域的可能性最小?对准哪种颜色区域的可能性最大?

例2　任意掷一枚骰子,比较下列情况出现的可能性的大小。

(1)面朝上的点数小于2。　(2)面朝上的点数是奇数。

(3)面朝上的点数是偶数。　(4)面朝上的点数大于2。

(3)练一练

比较下列随机事件发生的可能性大小。

(1)转动一个能自由转动的转盘,指针指向红色区域和指向白色区域。

(2)小明和小亮做掷硬币的游戏,他们商定:将一枚硬币掷两次,如果两次朝上的面相同,那么小明获胜;如果两次朝上的面不同,那么小亮获胜,谁获胜的可能性大?

(3)10 张扑克牌中有 3 张黑桃、2 张方片、5 张红桃,从中任意抽取 1 张,抽到哪一种花色牌的可能性最大? 抽到哪一种花色牌的可能性最小?

(4)师生互动,课堂小结

(1)师生共同回顾事件的分类及概念,知道随机事件发生的可能性有大小。

(2)通过这节课学习,你们掌握了哪些知识? 还有哪些疑问? 请与同学们交流。

4)课例反思

教师紧紧围绕教学目标,有效地组织多种活动,让学生在真正经历数学化的过程中,主动地完成对数学的再创造。有效学习主要体现为活动、体验、思考与建构这四者密不可分,互相支撑,最终使数学教育成为"人"的教育。

4.2.2.4 可能性教学中的实验问题

可能性是统计与概率内容的重要组成部分。每次起始课的安排都以摸球、抛硬币等游戏的实验内容为载体,以达到让学生在实验中感受不确定现象,体验事件发生的可能性以及游戏的公平性的目标要求。在实际的教学过程中发现,不少教师在实验教学中进入了误区。

1. 可能性教学中的实验问题

1)放弃实验

例如,四年级上册"游戏公平性"教学中,教材明确要求"分组重新设计游戏,再摸一摸……用同样的方法再做几次",让学生在试验中体验游戏的公平性。不少学生设计出了袋中增加两个黄球其他条件不变或袋中减少两个红球等游戏规则,但是大部分教师放弃了这一实验,理由是:从以往的教学经验看,本来学生相信自己设计的游戏是公平的,但是实验次数越多摸到红球和黄球的次数相差越大,学生对自己设计的游戏产生怀疑,从而打乱了教学计划。

2)为活跃气氛做实验

不少教师在进行可能性教学中也都进行了转盘、摸球、抛硬币等实验,但问及设计这些实验的目的,多数教师认为,这些游戏学生喜欢玩,课堂气氛活跃。确实在这些教师的课堂上学生争先恐后参与游戏,"红球""绿球","正面""反面",喊叫声一片,课堂上一片欢腾,但是完全感觉不到学生是在通过实验感受、体会随机现象。

3)修改实验结果,使其为教学所用

由于可能性教学是和统计教学紧密结合在一起的,不少教师在学生分组做实验的过程中进行巡视,让学生改变实验数据,使统计数据完全显示猜测的结果——摸到红球和黄球的次数同样多。最终教案得以顺利执行,但实验的目的变成了教师的需求被满足,结果是本末倒置。

4)对实验结果(数据)的牵强解释

在教学案例中,一位教师用从玩具市场买来的骰子让学生分组各抛 30 次,统计结果显示每组"1"朝上的次数都比较少，教师解释说，同学们做实验的次数还不够多，做大量的实验才能看到每个面朝上的次数差不多，而完全没有分析实验器材的缺陷——骰子是不均匀的。

2. 可能性教学中的实验问题改善对策

1)正确理解实验的目的

可能性教学属于统计与概率的教学内容之一，而统计与概率"主要研究现实生活中的数据和客观世界中的随机现象"，其目标之一是"让学生体会随机现象的特点"，达到这个目的必须通过实验来实现。

那么做实验的目的是什么呢?

(1)感受不确定现象。掷一枚硬币，每一次都无法知道是正面朝上还是反面朝上；在袋中摸球同样每一次都不能确定摸到的是黄球还是红球，而无论袋中红球的个数多么少。所以每次实验前都要让学生猜测，然后实验，才能在过程中体验不确定现象，不做实验学生是感受不到的。

(2)体验不确定现象的规律性。虽然每一次掷硬币的结果都无法确定，但是大量的重复实验会有一定的规律性——正面和反面朝上的次数差不多，这种体验学生不做实验也是无法实现的。

(3)经历统计的完整过程。每一个实验学生都要经历提出问题，收集、整理、描述和分析数据作出决策以及预测的过程，而这正是《义务教育数学课程标准》对学习这部分知识的目标要求。

2)完善实验设计

(1)确保实验器材规则、统一

下面是一位教师在教学三年级上册"等可能性时抛小正方体"的实验数据：显然，3 朝上的可能性明显大，1 朝上的可能性明显小。究其原因是教师用从本地小商品市场上买来的骰子代替小正方体，而这个骰子在六个面上分别挖 1～6 个小点代表数字 1～6，点越多挖去的质量越大，这一面就相对较轻，质量明显不均匀，最终造成实验偏差。

同样，在摸球实验中要保证每个球的大小、光洁度、均匀度等统一，才能保证实验的顺利进行，才能让学生在实验中更好地体会随机性。

(2)完善实验步骤

例如在摸球实验中应该制订如下步骤：猜测自己可能摸到什么颜色的球，不能看袋中的球；在袋中随意摸一个球，看看摸到的球的颜色和摸球之前的猜测是否一致；记录摸到的球的颜色；把球放回去摇一摇；重复上面的步骤继续摸球。这样学生每一次摸球都是一次体会随机性的机会，就能较好地感受不确定现象。

(3)通过分析统计数据帮助学生体会随机性

《义务教育数学课程标准》指出，"帮助学生逐渐建立起数据分析的观念是重要的"，"体会数据中是蕴含着信息的，体验数据是随机的和有规律的"。

下面是一组等可能性教学时收集到的数据：对以上数据应做以下两个方面的分析。

级别	红球(次)	黄球(次)
1	18	22
2	24	16
3	19	21
4	17	23
5	20	20
6	21	19

① 同样在相同的袋中摸球,每次收集到的数据可能不同,如有的摸到红球 18 次,有的摸到 24 次。

② 虽然每组的数据不同,从以上大量数据中不难发现规律:摸到红球和摸到黄球的次数差不多,都比较接近 120 次。

以上两点体现的观点恰是《义务教育数学课程标准》中规定的学习内容。

总之,明确实验目的,让学生在实验的过程中感受不确定现象、体会随机性,是顺利完成这部分教学任务、实现教学目标的必经之路。

5　综合与实践

5.1　“综合与实践”内容解读

5.1.1　“综合与实践”的内涵和目标

“综合与实践”可以理解为一种数学探究或数学建模活动，是指学生综合运用所学的数学知识、思想和方法解决一些数学问题或现实问题的过程。它是以问题为载体，以学生自主参与为主、师生共同参与的一种学习活动，是帮助学生积累数学活动经验的重要途径，是积累数学活动经验的重要载体。

“综合与实践”重在“实践”与“综合”。“实践”，指在活动中，注重学生自主、全过程参与，重视学生动脑、动手、动口等。“综合”，指在活动中，注重数学与生活实际、数学与其他学科、数学内部知识的联系和综合应用。

《义务教育数学课程标准》对这部分内容的总体要求是：帮助学生综合运用已有的知识和经验，经过自主探索和合作交流，解决与生活经验密切联系的、具有一定挑战性和综合性的问题，以发展他们解决问题的能力，加深对“数与代数”“空间与图形”“统计与概率”内容的理解，体会各知识领域之间的联系。尽管《义务教育数学课程标准》将“综合与实践”作为一个独立的领域，与其他三大领域并列，但并不是在数学知识之外增加新的知识，而是更加强调数学知识的整合性、现实性和应用性，注意数学的现实背景以及与其他学科之间的联系。

《义务教育数学课程标准》同时阐明了不同学段的不同要求，在第一学段要求学生先通过实践活动，感受数学在日常生活中的作用，体验能够运用所学的知识和方法解决简单问题的过程，获得初步的数学活动经验。再次让学生在实践活动中，经历实践操作的过程，发现要解决的问题和解决问题的办法，进一步理解数学的内容。第二学段是帮助学生积累数学活动经验，培养学生应用意识和创新意识，实现这个教学目标的着力点，就是要把生活中的数学与课堂上的数学相联系，使得课堂上学习的几何、代数和统计的内容能够很好地被用于解决生活中的问题。

5.1.2 “综合与实践”分学段教学目标

1. 第一学段

(1)学生通过实践活动，感受数学在日常生活中的作用，体验运用所学的数学知识解决简单实际问题的过程，获得初步的数学活动经验。

(2)在实践活动中，学生了解要解决的问题和解决问题的办法。

(3)学生经历实践操作的过程，进一步理解所学的内容。

2. 第二学段

(1)学生经历有目的、有设计、有步骤、有合作的实践活动。

(2)结合实际情境，学生体验发现和提出问题、分析和解决问题的过程。

(3)在给定目标下，学生感受针对具体问题提出设计思路、制订简单的方案并解决问题的过程。

(4)学生通过应用和反思，进一步理解所学知识和方法，理解所学知识之间的联系，获得数学活动经验。

5.1.3 “综合与实践”教学内容与特点

“综合与实践”教学活动应当保证每学期至少 1 次，可以在课堂上完成，也可以课内外相结合。教材只是提供一个活动的主题，要求教师灵活运用好教材，以教材为根本，继承与创新并重，在使用教材的同时，联系学生的生活实际，对教材进行加工、修改、补充，结合当地实际创造性地使用教材开展“综合与实践”活动。

表 5－1 所示是各册综合实践活动的内容安排。

表 5－1 各册综合实践活动的内容安排情况

学段	年级	册数	内容	
第一学段	一年级	上册	数学乐园	
		下册	摆一摆，想一想	
	二年级	上册	量一量，比一比	
		下册	小小设计师	
	三年级	上册	数字编码	
		下册	制作活动日历	我们的校园
第二学段	四年级	上册	1 亿有多大	
		下册	营养午餐	
	五年级	上册	掷一掷	
		下册	探索图形	打电话
	六年级	上册	确定起跑线	节约用水
		下册	生活与百分数	自行车里的数学

数学实践活动课内容的选取可以依据《义务教育数学课程标准》，源于教材，而宽于教材。它范围广、灵活性大，一般来说具有以下特点的内容比较适合实践活动课，我们可以依据学校的具体情况确定活动专题。

1. 题材具有一定的综合性

单一内容容易使综合与实践活动缺少教育内涵和主体空间。但是，强调综合与实践活动内容要有综合性的同时，又要避免活动主题不明，使活动流于形式，还要避免实践活动的思考"点"太散而缺少思维聚集和提升。

2. 题材具有适度的挑战性

适度挑战性的内容能激发学生的思维和个性化的问题解决灵感。不过，这不意味着综合与实践活动的内容要有很大的难度，而是内容要具有引起学生的必要努力和彼此合作的力度，学生调用自己的知识与经验，发挥合作者的共同智慧来解决问题。

3. 题材具有生活性和实践性

综合与实践活动的内容突出"实践"，强调数学与生活经验的联系。第一学段比较简单，容易发现和提出问题，用到的数学知识少，计算简单，容易操作。其主要让学生体验数学在现实生活中的存在形式，提高学习数学的兴趣，让学生学习应用数学知识解决简单数学问题的能力。例如，让一年级学生收集生活中常见的数，列举与数有关的物品价格、车票、家人工资、票据、门牌、家庭存款、学校人数、课本页数、教室的课桌、与自己生活有关的物品数量等。活动的素材源于生活，密切了数学学习与学生生活的联系，激发了学生的学习积极性和主动性。

4. 综合与实践活动具有形式多样化的特点

综合与实践活动从空间上分：可以课内进行，也可以以课外进行，还可以课内外相结合的形式进行。从时间上分：可以通过一节或几节课的学习完成，也可以经过一段时间完成。实践活动的方式也是多样化的，如小调查、小制作、小课题研究、小研究报告等。

5.1.4 "综合与实践"的综合性与实践性

"综合与实践"是与"数与代数""图形与几何""统计与概率"并列的内容之一，也是数学课程中一个全新的内容。这一课程内容体现了"综合性"与"实践性"，学生综合所学的知识、方法和自身积累的生活经验，去解决一个数学内部或生活实际的问题。充分感悟数学各部分内容之间、数学与生活实际之间、数学与其他学科之间的联系，提升学生的综合素养。

例如，"自行车里的数学"一课是在"比例"学完之后安排的一个"综合与实践"活动，让学生运用所学的圆、排列组合、比例等知识解决实际问题。学生通过解决生活中常见的自行车里的问题，了解数学与生活的密切联系，经历"发现问题—提出问题—分析问题—建立数学模型—求解—解释与应用"的问题解决的基本过程，获得运用数学解决实际问题的思考方法，并加深对所学知识及其相互关系的理解。

“自行车里的数学”一课主要研究两个问题：普通自行车的速度与自行车内在结构的关系；变速自行车能变化出多少种速度。教材在编排上为了减少学生在活动中的盲目性，清晰地呈现了两个活动。活动一：找一辆普通自行车，通过测量数据，计算出这辆自行车蹬一圈能走多远。活动二：找一辆变速自行车，研究前、后齿轮的齿数与它们的转数有什么关系，有多少种组合。通过计算前、后齿轮的齿数比，学生思考蹬同样的圈数，哪种组合使自行车走得更远。这样的编排层次清晰，让学生经历了解决问题的过程，既体现了对测量、圆、排列组合、比例等知识（甚至包括物理中的运动原理）的综合运用，又为学生创新实践提供了较大的空间。

《义务教育数学课程标准》明确提出：“在整个数学教育的过程中都应该培养学生的应用意识，综合与实践活动是培养应用意识很好的载体。创新意识的培养应该从义务教育阶段做起，贯穿数学教育的始终。”“综合与实践”中的“自行车里的数学”不是单纯地解决问题，而是包括“收集数据—建立数学模型—代入数据—求解—解决问题”的一系列环节，即问题解决。它的活动价值不只是获得某个具体问题的解，更重要的是让学生能积极尝试从数学的角度应用所学知识寻求解决问题的思考方法，在解决问题的过程中获得全方位的发展。

5.2 “综合与实践”的教学研究

5.2.1 “综合与实践”国内外现状

“综合与实践”在小学数学教材中已经成为独立的内容领域。这一领域的增设，正是要让学生了解数学的应用，探究数学内容之间的联系，提高综合运用知识和解决实际问题的能力。

在小学数学课堂教学内容中，每一册教材都会安排“综合与实践”（1～2次）。但是，很多教师认为“综合与实践”这一教学内容的重要性无法与其他学科知识相提并论，所以在教学中一般采用“一带而过”的方法对学生进行教学，更谈不上研究。教师应该看到，因为地域、生源的差异，教材中“综合与实践”的教学内容不可能完全适合所有的学生。就很多教师而言，他们或是受传统教材观的影响，常常把教材当作唯一的课程资源；或是苦于找不到活动素材，对“综合与实践”的教学内容望而生畏。具体表现如下：

（1）缺少实践活动的条件。大部分学校都很难有和教材相配套的教学用具，没有可以借鉴学习的“综合与实践”材料。

（2）本教学内容不是主要测试内容，认为学与不学都没有关系。

（3）综合与实践活动课的教学方式无从选择，把握不好教材。

（4）安排的教学内容与学生实际有一定的差距。

5.2.2 “综合与实践”的研究价值

在这一背景下，学生学习“综合与实践”相关知识与概念的能力长期无法得到提升。从本质上探索，小学数学教材中的“综合与实践”教学内容，是对课本教学知识的综合体现，且在理论知识引导的基础上设计有相应的实践方法和策略。这对于提升学生的学习能力和学生的学习素养有着重要的帮助与引导作用。数学实践活动对学生的发展有着重要的意义，主要体现在以下两个方面。

第一，提高学生的动手能力。动手能力的培养，有利于提升学生的学习体验，激发学生对数学的兴趣。学生对数学知识进行探索的过程中，可以获得成就感，从而促进学生对实践探索的兴趣，提高学生对数学学习的好奇心，为今后数学的学习奠定坚实的基础。

第二，提高学生解决问题的能力。在数学学习过程中，学生会遇到学习上的难题，而数学实践活动的开展可以让学生进行探索性学习与思考，并在问题解决的过程中，提升数学的思维能力，并形成解决数学问题的方法和思路，学生对于数学学习的兴趣也会得到提高。

5.2.3 “综合与实践”的研究困惑

结合当前小学数学“综合与实践”课堂教学工作的开展现状来分析，教师在新课程的理念下，对于课堂教学的策略与思路作出了全新的构建和发展，但是其中依然存在很多问题值得研究和分析。

(1)教师在开展“综合与实践”教学活动的时候如何设计具有导向性的问题，为学生创设全新学习空间和学习环境，提升学生的学习能力；

(2)教师在开展数学“综合与实践”教学活动的时候，如何为学生提供更多的学习素材，以此丰富学生的学习内容；

(3)教师在对学生进行“综合与实践”教学活动的时候，如何有效改变自己的传统教学方法，从不重视转向重视，从重视转向应用，为学生提供优质的教学服务和教学保障。

5.2.4 “综合与实践”开发与设计

1. 结合“综合与实践”教学内容，开辟全新教学空间

教师在对学生进行“综合与实践”教学的时候，可以结合前期所学课程内容创设一个“层次化”的学习空间和学习环境。通过对小学数学12册教材的内容分析与研究发现，教师可以应用“层次化”思路，对学生进行“综合与实践”教学活动。

教师在对学生进行“综合与实践”活动知识教学时，需要借助分层教学的方法为学生创设不同的学习内容。在此，教师可以结合由浅入深的教学方法和循序渐进的教学理念设计顺序性的教学内容。如教师可以先对学生进行计算能力的训练，通过训练提升学生的计算速度和正确率；然后教师再对学生进行各类概念知识的分析，以此让学生认真回顾之前所学的内容，从中发现全新的问题并加以解决。这对于促进学生的理

论知识学习、提升学生的数学实践活动参与热情和实践素养有着重要的帮助与引导意义。

2. 应用“综合与实践”教学素材，创设全新教学主题

教师通过创设课堂教学主题的方法能够有效提升教师开展“综合与实践”活动的整体效率和质量，且可以帮助后续教学工作创设相应的教学主题，借此推动学生的学习思维和学习认知得到快速的建构和发展。在主题设计的“综合与实践”课程教学背景下，教师还需要应用全新的教学思路为学生提供相应的教学步骤和教学素材，以此来激发学生的学习兴趣，促进学生的学习热情得到高效发展。

例如，教师在教学中可以结合“综合与实践”中的一个知识点或者一个教学环节为学生创设相应的课堂教学情境，通过对各类教学素材的应用，帮助学生构建合理的学习环境和学习空间，进而创设教学的主题，明确教学的方向。教师在设计“综合与实践”知识教学的步骤时，要突出以下几个层面：

第一是需要突出情景创设的基础；

第二是需要突出问题内容；

第三是需要突出问题分析的方法；

第四是需要突出解决问题的方案；

第五是需要突出思维发展的方向；

第六是需要突出问题求证的途径；

第七是需要突出问题反思的过程；

第八是需要突出实践应用的质量。

3. 创新“综合与实践”教学方法，改变传统教学模式

教师在开展“综合与实践”教学的时候，需要通过创新教学方法、革新教学理念的措施对个人的教学问题展开深入的分析与研究，借此提升个人的教学效率和教学质量，发展学生的学习能力和学习水平。在这一背景下，师生之间的相辅相成效能将得到有效的发展和提升。

例如，教师可以在“综合与实践”教学活动中为学生设计“实践作业”，鼓励学生在课后将之认真完成。在设计作业的时候，教师要结合生活化的元素对学生进行“综合与实践”知识内容的整合，以此推动学生的“生活化学习认知”能力发展和提升。应用该方法，可以让学生明白数学知识来源于生活也回归于生活的理念，且能够让学生在后续的生活环境和学习环境中对数学知识做有效的转化与分配，保证个人的学习素养提升与生活认知发展。由此可见，通过应用生活化教学这一创新方法与理念，对学生进行“综合与实践”知识培养和引导，能够在改变教师个人教学素养的同时改变学生的学习习惯，增强学生的学习意识。

综上所述，教师在“综合与实践”知识教学活动中，需要合理地创设课堂学习环境，为学生提供优质的课堂服务和保障，然后再结合全新的教学思路和教学策略，基于教学方案和教学内容设计“综合与实践”教学活动主题，以此提升学生的学习积极性和主动性。

在这一背景下，学生的数学知识学习素养会得到显著的提升，且教师教学的理念和学生学习的方法也会得到相应的改变。

5.3 “综合与实践”内容教材分析

5.3.1 “综合与实践”教学目前存在问题

“综合与实践”课程的教学受到传统教育的影响，在实际应用到小学数学教学中出现了许多的问题，致使综合与实践课程的教学没有起到应该有的作用，反而限制了学生的思维发展。在小学课堂教学当中，教师在课前就对课堂中的教学做了限定，没有重视学生的主体地位，在课堂教学中仍然采用灌输性的教学方式，学生只能被动地接受，综合与实践课程的教学变成了一种形式，学生的学习能力没有养成，而且教师过多地阐述浪费了课堂时间。“综合与实践”课程的教学需要教师深度挖掘教材内容，以教学内容为中心进行各方面的拓展，使学生更好地理解内容，产生学习兴趣；而现在许多教师只是针对本节课的教学内容进行教学，致使课堂气氛沉闷，学生感觉乏味，无法积极地参与到学习之中，从而降低了课堂教学的效率，影响了学生的发展。

“综合与实践”教学出现上述现状主要是因为教师对于综合与实践课程的理解有偏差，教学理念没有更新，在课堂教学中没有给予学生自主学习的时间，教学方式不够科学。所以在备课中，我们要对教材进行分析，了解教材中关于综合与实践内容编排的结构与特色再进行备课。下面以“掷一掷”一课为例来说明。

5.3.2 五年级上册“掷一掷”一课案例分析

1. 编写意图

(1)本活动是以游戏的形式探讨可能性的大小。教材以连环画的形式呈现了实践活动的顺序和全过程。

(2)让学生利用前面所学的组合知识，确定掷两个骰子所得两个数和的范围，进一步体会事件发生的确定性和不确定性。教材由教师的问题引入，让学生通过讨论交流，确定和的范围。在交流中体会可能性，如两个数的和最小是 1＋1＝2，不可能是 1，两个数的和最大是 6＋6＝12，不可能是 12 以上的数，所以和只能是 2～12 的数。

(3)通过游戏探讨可能性的大小，分四个层次。

第一步，教师给出游戏规则，学生对游戏结果进行猜想。前面已知可能掷出的结果共有 11 种，教师选择了其中的 5 种(和为 5,6,7,8,9)，而学生可选的有 6 种(和为 2,3,4,10,11,12)，所以学生认为自己赢的可能性比老师大，从而激发学生开展游戏和进一步探索的兴趣。

第二步，示范游戏。学生对结果进行统计，并用画“正”字的方法收集数据，体会统计在解决问题中的应用。通过数据分析发现，老师总是赢，这与前面学生的猜想不符，从而产生认知冲突，为接下来的深度探究提供可能。

第三步，小组内开展游戏，进一步验证。根据游戏规则，学生小组合理分工，并根据掷出的结果绘制条形统计图。从图中可以更加直观地看出掷出的和越靠近2和12的中间位置，出现的次数越多，而越靠近两边出现的次数越少，也就是掷出的和在中间的可能性比较大，和在两边的可能性比较小，这样进一步验证上面的统计结果一致。

第四步，进一步探究奥秘。通过前面的试验和统计结果，学生初步发现了其中的规律，教材最后引导学生借助组合的知识，进一步探究出现这种规律的奥秘。

2. 思考

1)这节课要让学生学会什么

(1)让学生能利用组合的知识找出所有可能的和。例如：两个骰子上面数字之和是2～12，和是4的有1+3、3+1、2+2三种情况。

(2)让学生体会事件发生的确定性和不确定性。例如：和不可能是1和13，和可能是2～12中的任意一个。

(3)让学生用画“正”字的方法收集数据，体会统计在解决问题中的作用。根据掷出的结果绘制条形统计图，从图中可以更加直观地看出可能性的大小。

(4)了解事件发生的可能性有大有小，感受偶然性后面的必然性，渗透概率思想。例如：和是2～12都有可能，但它们的可能性有大有小。

2)这节课要让学生经历些什么

让学生在具体数学活动中，经历猜想、实验、验证、应用的过程，从而掌握科学的学习方法。

3)这节课要让学生获得怎样的情感体验

通过活动，感受数学的价值，体验学习数学、应用数学的乐趣。

(1)在掷一掷活动中，利用所学知识探讨事件发生的可能性有大有小，感受偶然性后面的必然性，渗透概率思想。

(2)让学生在具体数学活动中，充分经历猜想、实验、验证、应用的过程，从而掌握科学的学习方法。

(3)通过活动，学生感受数学的价值，体验学习数学、应用数学的乐趣。

4)创造性地使用教材

仔细分析教材，我们会发现本节课有一部分时间都在掷骰子。如果把这部分时间节省出来，安排更有意义的内容岂不是更高效？

教师可以把掷骰子、统计次数放在课外进行。为了让学生更深刻地体验概率思想，我们可以把课本上掷20次改成100次。为了让学生有更充足的时间进行探究，我们可以让学生课前探究，这样能照顾不同层次学生；课中交流时，才有更多的话题；展示汇报时，才更有深度。为此，我们可以设计“课前小研究”。

3.“课前小研究”设计

两人掷骰子(2个)比输赢，每次结果都是2个骰子上的数字之和。

甲说:我选和是5,6,7,8,9。乙说:我选和是2,3,4,10,11,12。

1)猜测:我猜(　　)会赢,猜测理由:(　　)

先让学生猜测,激发他们的兴趣。再让他们说说猜测的理由,利用他们已有的知识来解决新问题,与后面实验结果造形冲突,从而得出没有经过实验的猜想只能是空想的结论。同时这也说明猜想之后必须要进行验证的道理。

2)实验(掷100次,用画"正"字的方法统计)

为了更好地体现和是5、6、7、8、9的次数是和是2、3、4、10、11、12的2倍,我们把教材中掷20次改为100次。

要求学生用画"正"字的方法或者其他方法收集数据(不限制学生),然后再计算次数,从而体会统计在解决问题中的作用。这些过程在课前进行,为课堂节省了不少时间。在与家长合作的过程中,让学生体会到合作不仅仅局限于同学。

3)分析获胜的理由

分析获胜的理由是教学中的难点,有部分学生可能根本不会,也有部分学生分析的可能没有什么道理。还有部分学生分析获胜的理由可能有多种:可能是列表;可能是固定一个骰子的数字,变换另一个骰子的不同数字进行有序组合,例如,1+1=2,1+2=3,1+3=4,1+4=5,1+5=6,1+6=7;也可能是根据和不变依据数的分成来有序思考;还可能是……

这些现象都很正常,只有他们提前思考了,课中的交流才有话可说,展示汇报才更有深度。

4)我的收获

我的收获可以是知识方面的,也可以是情感方面的,还可以是学习方法方面的……

5.3.3 解决办法

作为数学教师,如何精准把握编者的意图,充分发挥课程的优势,让学生在综合与实践活动课中收获更多的知识呢?

首先,教师要改变旧的观念,增加新的血液。"综合与实践"活动要求教师有新的师生观、新的教学观。必须让学生"动"起来、"活"起来,在活动中发展、在活动中受益、在活动中体验成长、在活动中培养创新精神和实践能力!因此,教师要摒弃旧的、单一的讲授法,采用新的"活动教学法"来"活动育人"。

其次,教师要给学生提供自由学习的空间。综合与实践活动是一个有目的、有计划、有组织的活动课程。活动前,一定要根据学生已有的知识水平、生活经验,设计活动、提供空间。另外,教师一定要做好课堂上的"收"与"放"。综合与实践活动离不开教师的具体指导。制订计划、学会合作,甚至是训练,均需要教师的点拨。要"放"就必须先"扶",否则学生无所适从。

最后,我们在进行教学设计时还要增加五种味道。

① 游戏味:把活动设计成游戏的模样让它新鲜有趣。

② 数学味:把活动过程看作一个“数学化”过程。

③ 探究味:通过活动让学生学会一些探究的方法。

④ 生活味:探究的问题要与学生们的生活密切联系。

⑤ 文化味:把活动过程看作数学文化熏陶的过程!

5.4　“综合与实践”内容课例分析

5.4.1　小学数学“综合与实践”教学的策略

综合与实践以问题为中心,以活动为主要形式,以综合性学习内容和综合性学习方式促进学生综合性发展,初步形成分析问题和解决问题的能力。

数学“综合与实践”课的教学必须考虑各个阶段学生身心发展和语言能力发展的特征,根据不同阶段学生的特点和不同学习内容,采取相应的教学策略,促进学生数学素养的整体提高。我们在教学实践中要提高数学综合与实践课的教学效果,必须把握以下教学策略。

1. 教学目标是开展“综合与实践”活动课的必要前提

1)学科性

以汽车中的数学问题为主题,让学生进行数学综合实践课的学习,尽管需要学生搜集、理解有关汽车的常识,或者让学生知道有关交通规则、安全防范措施等,但其目的在于让学生了解数学与生活的联系,培养学生计算、理解及收集和处理信息的能力,而不是让学生获取有关汽车的知识。

2)综合性

在学过圆柱和圆锥的体积与表面积计算后,六年级教师便组织学生到环卫设计部门并让学生实际测量一个圆柱形涵管的长度和直径,计算其体积和表面积,再让学生思考下水道为什么通常做成圆柱形而不是长方体或正方体。最后让学生进行交流讨论,评选最佳设计方案。这样的活动综合了测量、估算、计算以及如何运用数学思想方法进行比较选择等知识,增强了学生的策略意识,提高了学生解决问题的能力,突出了教学目标的综合性。

3)实践性

数学教学要使学生获得作为一个公民所必需的基本数学知识和技能,为学生终生可持续发展打好基础,必须打破传统数学的封闭性,把与学生生活密切相关的、具有生活气息和时代特征的现实性、生活化、亲切感的内容引入课堂。

2. 探究性学习是开展“综合与实践”活动教学的有效途径

1)确定探究主题

综合与实践活动的主题设计,不是先决定教师该教些什么,学生该学些什么,而是先要思考学生关心什么,对什么感兴趣,然后引导学生寻找探究的主题。

① 生活诱发式

六年级学生在生活中发现自行车、摩托车、汽车的车轮均为圆的,但为什么不做成其他形状呢?据此诱发思考自行车的车轮为什么是圆的探究主题。

② 课堂拓展式

课堂教学是培养学生数学综合素养的主阵地。在数学教学中,教师要以教材为依托,拓展课堂教学的空间,引导学生确定探究的主题。

③ 学科联系式

数学学科具有鲜明的综合性特点,这决定了它与其他学科有着千丝万缕的联系。因此我们在引导学生确定探究主题时,必须打破僵化的框架、软化学科体系,让学生从数学学科与其他学科的联系中发现探究的主题。

2)制订探究方案

探究的主题一旦确定下来,教师便可以帮助学生制订探究学习方案。根据各年级学生学习的认知特点,方案的制订必须经历一个由扶到放的过程。中、低年级主要以"扶"为主,高年级主要以"放"为主,扶放结合。在起始阶段,教师应该让学生了解一项方案大致包括项目名称、探究人员、探究目的、探究的内容与方法、探究的步骤及时间安排、预期的探究结果等内容。制订探究学习方案,可以增强探究的目的性和计划性。这种探究项目,一般每学期安排 1~2 次,而且一般适合于高年级的学生。

3)开展探究活动

探究学习的方案确定以后,教师要引导学生围绕方案开展探究活动。这是数学综合与实践活动的主体部分。在引导学生开展探究性活动的过程中,活动必须体现自主性、情境性、合作性、开放性。

4)分享探究成果

某项探究活动告一段落以后,教师及时引导学生交流分享探究成果。分享的目的不是评判探究成果的多少与优劣,而是通过倾听他人的活动成果,分享自己的活动成果,创造一个真诚倾诉和启迪思维碰撞的机会。

5.4.2 高年级教学案例"探索图形"

1. 教学目标

(1)知识与技能:加深对正方体特征的认识和理解。探索由小正方体拼成的大正方体中各类涂色小正方体的数量,发现规律。

(2)过程与方法:通过操作、观察、想象等活动经历"找规律"的全过程,体会分类、归纳、推理、模型等数学思想,培养学生空间想象能力。

(3)情感、态度与价值观:激发学生探究规律的欲望,体验数学活动充满挑战性,感受成功的喜悦。

2. 教学重点

在实验操作过程中探究图形分类计数问题中的规律。

3. 教学难点

发现并概括规律。

4. 全课整体思路

本节课以学生"拼摆涂色正方体"的实验贯穿始终,学生在每一个有挑战性的实验研究中发现数学问题并能大胆提出来。为了解决自己提出的问题,进行下一个实验,继续发现、提出问题。

在解决本节课重、难点时以小组活动的形式进行讨论、汇报、交流,学生在互相质疑—解疑—再质疑的过程中不断提升自己的认识。

5. 教学环节

1)复习巩固,夯实基础

(1)回顾正方体的特征。

(2)计算小正方体块数,学生根据正方体的体积公式快速解决二阶、三阶、四阶正方体块数问题。拼五阶、六阶、N 阶大正方体用多少块小正方体?大正方体表面涂色后打散如何成功拼摆呢?

2)实验研究中发现问题、提出问题

(1)实验研究

怎么成功拼摆涂色大正方体?

本节课设计了两次动手实验拼摆涂色大正方体的活动,但由于难度的递增,拼摆过程的设计也有所不同。

① 实验一:怎样成功拼摆涂色的二阶大正方体?尝试拼摆发现问题。

学生通过观察,初步发现在大正方体顶点位置上的正方体红色面都朝外。由于任务驱动,学生自发地产生了关注位置的需求。

② 实验二:怎么成功拼摆涂色的三阶大正方体?

(2)第一次尝试排摆

① 遇到问题。大部分小组快速打散后尝试拼摆,复原不回去了,但也有小组在打散前进行了认真观察。

② 解决办法。教师抓住课堂中生成的这一现象,及时叫停活动,追问学生拼摆不成功的原因,引发思考:拼摆成功关键要弄清什么?

学生发现并提出一系列问题。

问题1:小正方体有几种涂色情况?

问题2:各类小正方体的数量是多少?

问题3:各类小正方体的位置有什么特点?

拼摆涂色三阶正方体是本节课的难点,学生不仅要关注小正方体的涂色情况还要将其放到三维空间的指定位置,需要眼、手、脑并用。实验中学生发现并提出问题,老师引领学生再思考和再发现。通过生生互动,学生提出各类问题,并带着问题进行后面的拼摆。在这个过程中学生积累活动经验比游戏是否能成功更有价值。

(3)第二次,明确目的再次拼摆

层次 1:通过观察数出每种小正方体的数量,并完成学习单。

层次 2:通过观察发现小正方体的数量与所在位置之间的关系,并能够依据正方体的特征算出每类小正方体的数量。

3)理性思考中提高想象能力

(1)理性思考提出问题

到底哪种情况对?需要继续研究,进行验证。

四阶大正方体是什么涂色情况呢?

(2)借助画图大胆想象

实验三:探究四阶正方体的涂色情况。

由立体再回到平面上,学生在观察的基础上加以合理的联想,充分发挥想象力是学习的一个更高层次,教师在这个环节善于激发与引导,逐步培养学生探究的精神和科学的研究方法。根据不同涂色情况的位置,学生看图想象,初步感知计算的方法。

4)回顾与反思中感悟规律

回顾:我们是怎么发现规律的?课下可以继续研究其他情况。

5.4.4 实验研究类"综合与实践"活动方法指导与策略

1. 任务驱动,给学生创设具有挑战性的学习过程

(1)可感性:能够唤起学生的经验。

(2)挑战性:能够引发学生的认知冲突,激起好奇心、求知欲。

(3)开放性:情境中包含丰富的信息,可以供学生从多方面、多角度进行分析。

(4)黏着性:它是令人着迷的,可以激发学生持续思考的愿望。

2. 关注生成,给学生提供更多的交流和展示的机会

充分表达、倾听,思维碰撞,个性化的表达也很重要,老师不要打断学生的话,让学生把感悟和想法完整表达。

3. 注重思维,处理动手实验与动脑思考之间的关系

小学最有价值的课是:学生提出问题的能力,创造性思维的启发。

学会思考—发现问题—提出问题。

(1)让学生产生实验需求,而不要让其成为教师指令下的"操作工"。

我们经常在一些课上看到,老师为了实验而实验,给学生提出一些实验操作步骤和需要思考的问题,学生按要求一步一步完成就可以了。(老师掌控过多、引导过多、干预过多,学生处于从属地位)

有的教师把问题设计得很小,步步为营。教师将学生的思维引入预先设置好的思考圈内,这样一来,学生即使再主动也只能在教者预设思路的大框架内表达,其实这严重阻碍了学生主体意识的发展,限制了学生思维的发展。

(2)培养学生实验前自主规划、实验中不断思考、实验后及时反思的习惯。如何在实

验中培养学生的思维能力呢？规划后操作—操作中思考—思考后小结。

(3)让学生经历由具体到抽象、由特殊到一般的研究过程。

把握好实验的“度”和“量”。“度”就是要让学生先思考和想象，再带着思考进行实验；不能一节课操作实验贯穿始终，要从实验操作过渡到半抽象的示意图，整体观察实验结果，发现并总结规律。

① 拼摆——具体、特殊；

② 涂色——提升思维能力；

③ 推理——得出五阶、六阶、N 阶正方体的涂色情况，从中发现并总结概括出规律。

总之，在小学数学“实验研究类”综合与实践活动课中，只要能给学生提问、实验、思考与交流的时间和空间，学生就能创造出你意想不到的结果。

5.5 “综合与实践”内容案例的开发

5.5.1 “综合与实践”开发的原因

当前，“综合与实践”在小学数学教材中成为独立的内容领域。这一领域的增设，正是要让学生了解数学的应用，探索数学内容之间的联系，提高综合运用知识和方法解决实际问题的能力。但是，我们也应该看到，因为地域、生源的差异，教材中“综合与实践”的教学内容不可能完全适合所有的学生。就很多教师而言，他们或是受传统教材观的影响，常常把教材当作唯一的课程资源；或是苦于找不到活动素材，对“综合与实践”的教学内容望而生畏。基于此，我们依托数学教材，尝试对“综合与实践”的教学内容进行课程的自主开发。

5.5.2 如何开发设计

1. 走进真实的情境，引导学生在实践中明晰问题

“数学源于现实，扎根于现实，应用于现实”，这是荷兰数学家、教育家弗赖登塔尔提出的“数学现实”原则。依据这一原则开发的综合与实践活动课，可以更大限度地让学生学习生活中的数学，解决生活中的问题，提高学生解决问题的能力和应用意识，从而终身受益。而“‘综合与实践’是实现积累数学活动经验、培养学生应用意识和创新意识这些目标的有效载体”。密切联系学生实际生活的学习内容可以做到让学生在做中学，在玩中学，把课堂真正地还给学生，让学生充分感觉到数学与生活之间的密切联系。

例如，在学习了“认识人民币”之后，教师发现学生对于理解如何付钱的问题存在困难，主要原因是他们缺乏购物经验。因此，在本单元的最后一课，教师可以开发“文具小超市”的教学内容。学生自带铅笔、橡皮、书本等文具，同时带一些不同面额的人民币，分别在小组内、大组中和全班范围进行真实的交易活动。学生在观察、购物、取币、换币、付

币、找币等实践活动中巩固了对人民币的知识，了解了商品的价格和简单的购物过程。一方面，他们加深了对人民币的认识，进一步明晰了人民币的换算及计算方法；另一方面，在活动中学生需要提取生活经验确定策略，体会付钱方式多样化并灵活处理购物中的问题，有利于培养学生思维的灵活性和应用数学的能力。在活动中，学生懂得了与他人合作，并能主动参与到评价学习过程中；经历了整个活动过程的学生，也懂得了爱惜人民币，懂得了珍惜父母的劳动所得。

2. 开展操作活动，引导学生在体验中理解数学知识

学生的思维正处于由具体形象思维向抽象逻辑思维过渡的阶段，而动手操作正是搭建在数学知识的抽象性和学生思维的想象性之间的一座“桥梁”。

在学习了“长方体和正方体表面积的计算”之后，学生在解决相关实际生活问题时经常出错，多个长方体拼接、拆分后表面积的变化情况也成为他们理解的难点。解决这类问题，需要学生有一定的生活经验做基础，同时，也需要有较好的空间观念。如果通过大量的练习题进行巩固，将不利于提高学生数学学习的兴趣，也无益于学生空间观念的建立，而若把其开发为数学综合与实践活动课，则可以达到更好的学习效果。

基于上述学情分析，我们可以开发“自制收纳盒”的综合与实践教学内容，共分为三个课时，课内两个课时，课外一个课时。在方案设计课上，学生发现了自己能够解决的数学问题，如怎样拼摆正方体、不同的设计方案表面积有什么变化规律、至少需要准备多少包装材料和装饰条。在探究由四个相同的正方体组合成收纳盒时，虽然大多数学生通过动手操作可以得到基本的拼摆方法，但在有序思考、方法多样化与策略的最优化的归纳与总结方面仍存在问题。学生在小组讨论、交流中解决了拼摆多样化的问题，通过观察、计算、比较以及同伴之间的交流补充得到了最优策略，更好地解决了收纳盒相关问题。课下，他们完成了收纳盒的制作和包装，在成果展示课上，学生将设计思路、包装材料和尺寸的选择、收纳盒功能性和实用性等内容通过不同形式呈现了出来，让其他人欣赏自己的成果。

从自主制订设计方案到计算、制作、包装、展示，学生自主、全过程参与，积极动脑、动手、动口，在动手操作和想象过程中建立起了空间观念，了解了表面积在实际中的变式运用，体会到了数学知识的趣味性和实用性，并在过程中发现了数学规律，感受到了数学的奇妙，进一步激发了其创造的潜能。

3. 整合课程内外的素材，引导学生在创新中提升数学能力

现实问题是一个融合各方面内容的综合体，需要综合运用所学的数学知识、思想、方法进行解决。因此，数学学习不仅要关注数学内部各分支之间的联系，也要注意引导数学与其他学科之间的迁移，这样才能更好地提升学生探究和解决数学实际问题的能力。

我开发的“图形变变变——图形的组合与分解”综合与实践活动课的内容蕴含了后续平面图形和组合图形面积等学科内部知识与数学思想方法。“自制收纳盒”的研究和制作活动，则将长方体特征、表面积等数学内部知识进行整合，设计、装饰、评价环节又与美术学科进行学科间整合。

在学习了"年　月　日"之后,我们可以设计了解"年　月　日"的主题活动,与科学、历史学科融合,设计了"观看科学知识微视频"的综合与实践活动课,让学生了解年、月、日的数学知识来源于自然变化规律,了解农历是华夏祖先智慧的结晶,增强了他们的民族自豪感;同时,与美术学科融合,设计了"制作月历本"的综合与实践活动课,让学生按照自己的想法和生活经验综合运用"年　月　日"的知识设计制作不同风格的月历,在查阅资料、绘画、折纸、文字运用等过程中培养了学生的综合能力。

综合与实践基于数学,却又超越数学,其目的是发展学生的综合素养,课程内容的开发还可以拓展到课外,使学生在积累活动经验的同时形成比较全面的数学素养。

5.5.3 "综合与实践"活动各类案例解析

1. 小调查

为解决某一个或几个问题,应用已有的数学知识、经验和方法,经历选择和确定调查专题,调查获得信息、分析信息并作出决策或推断的学习活动,从而积累调查研究活动经验,提高调查研究能力,提升从事科学调查研究的素养。

2. 小课题

为解决某一个或几个问题,应用已有的数学知识、经验和方法,经历明确已知条件与问题,通过数学推理、实验研究和查阅资料(文献研究)等手段,处理信息和得出结论的学习活动,从而积累课题研究活动的经验,提高课题研究能力,提升从事一个课题研究的素养。

3. 小设计

为解决某一个或几个问题,应用已有的数学知识、经验和方法,经历收集信息、整理信息、整体策划、统筹安排、优化设计等过程的学习活动,从而积累设计研究活动经验,提高数学设计能力,提升科学设计的素养。

4. 小操作

为解决某一个或几个问题,应用已有的数学知识、经验和方法,经历运用实物或工具动手操作、观察、记录、解释、讨论、得出结论的学习活动,从而积累数学操作活动经验,提高数学操作水平。

5. 小游戏

为解决某一个或几个问题,应用已有的数学知识、经验和方法,经历理解或制定规则并展开游戏的活动过程。从而积累数学游戏的经验,提高学习数学的兴趣,提升数学素养。

6. 其他

"其他"类是同时涉及前五类中的某几类。

5.5.4 各类"综合与实践"的案例活动步骤

1."小调查"的活动步骤

(1)创设情境,提出问题。"创设情境"可以是提供实际生活的情境图,也可以是提供纯数学的情境图。考虑到学生的可接受性,尽量结合学生的生活实际提出数学的问题。

“提出问题”就是要根据情境，提出一个问题的条件与问句。产生学生需要解决的一个或几个问题可以有以下途径：①呈现情境让学生提出问题；②呈现情境师生一起讨论提出问题；③呈现情境并由老师给出问题。

(2)讨论交流，理解问题。

(3)选择样本，确定方案。

(4)展开调查，收集数据。

(5)分析数据，得出结论(解决问题)。

2.“小课题”的活动步骤

(1)提出问题；(2)理解问题；(3)确定方案；(4)实施方案；(5)交流评价；(6)获得结论。

3.“小设计”的活动步骤

(1)收集信息，提出设计要求与目标；

(2)整理信息，理解设计要求与目标；

(3)整体策划，确定方案；

(4)实施方案，表达设计成果；

(5)回顾设计，回答质疑。

4.“小操作”的活动步骤

(1)提出操作问题；

(2)明确操作要求；

(3)展开操作活动；

(4)评价操作活动过程与结果。

5.“小游戏”的活动步骤

(1)确定游戏的内容；

(2)产生并理解游戏的规则；

(3)应用规则展开游戏；

(4)评价与设计新游戏。

“小游戏”中有多场游戏时，可以“第一场游戏”“第二场游戏”……命名。

5.6 “综合与实践”内容评价的设计

5.6.1 转变“综合与实践”课程评价的意义

《义务教育数学课程标准》指出：对学生数学学习的评价不仅要关注学生学习的结果，更应该关注学生学习的过程。在数学活动中不仅关注学生数学学习的水平，更应关注学生的情感和态度。“综合与实践”领域必须打破既不考试，也不做任何评价的弊端，需充分体现“数与代数”“空间与几何”“统计与概率”相结合的学科性整合思想，让其开出更美之花。

任何一项学习活动都需要及时地总结和评价，总结成功的经验便于后来更好地开展综合与实践活动。在总结的同时就会发现活动中存在的问题和有待于改进的地方，及时的评价能有效地促进学生积极主动地加入这项活动中来，在评价的同时就能让学生体验成功的快乐。在具体的教学生活中，很多老师往往有头无尾。久而久之，学生缺少被肯定、被赏识的情感体验，在继续开展活动的时候，注定会出现积极性不高的现象。如何让学生持久地投入这项活动中，就需要不断地总结、评价。每开展一次活动，就需要有一次总结和评价，经过这样不断地强化训练，相信我们的学生一定会受益匪浅！就让综合与实践活动永葆她特有的魅力，为锻炼和培养学生的能力大放光彩！

“综合与实践”活动课是以培养学生创新精神和创新能力为基本价值取向的。因此，“综合与实践”活动课的评价应为培养学生创新意识、创新精神和创新能力服务。“综合与实践”活动课的评价是以促进人的个性发展为重点，结合学生的年龄特点、心理特征，进行分层分级评价。在评价过程中，注重设置学生参与实践的程度、交流的主动性、解决问题方法的新颖性，可用多种评价方式鼓励学生自我评价、互相评价，还可采用问卷调查等形式。同时，教师评价主要以引导鼓励为主。在评价过程中，要充分体现数学实践活动的实践性、开放性、创造性、探究性、趣味性，让学生充分感悟到身边处处有数学、人人要学数学、事事需要数学，让学生自发地去寻找自己感兴趣的数学，人人学习有用的数学。

5.6.2　“综合与实践”的教学评价策略

教学评价在数学综合与实践课教学中具有导向和监控的作用。为了充分发挥综合与实践课教学在全面提高学生数学素养方面的作用，必须构建新的评价机制，这是确保综合与实践课教学顺利进行的有力保障。

1. 在评价主体上，由单一评价向多元评价的转变

传统的评价主体是单一的，评价模式是由上而下的单向直线式的，学生作为被评价的对象而被排斥在评价主体之外，而新的教学课程评价理念则主张评价主体的多元化和互动性。因此，我们在评价中可以采用学生自评、生生互评、家长参评、教师综合评价的民主的、开放性的多方协商评定法，让学生成为评价的主人。由于是让学生自我评价，其压力较小，学生可以充分地畅谈自己参与活动的体验、经验和教训，自由地交换意见，同时，这种集体和个人的自我评价也可以使学生享受到健康的民主熏陶和教育。

2. 在评价内容上，由过去注重知识向关注人的全面发展转变

教育内容的丰富性、多样性决定了评价内容的全面性。而以往的评价内容，仅关注学生的卷面成绩，考试的内容仅局限于基础知识和基本技能。期末评价与考试内容要改革，评价的内容除学生的学业成绩外，还依据课程标准，从情感与态度、合作与交流、课外实践、创新与思维等非学业方面进行评价，这样丰富了评价内涵，关注了学生的全面发

展;在考试的内容上,加强了与社会实际和学生生活实际相联系的内容,注重了考试内容的综合性、实践性和开放性。

3. 在评价形式上,由单一形式向多种形式转变

常见的评价方式有语言表扬、物质奖励等。然而,触动学生心灵深处的、能影响学生思维和能力发展的才是高效的评价,这就需要从其他的层面进行研究。比如,可以尝试使用展示评价和多媒评价。在综合与实践活动课完成后充分展示学生作品,让学生之间互相学习、取长补短,这样比直接的评价效果更好。

例如,在开设“美丽的花边”课题中,有些学生设计得很好,图案非常优美,有些学生的想法却很简单,设计出的图案也很单一,这时教师可以让学生相互学习,不管哪位学生都要到别的同学那里学习,学完之后再对自己的作品修改。很多学生原先设计得并不美观,但都在别人那儿学得一招半式,然后把自己的图案修改得很美观。接着,教师把每位学生设计的图案贴在黑板上展示,并在每张图案下写上一句表扬的话。这也许比直接展示几张好的作品效果要好得多。当然,这样的评价不是针对几个优等生,我们要使每位学生都在学习中体验到成功的快乐。

4. 在评价过程上,由注重结论向强调过程转变

在综合与实践活动的过程中,学生能获得的收获不像知识技能那般显现和立竿见影。此时,我们需要关注学生是否参与了实践活动的全过程,既要评价学生在活动过程中发现问题和解决问题的能力,又要评价学生参与活动时收集信息、处理信息的能力和方式方法。而这样的一种评价只是一种促进学生能力发展的手段,绝不是一种目的。当学生想出一种与众不同的方法时,教师要结合此方法的精妙之处边讲边评;有时还可以故作不知,请他指点。而且,评价过程不需要任何表扬,学生也会有很强的成就感,这种成就感来源于知识本身。

综合与实践课教学是通过一个个项目来展开的,评价应侧重于学生在学习过程中形成的数学素养,而不是通过学习所获取的学习结果。通过书面考试来评价一个学生的所得所失,针对学习的结果打上一个分数是很不合理的。因此,我们在评价上把着力点放在过程上,既看项目的确定是否有价值,内容设计是否具有可探性,探究的方法是否科学,又看完成活动是否做到全员参与和全程体验,还看学生在活动中的合作态度和合作能力以及在活动中主动发现问题和探索问题的能力,使评价真正成为学生学会实践和反思、发现自我、欣赏别人的过程,生活中不是缺乏问题,而是缺乏发现问题的眼光。

5. 转变评价方式方法,促进学生主动发展

1)强调学生学习过程的评价,改善学生在活动中参与的态度

“综合与实践”教学评价应以培养学生创新意识、创新精神和创新能力为基础。在评价过程中重在关注学生积极参与实践活动、参与讨论、勇于表达,在实践活动中,学生可以学习与他人合作、交流,合理运用数学知识描述观察和收集到的数学信息,并灵活运用各种方法解决实际问题,这样进行评价标准才是合理的,有利于学生的全面发展。

2)定性评价与定量评价结合,促进学生在活动中获得体验

定性与定量相结合的评价方法可以分级进行。细节的评价会触动学生心灵感应，发展学生思维能力，学生最为自豪的是他们的知识获取和能力发展，他们不仅想被别人认可，还需要了解自己；不仅想听别人说“你真棒”，还需要对自己说“我能行”。因此，在学习过程中引导学生对自己的表现进行自我评价，再小组评价，最后教师评价。

3)关注学生的个体差异，让学生在活动中掌握学习方法

“综合与实践”活动课中展示学生作品这一环节，使学生之间自由学习，取长补短，会比直接的评价获得的学习方法更多，更有效。如在学习了《平移和旋转》之后，我们设计了一节“设计优美图案”的实践活动课，在展示作品中，发现部分同学设计的图案不仅非常漂亮，而且是多个图案构成的，于是我们就开放性地进行评价，同学间相互学习，自我反思，在别人那儿学得一招半式，把自己设计的图案重组、完善。最后把全班同学设计的图案进行展示，要求每个人至少选择一个学生作品(数量不限)，写上一句心里话。我们采取这样的评价，无限量地放大学生的优点，以便让每个学生在活动中体验成功的喜悦，并学会取人之长、补己之短的学习方法。

4)终结性评价与形成性评价并重，利于学生实践能力的发展

“综合与实践”课程教学是通过一个个项目来进行的，评价的重点应该是学生在学习过程中形成的数学素养，而不是通过学习获取的学习成果。在实践活动过程中，学生的实践能力存在着差异，关注学生在学习过程中的变化与发展，关注学生的情感、态度与价值观的形成与发展，势在必行。因此，我们在评价的时候，关注学生的个性特点，鼓励他们根据个性特长来施展自己的才能，从而最大限度地发掘学生学习的亮点，进行“激励式评价”。例如：在实地测量物体时，及时发现学生不同的测量方法，适时说“你们的测量方法很巧妙”，解决问题中运用“你有自己独特的想法，很不错”“你们用自己的智慧解决了难题，了不起”等话语，这些“质”的评价能在学生内心深处形成强烈的心理推动力，在潜意识中对赞美的目标进行了追求。每个学生在发展过程中总是有差异的，实践活动中要从实际出发，区别对待，做到“ 把钥匙开 把锁”。对学习有困难、学习缺乏主动性的学生来说，我们更应该做好“期待式评价”。如：学生遇到困难，回答不出问题时，老师可以说：“别着急，你可以做到，再想一想！”“老师知道你通过努力，下节课会表现得更好。”

新课程要求“以人为本”。为实现“综合与实践”活动课评价主体多元性原则，在评价学生的同时，我们还组织学生评价教师的教学。在轻松、民主、和谐的氛围中，让我们的学生有安全感，可以鼓励他们敢于对教师进行评价。可以说“老师，我认为……”“老师，我不喜欢……”“老师，我想说……”等话题，让学生大胆地对教师提出要求或质疑，作出合理的要求和评价，更有利于师生的共同发展。我们致力将评价功能转变到发展上来，关注学生的需求，尊重和反映学生的个体差异，最终使评价为学生的发展服务。